《中华易学》编辑委员会

中华易学

爱新觉罗毓嶦题签

张 涛 主编

第十一卷

文物出版社

图书在版编目（CIP）数据

中华易学．第十一卷／张涛主编．－－北京：文物
出版社，2023.6
ISBN 978–7–5010–8124–0

Ⅰ.①中…　Ⅱ.①张…　Ⅲ.①《周易》–研究　Ⅳ.
① B221.5

中国国家版本馆 CIP 数据核字（2023）第 120345 号

中华易学（第十一卷）

主　　编：张　涛

责任编辑：刘永海
责任印制：王　芳

出版发行：文物出版社
社　　址：北京市东城区东直门内北小街 2 号楼
邮　　编：100007
网　　址：http//www.wenwu.com
经　　销：新华书店
制版印刷：北京久佳印刷有限公司
开　　本：710mm×1000mm　1/16
印　　张：25.5
字　　数：390 千字
版　　次：2023 年 6 月第 1 版
印　　次：2023 年 6 月第 1 次印刷
书　　号：ISBN 978–7–5010–8124–0
定　　价：69.00 元

目　录

易学本体论与当代量子物理学*

［美］成中英

摘要： 我曾从本体宇宙论进行多方面的讨论，确定基于《易经》与《易传》的易学提供了人类认知宇宙现象以及人和宇宙关系的诠释。目前面对易学与当代量子物理学有何等终极关系的问题，我在此文中排除过去一些缺少对易学认识或对当代物理学不够深入的论述形成的附会纠缠不清的说辞，而直接面对当代物理学家的思想进行分析的考察。我指出易学与物理学是自然与人的不同层次存在的认知与诠释，并不一定有严格的交汇点，但却体现为两个层次的重要的互含性与互补性。

关键词： 易学　物理学　生态　基本粒子　存在层次　互含性　互补性

一、易学与物理学有何等终极关系？

关于易学哲学的探讨，我曾从本体宇宙论进行多方面的讨论，确定基于《易经》与《易传》的易学提供了人类认知及诠释宇宙现象以及人

---

* 本文初稿由我口述，经瞿华英博士录音整理、打印出来，再经我数周深思改进，做出崭新的诠释，也澄清了问题，至为重要。

和宇宙的关系，偶尔也涉及现代科学尤其是物理学。但现在人们却更热衷探问当代物理科学对宇宙的理论与易学的理论，到底有什么关系。

许多对易学理解不太深刻的学者，往往用物理学来附和易学的基本理论，并来解释易学是合乎物理学的。另外一些学者，也往往用易学来解释现代物理学，尤其是在量子论和基本粒子理论方面。但由于对易学的一知半解，他们在演算物理学定律之余，仍然说不清物理理论与易学或《易经》哲学究竟有何等关系，使旁观者更陷于困惑之中。他们的问题乃在于并未认清真正的核心问题。他们不理解易学是有关宇宙的哲学、宇宙论与本体学，涉及人对宇宙自然整体的观感、认知与诠释，也因此涉及人类族群所用的自然语言以及形成此一语言所包含的自然观察与生命体验。有人用科学否定中国易学，包括易学理论，这是比较幼稚的做法，也有人把易学说为神秘的术数之学与科学无关。但都可说不得要领。

就实言之，易学并没有否定物理知识，而是在对大自然的观察基础上认识到自然的生态，从一个对生命哲学的眼光来理解自然的现象，自然是整体的，见证其盛衰败坏的阶段或过程，以及再生重组的潜力，因此把自然物理看成一个与生命同构的活体，能衔接生命更能与人的生命相互感应，发为人自觉的一种哲学观点并形成主客交融感应的心灵感受，庄子描述为"天地与我并生，而万物与我为一"①。这是自然与我合一的生态，在无忧无虑的心灵开放面对美好的自然就能够体验，也是我们自然语言的重要部分。自然语言不但包含了人的自我与天地万物无所隔阂的状态，当然也包含了人与自然发生隔阂的状态。在后者的状态中，自然呈现对人的威吓和侵害，而人也能把自己的情绪投射到自然的物体处境中②，产生万物皆有情的观感。原初的自然语言充满拟人化的

---

① （清）郭庆藩撰，王孝鱼点校：《庄子集释·内篇·齐物论第二》，中华书局，2016 年版，第 79 页。

② 王国维在他的《人间词话》一文中就从人与自然"无隔"与"有隔"状态来评价传统诗的境界高低。我在此处用"有隔"与"无隔"来说明人与自然之间所感受的两种状态。

描述，代表的是诗词的声音，往往也因此感人至深。王国维区分"无隔"与"有隔"的两种诗词的境界。但从哲学来分析，我们还可以区分"无隔无分""无隔有分""有隔无分""有隔有分"等有关自然与自我四种存在状态。庄子的"道通为一"可以是"无隔有分"的，因为在道中，个体的物仍然是个体的物。但在物理学的语言中，万物甚至基本粒子却都是有隔有分的，不然何以名基本粒子？

当代量子物理学知识与上述生态自然哲学显然大不一样。它有另一套起源，它的要诀在于寻求及展现物的构成因素或物质因果关系以及其所遵守的规律，并由此对立于人的任何日常自然感受。它必须借助一套纯粹物理语言，不涉及任何感觉与情绪来说明物的作为现象的存在及其发生与活动（称之为运动与速度）。人们不可以以之所感来描述物的存在及其状态，也就是把物排除于生活世界之外，另造一套所谓客观的动名词来进行精确可靠的描述。人们也很早就发现数学是一套可取的客观语言模型，因而用数学标示质量的方式来说明物理知识的物质存的属性及其运动规律。透过数学物理学化出了生命世界，以其自身的方式含括了生命世界。

毋庸分说，人类的日常自然语言可能从开始就混杂着生态表述与物质原料的表述，不同的文明传统自然有因环境经验不同产生了不同生态语言与物质语言的分野，这是值得我们注意的。此处无法细论。我要指出的是显然古希腊文明与古中国文明的基本差异乃在：希腊人注重物质属性结构的思维方式，形成了物质形态语言应用的倾向，而中国人则重视存在生态生化变异的思维方式，决定了生态动态语言应用的习惯。前者走向元素分析论，后者则走向整体融合论，含括宏观与微观①。这些差别可以作为西方物质主义有别于中国生命哲学的文明前解。在此前解

---

① 生命或生态世界的微观仍是生命或生态世界的微观存在，易学称之为"精微"或"几"，不一定相应于当代物理学中的粒子。"几"或可见，而基本粒子则只能用仪器测试。

下，物理学在西方文化中的发展可说是极为自然之事，而易学发生于中国迄今仍为中国哲学的源头活水也不难理解。由于此一前解与背景，现代西方物理学与中国传统易学是何等关系也就昭然若揭了：它们是大自然存在不同的两个层次，也是自然的自然存在所显现的两个状态，它们分别反射也反映了两种人的存在思维及主客关联及其隐含的人生立场与生命价值，不但涉及形而上学，也涉及伦理学与价值论。由于物理知识与生命哲学均为人的文明成果，两者对整体的人而言可以形成一种互补关系。关于两者的互补性，而非取代性及化约性，是本文要进行探索的重点。值得提出的是这两个传统的语言表达方式并无关我们所说的宏观与微观之分，两者都各自包含了宏观与微观层次。因之也可说作为两个独立的概念体系是相互包含的。

从哲学史的角度说，中西方也都有其各自的哲学传统。西方哲学在 20 世纪，面临传统形而上学与现代物理学科对峙的问题，西方哲学家面对形而上学，以之不具备物质科学的特点，因而否定其有效性。但这个意义的确认原则（principle of verification）事实上却无法取消我们运用自然语言已有的意义生成原理，也不能防止我们用自然语言创新意义的活动，最后只能束之高阁，成为现代的古董了。我提出此一历史事故，主要在说明人类采用的自然有其自然的生活与生命的源头意义，是和人的自然性的存在同在的。我们探讨中国的易学哲学和西方或者当代的物理学知识体系的关系，就必须认识到物理化的自然与生态化哲学的自然的真实关系，是两个不同层次的存在差别，不可能进行彼此的化约与取代，而只能寻求它们之间的互补关系，并因此肯定一个整体的本体论包含物质与生命，客观与主观的相互补充，甚至相互包含、依持的认知与价值关系。

当代的西方哲学家，必须肯定哲学所包含的知识论的基础，尤其是客观的，或者形而上的理论的基础。这个基础是什么？今天依然是个问题。科学知识需要一个方法论的基础，也需要一个根源论的基础。甚至也需要一个存在论的基础，以说明其应用的有效性、范围性与实际所指。这是对知识必须符合真理或真实的要求。知识离不开认知、理解与确认等主观要求，正如这些要求离不开知识与真实一样。我们要认知科学知识毕竟不是直觉的经验而是理论或概念的构建。

二、物理学家对自然存在物的思考

我在此首先对现代科学物理学知识进行深刻的挖掘，我想借助2004年诺贝尔物理学得奖者弗兰克·维尔切克的著作，《万物原理》(*Ten Keys to Reality*)① 一书，来说明当代物理学体系的性质。该书是一本深刻的物理学及其基础探讨的著作。它不是一般的科学哲学著作，因为这不是哲学家所写，而是知名的现代物理学工作者的反思。在深刻考虑现代物理学的知识结构及其内涵所做的探讨中，著者的目标是要进行一个心灵的重生。维尔切克强调我们要从认识物理学的真相或者真实中，重新认识我们自己，认识生命的重要性，让我们成为一个更具道德伦理的人。他认为物理学是去理解世界和自己的关系。我们要理解物理的成果，进一步理解我们作为人，能够发现宇宙的丰富的真实，发现我们能够陷入错误的观念。这样，我们才能敞开我们的心灵，改正错误，认识到这个世界是一个具有美好价值的世界，甚至也能够实现诗人威廉·布莱克的愿景："一沙一世界，一花一天堂。无限掌中置，刹那成永恒。"从这首《天真的预言》诗歌来说，这个世界在如此认识之后，也就是成为我们栖息世界的一部分，具有其独特的真理和价值。同样，我们的生命，就像所属于世界，也具有物理世界的特质而为客观的存在。

通过现代物理学家的认证，维尔切克首先肯认人类面对的空间与时

① 参考 Frank Wilczek：*Fundamentals*，*Ten Keys to Reality*，New York：Penguin Randan House，2021. 中文译本：《万物原理　关于客观世界的 10 个答案》，译者柏江竹、高苹，中信出版社，2022 年版。

间是无限的，而且确认这都是客观存在的事实，组合成物质的元素也是简单而不复杂的，是很少的数目，包含在物质之中，物质存在的规律也是极其简单的。物质的复杂性是从简单的物质颗粒逐渐发展出来，并未离开此一以简单物质元素为基础的物理世界，而所有复杂性都可以从简单的构成元素与简单的物理规律中引申出来。物理学所致力的就是从复杂性中发现简单性，从简单性中建构复杂性，并认识所谓复杂系统为何物。

另一方面，这个世界又是一个有丰富的物质和能量的世界。作为物质来说，我们看到的宇宙存在，是千千万万的物体存在，它们都是物质的存在。这一物质的存在，是由简单的物质元素逐渐发展出来的，让这些物质元素组合、交融，然后变化出复杂现象，呈现为不同层次的存在物体：从物理的基本粒子，到原子的存在，再到分子的存在，细胞的存在，遂产生生命体的细胞。细胞由单一细胞而进入到多细胞的器官组织，形成不同种类的生物体。这就是复杂性的出现。这个复杂性的出现，可说是自然具有创造力的一种发展过程，是一个变化过程。这个过程有一定的作用和向较高层次发展的方向。但另外一方面，具有不同层次的物质体，也可以消解为下一层次的存在，甚至或者变成最原始的、基本的、粒子的存在，这就是变成坏循环的化学过程，在生命体上则成为生老病死的生物现象。

维尔切克并不避开从自然宇宙中认识现象。他认为宇宙具有发生与发展的物质能量（energy）。而且拥有非常丰富之量。能量是物质存在的形态。他接受爱因斯坦说的质能守恒定律（$E = mc^2$），认为这是一个规律，是客观的事实，也是客观的存在。

他问，这个存在的客观世界，是怎么样和人的心灵及人的精神世界联系起来。对于这个重大问题，他表示无论世界如何发展，我们只能进行观察，不能进行控制。过去的很多科学家，从伽利略到牛顿，到现代的物理学家，包括迈克尔·法拉第、詹姆斯·克拉克·麦克斯韦等人，他们都是通过研究物质世界来认识和接近他们尊敬的神的。因此，在他们心中，科学的客观知识和超越的上帝之间并没有矛盾。即使爱因斯坦也常常提到上帝难以捉摸，但并不心怀恶意。面对超越的上帝，维尔切克甚至把一切创造和变化的可能都归于上帝。他认为科学不是反宗教的，而是说明宗教思考的可能，物理学是物理学家发现了上帝的启示。他的立场显然是一个现代版的神学物理观，展现了一个从伽利略以来西方物理学家所采用的"二元存在相应论"（parallel dualism）。

这个二元论的假设有一个对人的存在的认识，就是人的身体属于物质世界，而人却是具有心灵与精神层面的超越存在，一般西方人有这样一种宗教信仰，但西方的科学家却明确地肯定此一灵肉相应的神学立场。维尔切克更指出，固然外在的世界空间很大，但我们的心灵载体的脑，却包含了比宇宙中恒星数量还多的原子。这个世界，不是我们想象出来的无限，而是我们的存在本身就是一个内在无限的宇宙，因而可以用内在心灵世界来补充外在宇宙的存在。

同样，时间也是一样。客观的时间是无限的，而人的寿命是短暂的，但人的一生却能体会无穷尽有意味的物质区分，以及各式各样的心灵变化。客观的宇宙产生了人类，人类的整个数量到现在比不上我们每个人具有的心灵的意识的区间。维尔切克在这里肯定的是人类具有精神性的心灵，和客观宇宙是相关对应的，并真实超越和包含了宇宙真相的数量。同时，人类也能够认识到客观世界所包含的存在不同类别，从一个认知的无限过程，进行无限的科学认知、科学观察、科学实验和科学探索。

维尔切克认为我们需要在认识感觉上感受客观世界的全部，我们的视觉看到的是一定波长之光。但有些光波，有如无线电的电波，红外线，微波，紫外线到 X 光、伽玛线等都不为我们感知。但我们的头脑、思想和想象却可以超越天然的限制，进行科学实验的推论，来感受看不到的宇宙。

　　以上是维尔切克对西方主观和客观，对身体与所谓心灵之间关系的描述。他注重的是人的身体和宇宙之间的关系。人身体的大小包含着复杂性，也能察觉到宇宙存在的复杂性。他最后说明，人看到客观世界，不是创造客观世界，必须从上帝的超越的观点来理解这个世界，理解上帝创造世界的过程，理解人类存在的目标。

　　他特别提到，人的自由意志的问题。在他的理解之中，从人的身体到人的心灵，可说人的身体存在导向心灵的显现（emergence），心灵作为一个更高层次的出现，却是建筑在一定身体基础之上。这个说法，是一个典型的西方哲学的表象发生论（epi-phenomenaolism）的思考。他把宗教神学和物理科学看成两个不同层次的存在。然后才能实现他的二元存在相应之说。按照维尔切克的说法，如此认识客观知识的真理性，有一个重要的作用，即是让我们获得一种"重生"（born again）。也许就是一种宗教信仰或者一种形而上学的启示。我们依此来了解本体与客观宇宙与人的存在的关系，我们的生命也就有了新的意义与价值。此处，他所谓"重生"似乎既是新认知的关键和起因，又为新认知的效果与成效。但"重生"作为心智转向却必须要更进一步解说，也当是合理的要求。

　　为达到这个要求，维尔切克提出他注意到一个现象，就是他的外孙在幼时成长的过程中，具有好奇心，慢慢地认识到世界可以分为自我和非自我以及认识到自我可以控制的运动和自我不能控制的运动，包括自我的运动。客观事物的运动有不能控制的，我们作为宇宙一部分，也有不能控制的部分，我们却不能改变此一部分，但我们可以逐渐建立一个世界模型，即使一个婴儿也可以建立世界模型，理解自己的心灵感受和环境之下的经验为何。我们必须用心灵理解这个世界，我们必须知道这个世界有哪些基本的构成，具有什么样的法则。我们可以观察一个现象，但不能改变它。每个人对现象有不同的接受度，让人感受世界的存在也不一样。光可以分解成为单个的量子，每个量子不能被共享，每个人只能看到自己看到的世界，而不能看到别人看到的世界，我们的意识不能指挥他人的行动，只能就我们知道的意识单元来提出什么样的意识。这段话很关键，就是意识不能指挥绝大多数的行为，只能执行行动的无意识，只能执行无意识的单元。对于这个单元提供的报告，我们只能处理并描写。事实上，我们受到客观世界的影响，自己却毫无意识，我们将此看成自己的决定，不是将此理解成客观世界的决定。

维尔切克举出 TMS 技术（Trans-Cranial Magnetic），是一种技术能够刺激我们的左脑和右脑。有人可以用这个技术刺激我们的左右脑。当刺激右脑的时候，人就会开始左手的动作，刺激左脑，则右手开始动作。对一个人的大脑进行 TMS 技术，就可以看刺激头脑和手的动作，来预测人是如何动作。他注意到实验者往往可以改变被实验者的选择，让原来的选择改变成为实验者想要的选择。本来是右脑改变左手，实验者可以很快地在左右脑之间进行对换。在这个对换之下，被实验者也不知道何以左手动变为右手动，这种 TMS 的操纵变化，被实验者并不一定知道。更有趣的是，维尔切克指出，被实验者并不知道自己是一个被实验者，在被进行操纵。他反而会说，因为我改变了我的心意、我的决定，所以有不同的手的动作。

这个实验的意义何在？维尔切克回答说在于说明我们的身体和我们的头脑，都处于自我的一部分，不受到一个外在物质非自我的影响，但却和外在的世界联系在一起，因而不觉察外在事物的改变，而直接认定为自我的改变，我和外在事物化合为一。

维尔切克的结论是，我们必须改变我们一般的想法，不是我自由意志的改变，实际上是外在事物的改变引起我的改变。

对于维尔切克这个反对自由意志存在的论证，我们必须严肃地对待。人到底有无自由意志呢？人们往往做出一个决定，到哪里做什么或者不做什么，临时却突然改变了主意。康德论述这可能是自由意志的决定，因为人们可以拒绝任何外在的力量而坚持自己的主张而不悔，甚至宁可牺牲生命。人既是自然的一部分，可能承受外在的各种影响，但却不必屈服于外在的势力，不接受外在任何影响，这难道不是自由意志吗？

我和维尔切克的理解不一样的是：按照易学"天人合德"的观念，我与非我（也是我的心灵）和物质世界密切联系，外在世界改变人的存在，人的主体存在当然也能改变外在世界的存在。这对维尔切克来说似不可能，但由于人主体即天地的主体，我的行为动向自然也就是天地的动向，我的改变自然也就带动客观世界的改变。从逻辑学和中国哲学来说，这也是人的创造力的表现。再说人能够修己成德，成为有德性的人，也能自由选择地改变现实，实现人的理想，自然也要接受人的决定，成为人的一部分。维尔切克以客观自然为主，说人的意志行为是虚假的，是外在决定的。他等于否定了人的创造性和创造力，而不只是人的自由意志。这是与中国的易学相违背的。

我们不能否定人的自由意志行为、道德行善的伦理行为以及人的创造性的艺术行为。人的生活上的决策可以改变人的现实，因而也能够改变外在的世界，即使开始很微小，但星星之火可以燎原，这就是人的意志具有创造文明的力量。这个基本的道理以及必须预设的生命创造力，是中国易学哲学提供的，在自然生命的基础上发挥人的作用，也接受自然的作用。

维尔切克代表的"二元存在相应论"及物理知识表象发生学可以归纳为下面三点：

1. 让自然决定身体的行动，从上帝的眼光观察自然，产生二元主义，才能看到自然的规律性，也认识到人超越自然规律的精神性，以上帝的命令为主。

2. 从实验中表现的人的自由意志和行为都是由客观事实决定的，人不自觉地接受自然的改变，说成是自己的改变，主观服从客观，把自然的变化在细微的层次说成是自己的决定，这是假设了一个超越的自我。

但可以想象的是，量子的纠缠现象是客观量子与人的主体意识结合的一种效应。量子以意志或意识为中介相互串联是可以理解的。

3. 虽然维尔切克没有详论，量子物理中的粒子可能存在模式重叠（superimposition）现象形成的不定性，可以受到人类观察或测量的干扰而坍塌为一个固定常态是需要解释的。人类心灵的活动因素，是否能转化为物理可能性世界和概念固定性世界？由此可见人类心智理性化世界的作用。世界事物因人而起，人类如何善处世界万物及自我，成为人类生命最大的价值问题。于此我们不能不关注易学中孔子儒学的人文主义与伦理精神。

针对以上三点，我提出把自然的规律和人的意志看成是基于自然的生命的统一体。基于第一点，人的心灵意识与精神都是自然生化的一部分，如此的知识，是在更高层次的、复杂的存在方式上。这个存在方式具有相对的独立性和真实的理性自由，按照理想性做出符合要求的决定或者改变要求的决定。因而，不是自然给人的无意志的理想，反而是人的意识性行为可以补充世界，就像世界支持人的存在一样。这显示的是一个互补性原理，也更是创造性原理。

此处提出的观点是中国易学的基本态度，即孔子强调的人生态度，"人能弘道，非道弘人"①。人具有自由性、独立性，以道为主，有主动意志的决定力，能够自然行道，按照自己的德性独立地改变自然，创造更理想的以及更有价值的世界。这是生命存在的价值原理、价值规则，但都属于人的本体存在，而非依靠上帝的超越存在。这是中国易学和物理科学最大的理论差别。

---

① （清）刘宝楠撰，高流水点校：《论语正义》卷十八《卫灵公第十五》，中华书局，1990 年版，第 636 页。

三、中国易学本体论中的宇宙物理学

中国的易学出发点和科学的出发点是一致的，都是基于我们对自然的观察。我们观察的能力让我们认识到自然存在的物质世界。《系辞上》说伏羲氏"仰观天文，俯察地理，近取诸身，远取诸物"。伏羲氏这么做也有其外在的物质的原因。因为外在的现象会吸引人的注意力，人们去认识理解自然，进而与其深刻互动，发挥人的创造力，创造人的生活环境以及追求的理想的价值目标。伏羲氏建立了对自然宇宙的基本理解，为中国易学奠定了客观的基础，是有关自然生命的实在主义，也可说是有关自然真实的生命主义，甚至可说是理性的自然主义。这代表人类基于对自然的观察与认识，不只是感官的经验，也表现为合乎理性的整合，并进而形成一套哲学体系和可以运转的符号模型。人们通过对自然现象和规律的普遍认识，规划有意义的生活方式，并学习建造有利于生活的生产工具与文化活动，使易学成为规范伦理行为，保障群体生活的价值哲学，也成为管控过去与未来的策略计谋，解决各种忧患与无知造成的危机，尽可能地提携与发挥人作为人所具有的创造力和适应力，无论在何等处境都能突破困难，建立希望。

但要理解这样的易学生命观，我们必须注意到，人们必须持续与深入地观察宇宙以及持续不断地反思自我，不断地发挥宇宙与自我之间的互动关系。不管在感受、认知或预测、决策方面，更改错误并坚持自身认识真实的能力，不文过饰非，因而能在长期的观察中发现事物之间的规律性以及主客之间的连锁性。宇宙运行的道理往往深藏在不同时段的周期性中，而人类的智慧也必须经过多样考验才能结晶呈现。而不能只诉之短暂的几个例证。人类在狩猎时期，没有时间观察天地，只能靠人类自身创造环境来加强观察与反思自我的空间与时间。如此来看，人类从狩猎时期走向农业化时代，其意义不仅在采用农业为生而已，也在创造了可以更广大与更悠久的时空来观察天地宇宙与反思自我的属性，如此才形成对自然与自我知识的积聚以及两者的互动关联。我提出的羊文化时代，是华夏民族农业化过程最早期的文化转化期。在新石器时代后期，人们开始掌握动物世界，从狩猎过渡到畜牧，靠羊为生，进而创建农业世界，如此人们才能依靠积聚的对天地日月运行规则与周期的知识，从事农作物的生产。

《系辞下》记载伏羲氏观天察地，并用"伏羲氏"一词，显然绝非偶然，而是有重大的文化发展意义。伏羲氏作为一个氏族，大幅度地观察自然，不但获得有关自然客观的知识，也自然形成了一个重视整体性与变化性的宇宙本体观、阴阳五行的宇宙观以及人在天地自然之中的生命观与地位观。整体的宇宙概念是在多元差异中建立相互关联和依持的关系，形成一个动态的和谐系统的观点，而人生于天地，与天地同构，相互参与，也就具有天地的创造精神，因而创造了人类的文明。伏羲氏的立爻画卦就是一种创造，把宇宙的创生不息的起点与动态过程生动地呈现出来，并为人所用，进行无止境的创造活动。

华夏民族作为远古黄土高原的原著民在公元前 8000 多年进入农业时代，之前则有伏羲氏的羊文化时代。这里可能有一个更长的过渡期，是在狩猎时期对狗、牛等，进行长期观察，逐渐认识到不同动物属性是否可以驯化以作为人的助手，让人类从更多的劳动时间中释放出来。在广大的黄土高原，人们也利用农余进行发明创造，自我教育，同时也发展社会制度。这在《易传·系辞下》中均有说明，人类很多工具的发明，都是在羊文化背景中实现的。

人们从长期观察自然的过程中，认识到宇宙各种现象都具有最一般性的特色，即"一阴一阳之谓道"。所谓道是一个万物动态的生化消长循环过程，是自然天地日以继夜、年以继月的创造性的循环。因为在这一循环中，我们看到阴阳的对照以及两者循环的互动。这一现象与人类生活密切相关的观察与体验有关。但什么是阴？什么是阳？透过经验与观察，《易经》提出这样的认识与信息：阴是阴暗，静止与柔和，而阳则是光明，运动与刚强。这些属性都在我们生活中可以体证。由于这些属性，人们也感知到生命存在的本体为变动不居的气和能量，展示为热、光、力、电等。

生命的本体是一个能，有其根源，有其发展，有其凝聚成体或耗散为无的作用。如此则解说了所观察的现象的变化性，也体现了其内在的不断的本源性。有此理解，人们也就可以想象阴阳两气或两能相互运行的原理，并从此原理中推演万物运行的一般规律。对阴阳现象的描述逐渐推演出阴阳组合与分化的规则，是人们长期观察宇宙的自然成果。从《易传》到周敦颐、张载与王夫之以及近代的易学本体论都做出坚定的肯认。

宇宙的能（energy）是丰富的动力。这个动力在阳，表现为动、为光、为刚，能够产生新的状态，具有一种带动存在的物质活动作用。所谓阴，则是一种阴暗之能的存在，可说为一种自然深处潜在的能量，但却也有变成实际动力的可能。中国易学中描述为静的状态，但却可以转化为阳，正如阳可以转化阴一样，进行阴阳相互运动的生物体，其阳需要阴来滋润生命，而阴则需要阳的能量来带动生命。物质能量明与暗的区分则有类于太阴、少阴、少阳与太阳的分别，乃源于一个整体的能量概念的演化，是对生命发育成长过程的分析，而与宇宙创发生命的过程相应，这种相应性是人类经过长期观察而确立的，而且也自然形成创生力、孕育力、持久力、包含力及再生力。它们相互对应，彼此加持。这也都是我们从生活经验中体验到的。

生活中我们看到万物阳中要活动，阴中则需要休息。休息就是一种力量转化为发展的力量，力量需要有培养的阶段。阴阳就是在宇宙自然的环境中相互培养的自然力量。二者之间关系非常密切，虽不同，但不是必须冲突。自然中，阴阳的力量有的是在特殊情况中发生的，一般都是阴阳相互配合。阴需要阳带动转化为力的作用，阳需要阴来培育力量成为未来的动力，动需要静，刚柔相需，是一个整体的存在。这个整体的存在需要我们去寻找一个根源。这个根源就是《易传》所说的"太极"。太极包含阴阳，也包含阴和阳互动的时空模型以及它们之间相互规范的关系。这是自然运作的方式，也是宇宙基本的自然存在模式。

这个宇宙模型，我们可以简述为："易有太极，是生两仪，两仪生四象，四象生八卦。"① 再从八卦到六十四卦。这里所谓"易有太极"，是指笼统的宇宙变化的现象，是变动不居的现象。但变动又是规则性的，产生阴阳的互动。这是人们长期观察道所呈现的宇宙的整体现象，动态的变化就是所谓道。太极就是道，道就是太极。太极是道静的方面，道是太极动的表达，是同一个宇宙模型呈现出的阴阳的两个面。

在阴阳基础上，我们观察宇宙具体现象的发生。人们首先看具体物体的分类，有天地，有动物和植物，而动物和植物则可以再行演化，最后发展到人的诞生。但为什么有人这个复杂生命体的出现？这里不能不肯定一个持续的生命力的源泉概念，归之于无尽阴阳生命潜动力的作用以及其具有的"至善化"原理。这都可以看成宇宙自然阴阳内在化活动，以自然但符合理性逻辑的方式运转出来，人类生命的复杂性作为存在整体性的一个标志，必须来自天地万物所有存在的精华，尤其是人的心灵与精神意识更可以看成乾坤两性各尽其性的谐和创造。

人的复杂现象的呈现既非偶然，也非必然。就其结构而言，既非内在超越，也非外在超越，而是相对的内在外在的相互超越。因之，并不必非如维尔切克所要求的"重生"，去依靠一个西方上帝的创造主作为人类生命的源头，形成了本体二元论的矛盾。相反的，易学"天

---

① （三国·魏）王弼、（晋）韩康伯注，（唐）孔颖达等正义：《周易正义》卷第六《巽》，（清）阮元校刻：《十三经注疏》，中华书局，2009 年版，第 82 页。

地生人"和"人能弘道"的观点，更能提供一个内外一致的生命以及人类生命创生的理论诠释，因而开拓出人类创造性自我超越及完善的理想。

基于自然化的原理，我们看到易学说明太极衍生万物的过程不外乎自然数的架构。《易传》提出了一生二，二生四，四生八乃至任何 2 次方的数目，包含作为标示人类诸多处境的 64 卦。老子作《道德经》把《易经》太极创生论简化为更加自然的数列"一生二，二生三，三生万物"。其实这两者是同构的，作为存在层次是互通的。但《道德经》有一个重大的创意，就是提出了"无极"的概念，并提出"有无相生"的存在原理。这无疑也是一个洞见，对存在创发性提出可循环相生的诠释，对赋予阴阳之间的统一性与分化性也有说明的作用，构成中国本体诠释学的基本原理。

当然，两千年以来华夏民族从观察具体的事物作用之间的逐渐配合，最后归纳到以总体的宇宙根源为基础的本体之说或者落实到道上面，然后又聚精于本体根源的推演，形成一个观察与逻辑思维的循环，由此建立了中国易学本体宇宙论的体系，涵括宏观、中观与微观世界，其严谨性与系统性并不亚于西方近六百年建立的现代物理学。但两者的功能并不相同，对生命的启发也不一样，只有从价值论的观点来品鉴其个别的价值内涵，就人类个别体由人类群体组合来论证两者的互补性，并同时以个别体的角度发挥人类不断创造的能量。

维尔切克说幼儿观察生活世界的模型，然后会和自然有一种互动。这用在《易经》阴阳模型也是一样，阴阳模型中阴阳互动是彼此之间的关系。在这观察自然、观察自身，观察两者的紧密关系可以得到不同的结论，但最后却必须在总体的观察中去衡量人类的自由意志问题。

这个反思，在《易传·乾·文言》中表达了出来。人和自然作为阴阳的关系，人既是阴也是阳，和自然一样。人有主动性。按照这个标准，主动的乾刚开始建立刚阳，人主动的变化对自然来讲具有阳的一面。但相对自然之动，人可说为被动，这符合自然的规律，符合自然的天道。人遵守天道，不能离开阴阳二性。人服从自然，是自然的一部分。自然是主动，人是被动。人和自然的关系体现为阴阳互补，互为阴阳。这是中国易学获得的最大成就。

在另一方面，易学的《象传》却说明人的主动性和阳光性，《说卦》《序卦》及《杂卦》说明人和自然相互运动之中产生的共同现象，都有各自的结构，都有各自在整体中的地位。把《象传》与《象传》及其他各传整合起来，就形成了《易传》中的《系辞》，其中隐含着先后天太极图的认识，其太极概念包含阴阳统一，结合主观和客观、客体的天人合德合一的状态，是就知《易》者的理解来说的。用《乾·文言》的话来说："夫大人者，与天地合其德，与四时合其序，与日月合其明，与鬼神合其吉凶，先天而天弗违，后天而奉天时。"大人者与天地万物为一体，是说明人与天地的关系。在此一体的情况下，人就具有天地与阴阳的德，不是单方面受自然之影响，而是与天地相配合，同时发挥人的主动性与创发力。

《文言传》就是对《乾》卦阳的说明。我们可以说，乾卦在发挥人的主动性时，就能做到原初的存在状态，即"潜龙勿用"。人生既是主动，又是被动，人必须配合自然条件。在《乾》卦之第二个阶段，说明人和自然之间有一种认识。见龙在田，人自然有所挪动。人观察自然，进行理解，终至看见大人，产生新的活力和德行，更以大人为榜样，积极修持自己的德性，就成为九三的"终日乾乾"，反复修持以通天地之德，谨慎小心，可以如九四的飞鸟与池鱼一般学习飞腾与游泳，使自己最后能够变成大人，这就是九五的飞龙在天，自动自由地发挥生命的性能。《乾》卦教人不要永远地休养生息，要回归人的世界，掌控机会，发挥人的创造力。这也是生命发展的现象，以具有客观的主体的、主动的关系，解除客观的自然对人的限制。人和自然并不矛盾，在整体太极自然的时空，实现人与自然的互动，彼此影响，彼此充实，创造一个崭新的世界。自然时空的生生不息和人类生命的生生不息，同时提供了相互创生的价值实现，也就实现了两者本体性的互补与互含作用，体现了深沉的本体统一性。此一太极本体存在模型互动互补互含的关系，也说明了人的存在终极实现的需要与价值。

在这种认识连接之下，中国易学的创造性原理与现代量子物理学新发展的"再生"，显然显示两条完全不同而又可相互补充的路线。中国易学说明人的存在的地位，不是二元论的超越神学，而是本体一元论的生命学，不是机械主义的形而上学，而是生态主义的诠释理解学。维尔切克说的实验不能盖棺论定解说人的存在的主动性。人的存在有很多层次。人的根本存在，是道的存在，具有产生能量、思维、想象、创新的功能，有效地说明了人的历史文明的创造性，也开示了一个人类实现大同世界走向宇宙太空的远景。因此，我们更需要肯定人的意志之力，不是蓄意要否定合理化的自然决定论的诠释，而是自然决定的更高层次的人的创造力的发挥。人的自由代表自然的自由，我们转换自然的自由，包含了更多的价值。《系辞上》说："成性存存，道义之门。"《中庸》言："唯天下至诚，为能尽其性。能尽其性，则能尽人之性。能尽人之性，则能尽物之性，则可以赞天地之化育。"此亦正是所谓知行合一的儒家哲学的洞见。

四、重要结论

我在此重申互补性问题。有趣的是，维尔切克在《万物原理》中特别强调互补性的重要性。他在第十章说互补性是思维的拓展。这个说法，很有洞见。在 207 页，他举出物质活动具有不同的互补性，认为科学中互补性，表现在波尔提出的光的粒子状态和波动状态的互补性。我们对整体的光的认识，必须认识到光是粒子，也是一种波的存在。这在实验中我们可以看到，一个存在物的本身具有互补性，具有阴阳的关系。看得见的是阳，看不见的是阴。我们一般看到的是粒子，在整体的光环中，光也同时以波形方式存在，光本身就具有阴阳存在的两种倾向，既是现实的，也是潜在的。潜在是波，现实就是粒子。反之亦然。

基于观察，也基于逻辑，一个存在体既是它自己，又不是它自己，但并不否定它自己，而是另外一种存在的状态。一般逻辑上把有和无当成矛盾。从互补理论看，有与无的互补性，见之于有不是对无的否定，而是对无的补充。

这就呈现了中国哲学上对有无认识的观点，无的存在是潜在的基础，没有这个基础，宇宙不可能生生不息。老子提出无与无极的概念，把无极看成一个生命的滔滔不绝的本源。这个本源发挥为有的真实的活动。无极就是太极，两者合称为一个包含阴阳互补互含的本体性。维尔切克也说明粒子中的互补性。就位置和速度的关系而言，我们不能同时看到速度和位置。但客观来讲，速度和位置同时存在，只是我们的观察本身具有选择性，受到限制不能同时看到位置和速度，但位置和速度不是不可以同时互补共存的存在。

概言之，互补性有不同层次，基本粒子与原子层次，原子和细胞层次，细胞和生命体层次，个体生命和集体生命层次，人和世界层次，各层次都具有互补性。互补性不只呈现为一种结构的差异，也呈现为宇宙的不同变化的差异。我们只有从内在与外在的不断相互的超越与包含的观点中，才能理解其内涵的丰富性以及其范围的无限性，不但超越矛盾，更能体现宇宙存在的丰富价值。

艺术与现实也具有互补性，这并不一定关系到客观的规律。像音乐一样，绘画也是如此，同时产生旋律。它们虽然只是一些元素组成，但表现出来的却是生活中活泼的自然风景和人物。肯定这一点，维尔切克回味到人的主动性，认识到自然和人的存在的生态。在这一点上，他似乎在静默中，走向《易传》追求天人的整体，实现了另一种

"重生"。①

总的来说，中国易学提供了人们对宇宙的认识，既有包含性、预测性、丰富性，也兼顾人的多方面的发展，并具有积极帮助人发展的基本性质。从这个意义上讲，易学是中国哲学的源头活水，也应该是所有哲学最后的归宿。因此，我们在哲学上，必须回到易学的宇宙创化论架构，并发展这个架构具有的丰富本体内涵，因为本体宇宙结构显现宇宙创化体用的互动性和物理自然的互补性与互含性。对这样方面的认识，就是我说的本体的诠释，就是以《易经》与《易传》作为基础，让易学经过诠释而展现出一个富有生命力的宇宙论，助长我们产生理解世界的新智慧与新眼光。不但认识到两种宇宙观的互补性，也认识到量子存在之用，更认识到生命存在之本，以及两者之间的互补相含的存在关系，不陷于一偏，反能综合两者来创造更理想的既融汇知识规范又享有自由精神的人生与世界。

作者单位：美国夏威夷大学

---

① 关于互补性，我们可以细心研究，通过互补性，进行理解事物之间的关系，理解它们之间的准确性和超脱性关系，甚至可以运用在所谓人工智能方面，实现万物存在的多元性。知识说明人工智能是人的智能的作用。人的智慧和机器是否具有人的意志？如果没有人的意志，机器则只是人的工具。如果机器真要变成人，则需要自然的环境中的更深潜能的作用。这个更深潜能如何接上去？从人类历史来讲，这样的潜能来自长远的自然，人只能在自然中创造智慧，体现本体而无法掌握存在的本体。

《周易》古经德治思想的构建与
殷周之际人文意识的觉醒

李圣强

摘要：卜与筮在殷商之前，当皆已有相当长的历史。卜在殷商后期特盛，筮则大兴于殷末周初之后。有学者认为筮由卜来，文王演《易》时仿效过卜，卦爻辞是仿颂而作。卜与筮同为神道思想下的产物，比较言之，卜立足于神道思想之绝对权威，筮则诚如《系辞传上》中所言"人谋鬼谋，百姓与能"。殷周之际，卜筮系统的变革彰显了由绝对神权而人智参半，由神道演进到人道的自然趋势。西周代商，时代精神丕变，人文意识觉醒，帝的信仰发生了新的变化，时代的主题也开始由听命于神而转向于人。周人创造性地提出了"天命靡常"思想，并将天命转移的枢纽系在"德"之上，周人用"德"的兴废存亡解释了夏、商、周三代政权的更替。《周易》古经是参与国家治理的"王者之书"，周人视"德"为影响王权合法性与持久性的核心要素，而《周易》则是周人践行德治思想的重要载体。

关键词：《周易》古经 德治思想 人文意识

殷周之际的一个重大变化就是人文意识的觉醒，人神关系中，人的价值得以凸现，"人"在与"天""神"的相对关系中逐步占据了更为重要的位置。殷周之际，卜筮系统的变革彰显了由绝对神权而人智参半，由神道演进到人道的自然趋势。通过文王演《易》，掌握在殷人手中与天地鬼神沟通的渠道转移到周人手中，周人进而真正掌握了与天沟通的权利，文王通过演《易》，融通其不同于殷商的政治思想、天命思想于新的易筮系统之中应该是可能的事情。《周易》古经的德治思想，民本思想是基，周人治国理政主体思想中的孚信于民的意识、让利于民的意识、明德慎罚的意识、忧患意识、修德思想、教化思想等则是民本思想的具体体现，这在《周易》的卦爻辞中有较多的体现。

一、殷周之际卜筮系统的变革

殷周时期，卜筮本身是法度礼仪的组成部分，是崇敬天地之道的礼仪程序，是直接为君王服务的，具备了天然的神秘性、神圣性与权威性。卜筮的目的是探测鬼神的意旨，观察祸福的征兆，为君王的决策提供依据。

卜与筮都是人与神沟通的途径、方法，人借卜筮与鬼神、与天相通，《说文解字》："天神，引出万物者也。"① 卜中之兆、筮中之象，都是鬼神所示，也就是天之所示。蓍与龟在神道思想之下，均被以"天生神物"视之，《系辞传上》云："探赜索隐，钩深致远，以定天下之吉凶，成天下之娓娓者，莫善乎蓍龟。是故天生神物，圣人则之。"② 龟和蓍因为其寿命久长而被古人视为灵物、神物，有所谓"蓍神龟灵"之说。《礼记·曲礼》疏引刘向曰："蓍之言耆，龟之言久。龟千岁而灵，蓍百年而神，以其长久，故能辨吉凶也。"③ 有学者推断，龟甲早期用于

---

① （汉）许慎撰，（宋）徐铉校订：《说文解字》，中华书局，2013年版，第2页。
② （清）李道平撰，潘雨廷点校：《周易集解纂疏》，中华书局，1994年版，第604页。
③ （汉）郑玄注，（唐）孔颖达等正义：《礼记正义》卷第三《曲礼上·礼记》，（清）阮元校刻：《十三经注疏》，中华书局，2009年版，第2709页。

卜，或是因为其上圆下方的形象，是古人心目中的天圆地方之象，这是其独特的先天条件，所以，龟甲更容易被视为"天生神物"，作为"天生神物"的龟甲用作交通人与天地鬼神的卜法在当时是理想的选择。

卜与筮存在着诸多差异，首先是二者选用材料的不同，卜用龟，筮用蓍。其二是从出现和应用的时间上看，卜早于筮。迄今出土的甲骨文中，"卜"字常见，但并未见筮术的痕迹，"筮""蓍""卦"三字亦均未见。其三是卜与筮论断吉凶的方法不同。卜的占断简洁明了，卜的方法是先灼龟得兆，然后根据兆象则可立判吉凶。《周礼》载："其经兆之体皆百有二十，其颂皆千有二百。"①区分不同的兆象，事先确定好何为吉、何为凶；颂是事先规定好了的利、不利、得、不得等断语。龟卜以钻龟取象，其裂痕乃自然形成；灼龟生兆也是天然的过程，人力基本无可参与。蓍筮以揲蓍求卦，人参与和涉及的因素比较多，蓍筮多了人的推算，判断吉凶要根据卦爻象上的道理，要根据卦爻辞的启示，还要根据占问者的立场以及所占事情的性质做出综合判断，更要受主筮人（即占断者或卜史）的能力与识见的影响。卦爻象的吉凶只是客观标准，在具体事情上的吉凶判断要受主观因素的影响。

清初学者王夫之在分析龟卜、蓍筮同异时说："大衍五十，而用四十有九，分二挂一，归奇过揲，审七、八、九、六之变以求肖于理，人谋也。分而为二，多寡成于无心不测之神，鬼谋也。"亦说"若龟之见兆，但有鬼谋而无人谋。"②龟卜凭其兆象断吉凶，只有"鬼谋"而无"人谋"。蓍筮按照一定的法则求得卦象，此为"人谋"；任意分而为二，多寡成于无心，乃"鬼谋"也。

《洪范》是纣之遗臣箕子于武王得国后向武王陈述的一篇治国安民之策。箕子提出了"洪范九畴"，曰："初一曰五行，次二曰敬用五

---

① （汉）郑玄注，（唐）贾公彦疏：《周礼注疏》卷第二十四《大卜》，（清）阮元校刻：《十三经注疏》，中华书局，2009 年版，第 1733 页。

② （清）王夫之撰，李一忻点校：《周易内传》，九州出版社，2004 年版，第 335 页。

事，次三曰农用八政，次四曰协用五纪，次五曰建用皇极，次六曰乂用三德，次七曰明用稽疑，次八曰念用庶征，次九曰向用五福，威用六极。"① 而且还说这"洪范九畴"是上天赐给夏禹，从夏朝一直传下来的。其中的第七畴"明用稽疑"如下：

> 七、稽疑：择建立卜筮人，乃命卜筮：曰雨，曰霁，曰蒙，曰驿，曰克，曰贞，曰悔，凡七。卜五，占用二，衍忒。立时人作卜筮，三人占，则从二人之言。汝则有大疑，谋及乃心，谋及卿士，谋及庶人，谋及卜筮。汝则从、龟从、筮从、卿士从、庶民从，是谓之大同。身其康强，子孙其逢吉。汝则从、龟从、筮从、卿士逆、庶民逆，吉。卿士从、龟从、筮从、汝则逆、庶民逆，吉。庶民从、龟从、筮从、汝则逆、卿士逆，吉。汝则从、龟从、筮逆、卿士逆、庶民逆，作内吉，作外凶。龟筮共违于人，用静吉，用作凶②。

郭沫若先生在《中国古代社会研究》一书中，将以上内容做成图表，便于分析与观览。刘源先生也根据上述内容作图表如下：

《尚书·洪范》龟筮从逆表③

序号	王	卿士	庶民	龟	筮	吉凶
一	从	从	从	从	从	大同
二	从	逆	逆	从	从	吉
三	逆	从	逆	从	从	吉

---

① （汉）孔安国传，（唐）孔颖达等正义：《尚书正义》卷第十二《洪范》，（清）阮元校刻：《十三经注疏》，中华书局，2009 年版，第 398 页。

② （汉）孔安国传，（唐）孔颖达等正义：《尚书正义》卷第十二《洪范》，（清）阮元校刻：《十三经注疏》，中华书局，2009 年版，第 404~405 页。

③ 吴丽娱主编：《礼与中国古代社会》先秦卷，中国社会科学出版社，2016 年版，第 113 页。

续表

序号	王	卿士	庶民	龟	筮	吉凶
四	逆	逆	从	从	从	吉
五	从	逆	逆	从	逆	作内吉，作外凶
六	从	从	从	逆	逆	用静吉，用作凶

这个图表是那个时代天人关系的写照与反映。王有重要疑难疑问之时，在自己思考之外，不但要征询群臣（卿士）和民众（庶民）的意愿，更要通过卜筮探知天命神意。而图表中的六种情形最突出的一点是反映了神意的高度权威性与王对神意的遵从性。第三种情形，虽不合王心，但卜筮吉，那事情仍然可行。第五种情形，王既无臣、民之支持，又是卜从筮逆，神意也并不完全支持。这种情况下，如所卜之事为祭祀、冠、婚等诸如此类之内部事务，尚属可行；如所卜是征伐等对外行动，则绝不可为，即所谓"作内吉，作外凶"。第六种情形，卜筮均逆于王、臣、民之意，人意与神意完全相悖，在此种情况下只能遵从神意，即"用静吉，用作凶"。高怀民先生根据此段记载，认为可以看出"神道的权力在衰退"，似乎不妥，他认为："这里面决疑的条件有五，卜与筮只占后二，前三个是：乃心、卿士与庶人。'乃心'是自己内心的思考决定，'卿士'是大臣们的意见，'庶人'是人民的意见，这三项都是理智的抉择，显然神道的权利在衰退，人智的力量在兴起。"[1]并据此认为："我们只要想一想商代卜法下那种一切听命于鬼神的情形，与此作一比照，便知道周初这一份史料在时代思想的转变上是多么的重要了。"[2]高怀民先生因为卜与筮被置于决疑的五个条件中的最后二个，便认为可以体现卜与筮在决疑过程中地位的降低，神道权力的衰退，似乎

---

① 高怀民：《先秦易学史》，广西师范大学出版社，2007年版，第148页。

② 高怀民：《先秦易学史》，广西师范大学出版社，2007年版，第149页。

讲不过去。统治者遇到大事之时，自己所作的思考与判断，称之为"谋及乃心"；"谋及卿士"则是指与大臣卿士们商议；"谋及庶民"则是指向黎民百姓征询建议；人谋的时候，谋自己，谋卿士，谋人民，这是一个重要性逐步提高的过程，不是逐步降低的过程，当人谋也即人的能力范围无法决疑的时候，最后"卜以决疑"，求问于鬼神，最终还是要通过卜筮与鬼神进行沟通，这应该体现了卜筮之重、神道思想之重。而其中"龟筮共违于人，用静吉，用作凶"①之论，更是体现了人们对神意的绝对信仰与服从。而将此段文字视作体现周人时代思想的重要转变也似乎不妥，这段文字毕竟来自纣之遗臣，认为它体现了殷人思想似乎更为妥帖，相对于周人，殷人对鬼神更为信仰与服从。殷商时代是神道思想鼎盛的朝代，是一个神学信仰弥漫的时代，可以从甲骨卜辞得到证明，人们对卜所示，毫不犹豫，唯是听命行事，人包括王在内的所有人的力量、价值与作用隐而未彰。一切听命于神，成为时代的主旋律。殷商末期，殷纣之逆天暴物"慢于鬼神"，不完全是殷纣个人之行为，应是神道思想趋衰的表征，说明神道思想在人们心目中已生动摇。到了周兴，虽表面上仍然打着天地鬼神的招牌，实际上人心中对鬼神信仰的热诚，已大不如殷人之强烈。

对于卜辞与易筮的联系与区别，李镜池先生于其《周易探源》一书中有过总结，如下：

1. 卜辞与易筮，都是占卜的记载，都有贞兆之辞。

2. 卜辞有卜辞的贞兆术语，周易有周易的贞兆术语，虽或相似，而大较则不同。

3. 卜辞贞兆的次序，是很规则的，先贞后兆，很少例外。周

① （汉）孔安国传，（唐）孔颖达等正义：《尚书正义》卷第十二《洪范》，（清）阮元校刻：《十三经注疏》，中华书局，2009年版，第405页。

易则贞兆之次序极不规则，先兆后贞的例很不少。这种现象，依情理来判断是不合的。而且往往几个兆辞连叠，而意义相反。我们根据卜辞体例，可以确定，周易筮辞，是由后人编纂而成，集许多材料，编成一书，供占者参考。

4. 卜辞是贵族的，占卜的是王或史官。周易也是贵族的，但除王大人君子外，还有小人、幽人、妇女等，范围较广。

5. 我们可以根据卜辞探究出周易一部分的真相来，虽则它的全貌没法得到。我们相信这种比较研究是极重要的。

6. 近人有推测周易出于殷人的说法。我们根据种种比较，周易虽与卜辞同为占卜之辞，而彼此差别很大，不会同出一源。周易毕竟还是周民族的占书。

7. 占筮的范围，和卜辞相近；但它所反映的社会生活，比卜辞的时代古远；而所记故事则又后于卜辞。思想意识则更后了，当在西周末年①。

卜与筮在殷商之前，当皆已有相当长的历史。卜在殷商后期特盛，筮则大兴于殷末周初之后。有学者认为筮由卜来，文王演《易》时仿效过卜，卦爻辞是仿颂而作。卜与筮同为神道思想下的产物，比较言之，卜立足于神道思想之绝对权威，筮则诚如《系辞传下》中所言"人谋鬼谋，百姓与能"②。殷周之际，卜筮系统的变革彰显了由绝对神权而人智参半，由神道演进到人道的自然趋势。

---

① 李镜池：《周易探源》，中华书局，2007年版，第89页。

② （清）李道平撰，潘雨廷点校：《周易集解纂疏》，中华书局，1994年版，第682页。

二、周初人文意识的觉醒

殷周之际的一个重大变化就是人文意识的觉醒，人神关系中，人的价值得以凸现，"人"在与"天""神"的相对关系中逐步占据了更为重要的位置。

《礼记·表记篇》有一段话记载了孔子关于夏、商、周三个时期对神的不同态度：

> 子曰：夏道尊命，事鬼敬神而远之，近人而忠焉，先禄而后威，先赏而后罚，亲而不尊，其民之敝：蠢而愚，乔而野，朴而不文。殷人尊神，率民以事神，先鬼而后礼，先罚而后赏，尊而不亲，其民之敝：荡而不静，胜而无耻。周人尊礼尚施，事鬼敬神而远之，近人而忠焉，其赏罚用爵列，亲而不尊，其民之敝：利而巧，文而不惭，贼而蔽①。

夏人与周人同为"事鬼敬神而远之"，夏、周二代的差别在于，夏人"尊命"，周人"尊礼尚施"。夏代，神道思想萌芽初兴，夏人自然尊天命而行事；周代，神道思想趋衰，周人对鬼神信仰的热诚已不如殷人之强烈，人智萌生，人的地位逐渐上升，武王对会师于孟津的诸侯们说："惟天地万物父母，惟人万物之灵。"②周初之礼法制度也渐趋成熟，所以周人"尊礼尚施"。殷代，为神道思想之鼎盛时期，当时天神、地祇、人鬼的地位是至高无上的，甲骨卜辞有很多相关记载，所以殷人

---

① （汉）郑玄注，（唐）孔颖达等正义：《礼记正义》卷第五十四《表记第三十二》，（清）阮元校刻：《十三经注疏》，中华书局，2009年版，第3563～3564页。

② （汉）孔安国传，（唐）孔颖达等正义：《尚书正义》卷第十一《周书·泰誓上》，（清）阮元校刻：《十三经注疏》，中华书局，2009年版，第382页。

"率民以事神"①。到了殷代末期，神道思想的地位渐趋动摇，殷纣的逆天暴物也加剧了神道思想的衰落，周初神道思想仍兴但已不如殷商之强烈，人道思想开始萌芽并趋强。所以，夏、商、周三代，神道思想历经了由初兴，而盛，而衰的过程。

谈到商周时期人神关系的变化，还有一个不能回避的问题就是尊崇神祖二元与法先王。侯外庐先生说："中国古代史里有一个最特殊的问题，它的严重的程度是希腊罗马所没有的，这便是'先王'问题。"②

效法先王在商周时影响极大，但两个朝代在法先王的思想上有着明显的差异。在商人心目中至上神与祖先是同等重要的，没有多大的差异。张广直先生说："我们不妨进一步的假说：上帝的观念是抽象，而个别的子姓祖先代表其实质。换言之，在商人的世界观里，神的世界与祖先的世界之间的差别，几乎微到不足道程度。"③

到了西周初年，周之统治者将至上神与祖先明确区别对待。周代初期将神祖二分的更重要结果之一，就是必然要突出周朝统治者的祖先，即各位"先王"在祭祀以及其他方面的作用④。王新春教授亦分析说："西周代商，时代精神丕变。周初当政者，透过冷静沉思和总结王朝更迭的经验教训，得出以德为灵魂的天命转移观念。在这一观念下，帝的信仰发生了新的变化，时代的主题也开始由听命于神而转向于人。"⑤

张广直先生进一步说："我们要记得，周是从同一个而且是唯一的上帝的手中把商人的天下夺过来的……另一方面，上帝与子姓始祖的合一性被切断，神的世界与祖先的世界成为两个不同的世界。周人祖先的

① （汉）郑玄注，（唐）孔颖达等正义：《礼记正义》卷第五十四《表记第三十二》，（清）阮元校刻：《十三经注疏》，中华书局，2009年版，第3563页。

② 侯外庐：《中国古代社会史论》，河北教育出版社，2000年版，第200页。

③ 张广直：《中国青铜时代》，生活·读书·新知三联书店，2013年版，第427页。

④ 王灿：《"法先王"思想与周代的特殊关系考》，《牡丹江师范学院学报》（哲社版），2009年第6期。

⑤ 王新春：《易学与中国哲学》，人民出版社，2012年版，第27页。

世界为人间的主宰，一如上帝为神间之主宰。两个世界的关系，不是绝对不变的，古天命不是恒常不变的。有德者亦有天命有王权。自然，照周人的说法，周人是有德的，是受有天命的。"① 也就是说，西周王室虽有天命，是天子，而上帝所以授天命于周是有鉴于周人之德。

商朝与周朝时期对于祖先和至上神的不同的对待在《诗经》也有反映，《诗经》中的《商颂》和《周颂》反映了当时祭祀制度。《商颂》中反映的商人对"神"的强烈敬畏和崇拜与《周颂》中反映的周人对先王的崇拜与敬仰形成了鲜明的对比。贯穿《周颂》三十一篇的主题是对周历代先王丰功伟绩与德性的歌颂与赞美，而对"神"的提及相比于《商颂》则明显减弱，周人对祖先的崇拜远远超过了对"神"的崇敬。殷人是失败者，周人是胜利者，周人作为胜利者为维护其统治秩序之需要，褒贬殷人在所难免；文王、周公在儒家心目中是至高至大之形象，是儒家经典中的至高圣贤，周人及后世儒家对文王、周公的极度颂扬应该是刻意而为，这当然不可避免地存在着周人刻意"神化始祖"的可能性。而周人这样做的目的可能就是为周之政权取代殷之政权寻找合法性的依据，而寻找依据的方向则落实在先王之"德"上。

三、"德"是影响殷周之际王权合法性的核心要素

殷商神权至上的人文思想世界在殷周之际发生了剧变，周人在夺取天下的过程中，循序渐进地将至上神与祖先区别对待，周人祖先在祭祀以及管理国家事务中的作用一步一步地凸显出来，周人"先王"之"德"也愈加显现出来，这就为周人取代殷商做好了理论上的准备，即以"德"为灵魂的天命转移观念成为西周代商的理论根据和时代精神。以周公为代表的统治者开辟了一个全新的不同于殷商的新的人神关系与

---

① 张广直：《中国青铜时代》，生活·读书·新知三联书店，2013 年版，第 429~430 页。

神学信仰,在王朝更迭的同时,思想文化领域发生了重大转型,并衍生出中国政治思想文化领域的一系列基本价值理念。

殷商时期还没有足够认识到"德"对于王权合法性、王权持久性的重要性,殷人对于"德"在治国理政中的作用,其认识是比较肤浅和朴素的。周人已经认识到上天对万民之王的权力赐予不再是无条件的、理所当然的,而是有条件的、有选择的。周人坚信文王之"德"是其膺受天命的主要原因,"德"已经被视为影响天命转移的核心因素,正是在这个地方,显示了周人"德"观念的进步性。

周人创造性地提出了"天命靡常"思想,并将天命转移的枢纽系在"德"之上,即天命并非一成不变地保佑与维护统治者已有的政权,而是会依据统治者的"德行"进行取舍转移,也就是说"皇天无亲,惟德是辅"①。周人很聪明地用"德"的兴废存亡解释了夏、商、周三代政权的更替。统治者是否有德是决定政权兴替的重要因素,夏商之亡国,是因为其末代统治者"不敬厥德"②导致上天厌弃他们,"非天庸释有夏,非天庸释有殷"③。王国维先生说:"周自太王以后,世载其德,自西土邦君、御事、小子,皆克用文王教,至于庶民,亦聪听祖考之彝训。是殷、周之兴亡,乃有德无德之兴亡。故克殷之后,尤兢兢以德治为务。"④周人"以德配天"的思想,实际上将统治者是否"有德"宣扬为左右天命的决定性力量,是天命转移的根据所在,相比于商纣王的恶德丑行,文王的高尚德操是其膺受天命的前提条件,在周人看来文王因其

---

① (汉)孔安国传,(唐)孔颖达等正义:《尚书正义》卷第十七《蔡仲之命》,(清)阮元校刻:《十三经注疏》,中华书局,2009年版,第484页。

② (汉)孔安国传,(唐)孔颖达等正义:《尚书正义》卷第十五《召诰》,(清)阮元校刻:《十三经注疏》,中华书局,2009年版,第452页。

③ (汉)孔安国传,(唐)孔颖达等正义:《尚书正义》卷第十七《多方》,(清)阮元校刻:《十三经注疏》,中华书局,2009年版,第486~487页。

④ 王国维:《观堂集林》卷第十《史林二·殷周制度论》,《王国维全集》第八卷,浙江教育出版社,2010年版,第319页。

"德""得天命"进而得天下，在当时的社会条件下合理地解释了殷亡周兴的重大政权革命，化解了"小邦周"代"大邦殷"后周人新政面临的种种危机，而这其中最大的危机就是周代商的合法性危机。这样就使民众特别是殷商遗民从思想上接受了周人的统治，有力地维护了周初政治社会局面的安定。

殷商的灭亡让周初统治者对于天人关系有了新的认识，在敬天的同时，提出了保民的思想，这是周代的一大历史贡献。如何保民呢？周人提出了明德慎罚的执政理念。明德就是要求获得天命授权的君王要想长期维护王权就必须要克制自己的私欲，检点自己的行为，勤政，用贤与慎罚，从而最终体现了对民的重视。周人认识到了天命的改变与民心的关系，"民之所欲，天必从之"①"天视自我民视，天听自我民听"②"王其德之用，祈天永命"③"欲王以小民，受天永命"④，敬天、重德、保民是天命常有之根本。

由尧而舜、由舜而禹的权力转移是授德尚贤的禅让方式，传贤而不传子，是以"禅"为中心内容的唐虞之道，尧而舜而禹，形成了一个一脉相承的圣王秩序系列，权力转移的标准、过程和结果皆是以贤、德为核心的，其政权转移的合法性是自然而然的，这种权力的转移模式是天人关系和谐的极致，是理想政治世界的极致。汤和文王、武王是另一种类型，他们是通过征伐而非禅让的方式得到政权，虽然他们获得政权的目的是为了恢复被破坏了的由尧、舜、禹所奠定理想的政治秩序与天人

---

① （汉）孔安国传，（唐）孔颖达等正义：《尚书正义》卷第十一《周书·泰誓上》，（清）阮元校刻：《十三经注疏》，中华书局，2009年版，第384页。

② （汉）孔安国传，（唐）孔颖达等正义：《尚书正义》卷第十一《周书·泰誓中》，（清）阮元校刻：《十三经注疏》，中华书局，2009年版，第385页。

③ （汉）孔安国传，（唐）孔颖达等正义：《尚书正义》卷第十五《召诰》，（清）阮元校刻：《十三经注疏》，中华书局，2009年版，第453页。

④ （汉）孔安国传，（唐）孔颖达等正义：《尚书正义》卷第十五《召诰》，（清）阮元校刻：《十三经注疏》，中华书局，2009年版，第453页。

关系，但其政权获取的合法性不是自然而然的，其权力转移过程的合法性是面临着诸多疑问与挑战的。

而周人对政权合法性的宣传既面向殷商遗民，又面向周之臣民，但其目的却是殊途同归。傅斯年将《尚书》相关篇章中关于政权合法性的宣传归结为："在反面则畅述殷王何以能保天之命，其末王何以失之，在正面则申说文王何以集大命于厥身。以此说说殷遗，将以使其忘其兴复之思想，而为周王之荩臣也；以此说说周人，将以使其深知受命保命之不易，勿荒逸以从殷之覆辙也；以此说训后世，将以使其知先人创业之艰难，后王守成之不易，应善其人事，不可徒依天恃天以为生也。"①

小邦周通过武力征伐的方式取代大邦殷，而且周人对政权、疆域和臣民的理解与认知比殷商又前进了一大步，"溥天之下，莫非王土；率土之滨，莫非王臣"②，所以周比起其以前的任何时代都看重政权的合法性，《尚书》之《大诰》《康诰》《酒诰》《召诰》中充满着周人对政权合法性的自觉与看重。

周人已经认识到政权合法性的核心集中在两个方面，一个是至高无上的天，一个是人间的德，而天与德又不是分离或背离的，是紧密地联系在一起的，天与德在这一方面是统一的。周统治者提出"天命靡常"，说明周统治者已经认识到了政权的所谓合法性与正当性是动态的，天命不是永久不变的。要巩固王权，要获得上天长久之眷顾，就必须"惟德是辅"，所谓"若德裕乃身，不废在王命"③，"德"就是"天命靡常"、政权转换的根本依据。

依靠武力征伐取得政权以后，如何实现政权的稳定性与长期性，是

---

① 傅斯年：《中国现代学术经典》傅斯年卷，河北教育出版社，1996 年版，第 82 页。

② （汉）毛公传，（汉）郑玄笺，（唐）孔颖达等正义：《毛诗正义》卷第十三《北山》，（清）阮元校刻：《十三经注疏》，中华书局，2009 年版，第 994 页。

③ （汉）孔安国传，（唐）孔颖达等正义：《尚书正义》卷第十四《康诰》，（清）阮元校刻：《十三经注疏》，中华书局，2009 年版，第 431 页。

新的王权迫切需要解决的问题。为从舆论上获得前朝遗民以及臣民的支持和拥戴，新的王权通过攻击前代之暴虐失德从而为新的王权提供合法性是一个有效的方法与策略，历史上的重要人物和重大事件都有可能被新的统治者根据政权稳定的需要而进行加工和改造。陈来先生认为："从早期禅让的政治文化传统，到夏商两代，在君权神授观念的同时，也都保留了由君主领袖的美德和才智来建立政治合法性的传统。"① 根据历史文献的记载，商、周两代均以修德夺取天下，这其中虽然有后世的统治者根据统治的需要对历史加工的部分，但这也正好说明了历代统治者将德作为王权合法性的重要一面，而且当政者自身也致力于修德厚民从而争取民心，因而"德"顺其自然被认为是影响政权转移的重要因素之一。通过对《周易》古经形成时期的人文语境的分析，可以得出结论，"德"的观念始出于周之前，但大盛于周，可以认为周人宣传"德"的思想有其政治上的考虑。周人对德的重视，对商纣暴虐的强调，应该是基于对殷周革命的反思，对周初政治形态的担忧。

四、《周易》古经德治思想的构建

远古之时，人与天神的沟通交流，被巫觋掌握，即所谓通天者"在男曰觋，在女曰巫"②。《周易正义》孔颖达疏曰："史谓祝史，巫谓巫觋，并是接事鬼神之人也。"③。"巫""史""祝"可以说是中国有文字传世以来最早的知识人与思想者，是神与人之间的"中介人"，负责沟通天地神人，也是代王行使神权的人。其职能应该是双重的，一方面用祭祀仪

---

① 陈来：《古代宗教与伦理》，生活·读书·新知三联书店，1996年版，第293页。
② 徐元诰集解，王树民、沈长云点校：《国语集解·楚语下第十八》，中华书局，2002年版，第513页。
③ （三国·魏）王弼、（晋）韩康伯注，（唐）孔颖达等正义：《周易正义》卷第六《巽》，（清）阮元校刻：《十三经注疏》，中华书局，2009年版，第142页。

式沟通神界，用占卜方法传达神的旨意，另一方面将占卜结果和人的愿望记载下来，映证神的旨意并传之后世。巫觋政治为远古政治之特色，而其中最突出的是"巫""史""祝"对人神沟通权力的垄断。巫觋掌管了祭祀活动、卜筮活动，垄断了人与神之间相互沟通、对话的权利，垄断了宣达天意的权力。这个时期的国家管理也可以算是一定程度上的政教合一。

但到了颛顼时代，出现一个重大的改变，《国语·楚语》曰："乃命南正重司天以属神，命火正黎司地以属民，使复旧常，无相侵渎，是谓绝地天通。"①《尚书·吕刑》也谓："（颛顼）乃命重黎绝地天通，罔有降格。"②逄金一先生说："颛顼时代正处于早期国家的形成过程中，世俗的权利正在趋向集中。'绝地天通'意味着在世俗权利与巫的斗争中，前者获得了胜利。在'绝地天通'之前，通天以及祭祀上帝是巫之事，而在这之后，世俗首领禁止巫再通天，同时任命南正重'司天'，命火正黎'司地'，祭祀天、地的权利为其所垄断。""也就是说，把天地之间的通达之事'收归国有'了。"③也就是说，自此开始，王把控了与"天"的沟通，掌握了"通天"的权利，承负天的意志与责任，拥有神秘的力量。王与天沟通时是通过祭祀、占卜进行的，祭祀的进行还需要"巫""史""祝"来完成。"巫""史""祝"从人与神沟通的垄断者变为王与神沟通的执行者了，巫觋文化也进而发展为祭祀文化，与祭祀文化相关的祭祀礼仪则衍生出维护国家与社会秩序的整个规范体系"礼"，巫觋的使命进而逐渐转变成为王权的统治活动进行服务。

通过文王演《易》，掌握在殷人手中与天地鬼神沟通的渠道转移到

---

① 徐元诰集解，王树民、沈长云点校：《国语集解·楚语下第十八》，中华书局，2002 年版，第 515 页。

② （汉）孔安国传，（唐）孔颖达等正义：《尚书正义》卷第十九《吕刑》，（清）阮元校刻：《十三经注疏》，中华书局，2009 年版，第 527 页。

③ 逄金一：《中国风尚史》先秦卷，山东友谊出版社，2015 年版，第 78 页。

周人手中，周人进而真正掌握了与天沟通的权利，文王通过演《易》，融通其不同于殷商的政治思想、天命思想于新的易筮系统之中应该是可能的事情。新的《易》筮系统的使命，就是要向天下宣传"天命更新"的原因及其必然性，宣传新的不同于殷商的以"德"为核心的天命思想，这应该是周文王何以重视《周易》并编写卦爻辞的原因或推动力之一，而《周易》古经也因此就成为了文王为完成其克商、建国及治国理政之大业而宣传其治国思想的最理想的载体。

　　《周易》不是一个时期写定，《周易》非出自一人之手，《周易》成书于殷周之际，是一个得到多数学者认可的考证。关于《周易》文本的作者，无论是何种猜测与考证，历代学者分析出的几位可能的作者均是治国者或参与国家治理者，由此也可以推断，《周易》的成书或多或少与早期的治国思想相关。而且关于《周易》古经的作者及其成书时间的争论，其共同之处是，它们都肯定周文王与《周易》有关。同时，论证所引用的资料还有如下几个共同点：一是均记载了殷纣之暴政，文王之仁义，《汉书》将"殷、周之际，纣在上位，逆天暴物。文王以诸侯顺天而行道"与"重《易》六爻，作上、下篇"相连①，这些与《系辞》《象传》、帛书《衷》《要》记载的精神是一致的，如《缪和》篇也一再强调《周易》是贤明君王所奉尊的政治宝典，其文曰："夫《易》，明君之守也"；"夫《易》，上之治也"；"夫《易》，君之所尊也。"② 二是体现了文王演《易》时殷纣无道的历史环境与文王忧国忧民的历史情怀，即《周易》文本成书于社会急剧动荡、殷周矛盾日益尖锐的时代。文王所处的时代环境是复杂多变的，期间发生了一系列重大的历史事件：文王伐商失败、商王嫁太姒于文王、"纣囚西伯羑里。西伯之臣闳夭之徒，

---

① （汉）班固著，（唐）颜师古注：《汉书》卷三十《艺文志》，中华书局，1962 年版，第 1704 页。

② 廖名春：《帛书〈周易〉论集》，上海古籍出版社，2008 年版，第 390、392、393 页。

求美女奇物善马以献纣，纣乃赦西伯"①等。文王和周公作为当时社会变革的领导者与参与者，作易之时蕴涵其思想于《周易》文本之中是合乎情理的。而其所处时代的政治、社会环境的艰难复杂性导致了文王、周公对于治国理政的忧患，如《系辞传下》所云："作《易》者，其有忧患乎。"②"《易》之兴也，其当殷之末世，周之盛德邪，当文王与纣之事邪。是故其辞危。危者使平，易者使倾。"③三是肯定了《周易》文本对治国理政的指导作用，如帛书《衷》之"《易》之用也，殷之无道，周之盛德也"④；《史记》之"周文王演三百八十四爻而天下治"⑤；《汉书》之"文王以诸侯顺命而行道，天人之占可得而效"⑥；《论衡》之"故伏羲以卦治天下，禹案《洪范》以治洪水"⑦。

学界对《周易》古经是否蕴涵德治思想见解不一，有学者认为所谓《周易》古经的德治思想只是后人的解读。《周易》古经成书的人文语境以及《周易》古经的性质可以提供足够的理由与证据证明《周易》不只是卜筮之书，或者应称《周易》是穿着卜筮外衣的有决策之用的体现文王与周公"德义"思想的教化之书。⑧孔子易学观在晚年发生了重大转变，就是因为发现了《周易》古经中的"德义"，马王堆出土的帛书《要》篇记载了孔子易学观的转变及其原因。以文王为代表的统治阶级演《易》的目的、编写卦爻辞的依据以及其中体现的思想与当时的治

---

① （汉）司马迁撰，（南朝·宋）裴骃集解，（唐）司马贞索隐，（唐）张守节正义：《史记》卷三《殷本纪第三》，中华书局，1982 年版，第 106 页。

② （清）李道平撰，潘雨廷点校：《周易集解纂疏》，中华书局，1994 年版，第 660 页。

③ （清）李道平撰，潘雨廷点校：《周易集解纂疏》，中华书局，1994 年版，第 677 页。

④ 廖名春：《帛书〈周易〉论集》，上海古籍出版社，1982 年版，第 383 页。

⑤ （汉）司马迁撰，（南朝·宋）裴骃集解，（唐）司马贞索隐，（唐）张守节正义：《史记》卷一百二十七《日者列传第六十七》，中华书局，1982 年版，第 3218 页。

⑥ （汉）班固著，（唐）颜师古注：《汉书》卷三十《艺文志》，中华书局，1962 年版，1704 页。

⑦ 黄晖：《论衡校释》，中华书局，2017 年版，第 1316 页。

⑧ 李圣强：《从孔子易学观的转变看〈周易〉文本的性质》，《中州学刊》，2018 年第 3 期。

国理政之需求是密切相关的，周是政教合一的时代，《周易》作为当时的为政工具之一，其卦爻辞体现并反映了当时为政的理论依据和指导思想。所以说，《周易》体现并反映殷周变革之际的治国理政的思想也是顺理成章的事情。中国古代的文化精神集中体现在治国理民上，历史上的上古圣王皆因其在治国理民上有贡献，才被后世所敬重与传颂。文王以治国者的立场，集其为西伯五十年治国理民的丰富长久的经验，继承发扬伏羲氏之哲学，融通其政治思想于《易》筮系统之中也是水到渠成的事情。所以，我们有理由推测，《周易》的出现与早期的治国思想相关，《周易》古经是参与国家治理的"王者之书"，也就是说《周易》是周人实践其德治思想最主要的载体。

《周易》古经的德治思想，民本思想是基，周人治国理政主体思想中的孚信于民的意识、让利于民的意识、明德慎罚的意识、忧患意识、修德思想、教化思想等则是民本思想的具体体现，这在《周易》的卦爻辞中多有体现。①《周易》古经告诉人们，事业之始，当安守诚信，以诚信的态度开创事业是事业最终取得成功的关键。初爻，一卦六爻之初，代表事之始也，初爻言"孚"的有：《晋·初六》："晋如摧如，贞吉。罔孚，裕无咎。"②《大壮·初九》："壮于趾。征凶，有孚。"③《比·初六》："有孚比之，无咎。有孚盈缶，终来有它，吉。"④《周易》古经重视德位相配，九五爻以中正居尊位，以"孚信"之德施政天下，如《小畜·九五》："有孚挛如，富以其邻。"⑤《大有·六五》："厥孚交如，威如吉。"⑥《随·九五》："孚于嘉，吉。"⑦《中孚·九五》："有孚挛如，无

---

① 李圣强：《〈周易〉经传德治思想研究》，山东大学 2020 年博士学位论文，第 76 页。
② （清）李道平撰，潘雨廷点校：《周易集解纂疏》，中华书局，1994 年版，第 339 页。
③ （清）李道平撰，潘雨廷点校：《周易集解纂疏》，中华书局，1994 年版，第 334 页。
④ （清）李道平撰，潘雨廷点校：《周易集解纂疏》，中华书局，1994 年版，第 143 页。
⑤ （清）李道平撰，潘雨廷点校：《周易集解纂疏》，中华书局，1994 年版，第 152 页。
⑥ （清）李道平撰，潘雨廷点校：《周易集解纂疏》，中华书局，1994 年版，第 191 页。
⑦ （清）李道平撰，潘雨廷点校：《周易集解纂疏》，中华书局，1994 年版，第 215 页。

咎。"①施惠天下，让利于民，乃治国理民之大事，"'《益》《损》者，其王者之事与！'事或欲以利之，适足以害之；或欲害之，乃反以利之。利害之反，福祸之门户，不可不察也"②。孔子读《易》至于《损》《益》二卦时，慨然曰："自损者益，自益者缺。"③《益·九五》："有孚惠心，勿问元吉。有孚惠我德。"④九五以阳刚中正居尊位，下应六二，程颐释之曰："有孚惠我德：人君至诚，益于天下，天下之义，无不至诚爱戴，以君之德泽为恩惠也。"⑤小惩大诫，明德慎罚，教民明白廉耻之道，是《周易》古经所重视的民本思想之一。《困·初六》："臀困于株木。入于幽谷，三岁不觌。"⑥高亨先生引《周礼·司圜》："掌收教罢民，凡害人者弗使冠饰而加明刑焉，任之以事，而收教之，能改者上罪三年而舍，中罪二年而舍，下罪一年而舍。"释之曰："受刑杖，入囹圄三年。"⑦《蒙·初六》："发蒙，利用刑人，用说桎梏，以往吝。"⑧《蒙·上九》："击蒙，不利为寇，利御寇。"⑨张立文先生认为《蒙》卦阐发的教育理念是"基于教育而有刑禁，因有刑禁而促成教化，刑禁有教育之涵义而不失于严猛，教化因刑禁之正法而不流于放纵"⑩。忧患意识，是中华传统文化中一个特有的道德价值观念、人文价值理想和精神境界，最早、最鲜明地体现在《周易》古经之中，如李镜池先生释《乾·九三》曰："乾九三：'君子终日乾乾，夕惕若，厉，无咎。'占筮的原意是，有个

① （清）李道平撰，潘雨廷点校：《周易集解纂疏》，中华书局，1994 年版，第 519 页。

② （汉）刘安编，何宁撰：《淮南子集释》卷十八《人间训》，中华书局，1998 年版，第 1247 页。

③ （汉）刘向撰，向宗鲁校证：《说苑校证》，中华书局，1987 年版，第 241 页。

④ （清）李道平撰，潘雨廷点校：《周易集解纂疏》，中华书局，1994 年版，第 389 页。

⑤ （宋）程颐撰，王孝鱼点校：《周易程氏传》，中华书局，2016 年版，第 189 页。

⑥ （清）李道平撰，潘雨廷点校：《周易集解纂疏》，中华书局，1994 年版，第 422 页。

⑦ 高亨：《周易古经今注》，清华大学出版社，2010 年版，第 258 页。

⑧ （清）李道平撰，潘雨廷点校：《周易集解纂疏》，中华书局，1994 年版，第 108 页。

⑨ （清）李道平撰，潘雨廷点校：《周易集解纂疏》，中华书局，1994 年版，第 111 页。

⑩ 张立文：《和境——易学与中国文化》，人民出版社，2005 年版，第 136 页。

当官的，处境严重，整天战战兢兢，夜里更加害怕。他占筮，得的兆是'厉'和'无咎'。但在卦、爻辞里可变成这样的意思：君子能白天谨慎，夜里警惕，则处境虽然恶劣，终能平安无事。因为从乾卦整个体系来说，以上天垂象，天威可畏，作为论点的根据，体现在人事上，人们要以敬慎戒惧的态度来应付恶劣的环境，处理困难的事情。"[1] 在《周易》卦爻辞中，凶、悔、吝等负面占断之辞占了绝大多数，《周易》就是要告诉国家管理者要有强烈的忧患意识，要保有警惕之心，要居安思危，要防微杜渐。正如孔颖达所云："以为忧患行德为本也，六十四卦悉为修德防患之事。"[2]

殷周之际，人文意识觉醒，人神关系中，人的价值得以凸现，《周易》古经所彰显的民本思想、周之统治者所推崇的以民为本和治国理民之政治实践则是其具体的体现。殷周之际，"德"被视为政权合法性的核心因素，《革》卦将以征伐方式获取政权的"汤武革命"成果落脚于"顺乎天应乎人"，也意味着民意即是最大的天意，顺天就是顺民意，顺天应人的终极追求就是顺民意，这就是《周易》古经所彰显的最重要的德治思想，《周易》古经所彰显的民本思想与周之统治者所推崇与实践的民本思想是一致的：以民为重，民为一切之本。

作者单位：潍坊科技学院

---

① 李镜池：《周易探源》，中华书局，2007 年版，第 9 页。
② （三国·魏）王弼、（晋）韩康伯注，（唐）孔颖达等正义：《周易正义》卷第八《系辞下》，（清）阮元校刻：《十三经注疏》，中华书局，2009 年版，第 186 页。

先后天八卦创制推演理路探析

——以《河图》《洛书》为例

孙　利　王　涵

　　摘要:《河图》《洛书》是远古文明时期所产生的数学成果、哲理观念与社会实践高度融合的产物，也是先后天八卦创制推演的基本遵循。以两仪、四象的简明符号自身所形成的二进制数字转换成十进制气数为切入点，仿效《河图》阳顺阴逆、"五位相得而各有合"的象数原理，围绕中极，以四生数确定四象的时空方位，以四成数描摹"老少阴阳"的用数类别，然后藏九去十，形于"三才"，从而创制出八卦方位图，名为先天；在先天八卦排序的基础上，借鉴《洛书》对称均衡的特点，通过严密的象数演绎禅代或命题求证的途径，推演出后天八卦方位图，以此来穷究天地人阴阳造化之奇妙。这就是运用穷举法，在排除了旧说以讹传讹的推测之后，经过综合考辨筛选而得出的结论。以假设为前提的模拟试推过程的成功实践，终于让"河出图，洛出书，圣人则之"的取用玄机露出端倪，并进而从逻辑上找到了先后天卦序由因导果、环环相扣的内在象数规律。

　　关键词:《河图》《洛书》　两仪四象　演绎禅代　命题求证　先后天八卦

　　《周易》以阴阳二气即两仪为中心，从千变万化、纷繁复杂的事物中概括出八种基本物质形态，并以天、地、水、火、雷、风、山、泽为象征，从而创制了八卦。八卦有先天八卦与后天八卦之分，是远古圣人演绎天地造化的完美符号。先后天的说法，是由北宋"五子之一"的邵雍首先提出来的。他以伏羲的八卦方位图为先天，以文王的八卦方位图为后天。他强调先天立体讲自然、天道、本体，后天致用重变易、人道、作用。那么，先天八卦是如何创制出来的？后天八卦推演的原理又是什么？这些问题迄今尚无定论。而关于《河图》《洛书》的真伪之争，继朱熹《易学启蒙》之后，更是一桩聚讼颇多的悬案，这些问题不解决，必然会影响到世人对易学的基本认识。《系辞上传》云："是故天生神物，圣人则之；天地变化，圣人效之；天垂象，见凶吉，圣人象之；河出图，洛出书，圣人则之。易有四象，所以示也。系辞焉，所以告也。"这段粗线条的描述以为圣人则"神物"、效"变化"、象"凶吉"、则"图书"从而创制了八卦九畴，文王撰系文辞用来揭明适变应变的道理，但并没有对仿效模拟的取用方法作出具体的描述。这到底是上有所承的传说，还是《系辞》作者的推测，其中的疑点实在令人难以捉摸：一是"圣人则之"是单指上古，还是既指上古，又指中古？二是对"图""书"是同时效法，还是分而则之？三是此处的"易有四象"，是实指上文罗列的天地自然物象，还是由两仪生出的"老阳、少阴、少阳、老阴"的抽象术语？由于时代的久远，在没有发现新的更确凿的考古证据之前，要想做出合理的解释，不但知其然，而且还要弄明白所以然的道理，最为便捷有效的途径就是大胆假设，小心求证，去伪存真，反复筛选，从《河图》《洛书》的源头上找到远古圣人创《易》演《易》的理路和方法，进而解析出深藏于内的智慧精华。因为明白了"河洛"的真义，就能抓住效法的根本；通达了"图书"的奥妙，便能知晓象数的变化。

一、《河图》《洛书》辨识觅迹

《河图》《洛书》是中国古代流传下来的两幅神秘图案，历来被认为是河洛文化的滥觞，中国古代哲学的源头。由于认识程度的局限，《河图》《洛书》始终被视为难解的无字天书，自古以来围绕着"河洛"，还有许多悬而未决的疑点。对其来源和原初本义，千百年来自是众说纷纭，莫衷一是，因为直到宋朝才被公之于世，究竟是前世所传，还是后人独创？随着岁月的流逝，《河图》《洛书》显得更加恍惚幽冥、扑朔迷离。

集上古先民智慧之大成的《河图》《洛书》到底是什么？它来源于哪里？究竟有何奥秘隐藏其中？关于《河图》的记载，最早见于《尚书·顾命》："大玉、夷玉、天球、《河图》，在东序。"① 至于《洛书》，朱熹也曾提出实据：《大戴礼》对于明堂制的说明有"二九四、七五三、六一八"之语，郑玄注说是仿效龟背之文，与世传的《洛书》高度吻合。早期的文献中，《礼记》《论语》《管子》分别都有记述，足可证明《河图》《洛书》确有其物，并非虚妄臆造。

（一）《河图》《洛书》的来源及原初用途蠡测

《周易本义》卷首分别载《河图》（图一）《洛书》（图二），如下：

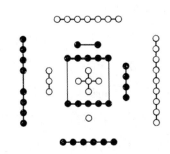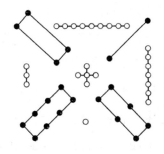

图一　《周易本义》卷首所载《河图》　　图二　《周易本义》卷首所载《洛书》

---

① （汉）孔安国传，（唐）孔颖达等正义：《尚书正义》卷第十八《顾命》，（清）阮元校刻：《十三经注疏》，中华书局，2009 年版，第 508 页。

这两幅图《周易本义》谓取自邵雍所传。《河图》以"天地数一至十，排成一六居下，二七居上，三八居左，四九居右，五十居中"的方位；《洛书》以一至九数，排成"戴九履一，左三右七，二四为肩，六八为足，五居中央"的"龟形"方位，图中空心点表示奇数为阳，即"天数"；实心点表示偶数为阴，即"地数"。据朱震《汉上易传》记载，第一个把《河图》《洛书》的图式公之于众的是北宋的刘牧，主张象由数设，先有数而后有象。只不过其"河洛"图式是河九洛十，与《周易本义》所载刚好相反。孰是孰非，还有待仿效取用之法的还原印证方见分晓。至于"河出图，洛出书"的神话传说，很大程度上就是"百姓日用而不知"的崇拜假托。

从理性分析的角度来讲，《河图》《洛书》既不会是龙马灵龟背负、出自黄河洛水、由上天所赐，也不可能是外星文明留下的印记；而是远古时期，在华夏文明起源和形成的黄河洛河流域的中心地带，由部落先民创造的数学优秀成果与原始社会重大实践活动在"天人合一"的思想指导下高度融合的产物。由此我们可以根据历史和现实的经验，作出这样一个判断：《河图》《洛书》的起源并不像后人理解的那么复杂，最初的用途也比较单一，毕竟"道不远人"，自然的法则就在人们的日常生活之中。只要我们的思维方式回转到没有文字的时代，运用结绳记事的传播手法去感悟先民的生产和生活过程，问题便可迎刃而解。

考古证实，新石器初期，随着人类的不断生息繁衍，原始的采摘和渔猎生产方式已无法满足人们的生存需要，代之而来的是部落或部落联盟自给自足的农耕经济。相对不利的自然环境，反而更能激发远古先民的生存斗志和创造力，于是适应新的生产力发展水平的数学和天文历法在实践中便应运而生，从而使先民的认知水平不断提升。生产的发展、剩余价值的出现、分工的细化、部落及其氏族成员需求的不同，形成了日益强烈的交换意愿；人员自然聚集的方位地点、事先约定的时段、适当的覆盖范围，为以物易物的高效对接创造了条件，并最终促成了集市的兴起。上古记录大事采用的是结绳记事的方式，辅以语言和图画，但问题的关键在于，部落或部落联盟所处方位、交易地点、时间等重要信息，是如何做到一目了然的呢？说起来复杂，做起来却至为简易。首先以部落聚居区为中心点确定好活动范围的半径，然后向外辐射确定出东南西北四个方位，接下来经过反复比对筛选、优化具体的交易日期和最理想的间隔时间，最后与特定的绳结一一对应起来。一幅以逢五排十为中心，一六居北、二七在南、三八居东、四九在西的原始集市设计图便应运而生，上古先民只要看到相应的结绳组合挂在那里，就能明白其中的意思了。时至今日，在我国诸多的农村地区和部分城镇仍能见到五天一集的传统习俗，这应当就是古史记载的《河图》最初面貌的延续。

原始社会末期，私有制开始萌芽，社会阶层出现固化，到了奴隶制社会，历代统治者为了彰显王权的至高无上，皆分外关注都城建设的选址、布局和景观规划。历经长期的不断探索完善，一种能够真正体现阴阳协调，平正和谐，对称均衡理念的唯美格局——《洛书》，也就是当今的三阶幻方自然成为首选。后被广泛应用于明堂设计构建，并逐步衍化成一种规制而流传不衰。

（二）《河图》《洛书》数理概述及言外之意解读

《河图》《洛书》虽然只是一种图象的直观呈现，但其中蕴含的数理关系却奥妙无穷，表面上看似简单的东西往往越能接近事物的本质。

《易学启蒙》云："《河图》以五生数统五成数，而同处其方，盖揭其全以示人，而道其常，数之体也。《洛书》以五奇数统四偶数，而各居其所，盖主于阳以统阴，而肇其变，数之用也。"[①]《河图》与《洛书》，一五方一九宫，皆是"气数"之自然，形于法象，各自分明，可

---

① （宋）胡方平著，谷继明点校：《易学启蒙通释》卷上《本图书第一》，中华书局，2019年版，第54页。

以用来穷究阴阳造化之奇妙。

《河图》一二三四五分居东南西北中五方。五为生数之主，而六七八九十又各因五而得数，附于生数之外，故名成数，十为成数之极。成数与生数之差均为五，一往一来，两两对待，简洁而位定。《洛书》平列九位而藏十，其一三七九位居中五之外，而二四六八又各因其类分列奇数之侧形成九宫，循环交叉之和均为十五，九为变化之极，四正四隅，推迁合十，化繁而周行。

剥去《河图》《洛书》玄之又玄的神秘外衣，其简约形式的背后是远古圣人对象数规律的深度认知及对时空变化的精准把握。

首先，数是宇宙万物存在的基本秩序，被古希腊思想家当作哲学的起点。其本质是对客观世界、时空秩序、因果关系、稳定状态和变化规律的反映，把数的抽象能力延展到人类思维活动的全过程，一切现实的存在包括能量和信息，都能用数进行描述和计算，如传媒手段的数字化就是明证。而《河图》《洛书》的核心在数，其精妙绝伦的结构模式，恰是对宇宙时空良性互动的优化组合和最佳运行状态的写照。

其次，万物不离其数，天地不乖其序。凡物皆有阴阳属性，凡数皆有自己的变化规律，分阴分阳，迭用柔刚，数物相生，象由数设。《河图》《洛书》就是在天地自然之数的基础上，由于阴数静，阳数动的自然交流而形成的。

第三，对于数与形的研究，中国早在上古时代就取得了非凡的成就，至公元前 11 世纪以降的西周时期已呈现出空前的繁荣景象。远古圣人创《易》之初，就与数学结下了不解之缘，并通过数与形的研究来解读世界了，其高超的运算能力已出乎现代人的想象，这也是人类历史上各个民族在文化启蒙之初的共同特征，没有什么不可思议。

（三）效法《河图》《洛书》的取用之方。

《汉书·律历志》言："自伏戏画八卦，由数起，至黄帝、尧、舜而大备。三代稽古，法度章焉。"①《河图》有点而成，四象因数而生，以生数为体，成数为用，阴阳消长，各有所合。伏羲则之以画八卦。其原理是：取五定位，以十明用。具言之，就是根据中数五与四生数之差所对应的四象气数或序数确定四象在《河图》中的方位；按照中数十与四成数之差所对应的四象序数值，确定"阴阳老少"的用数规则。而《洛书》虚五守中，藏十顺变，阳居四正，阴居四隅。推迁而成九宫，一与九相对合十，三与七相对合十，四与六相望合十，二与八相望合十，循环往复，各居其所。文王因之以演《周易》，其方法有二：第一种首先一改先天八卦互为错卦、纵横交叉的对举方式，变成"非综两两相错，可综中爻互变，卦画合而得九，纵横隔宫谋面"三纵一横的格局；其次，遵循"相耦卦上下两爻互变、以统一数理变换标准"的原则，锁定四阳卦在《洛书》中的位置；其三，效法《洛书》流行相续的原理，按照阳卦六一八三顺布，阴卦七二九四逆行的次序，推演出后天八卦方位图。

第二种以先天八卦方位图的排序为开端，效仿《洛书》纵横交叉之和皆相等的特点，构建"三三复合方阵"的数学模型，通过连续的五次代入导出重新回到起点，其居中的第三个方阵禅代出的独立排序，整体倒置后即为后天八卦方位图的顺序。两条渠道，路径不同，但又相与表里、互为印证、殊途而同归。

二、先天八卦创制过程模拟

《系辞上传》云："是故《易》有太极，是生两仪，两仪生四象，四象生八卦"这是八卦创立的理论基础。而《易经证释》则曰："夫《易》明数者也，而数本乎气，气本于阴阳，阴阳本于太极，故太极为《易》

---

① （汉）班固著，（唐）颜师古注：《汉书》卷二十一上《律历志第一上》，中华书局，1962年版，第955页。

之始……象自太极以下，由气数之推移变化，而诸物生成。"① 这为八卦的排序定位提供了依据，创制过程主要有以下三个步骤：

（一）根据二进制的"位值制"原理和象形符号自身所形成的气数（按阳气单位计算）确定两仪、四象、八卦的先后顺序

两仪：阳爻━含有一个阳气单位，气数为"1"，阴爻╍不含阳气，气数为"0"。

四象：太阳☰、少阴☱、少阳☲、太阴☷，依其象形符号，自下而上将依次变成 (11)2、(10)2、(01)2、(00)2 二进制的数字符号，换算成十进制则分别变为☰3、☱2、☲1、☷0 的单位气数，用四逐一减去阳气之气数，自然变成①②③④的象序号。气数从大至小排列与序号之和皆为四，太阳、少阳为阳象以气数为据，由大到小顺排（即由3到1），而少阴、太阴为阴象，因阳之气数不足，故以序数为推移依据，自小至大逆行（即从2到4），阳顺而阴逆。要改变，必转换。这应当就是《说卦传》所谓"数往者顺，知来者逆，是故《易》逆数也"② 的真正根源之所在。

四象单位气数及排序一览表

四象名称	太阳	少阴	少阳	太阴
象形符号	☰	☱	☲	☷
二进制数字	$(11)_2$	$(10)_2$	$(01)_2$	$(00)_2$
十进制气数	3	2	1	0
排序号	①	②	③	④

---

① 列圣齐著：《易经证释》第一册《全易大旨及习易要例》，正一善书出版社，2005年版，第61～62页。

② （三国·魏）王弼、（晋）韩康伯注，（唐）孔颖达疏，于天宝点校：《宋本周易注疏》，中华书局，2018年版，第476页。

八卦：八卦的气数计算、顺序确定等信息皆同四象之理。

八卦相关信息分类一览表

八卦名称	乾	兑	离	震	巽	坎	艮	坤
卦形符号	☰	☱	☲	☳	☴	☵	☶	☷
卦画数量	（三）	（四）	（四）	（五）	（四）	（五）	（五）	（六）
二进制数字	$(111)_2$	$(110)_2$	$(101)_2$	$(100)_2$	$(011)_2$	$(010)_2$	$(001)_2$	$(000)_2$
十进制气数	7	6	5	4	3	2	1	0
排序号	①	②	③	④	⑤	⑥	⑦	⑧

不难发现，乾兑同根于太阳，离震同源于少阴；巽坎同源于少阳，艮坤同源于太阴。而此四象回溯到两仪，则震离兑乾四卦均由阳仪所生；巽坎艮坤四卦皆由阴仪所生。"数往者顺，知来者逆"，与四象之顺逆前后呼应，为先天八卦方位图的标示体例提前做出了设计。

（二）确定四象在《河图》中的方位及用数类别

生数为体，用中五与四方生数之差，分别和阳象气数对应、阴象序数对应，确定四象所处方位。从《河图》纵列来看，中5减上方生数2等于③，与太阳气数相同，位居南方；中5减下方生数1等于④，对应太阴序数，在北方；依《河图》横向来看，中5去右4为①，对应少阳气数，居西方；中5去左3为②，对应少阴序数，位居东方，见图三标示。

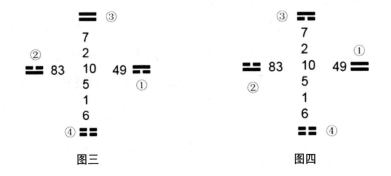

图三   图四

成数为用，用中十与四方成数之差对应"阴阳老少"的排序号，以此来确定用数的类别。10－9＝①对应太阳，故用九；10－7＝③对应少阳，故用七；10－6＝④对应太阴，故用六；10－8＝②对应少阴，故用八，见图四标示。

四象空间方位的准确标示，为"天地定位，山泽通气，雷风相薄，水火不相射"[①] 提供了严密的象数依据。

（三）根据四象的定位坐标和"四象生八卦"的排序，顺布阳仪四卦，逆排阴仪四卦

图五　先天八卦方位图

四象形与"三才"，太阳⚌再分一阳一阴生乾兑，乾一必居于南方，少阴⚍再分一阳一阴生离震，离三必居于东方，少阳⚎再分一阴一阳生坎巽，坎必位于西方；太阴⚏再分一阴一阳生坤艮，坤必位于北方。乾坤坎离四正卦据四象始定，兑艮震巽四隅卦依四正方明，在八个方位上，其顺序是乾一位从正南开始，往东南兑二位而去，再到正东离三位，后到东北震四位，阳仪由正到隅顺布；接下来反转逆行至西南巽

[①]（三国·魏）王弼、（晋）韩康伯注，（唐）孔颖达疏，于天宝点校：《宋本周易注疏》，中华书局，2018 年版，第 476 页。

五位，次到正西坎六位，后到西北艮七位，终于正北坤八位，阴仪由隅到正逆行，形成“两两对待、阴阳相错、一顺一逆、分列为圆”的格局，乾一坤八，兑二艮七，离三坎六，震四巽五,九数暗含其中；乾三画坤六画，兑四画艮五画，离四画坎五画，震五画巽四画，阴阳正配，偶而得九，此乃天地自然之法象，宇宙万有变化规律的缩影。

先天八卦方位图（图五），又称“伏羲八卦方位图”，因《易传》未明文阐述此类方位，至北宋时邵雍才予以公开揭出，后世多有不信，今以理据充分的还原过程证之，方知此图秘传甚久，绝非宋人虚创。当然，如果以阴爻为 1，阳爻为 0，则排序将整体倒置，方位也完全相反。

三、后天八卦推演方法追踪

文王演《易》效法《洛书》流行相续的原理，改变先天八卦的对举方式、排列顺序及入用之位，以明变易之道，从而推演出后天八卦方位图（图六），以此垂教全后世之用。推演过程主要采取两条途径抽丝剥茧，层层转换，确保丝丝入扣，有条不紊。

四 ☴ 巽	九 ☲ 离	二 ☷ 坤
三 ☳ 震	五	七 ☱ 兑
八 ☶ 艮	一 ☵ 坎	六 ☰ 乾

图六　后天八卦方位图

第一条途径是象数演绎禅代。

首先，依据卦形符号的笔画数量区分阳卦与阴卦。《系辞下传》云：

"阳卦多阴，阴卦多阳，其故何也？阳卦奇，阴卦偶。"① 阳爻为一画，阴爻乃两画，故乾卦三画，震卦五画，坎卦五画，艮卦五画皆为奇数是阳卦；坤卦六画，巽卦四画，离卦四画，兑四画均为偶数是阴卦。

其次，一改先天八卦两两相耦、互为错卦的单一方式，变为卦变与爻变相辅相成、互为补充的对举形式。与先天八卦乾坤、兑艮、离坎、震巽两两相对待的方式相比，能同时具备"可综阴阳相配，非综即错卦变，卦画之和为九，四正四隅不犯"四个特点的组合，还有而且只有一种配对方式，那就是乾坤相对，巽艮相耦，坎离相配，震兑相守，从而形成后天"非综两两相错，可综中爻互变；卦画合而得九，纵横隔宫谋面"的格局。具言之，乾坤、坎离四卦，综卦仍为本身不变，故以错卦形式对举；震艮、巽兑互为综卦，震巽、艮兑互错为阴阳相配，变为震兑、巽艮中爻互变，亦是阴卦与阳卦相配，乾与坤正南、正北隔位纵向相配，坎与离正西、正东横向为伍，不与先天四隅卦相混，即正配正、隅配隅。同时，巽与艮、震与兑也皆纵向隔位对举。在此配对基础上，接着调整对举卦的先后顺序，遵照"阳卦顺行在前，阴卦相从紧随"的原则，自乾卦开始，按顺时针方向先取阳卦，便可形成乾坤、坎离、艮巽、震兑的对举布列格局。其中四阳卦乾、坎前后紧邻，上下两爻互变；艮、震前后紧邻，也是上下两爻互变，四阳卦在《洛书》中的序号一旦明了，四阴卦就能轻松定位。假若从乾卦开始，逐一顺行取用，便可形成《易纬·乾坤凿度》卷上所载"古文八卦"的排列顺序，依次为乾坤巽艮坎离震兑，藉此蛛丝马迹，就足以印证古人这种配对方式的客观真实性。

第三，统一象数变换标准，推算转换常数，锁定四阳卦在《洛书》中的位置。先天八卦则《河图》，去十藏九，其序数之和为 36；文王演

---

① （三国·魏）王弼、（晋）韩康伯注，（唐）孔颖达疏，于天宝点校：《宋本周易注疏》，中华书局，2018 年版，第 444 页。

《易》效《洛书》，虚五立极，藏十顺变，其四正四维序数之和为40。在这个过程中，唯一保持不变的是八卦气数之和28，故气数必将成为推算转换常数的参照依据。先天序数之和减气数之和等于8，《洛书》四正四维序数之和减八卦气数之和等于12，二者之差等于4，由此落实到上下爻互变的两阳卦，便可推导出计算转换常数的恒等式为：对举卦气数之和－4＝12－对举卦序数之和。之所以选取上下爻互变的对举卦来统一象数变换标准，一是因为两卦前后相邻，二是为了回应中爻互变的配对变化原理。这样一来，乾坎两卦的转换常数就是（乾7＋坎2）－4＝12－（乾1＋坎6）＝5，艮震两卦的转换常数就是（艮1＋震4）－4＝12－（艮7＋震4）＝1。推算出了转换常数，就能确定四阳卦的序数，确定了四阳卦的序数，自然就找到了四阴卦的位置。乾卦先天气数为7，序数为1，坎卦先天气数为2，序数为6，气数之和9－4＝5，而12－序数之和7＝5，故乾坎两卦用5调整。乾卦先天序数1＋5＝6，坎卦先天序数6－5＝1，乾居《洛书》六位，坤自然居二位，坎居《洛书》一位，离自然居九位。艮卦先天气数是1，序数是7，震卦先天气数是4，序数也是4，气数之和5－4＝1，而12－序数之和11＝1，故艮震两卦用1调整。艮卦先天序数7＋1＝8，震卦先天序数4－1＝3，艮居《洛书》八位，巽自然居四位，震居《洛书》三位，兑自然居七位。这样八卦与《洛书》四正四维的对应关系就确定下来了。需要说明的是，用5调整的两卦很好理解，而用1调整的两卦，为何不能变加为减呢？当然不能，因为乾六位最先确定，艮7减1也等于六，两卦不能同位相重。更为关键的是先天有卦象而无五行，后天则阴阳五行俱备，以体现流行相续之理。乾金居西北生北方的坎水，因此坎水先润东北的艮土之后，再生东及东南的震巽木。木生南方离火，离火生西南的坤土，坤土生西方的兑金与西北乾金。乾、坎、艮、震、巽、离、坤、兑顺排就得到了"文王八卦次序"，而配合《洛书》之数，又可得到一坎、二坤、三震、四巽、六乾、七兑、八艮、九离的后天八卦数，重在指示后天八卦致用的方位。

第二条途径是环环相扣的命题证明。

以先天八卦排序为开端，借鉴《洛书》纵横交叉三数之和皆相等的对称均衡原理，构建一个数学模型——《洛书》三三复合方阵。见幻方一（图七）。

该幻方分为九宫，每宫由两个数字组成，顺序不可颠倒，前面的数字为代入方阵的编号，后面的数字是经复合方阵转换后，赖以导出新序的代码，两数可分可合，分是为了体现同一卦先后排序的区别，合是为了满足幻方构建的要求。此方阵行、列、主对角线六数之和为27，符合三阶幻方的规定性。为方便表述，先假定先天八卦的排序为A。

即A：乾①、兑②、离③、震④、巽⑤、坎⑥、艮⑦、坤⑧。

再将卦序A依次代入幻方一（图七），也就是按照八卦顺序分别对号入座，将卦名具体填写到与宫中前数相同的方格之中。然后根据幻方一（图七）各宫中后面的数字从小到大依次导出新的排序B。

即B：坤1、砍2、艮3、兑4、⑤、乾6、巽7、离8、震9。

②4 兑	④9 震	⑥2 坎
③8 离	⑧1 坤	①6 乾
⑦3 艮	⓪5	⑤7 巽

图七　幻方一

4② 兑	9⑨ 震	2④ 坎
3⑦ 艮	5⑤	7③ 巽
8⑥ 离	1① 坤	6⑧ 乾

图八　幻方二

采用与幻方一（图七）相同的规则，再次构建新的数字模型幻方二（图八），其幻和为30。将卦序B仍以各宫中前面数字的指示逐一代入幻方二（图八）。随后，依据幻方二（图八）各宫中后面的数字再度导出新的卦序C。

即C：坤①、兑②、巽③、坎④、⑤、离⑥、艮⑦、乾⑧、震⑨。

接下来，继续构建新的数学模型幻方三（图九），虽然该复合方阵还是三阶幻方，但每宫皆由前中后三个数字组成。其幻和变成了45。将卦序C按照各宫中最前面的数字依次代入幻方三（图九）。

④九 1 坎	⑨七 3 震	②三 7 兑
⑥一 6 离	⑤五 5	③六 8 巽
①八 9 坤	⑦二 2 艮	⑧四 4 乾

图九　幻方三

幻方三（图九）可同时导出两种新的卦序：一是由中间数字导出卦序D。

即D：离一、艮二、兑三、乾四、五、巽六、震七、坤八、坎九。

二是由每宫中后面的数字组成的卦序E。

即E：坎1、艮2、震3、乾4、5、离6、兑7、巽8、坤9。

两种排序，相互依存，缺一不可，故分别予以递推。

再次构建两个数学模型幻方四（图十）和幻方五（图十一），其幻和分别为30和27。首先将卦序E代入幻方四（图十）导出卦序F如下：

9① 坤	2⑥ 艮	3⑨ 震
4⑧ 乾	5⑤	1⑦ 坎
6② 离	8④ 巽	7③ 兑

图十　幻方四

⑧1 乾	⑤0	⑨4 震
⑥7 艮	④5 巽	②3 离
③2 兑	⑦6 坎	①8 坤

图十一　幻方五

即F：坤①、离②、兑③、巽④、⑤、艮⑥、坎⑦、乾⑧、震⑨。

将卦序 F 代入幻方五（图十一）之中，可依次导出卦序 G。

即 G：乾 1、兑 2、离 3、震 4、巽 5、坎 6、艮 7、坤 8。

不难发现，卦序 G 与卦序 A 完全相同。换言之，先天八卦历经三阶复合幻方的五次转换，重新回到了起点，如果继续递推，便进入循环，周而复始。下面，再看卦序 D。经过成千累万次地穷举推演，最终得到两种结果：要么是卦序整体倒置的简单重复，要么就是变幻多端的延展，根本无法回到先天八卦的起点。纵观《周易》八卦，如果没有任何前提条件限制的话，一共有 40320 种不同的排法。[①] 以先天八卦为起点，至少可以推演出 365 种排序，而排序 D 只能由先天八卦禅代而来，并位居七组卦序和五个复合方阵的正中，起着承上启下的桥梁纽带作用，不但与易学及中国传统文化的"尚中"精神高度契合，而且与先天八卦方位图的排序同具"可综阴阳相配，非综即错卦变，卦画之和为九、四正四隅不变"四个特点的排列，唯有卦序 D 兼备此种潜质。由此推断，这应当就是后天八卦的真正来源，故于动中取静、将卦序 D 整体倒转，变为一坎、二坤、三震、四巽、五、六乾、七兑、八艮、九离的象数模式，依序代入《洛书》，从而推演出后天八卦方位图（图十二）。传统关于"先天必生后天，后天不离先天"的说法，在此得到了完美诠释。推证完毕。

四巽	九离	二坤
三震	五	七兑
八艮	一坎	六乾

图十二　后天八卦方位图

---

① 八卦排序的种类数量就是 8 的阶乘，即 8！ ＝8×7×6×5×4×3×2×1＝40320。

综上所述可知，先天八卦则于《河图》，后天八卦效自《洛书》。《洛书》在夏朝开国之时方才面世，史书皆有明载，故伏羲创建八卦时则《洛书》的可能性微乎其微。大禹受《洛书》而制《洪范》《九畴》，当属流传已久的推测，和文王仿效《洛书》演《易》之事并不矛盾。不论该创建递推方法是否符合历史的真实，但先天八卦与《河图》一二三四生数方位、七八九六成数之旨高度契合，后天八卦与《洛书》所寓阴阳数理存在严密的逻辑关系则是确定无疑的。

物皆有数两仪定，象乃无尽八卦明。《周易》以象、数为本，由两仪记号构成的八卦及六十四卦记号串，其先天排列顺序完全取决于卦形符号所代表的二进制数字，从而使卦名、卦符与序号一一对应，形成最完美的序结构，这绝不可能是偶然的巧合，而是充分说明二进制的"位值制"原理，在伏羲创《易》之时就早已成熟，只是过于注重实用，还没有上升为系统理论罢了。至于传统关于"河出图，洛出书，圣人则之"的记载，展现的恰恰就是组合数学借鉴思维的开端。而文王演《易》所采用的命题求证的理念更是具有划时代的意义，比号称世界"科学和哲学之祖"的泰勒斯提出这一数学思想早了至少四个世纪的时间。由此可见，易学的产生与发展，一直伴随着中国数学的逐步成熟与时偕行，日益完善。尽管目前的还原过程只是逻辑上的论证，并未能确证其历史的本来面目，但毕竟进一步厘清了"图"、"书"、象数、先天与后天诞育发展的脉络，可以为人类数学最早发源地的重新确认，提供极具说服力的依据。

作者单位：山东大学　北京电影学院

楚简《筮法》研究

连劭名

摘要：清华大学藏楚简中有《筮法》一卷，保存完好。《筮法》有卦图，分内外两部分。外图方形，八卦分列八方。坎位正南、离位正北，如《周易·乾·文言》云："水流湿，火就燥。"其余六卦的位置与《周易·说卦》同。内图画一人形，身体各部位与八卦相配。《筮法》命事共十七项，依次是：死生、得、享、卜、至、娶妻、雠、见、咎、瘳、雨旱、男女、行、贞丈夫女子、小得、战、成。另有一节专记命事名目，称为"凡十七命"，与上论各项略有不同。

关键词：易学　卜筮　楚简　《筮法》

清华大学藏战国楚简《筮法》一卷，是研究先秦思想文化的重要资料。《周易·说卦》云："昔者圣人之作易也，幽赞于神明而生蓍，参天两地而倚数，观变于阴阳而立卦，发挥于刚柔而生爻，和顺于道德而理于义，穷理尽性以至于命。"古代卜筮皆称易，《周礼·太卜》云："以邦事作龟之八命，一曰征，二曰象，三曰与，四曰谋，五曰果，六曰至，七曰雨，八曰瘳。"郑玄注："国之大事，待蓍龟而决者有八，定作其辞，于将卜以命龟也。"《论衡·命义》云："祸福吉凶者，命也。"

一、楚简《筮法》卦图考

清华大学藏楚简《筮法》中有卦图，分内外两部分。外图为一方形，八卦分布八方，依次为离正北、艮东北、震正东、巽东南、坎正西、坤西南、兑正西、乾西北。除离、坎二卦外，其余六卦同于所谓八卦后天方位，《周易·说卦》云：

> 万物出乎震，震东方也。齐乎巽，巽东南也。齐也者，言万物之絜齐也。离也者明也，万物皆相见，南方之卦也。圣人南面而听天下，向明而治，盖取诸此也。坤也者地也，万物皆致养焉，故曰致役乎坤。兑正秋也，万物之所说也，故曰说言乎兑。战乎乾，乾西北之卦也，言阴阳相薄也。坎者水也，正北方之卦也，劳卦也，万物之所归也，故曰劳乎坎。艮东北之卦也，万物之所成终而所成始也，故曰成言乎艮。

楚简《筮法》八卦中坎、离的位置与《周易·说卦》相反。《说文》云："赤，南方色也。"《周易·说卦》又云："坎为赤。"《释名·释采帛》云："赤，赫也，太阳之色也。"《易纬稽览图上》云："太阳一，二以上自雷。"郑玄注："太阳谓一。"《素问·五常正大论》云："眚于一。"王逸注："一，北方也。"《逸周书·命训》云："其极一也。"孔晁注："一者，善之谓也。"《老子》第八章云："上善若水。"《周易·说卦》云："坎为水。"

《周易·离·象》云："明两作，离，大人以继明照四方。"《春秋元命苞》云："代殷者为姬昌。"郑玄注："昌，两日重见，言明象。"《大戴礼记·虞戴德》云："地事曰昌。"《大戴礼记·诰志》云："地曰作昌。"《尚书考灵曜》云："审地理者昌，昌者地之财也。"《周易·明夷》

下离上坤，《彖》云："内文明而外柔顺，以蒙大难，文王以之。"离为分，《贾子·道德说》云："理，离状也。"《诗经·信南山》云："我疆我理。"毛传："理，分地里也。"又，《说文》云："昌，美言也。"《鹖冠子·泰录》云："理者，所以纪名也。"

南为夏至，北为冬至，观测天象依此而制定历法。坎为水、离为火，《淮南子·天文》云："阳气为火，阴气为水。水胜故夏至湿，火胜故冬至燥。"水胜而夏至湿，故坎位正南；火胜而冬至燥，故离位正北。《易纬通卦验下》云："夏至景风至，暑且湿。"又云："冬至广莫风至，兰射干生。"兰通阑，射通夜，干通乾，《说文》云："燥，乾也。"《周易·乾·文言》云："九五曰：飞龙在天，利见大人。何谓也？子曰：同声相应，同气相求。水流湿，火就燥，云从龙，风从虎，圣人作而万物睹，本乎天者亲上，本乎地者亲下，则各从其类也。"《慎子·外篇》云："阴附于阳，故能辟而受以为水；阳附于阴，故能直而施以为火。天一，阳数也，而水生焉，故凝于天一，无非水也；地二，阴数也，而火生焉，故应于地二，无非火也。"

《韩诗外传》卷五云："在天者莫明乎日月，在地者莫明于水火，在人者莫明乎礼义。"《素问·天元纪大论》云："然天地者，万物之上下也。左右者，阴阳之道路也。水火者，阴阳之征兆也。"《周易·系辞上》云："天数五，地数五，五位相得而各有合。天数二十有五，地数三十，凡天地之数五十有五，此所以成变化而行鬼神也。"虞翻注："五位，谓五行之位。甲乾乙坤，相得合木，谓天地定位也。丙艮丁兑，相得合火，山泽通气也。戊坎己离，相得合土，水火相逮也。庚震辛巽，相得合金，雷风相薄也。天壬地癸，相得合水，言阴阳相薄，而战于乾，故五位相得各有合。"十干配五方，戊己土，居中央，其神黄帝《吕氏春秋·荡兵》云："兵所自来者久矣，黄炎故用水火矣。"洛书九数，中为五，《说文》云："五，五行也。从二，阴阳在天地间交午也。"

《易纬通卦验下》云："精见五色，此离坎之应也。"《周易·乾·文言》云："刚健中正，纯粹精也。"《周易·系辞下》云："精义入神，以致用也。"《史记·项羽本纪》云："吾令人望其气，皆为龙虎，成五彩。"文即五彩，《山海经·海内西经》云："开明北有文玉树。"郭璞注："文玉树，五彩玉树。"《山海经·中山经》云："睢水其中多文鱼。"郭璞注："文鱼，有斑彩。"《周易·系辞下》云："物相杂，故曰文。"

《尚书·尧典》云："钦明文思。"马融注："经纬天地谓之文。"《淮南子·缪称》云："文者所以接物也。"《说苑·修文》云："文，德之至也。"《周礼·师氏》云："一曰至德，以为道本。"郑玄注："至德，中和之德。覆焘持载，含容者也。孔子曰：中庸之为德，其至矣乎。"先天卦位，离东坎西，《礼记·祭义》云："祭日于东，祭月于西，以别内外，以端其位。日出于东，月出于西，阴阳长短，终始相巡，以致天下之和。"①

《周礼·大司寇》云："奉其明水火。"郑玄注："明水火，所取于日月者。"《周礼·太祝》云："则执明水火而号祝。"郑玄注："明水火，司烜所共日月之气，以给烝享。"《论衡·诘术》云："日，火也。在天为日，在地为火。"《论衡·说日》云："月，水也。"《周易·系辞上》云："悬象著明，莫大乎日月。"《周易·系辞下》云："日月之道，贞明者也。"又云："日往则月来，月往则日来，日月相推而明生焉。"《说苑·谈丛》云："心如天地者明。"马王堆帛书《经法·道法》云："公者明，至明者有功，至正者静，至静者圣，无私者知，至知者为天下稽。"

《尚书·洪范》云："水曰润下，火曰炎上。"离下坎上，象征上下相交而成"泰"，《周易·泰·彖》云："泰，小往大来吉亨，则是天地交而万物通也，上下交而其志同也。内阳而外阴，内健而外顺，内君子而外小人，君子道长，小人道消也。"《象》云："天地交，泰，后以财

---

① 连劭名：《读帛书周易》，《周易研究》，1988 年第 1 期。

成天地之道，辅相天地之宜，以左右民。"《周易·序卦》云："泰者，通也。"《周易·乾·文言》云："往来不穷谓之通。"泰、大古同。《老子》第二十五章云："有物混成，先天地生，寂兮寥兮，独立而不改，周行而不殆，可以为天下母，吾不知其名，字之曰道，强为之名曰大。"河上公注："不知其名，强名曰大者，高而无上，罗而无外，无不包容，故曰大也。"《孟子·尽心下》云："充实而有光辉之谓大。"《庄子·天地》云："不同同之之谓大。"《诗经·椒聊》云："硕大无朋。"郑玄笺："大谓德美广博也。"《说文》云："大，天大，地大，人亦大，故大象人形。"

楚简《筮法》八卦方位图内画一人形，身体各部位与八卦相配，依次是：乾为首、坎为耳、艮为手、震为足、巽为股、离为腹、坤为心、兑为口，《周易·系辞下》云："古者包牺氏之王天下也，仰则观象于天，俯则观法于地，观鸟兽之文与地之宜，近取诸身，远取诸物，于是始作八卦，以通神明之德，以类万物之情。"卦图人形正象征近取诸身，除离、坤二卦外，其余六卦与《周易·说卦》同。《周易·说卦》云："乾为首，坤为腹，震为足，巽为股，坎为耳，离为目，艮为手，兑为口。"但是《周易·说卦》又云："离为大腹。"《周易·泰》六五云："帝乙归妹，以祉元吉。"虞翻注："离为大腹。"《周易·睽》上九云："先张之弧，后说之壶，往遇雨则吉。"虞翻注："离为大腹。"《周易·艮》六四云："艮其身。"虞翻注："离为大腹。"又，《周易·临》六三云："甘临。"虞翻注："坤为土。"《周易·泰》上六云："城覆于隍。"虞翻注："坤为积土。"坤象为土，故为心，《说文》云："心，人心，土藏，在身之中。"

人形卦位始乾终兑，见于《易纬通卦验下》，文云："凡易八卦之气，验应各如其法度，则阴阳和，六律调，风雨时，五谷成熟，人民取昌，此圣帝明王所以致太平法。"其法自乾始，至兑终，依次是：乾西北立冬、坎北方冬至、艮东北立春、震东方春分、巽东南立夏、离南方夏至、坤西南立秋、兑西方秋分。

乾为元，《周易·乾彖》云："首出庶物，万国咸宁。"元、首同义。《春秋繁露·重政》云："惟圣人能属万物于一而系之元也，终不及本所从来而承之，不能遂其功，是以春秋变一谓之元，元者原也，其义以随天地终始也。"乾位西北为天门，《庄子·庚桑楚》云："有乎生，有乎死，有乎出，有乎入，入出而无见其形，是谓天门。天门者，无有也，万物出乎无有，有不能以有为有，必出乎无有，而无有一无有，圣人藏乎是。"郭象注："天门者，万物之都名也，谓之天门，犹云众妙之门也。"《老子》第一章云："玄之又玄，众妙之门。"《周易·系辞下》云："天地设位，圣人成能，人谋鬼谋，百姓与能。"《大戴礼记·哀公问五义》云："所谓圣人者，知通乎大道，应变不穷，能测万物之情性者也。"

楚简《筮法》云：

春，来、巽大吉，劳少吉，艮、罗大凶，兑少凶。
夏，劳大吉，来、巽少吉，艮、罗少凶，兑大凶。
秋，兑大吉，艮、罗小吉，劳大凶，【来、巽少凶】。
冬，罗大吉，兑少吉，来、巽大凶，【劳少凶】。

"来"即震。《广雅·释诂四》云："倈，伸也。"震又作辰，《释名·释天》云："辰，伸也。物皆伸舒而出也。"《周易·震》云："震来虩虩。"虞翻注："之内曰来。"《周易·咸》九四云："憧憧往来。"虞翻注："之内曰来。"自求于己，反身修德，故曰"之内"。《周易·震·象》云："君子以恐惧修省。"夏至湿，水流湿，故"劳大吉"。《周易·说卦》云："劳乎坎。"冬至燥，火就燥，故"罗大吉"。离，马王堆帛书《周易》作罗。

楚简《筮法》云：

东方也，木也，青也。南方也，火也，赤色也。西方也，金也白也。北方也，水也，黑色也。

奚故谓之震，司雷，是故谓之震。奚故谓之劳，司树，是故谓之劳。奚故谓之兑，司收，是故谓之兑。奚古谓之罗，司藏，是故谓之罗。

今按：太史公《论六家要指》云："夫春生夏长，秋收冬藏，此天道之大经也。弗顺，则无以为天下纲纪，故曰：四时之大顺不可失也。"震为生，《后汉书·郎颛传》云："雷者，所以开发萌芽，辟阴除害。"又云："雷者号令，其德生养。"又，《周易·坎·象》云："君子以常德行，习教事。"《荀子·不苟》云："君子养心莫善于诚，致诚则无它事矣，唯仁之为守，唯义之为行。"《汉书·贾山传》云："不可长也。"颜师古《集注》云："长谓畜养之也。""树"，义同长，《说文》云："树，生植之总名也。"植通殖，《汉书·景帝纪》颜师古《集注》云："树，殖也。"《礼记·中庸》云："地道敏树。"郑玄注："树谓殖草木也。"又，《周易·说卦》云："兑，正秋也。"秋为收，故"司收"。又，离为文明，《周易·乾·文言》云："见龙在田，天下文明。"《象》云："见龙在田，德施普也。"冬为藏，《贾子·修政语上》云："道以数施之万姓为藏。"离为理，坤为地，《周易·坤·文言》云："君子黄中通理。"虞翻注："坤为理。"冬同终，《周易·坤》用六《象》云："用六永贞，以大终也。"

二、楚简《筮法》命事考

楚简《筮法》命事有十七项，此外另有一节专记命事名目，二者略有区别。现作考述，列叙于下。

（一）死生

《大戴礼记·本命》云："分于道谓之命，形于一谓之性，化于阴阳，象形而发谓之生，化穷数尽谓之死。"《周易·系辞上》云："原始反终，故知死生之说。"韩康伯注："死生者，终始之数也。"月有死生，《鹖冠子·泰鸿》云："月，信死信生，进退有常，数之稽也。"《鹖冠子·王鈇》云："月，信死信生，终则有始，故莫弗以为政。"一年十二月，生死发生于时间范畴内，《释名·释天》云："时，期也，物之生死，各应节期而止也。"

《鹖冠子·博选》云："所谓人者，恶死乐生者也。"《逸周书·武顺》云："人道曰礼。"《礼记·礼运》云："孔子曰：夫礼，先王以承天之道，以治人之情，故失之者死，得之者生。《诗》曰：相鼠有体，人而无礼。人而无礼，胡不遄死。"

简文云："乾、家人。六虚，其病哭死。"

《周易·乾·象》云："天行健，君子以自强不息。"《老子》第七十六章云："人之生也柔弱，其死也坚强。草木之生也柔脆，其死也枯槁。故坚强者死之徒，柔弱者生之徒。"又，《周易·杂卦》云："家人，内也。"《释名·释言语》云："入，内也，内使还也。"《庄子·庚桑楚》云："出无本，入无窍。"《释文》云："入，死也。"

简文云："大畜、噬嗑。五虚同一虚，死。"

《周易·大畜·彖》云："大畜，刚健笃实辉光，日新其德，刚上而尚贤，能止健，大正也。不家食吉，养贤也。"《老子》第三十九章云："侯王得一以为天下正。"河上公注："言侯王得一故能为天下平正。"又，《周易·噬嗑》云："亨，利用狱。"《象》云："雷电噬嗑，先王以明罚敕法。"九四云："噬乾胏，得金矢。"六五云："噬乾肉，得黄金。"金者，诚信之象，《墨子·经说上》云："信，不以其言之当也，使人视城得金。"城读为诚，《白虎通·性情》云："信者，诚也，专一不移也。"

《说苑·反质》云："《诗》云：尸鸠在桑，其子七兮，淑人君子，其仪一兮。《传》云：尸鸠之所以养七子者，一心也。君子之所以理万物者，一仪也。以一仪理物，天心也。五者不离，合而为一，谓之天心。在我能因自深结其意于一。故一心可以事百君，百心不可以事一君，是故诚不远也。夫诚者，一也。一者，质也。君子虽有外文，必不离内质矣。"

《庄子·庚桑楚》云："儿子动不知所为，行不知所之，身若槁木之枝而心若死灰。若是者，祸亦不至，福亦不来，祸福无有，恶有人灾也。"

（二）得

《说文》云："得，行有所得也。"《周易·系辞上》云："是故吉凶者，失得之象也。"《周易·乾·文言》云："亢之为言也，知进而不知退，知存而不知亡，知得而不知丧。其唯圣人乎，知进退存亡，而不失其正者，其唯圣人乎。"得与德通，《释名·释言语》云："德，得也，得事宜也。"《说文》云："德，外得于人，内得于己也。"

简文云："否、升。妻夫同人，乃得。"

《周易·否》下坤上乾，《象》云："君子以俭德避难，不可荣以禄。"《左传·庄公二十年》云："俭，德之共也。"《贾子·道术》云："广较自敛谓之俭。"《颜氏家训·治家》云："俭者，省约为礼之谓也。"否，马王堆帛书《周易》作妇。《白虎通·嫁娶》云："妇者，服也，服于家事，事人者也。"《诗经·氓》云："三岁为妇。"郑玄笺："有舅姑曰妇。"《尔雅·释亲》云："妇，子之妻也。"

《周易·升》下巽上坤，《象》云："君子以顺德，积小以高大。"《说文》云："顺，理也。"《释名·释言语》云："顺，循也，循其理也。"《左传·昭公二十八年》云："慈和遍服曰顺。"《荀子·修身》云："以善和人者谓之顺。"巽、坤皆为顺。巽，马王堆帛书《周易》作"算"，《周易·说卦》云："数往者顺。"《周易·坤·象》云："至哉坤元，万物资生，乃顺承天。"巽、坤皆为妻。《周易·说卦》云："齐乎巽。"《说文》云："妻，妇与夫齐者也。"《周易·坤·文言》云："阴虽有美，含之以从王事，弗敢成也。地道也，妻道也，臣道也。地道无成，而代有终也。"

《逸周书·成开》云："众和乃同。"《周易·同人·彖》云："同人，柔得位得中而应乎乾，曰同人。同人曰：同人于野亨。利涉大川，乾行也。文明以健，中正而应，君子正也，唯君子为能通天下之志。"《周易·系辞上》云："二人同心，其利断金，同心之言，其臭如兰。"

简文云："解、大过。见丁数，乃亦得。"

《周易·解》下坎上震，《象》云："解，险以动，动而免乎险。解，解利西南，往得众也。无所往，其来复吉，乃得中也。"《周易·大过》下巽上兑，《象》云："大过，大者过也。栋桡，本末弱也，刚过而中，巽而说行，利有攸往，乃亨。"

《尔雅·释诂》云："丁，当也。"《管子·宙合》云："应变不失之谓当。"《礼记·乐记》云："天地顺而四时当。"郑玄注："当谓乐不失其所。"《荀子·正论》云："圣王之生民也，皆使当厚优。"杨倞注："当，谓得中也。"《周易·解·彖》云："乃得中也。"《周易·大过·彖》云："刚过而中。"故简文云"见丁数。"

简文云："夬、临。作于阳，入于阴，亦得。其失十三。"

《周易·夬·象》云："泽上于天，夬，君子以施禄及下，居德则忌。"上为阳，下为阴。《周易·临·象》云："泽上有地，临，君子以教思无穷，容保民无疆。"君子为阳，民为阴。《礼记·乐记》云："人生而静，天之性也，感于物而动，性之欲也。物至知知，然后好恶形焉，好恶无节于内，知诱于外，不能反躬，天理灭矣。夫物之感人者无穷，而人之好恶无节，则是物至而人化物也。人化物也者，灭天理而穷人欲者也。"外为阳，内为阴，"反躬"即"入于阴"也，灭人欲而存天理。反、复同义，《论语·学而》云："有子曰：信近于义，言可复也。"

《孟子·尽心下》云："有诸己之谓信。"《说文》云："信，诚也。"

"其失十三"，整理者注释："意即有十分之三可能不得。"不确。今按：《老子》第五十章云："生之徒十有三，死之徒十有三，人之生动之死地十有三。"河上公注："言生死之类各有十三，谓九窍四关也。其生也，目不妄视，耳不妄听，鼻不妄嗅，口不妄味，手不妄持，足不妄行，精不妄施。其死也反是。"又云："人之求生，动作反之。十三，死也。"《老子》第五十章又云："夫何故？以其求生之厚，盖闻善摄生者，陆行不遇兕虎，入军不被甲兵，兕无投其角，虎无所措爪，兵无所容其刃。夫何故？以其无死地。"河上公注："以其不犯十三之死地也。言神明营护之，此物不敢害。"

得、失相对。"失"即不得，得与德同，《老子》第三十八章云："上德不德，是以有德。"《礼记·大学》云："所谓修身在正其心者，身有所忿懥，则不得其正，有所恐惧，则不得其正，有所好乐，则不得其正，有所忧患，则不得其正，心不在焉。视而不见，听而不闻，食而不知其味，此谓修身在正其心。"统治者当身如槁木，心如死灰，故"无死地"。《老子》第七十五章云："夫唯无以生为者，是贤于贵生。"河上公注："夫唯独无以生为务者，爵禄不干于意，财利不入于身，天子不得臣，诸侯不得使，则贤于贵生也。"

简文云："否、中孚。春见八，乃亦得。恒、革。夏见五，乃亦得。既济、大过秋见九，乃亦得。损、鼎冬见四，乃亦得。"整理者注释："卦例右侧乾坤、震巽、坎离、艮兑，两两相对，合于《说卦》第三章。八五九四等爻均出现左下一卦，且不在中间爻位。"

今按：左下东北当艮卦之位。艮为鬼，《周易·系辞下》云："人谋鬼谋，百姓与能。"《周易·说卦》云："艮东北之卦也，万物之所成终而所成始也，故曰成言乎艮。"终始为天道。马王堆帛书《周易》艮作根。《老子》第十六章云："至虚极，守静笃，万物并作，吾以观其复，夫物芸芸，各复归其根，归根曰静，是谓复命，复命曰常，知常曰明。"

《大戴礼记·易本命》云："凡地东西为纬，南北为经。"《释名·释典艺》云："纬，围也，反复围绕以成经也。"又云："经，径也，常典也，如径路无所不通，可常用也。"《南齐书》卷十一引《月令章句》云："东方有木三土五，故数八。"又云："西方有金四土五，故数九。""五"为五行，"四"为四时。《礼记·礼运》云："故天秉阳，垂日星，地秉阴，窍于山川，播五行于四时，和而后月生。"《鹖冠子·世兵》云："道有度数，故神明可交也。"

（三）享

《说文》云："享，献也。从高省，曰象进孰物形。《孝经》曰：祭则鬼享之。"《礼记·中庸》云："子曰：鬼神之为德，其盛矣乎！视之而弗见，听之而弗闻，体物而不可遗，使天下之人齐明盛服，以承祭祀，洋洋乎，如在其上，如在其左右。《诗》曰：神之格思，不可度思，矧可射思。夫微之显，诚之不可掩如此夫。"《礼记·祭统》云："凡治人之道，莫急于礼，礼有五经，莫重于祭。夫祭者，非物自外至者也，自中出生于心者也。"

简文云："坤、升。月朝纯牝，乃乡。乾、遁。月夕屯戊，乃亦乡。"整理者注释引《尚书大传》郑玄注："上旬为月之朝，中旬为月之中，下旬为月之夕。"

今按：《老子》第七十六章云："故坚强者处下，柔弱者处上。"月初生魄，故为坤为升，《吕氏春秋·孟秋》云："农乃升谷。"高诱注："升，进也。"月末死魄，故为乾为遁，《周易·序卦》云："遁，退也。"《周易·系辞上》云："变化者，进退之象也。"荀爽注："春夏为变，秋冬为化。息卦为进，消卦为退也。"《周易·丰·象》云："天地盈虚，与时消息。"

《说文》云："牝，畜母也。从牛、匕声。《易》曰：畜牝牛吉。"《周易·坤》云："利牝马之贞。"虞翻注："坤为牝。"《说文》云："牡，畜父也。"

坤为始。马王堆帛书《称》云："安徐正静，柔节先定，善予不争，此地之度而雌之节也。"乾为终，《周易·乾》用九云："见群龙无首，吉。"《象》云："天德不可为首也。"《礼记·大学》云："物有本末，事有终始，知所先后，则近道矣。"《周易·乾·文言》云："知至至之，可与言几也，知终终之，可与存义也。"

（四）卞

"卞"，简文字形同于《说文》鞭字古文。整理者读为弁，解释为冠礼。今按：字当读为辩。郭店楚简《六德》云："男女卞生言，父子亲生言，君臣义生言。"卞读为辩。《墨子·经上》云："辩，争彼也。"《周易·讼》《释文》引郑玄注："辩财曰讼。"《周易·讼·象》云："天与水违行，讼，君子以作事谋始。"

简文云："夬、坤。凡卞，数而出，乃遂。剥、履。凡卞，数而入，乃复。"

今按：《周易·夬》云："扬于王庭，孚号有厉，告自邑。不利即戎，利有攸往。"《周易·系辞下》云："上古结绳而治，后世圣人易之以书契，百官以治，万民以察，盖取诸夬。"《周易·杂卦》云："夬，决也。"《淮南子·时则》云："争决狱。"高诱注："决，断也。"争讼起则诉于官府，以求决断。《周易·夬》《释文》云："讼，争也，言之于公也。"又，《周易·坤·象》云："君子以厚德载物。"《春秋繁露·仁义法》云："求诸己谓之厚。"《释名·释言语》云："厚，后也，有终后也。"《老子》第七章云："是以圣人后其身而身先，外其身而身存，不以其无私邪，故能成其私。"辩则有争，《说苑·指武》云："争者，逆德也。"《大戴礼记·曾子事父母》云："争辩者，作乱之所由兴也。"故《老子》第二十二章云："夫唯不争，故天下莫能与之争。"《庄子·齐物论》云："孰知不言之辩，不道之道，若有能知，此之谓天府。"

《周易·剥·象》云："君子以厚下安宅。"《老子》第三十八章云："是以大丈夫处其厚，不处其薄，处其实，不处其华，故去彼取此。"河上公注："处其厚者，处身于敦朴。"厚为本，本、末相对，《国语·越语》云："争者，事之末也。"《说苑·建本》云："《易》曰：建其本而万物理，失之毫厘，差以千里。"又，《周易·履·象》云："君子以辨上下，定民志。"《后汉书·荀爽传》李贤注："礼者，尊卑之差，上下之制也。"《荀子·礼论》云："礼起于何也？曰：人生而有欲，欲而不得，则不能无求，求而无度量分界，则不能不争。争则乱，乱则穷。先王恶其乱也，故制礼义以分之。以养人之欲，给人之求。使欲必不穷乎物，物必不屈于欲，两者相持而长，是礼之所起也。"

"数"、理同义。《管子·法法》云："国无常经，民力必竭，数也。"尹知章注："数，理也。"《国语·晋语》云："数，言之纪也。"《吕氏春秋·离谓》云："理也者，是非之宗也。"《管子·君臣上》云："别交正分之谓理。"《韩非子·解老》云："理者，成物之文也。"郭店楚简《性自命出》云："理其情而出入之。"又云："道始于情，情生于性。始者近情，终者近义。知情者能出之，知义者能入之。"《诗经·关雎》毛诗序云："故变风发乎情，止乎礼义。发乎情，民之性也，止乎礼义，先王之泽也。"

《鹖冠子·泰鸿》云："日信出信入，南北有极，度之稽也。"《鹖冠子·王鈇》云："日诚出诚入，南北有极，故莫弗以为法则。"出入本于日，《说文》云："日，实也。太阳之精，不亏。"《礼记·大学》云："子曰：听讼，吾犹人也，必也使无讼乎。无情者不得尽其辞，大畏民志，此谓知本。"郑玄注："情，实也。"《广雅·释诂一》云："实，诚也。"《论语·子路》云："上好信，则民莫敢不用情。"《集解》引孔注："情，情实也。"《左传·庄公十年》云："公曰：小大之狱，虽不能察，必以情。"

"遂"，成事之义。《淮南子·时则》云："百事乃遂。"高诱注："遂，成也。"《礼记·中庸》云："诚者非自成己而已也，所以成物也。成己，仁也，成物，知也，性之德也。合外内之道，故时措之宜也。"

"复"者，得天道，亦成事之义。《周易·复·彖》云："复亨，刚反，动而以顺出，是以出入无疾，朋来无咎，反复其道，七日来复，天行也。利有攸往，刚长也。复其见天地之心乎。"《老子》第十六章云："至虚极，守静笃，万物并作，吾以观其复，夫物芸芸，各复归其根，归根曰静，是谓复命，复命曰常，知常曰明，不知常，妄作，凶。"《周易·坤》云："先迷后得主。"《象》云："先迷失道，后顺得常。"

（五）至

《周礼·太卜》云："以邦事作龟之八命……六曰至。"郑玄注："至谓至不也。"《国语·郑语》云："和之至也。"韦昭注："至，极也。"《春秋繁露·循天之道》云："中者，天地之太极也。"又云："中者，天之用也。"《周易·坤·文言》云："君子黄中通理，正位居体，美在其中，而畅于四支，发于事业，美之至也。"马王堆帛书《黄帝·立命》云："昔者黄宗质始好信，作自为象，方四面，付一心，四达自中，前参后参，左参右参，践位履参，是以能为天下宗。吾受命于天，定位于地，成名于人。唯余一人，口乃肥天，乃立王、三公。立国、置君、三卿。数日、历月、计岁，以当日月之行，允地广裕，吾类天大明。"《论语·尧曰》云："尧曰：咨，尔舜，天之历数在尔躬，允执其中。"中则正，《周易·鼎·象》云："君子以正位凝命。"

简文云："丰、节。四正之卦见，乃至。"

《周易·丰》云："亨，王假之，勿忧，宜日中。"《象》云："丰，大也。明以动，故丰。王假之，尚大也。勿忧，宜日中。宜照天下也。日中则昃，月盈则食。天地盈虚，与时消息，而况于人乎？况于鬼神乎？"又，《周易·节·象》云："当位以节，中正以通，天地节而四时成，节以制度，不伤财，不害民。"《象》云："君子以制数度，议德行。"

《周易·丰》下离上震，《周易·节》下兑上坎。坎、离、震、兑为四正卦，《易纬乾坤凿度》云："庖牺氏画四象，立四隅，以定群物发生门，而后立四正。四正者，定气一，日月出没二，阴阳交争三，天地德正四。"

简文云："蛊、否。其余易向，乃亦至。"

《周易·蛊·彖》云："蛊刚上而柔下，巽而止蛊，蛊元亨而天下治也。利涉大川，往有事也。先甲三日，后甲三日，终则有始，天行也。"《象》云："山下有风，蛊，君子以振民育德。"又，《周易·否》云："否之匪人，不利君子贞，大往小来。"《周易尚氏学》云："阳上升，阴下降，乃阳即在上，阴即在下，愈去愈远，故天地不交而为否，否闭也。泰上六象传云其命乱也。言泰极反否，乃天地自然之命运，必至之理，非人力所能为。"《周易·杂卦》云："否泰反其类也。"

"其余"，指四维卦，与四正卦相对。《周易·蛊》下巽上艮，《周易·否》下坤上乾。艮东北为鬼门，巽东南为地户，坤西南为人门，乾西北为天门。《大戴礼记·曾子天圆》云："曾子曰：天之所生上首，地之所生下首。上首之谓圆，下首之谓方。如诚天圆而地方，则是四角之不掩也。"四角即四维，天为出，地为入，人为生，鬼为死，四者即众妙之门。《荀子·赋》云："四时易乡。"杨倞注："乡，犹方也。"《礼记·乡饮酒义》云："天地严凝之气，始于西南而盛于西北，此天地之尊严气也，此天地之义气也。天地温厚之气，始于东北而盛于东南，此天地之盛德气也，此天地之仁气也。"

简文云："当日，不易向，昏闻不至。"

"当日"，如言当时。《说文》云："今，是时也。"《礼记·大学》云："汤之盘铭曰：苟日新，日日新，又日新。《康诰》曰：作新民。《诗》曰：周虽旧邦，其命维新。是故君子无所不用其极。"《荀子·强国》云："故善日者王，善时者霸，补漏者危，大荒者亡。"

"不易向"即"不易方"，《周易·恒·象》云："君子以立不易方。"

《彖》云："天地之道，恒久而不已也。利有攸往，终则有始也。日月得天而能久照，四时变化而能久成，圣人久于其道而天下化成。观其所恒而天地万物之情可见矣。"马王堆帛书《黄帝·观》云："黄帝令力黑浸行伏匿，周流四国，以观无恒善之法则。""无恒"即大恒，马王堆帛书《易传·系辞》云："易有大恒，是生两仪。"今本《周易·系辞上》作："易有太极，是生两仪。"《周易·杂卦》云："恒，久也。"《周易·系辞上》云："乾以易知，坤以简能，易则易知，简则易从，易知则有亲，易从则有功，有亲则可久，有功则可大，可久则贤人之德，可大则贤人之业，易简而天下之理得矣。"

"昏闻"，《国语·晋语》云："僮昏不可使谋。"韦昭注："昏，暗乱也。"《老子》云："俗人昭昭，我独若昏。"河上公注："如暗昧也。"《国语·周语》云："无夭昏札瘥之忧。"韦昭注："狂惑曰昏。"《国语·晋语》云："君子失心，鲜不夭昏。"韦昭注："狂荒之疾。"《左传·昭公十四年》云："己恶而掠美为昏。"《汉书·韦贤传》云："以休令闻。"颜师古《集注》："闻，声名也。"

（六）娶妻

《礼记·昏义》云："昏礼者，将合二姓之好，上以事宗庙，而下以继后世也，故君子重之。"又云："敬慎重正而后亲之，礼之大体，而所以成男女之别，而立夫妇之义也。男女有别，而后夫妇有义，夫妇有义，而后父子有亲，父子有亲，而后君臣有正。故曰昏礼者，礼之本也。"

《诗经·关雎》毛诗序："后妃之德也，风之始也，所以风天下而正夫妇也。"《韩诗外传》卷五云："《关雎》至矣乎！夫《关雎》之人，仰则天，俯则地。幽幽冥冥，德之所藏。纷纷沸沸，道之所行。如神龙变化，斐斐文章。大哉《关雎》之道也，万物之所系，群生之所悬命也。"

简文云："谦、睽。凡取妻，参女同男，吉。"

《周易·谦·象》云:"君子以捊多益寡,称物平施。"《诗经·伐木》云:"终和且平。"郑玄笺:"平,齐等也。"《白虎通·嫁娶》云:"妻者齐也,与夫齐体。"《说文》云:"妻,妇与夫齐者也。"又,《周易·睽·象》云:"天地睽而其事同也,男女睽而其志通也。"《象》云:"君子以同而异。"故卦利婚娶。

简文云:"大畜、井。凡取妻,参男同女,凶。"

《周易·大畜》卦辞云:"利贞,不家食吉,利涉大川。今按:《周礼·小司徒》云:"上地家七人。"郑玄注:"有夫有妇,然后为家。""不家食吉",故不利婚娶。又,《周易·井》卦辞云:"改邑不改井,无得无丧,往来井井。"今按:变动不居之象,《说文》云:"家,居也。"

(七) 雠

"雠",整理者读为售,可商。今按:字读为酬,《说文》云:"酬,主人进客也。"《周礼·大宗伯》云:"以饮食之礼亲宗族兄弟。"《礼记·乡饮酒义》云:"乡饮酒之义,主人拜迎宾于庠门之外,入,三揖而后至阶,三让而后升,所以致尊让也。盥洗扬觯,所以致絜也。拜至、拜洗、拜受、拜送、拜既,所以致敬也。尊让、絜敬也者,君子之所以相接也。君子尊让则不争,絜敬则不慢,不慢不争,则远于斗辨矣。不斗辨,则无暴乱之祸矣,斯君子所以免于人祸也。"

简文云:"大畜、随。凡雠,参男同女,女在悔上,妻夫相见,雠。"

《周易·大畜·象》云:"大畜,刚健笃实辉光,日新其德,刚上而尚贤,能止健,大正也。不家食吉,养贤也。"《仪礼·士冠礼》云:"赞冠者为介。"郑玄注:"饮酒之礼,贤者为宾,其次为介。"又,《周易·随·象》云:"君子以向晦入宴息。"宴同燕,《考工记·梓人》云:"则王以息燕。"郑玄注:"燕谓劳使臣,若与群臣饮酒而射。"

简文云:"大畜、旅。少肴雠,数出,乃亦雠。"

《周易·旅·彖》云："旅，小亨。柔得中乎外而顺乎刚，止而丽乎明，是以小亨。"小同少，故曰"少肴馐"。《广雅·释诂四》云："旅，客也。"《老子》第三十五章云："乐与饵，过客止。"河上公注："过客，一也。人能乐美于道，则一留止也。一者去盈而处虚，忽忽如过客。"一为小。《老子》第二十二章云："是以圣人抱一为天下式。"王弼注："一，少之极也。"

（八）见

《论语·泰伯》云："天下有道则见，无道则隐。邦有道，贫且贱焉，耻也。邦无道，富且贵焉，耻也。"皇侃疏："见，谓出仕。"《礼记·表记》云："武王岂不仕。"郑玄注："仕之言事也。"《说文》云："事，职也。"《周易·系辞上》云："通变之谓事。"《周易·系辞下》云："神农氏没，黄帝尧舜氏作，通其变使民不倦，神而明之，使民宜之。易穷则变，变则通，通则久。是以自天祐之，吉无不利。"《荀子·正名》云："正利而为谓之事。"

简文云："升、涣。凡见，参女同男，见。"

《周易·升》云："元亨，用见大人，勿恤，南征吉。"《象》云："地中生木，升，君子以顺德，积小以高大。"《说文》云："仕，学也。"《老子》第四十八章云："为学日益。"河上公注："学谓政教礼乐之学也。"马王堆帛书《周易》作"登"，《汉书·食货志上》云："进业曰登。"《周易·乾·文言》云："子曰：君子进德修业，忠信所以进德也，修辞立其诚，所以居业也。知至至之，可与言几也，知终终之，可与存义也。"又，《周易·涣》九二云："涣奔其机，悔亡。"《象》云："涣奔其机，得愿也。"马王堆帛书《易传·缪和》云："子曰：涣者，散也，贲阶，几也，时也。古之君子，时福至则进取，时亡则以让。夫福至而能既焉，贲走其时，唯恐失之，故当其时而弗能用也，至于其失之也，虽欲为人用，岂可得也哉？将何无悔之有。"

简文云："大壮、贲。凡见，参男同女，见。"

《周易·杂卦》云："大壮，止也。"《礼记·檀弓上》云："吉事虽止不怠。"郑玄注："止，立俟事时也。"《礼记·闲传》云："大功貌若止。"郑玄注："止，谓不动于喜乐之事。"《周易·大壮》云："利贞。"《彖》云："大壮，大者壮也。刚以动，故壮。大壮利贞，大者正也。正大而天地之情可见矣。"《象》云："大壮，君子以非礼勿履。"《礼记·大学》云："《诗》云：邦畿千里，惟民所止。《诗》云：缗蛮黄鸟，止于丘隅。子曰：于止，知其所止，可以人而不如鸟乎？《诗》云：穆穆文王，于缉熙敬止。为人君，止于仁，为人臣，止于敬，为人子，止于孝，为人父，止于慈，与国人交，止于信。"又，《周易·贲·彖》云："故小利有攸往，天文也，文明以止，人文也。观乎天文以察时变，观乎人文以化成天下。"《墨子·经上》云："止，以久也。"《礼记·中庸》云："故至诚无息，不息则久，久则征，征则悠远，悠远则博厚，博厚则高明。博厚所以载物也，高明所以覆物也，悠久所以成物也。"

简文云："大畜、晋。凡见大人，昭穆见。"

《周易·大畜》云："利贞，不家食吉，利涉大川。""家"为私，与公相对。《白虎通·爵》云："公之为言公正无私也。"《贾子·道术》云："兼覆无私谓之公。"《谷梁传·僖公五年》云："冬，晋人执虞公。"范宁注："五等诸侯民皆称为公。"公即大人。《周易·晋》云："康侯用锡马蕃庶，昼日三接。"康侯为大人。《大畜》与《晋》皆合于"大学"之道。《周易·大畜·彖》云："大畜刚健笃实辉光，日新其德。"日新则明德，《周易·晋·象》云："君子以自昭明德。"《礼记·大学》云："《康诰》曰：克明德。《大甲》曰：顾諟天之明命。《帝典》曰：克明峻德。皆自明也。汤之盘铭曰：苟日新，日日新，又日新。《康诰》曰：作新民。《诗》曰：周虽旧邦，其命维新。是故君子无所不用其极。"

"昭穆"，《礼记·祭统》云："昭穆者，所以别父子远近长幼亲疏之序而无乱也。"父子为昭穆，《左传·僖公五年》云："大伯、虞仲，大王之昭也。"又云："虢仲、虢叔，王季之穆也。"郭店楚简《六德》云："父子亲生言。"《尚书·金縢》云："惟朕小子其新迎。"《释文》云："新，马本作亲。"《释名·释天》云："辛，新也，物初新者，皆收成也。"

（九）咎

《说文》云："咎，灾也。"又云："殃，咎也。"《说苑·君道》云："武王问太公曰：得贤敬士，或不能以为治者，何也？太公对曰：不能独断，以人言断者，殃也。"又云："殷太戊时有桑穀生于庭，昏而生，比旦而拱，史请卜之汤庙，太戊从之。卜者曰：吾闻之，祥者福之先者也，见祥而为不善，则福不生。殃者祸之先者也，见殃而能为善，则祸不至。于是乃早朝而晏退，问疾吊丧，三日而桑穀自亡。"

《周易·坤·文言》云："积善之家，必有余庆，积不善之家，必有余殃。"《吕氏春秋·侈乐》云："弃宝者，必离其咎。"高诱注："咎，殃也。"《礼记·大学》云："《楚书》曰：楚国无以为宝，惟善以为宝。舅犯曰：亡人无以为宝，仁亲以为宝。"《尔雅·释诂》云："咎，病也。"《老子》第七十一章云："夫唯病病，是以不病。"

简文云："小畜、晋。凡咎，见述日、妻夫、昭穆、上毁，亡咎。"

《周易·小畜·象》云："风行天上，小畜，君子以懿文德。"《论语·季氏》云："故远人不服，则修文德以来之。"《说苑·修文》云："积恩为爱，积爱为仁，积仁为灵。灵台之所以为灵者，积仁也。神灵者，天地之本而为万物之始也。是故文王始接民以仁，而天下莫不仁焉。文，德之至也。德不至，则不能文。"又，《周易·晋·象》云："明出地上，晋，君子以自昭明德。"明德即文德，《白虎通·说丛》云："心如天地者明。"

整理者注释云："述日，占筮之日，与当日意同，指出现与该日干支相当之卦。"今按：巽为顺，《诗经·日月》云："报我不述。"毛传："述，循也。"《说文》云："循，顺行也。"又，"妻夫"或指乾坤，《周易·说卦》云："乾天也，故称乎父。坤地也，故称乎母。"又，"上毁"或指离卦，离为火，《释名·释天》云："火言毁也，物入中皆毁坏也。"

（十）瘳

《方言三》云："愈或谓之瘳。"《尚书·金縢》云："王翼日乃瘳。"孔传："瘳，差也。"疏云："瘳训差，亦训愈，病除之名也。"《方言三》云："差，愈也。南楚病愈者谓之差。"

简文云："咸、小畜。凡瘳，见述日，上毁，瘳。"

《周易·咸·象》云："君子以虚受人。"《素问·调经论》云："无者为虚。"无、亡同义。《墨子·经上》云："已，成、亡。"《墨子·经说上》云："已，为衣，成也；治病，亡也。"又，《周易·小畜·象》云："君子以懿文德。"《左传·昭公二十八年》云："经纬天地曰文。"《论语·述而》云："子疾病。子路请祷。子曰：有诸？子路对曰：有之。诔曰：祷尔于上下神祇。子曰：丘之祷久矣。"朱熹《集注》云："上下谓天地。天曰神，地曰祇。祷者悔过迁善，以祈神之佑也。"

《咸》上兑，亦为"上毁"，《周易·说卦》云："兑为毁折。"

（十一）雨旱

《周易·太卜》云："七曰雨。"郑玄注："雨谓雨不也。"《古微书》引《春秋元命苞》云："阴阳和而为雨。"《说文》云："旱，不雨也。"

简文云："咸、师。凡雨，当日在下，数而内，雨；当日在上，数而出，旱。"

《周易·咸》下艮上兑，《象》云："咸，感也。柔上而刚下，二气感应以相与，止而悦，男下女。是以亨利贞，取女吉也。天地感而万物化生，圣人感人心而天下和平。"今按："二气感应"即阴阳和，《周易·鼎》九三云："方雨亏悔。"王弼注："雨者，阴阳交和，不偏亢者也。"《周易·系辞上》云："润之以风雨。"虞翻注："雨，兑也。"《春秋繁露·五行五事》云："雨者水气也，其音羽也。"《释名·释天》云："雨，羽也，如鸟羽动则散也。"艮为鸟，《周易·说卦》云："艮为黔喙。"又，《周易·师》下坎上坤，《象》云："地中有水，师，君子以容民畜众。"今按：《周易·小过·象》云："密云不雨。"虞翻注："需之坎，升天为云，坠地为雨。"《周易·小畜》上九云："既雨既处。"虞翻注："坎水零为雨。"

"当日在下"者，天道下施之象。《素问·阴阳应象大论》云："天气下为雨。"《古微书》引《河图帝通纪》云："雨者，天之施也。"

简文云："咸、涣。金木相见在上，阴；水火相见在下，风。"

《周易·咸》下艮上兑，《象》云："山上有泽，咸，君子以虚受人。"兑为金，巽为木，金克木，《汉书·五行志上》云："金，西方，万物既成，杀气之始也。"《春秋繁露·阴阳义》云："阴者，天之刑也。"又，《周易·涣》下坎上巽，《象》云："风行水上，涣，先王以享于帝立庙。"坎为水，艮为火。《周易·艮》九三云："艮其限，列其夤，厉薰心。"《周易尚氏学》云："艮为火，互坎为心，故厉薰心。"又云："艮火坎肉象，皆详《焦氏易诂》。"《韩诗外传》卷一云："在天者莫明乎日月，在地者莫明于水火。"《庄子·齐物论》云："大块噫气，其名曰风。"

（十二）男女

《周易·序卦》云："有天地然后有万物，有万物然后有男女，有男女然后有夫妇，有夫妇然后有父子，有夫子然后有君臣，有君臣然后有上下，有上下然后礼义有所错。"《周易·系辞下》云："男女构精，万物化生。"

简文云："谦、家人。凡男，上去二，下去一。中男乃男，女乃女。"

《周易·谦》下艮上坤，卦辞云："亨，君子有终。"《象》云："谦尊而光，卑而不可踰，君子之终也。"天尊地卑，《周易·归妹·象》

云："君子以永终知敝。"虞翻注："坤为永终。"《释名·释丧制》云："终，尽也。"下互坎为心，上互震为敬，《孟子·尽心上》云："尽其心者，知其性也。知其性，则知天矣。"男女属天性。又，《周易·家人》下离上巽，卦辞云："利女贞。"《彖》云："家人，女正位乎内，男正位乎外，男女正，天地之大义也。"《周易·杂卦》云："家人，内也。"

"上去二"者，不变之义。《说苑·辨物》云："夫占变之道，二而已矣。"《礼记·王制》云："刑者侀也，侀者成也。一成而不可变，故君子尽心焉。"坤巽皆为顺，《说文》云："顺，理也。"《周易·说卦》云："昔者圣人之作易也，将以顺性命之理。"又，"下去一"者，变化之义。外为远，内为近。《周易·系辞下》云："易之为书也，不可远，其为道也屡迁，变动不居，周流六虚，上下无常，刚柔相易，不可为典要，唯变所适。其出入以度，外内使知惧，明于忧患与故。"

（十三）行

《管子·心术》云："行者，正之义也。"《管子·山权数》云："行者，道民之利害也。"《周礼·师氏》郑玄注："德行，内外之称，在心为德，施之为行。"

简文云："夬、谦。凡行，数出遂，数入复。"

《周易·系辞下》云："上古结绳而治，后世圣人易之以书契。百官以治，万民以察，盖取诸夬。"《周易·杂卦》云："夬，决也，刚决柔也。君子道长，小人道忧也。"又，《韩诗外传》卷三载周公戒伯禽曰："故《易》有一道，大足以守天下，中足以守其国家，近足以守其身，谦之谓也。"

《左传·成公十三年》云："余虽与晋出入。"杜预注："出入犹往来。"《周易·系辞上》云："往来不穷谓之通。"出入配内外，《礼记·乐记》云："人生而静，天之性也，感于物而动，性之欲也。物至知知，然后好恶形焉，好恶无节于内，知诱于外，不能反躬，天理灭矣。"

（十四）贞丈夫女子

《说文》云："男，丈夫也。"又云："女，妇人也。"《周易·随》六二云："系小子，失丈夫。"六三云："系丈夫，失小子。"《周易·观》六二云："利女贞。"《周易·屯》六二云："女子贞不字。"《周易·小畜》上九云："妇贞厉。"《周易·恒》六五云："恒其德，贞妇人吉，夫子凶。"

简文云："乾遁、乾否、乾豫、乾剥。凡贞丈夫，月夕乾之卒，乃屯吉，亡春夏秋冬。"

《周易·乾·象》云："天行健，君子以自强不息。"《老子》第四十一章云："上士闻道，勤而行之。"《尔雅·释诂》云："来，勤也。"舍人注："来，强事也。"

《周易·遁》云："亨，小利贞。"《周易尚氏学》云："遁月卦辟未，阴长阳消，小人道长，君子道消。遁者退也，避也。当阴盛之时，势须退避，否则其祸有不可胜言者矣，故曰遁亨。"《象》云："天下有山，遁，君子以远小人，不恶而严。"《礼记·中庸》云："君子依乎中庸，遁世不见知而不悔，唯圣者能之。"

《周易·否·象》云："否之匪人，不利君子贞，大往小来，则是天地不交而万物不通也，上下不交而天下无邦也。"《象》云："天地不交，否，君子以俭德避难，不可荣以禄。"《老子》第六十七章云："我有三宝，持而保之，一曰慈，二曰俭，三曰不敢为天下先。慈故能勇，俭故能广，不敢为天下先，故能成器长。"《贾子·道术》云："广较自敛谓之俭。"《周易·系辞下》云："广大悉备。"荀爽注："以阴易阳谓之广。"《老子》第四十一章云："广德若不足。"

《周易·杂卦》云："谦轻而豫怡也。"《孟子·梁惠王下》云："吾王不豫。"赵岐注："豫以游也。"《礼记·学记》云："故君子之于学也，藏焉、修焉、息焉、游焉。"郑玄注："游，谓闲暇无事于之游。"《庄子》有《逍遥游》，《楚辞》有《远游》。《礼记·儒行》云："礼之以和为贵，忠信之美，优游之法。"《论语·子路》云："切切偲偲，怡怡如也。"郑玄注："怡怡，谦顺貌。"《尔雅·释诂》云："怡，乐也。"《论语·雍也》云："子曰：贤哉回也。一箪食，一瓢饮，在陋巷，人不堪其忧，回也不改其乐，贤哉回也。"

《周易·剥·象》云："山附于地，剥，上以厚下安宅。"《春秋繁露·仁义法》云："求诸己谓之厚。"厚、重同义。《论语·学而》云："子曰：君子不重则不威，学则不固。"《老子》第二十六章云："重为轻根，静为躁君。是以圣人终日行，不离辎重，虽有荣观，燕处超然。奈何万乘之主而以身轻天下，轻则失臣，躁则失君。"

简文云："坤升、坤明夷、坤临、坤谦。凡贞女子，月朝坤之卒，乃吉，亡春夏秋冬。"

《周易·坤·象》云："地势坤，君子以厚德载物。"《荀子·礼论》云："厚，礼之积也。"《礼记·大学》云："自天子以至于庶人，一是皆以修身为本，其本乱而末治者否矣。其所厚者薄，而其所薄者厚，未之有也。"《老子》第三十八章云："是以大丈夫处其厚，不处其薄，处其实，不处其华，故去彼取此。"

《周易·升·象》云："地中生木，升，君子以顺德，积小以高大。"《周易·坤·文言》云："积善之家，必有余庆，积不善之家，必有余殃。臣弑其君，子弑其父，非一朝一夕之故，其所由来者渐矣，由辨之不早辨也。《易》曰：履霜坚冰至。盖言顺也。"《广雅·释诂四》云："积，重也。"《老子》第五十九章云："治人事天莫若啬，夫唯啬，是谓早服，早服谓之重积德，重积德则无不克，无不克则莫知其极，莫知其极，可以有国，有国之母，可以长久，是谓深根固蒂，长生久视之道。"

《周易·明夷·彖》云："明入地中，明夷，内文明而外柔顺，以蒙大难，文王以之，利艰贞，晦其明也，内难而能正其志，箕子以之。"《象》云："明入地中，明夷，君子以莅众，用晦而明。"马王堆帛书《称》云："日为明，月为晦，昏而休，明而起，毋失天极，厩数而止。"

《周易·临·彖》云："临，刚来浸而长，说而顺，刚中而应，大亨以正，天之道也。至于八月有凶，消不久也。"《象》云："泽上有地，临，君子以教思无穷，容保民无疆。"《礼记·中庸》云："修道之谓教。"又云："自明诚谓之教。"《说文》云："教，上所施，下所效也。"《老子》第二章云："是以圣人处无为之事，行不言之教，万物作焉而不辞，生而不有，为而不恃，功成而弗居。夫惟弗居，是以不去。"《老子》第十六章云："知常容，容乃公，公乃王，王乃天，天乃道，道乃久，没身不殆。"河上公注："能知道之所常行，去情忘欲，无所不包容也。"无穷、无疆，皆永久之义。《周易·坤·象》云："用六永贞，以大终也。"

《周易·谦·象》云："地中有山，谦，君子以捊多益寡，称物平施。"《周易·系辞上》云："谦也者，致恭以存其位者也。"《周易·系辞下》云："谦，德之柄也。"《礼记·大学》云："所谓诚其意者，毋自欺也，如恶恶臭，如好好色，此之谓自谦，故君子必慎其独也。"《老子》第七十七章云："天之道，其犹张弓乎，高者抑之，下者举之，有余者损之，不足者益之。天之道，损有余而补不足。"河上公注："天道损有余而益谦，常以中和为上。"

（十五）小得

《周易·坎》九二云："坎有险，求小得。"《象》云："求小得，未出中也。"《淮南子·天文》云："戌为成，主少德，亥为收，主大德。"小、少古同。《老子》第二十二章云："少则得，多则惑。"河上公注："自受取少则得多也。天道祐谦，神明祐虚。"王弼注："一，少之极也。"《老子》第三十九章云："昔之得一者，天得一以清，地得一以宁，神得一以灵，谷得一以盈，万物得一以生，王侯得一以为天下正。"

简文云："既济、睽。凡少得，乃得之。"

《周易·既济》云："亨，小利贞，初吉终乱。"《象》云："既济亨，小者亨也。利贞，刚柔正而位当也。初吉，柔得中也。终止则乱。其道穷也。"《周易·杂卦》云："既济，定也。"《礼记·大学》云："知止而后有定，定而后能静，静而后能安，安而后能虑，虑而后能得。"又，《周易·睽》云："小事吉。"《彖》云："睽，火动而上，泽动而下，二女同居，其志不同行，说而丽乎明，柔进而上行，得中而应乎刚，是以小事吉。"《周易·杂卦》云："睽，外也。"马王堆帛书《经法·名理》云："道者，神明之原也。神明者，处于度之内而见于度之外者也。处于度之内者，不言而信，见于度之外者，言而不可易也。处于度之内者，静而不可移也，见于度之外者，动而不可化也。静而不移，动而不化，故曰神。神明者，见知之稽也。"

简文云："既济、鼎。凡少得，乃得之。"

《周易·鼎》云："元吉，亨。"《彖》云："圣人亨以享上帝，而大亨以养圣贤，巽而耳目聪明，柔进而上行，得中而应乎刚，是以元亨。"《春秋繁露·重政》云："春秋变一谓之元。"《文选·东都赋》李善注引《春秋元命苞》云："元年者何？元宜为一。"

简文云："泰、益，邦去政已，于公利贞。"

《周易·泰》云："小往大来，吉亨。"《彖》云："泰，小往大来吉亨，则是天地交而万物通也，上下交而其志同也，内阳而外阴，内健而外顺，内君子而外小人，君子道长，小人道消。"又，《周易·益》云："利有攸往，利涉大川。"《彖》云："益，损上益下，民说无疆。自上下下，其道大光。利有攸往，中正有庆，利涉大川，木道乃行，益动而巽，日进无疆，天施地生，其益无方。凡益之道，与时偕行。"

二卦皆言"往"。《广雅·释诂二》云："往，去也。"《周易·系辞上》云："圣人以此洗心，退藏于密，吉凶与民同患，神以知来，知以藏往。"《周易·系辞下》云："王者屈也。"《老子》第二十二章云："曲则全，枉则直。"河上公注："曲己从众，不自专，则全其身也。"又云："枉，屈己而伸人，久久自得直也。"

"邦去政已，于公利贞。"致仕之义。《礼记·檀弓上》云："南宫敬叔反，必载宝而朝。夫子曰：若是其货也，丧不如速贫之愈也。"《论语·学而》云："子贡曰：贫而无谄，富而无骄，何如？子曰：可也。未若贫而乐，富而好礼者也。"

（十六）战

《孙子兵法·始计》云："孙子曰：兵者，国之大事，死生之地，存亡之道，不可不察也。"此节命事，两卦一致，说明事关重大，战事不可轻易而言也。

简文云："既济，既济。凡是，内胜外。未济，未济。凡是，外胜内。"

今按：《周易·既济》内卦离，外卦坎。《周易·未济》内卦坎，外卦离。故"内胜外"与"外胜内"同义，皆为离胜坎。离为美，坎为险，《周易·坤·文言》云："君子黄中通理，正位居体，美在其中，而畅于四支，发于事业，美之至也。"《论语·学而》云："有子曰：礼之用，和为贵，先王之道，斯为美，小大由之。"先王之道即中和之道，《孟子·公孙丑上》云："天时不如地利，地利不如人和。"又云："得道者多助，失道者寡助。寡助之至，亲戚畔之。多助之至，天下顺之。以天下之所顺，攻亲戚之所畔，故君子有不战，战必胜矣。"《孙子兵法·始计》云："道者，令民与上同意，可与之死，可与之生，而不畏危也。"马王堆帛书《黄帝·前道》云："圣人举事也，合于天地，顺于民，祥于鬼神，使民同利，万夫赖之，所谓义也。"

（十七）成

《风俗通·愆礼》云："《易》称：天地交，万物生，人道交，功勋成。"《国语·晋语》云："黄帝以姬水成，炎帝以姜水成。"韦昭注："成谓所生长以成功也。"

简文云："蹇、同人，同乃成。"

《周易·蹇·象》云："山上有水，蹇，君子以反身修德。"《孟子·尽心上》云："孟子曰：万物皆备于我矣，反身而诚，乐莫大焉。"《礼记·中庸》云："诚者自成也，而道自道也。诚者物之终始，不诚无物，是故君子诚之为贵。诚者非自成己而已也，所以成物也。成己，仁也，成物，知也，性之德也，合外内之道也，故时措之宜也。"反身修德是儒家的忠恕之道，《论语·里仁》云："曾子曰：夫子之道，忠恕而已矣。"《论语·卫灵公》云："子贡问曰：有一言而可以终身行之者乎？子曰：其恕乎！己所不欲，勿施于人。"郭店楚简《尊德义》云："察者出所以知己，知己所以知人，知人所以知命，知命而后知道，知道而后知行。由礼知乐，由乐知哀。"

人性乐生恶死，故与人同好恶者，其事乃成。《周易·同人·彖》云："同人，柔得位得中而应乎乾，曰同人。同人曰：同人于野亨。利涉大川，乾行也。文明以健，中正而应，君子正也，唯君子为能通天下之志。"《周易·杂卦》云："同人，亲也。"《说文》云："仁，亲也。"《论语·里仁》云："子曰：唯仁者能好人，能恶人。"《周易·序卦》云："与人同者，物必归焉，故受之以大有。"上引孟子所言"万物皆备于我矣"，即"物必归焉"。《周易·大有·象》云："火在天上，大有，君子以遏恶扬善，顺天休命。"

简文云："既济、恒。不同乃不成。"

《周易·既济·象》云："君子以思患而预防之。"《礼记·大学》云："《诗》云：节彼南山，维石岩岩，赫赫师尹，民具而瞻。有国者不可以不慎，辟则为天下僇矣。《诗》云：殷之未丧师，克配上帝。仪监于殷，峻命不易。道得众则得国，失众则失国。是故君子先慎乎德，有德此有人，有人此有土，有土此有财，有财此有用。"又，《周易·系辞下》云："恒，德之固也。"又云："子曰：君子安其身而后动，易其心而后语，定其交而后求。君子修此三者故全也。危以动，则民不与也，惧以语，则民不应也，无交而求，则民不与也。莫之与则伤之者至矣。易曰：莫益之，或击之。立心勿恒，凶。"

（十八）凡十七命

简文云："凡十七命：曰果，曰至，曰享，曰死生，曰得，曰见，曰瘥，曰咎，曰男女，曰雨，曰取妻，曰战，曰成，曰行，曰雠，曰旱，曰祟。凡是，各当其卦，乃力占之。占之不力，卦乃不忒。"

今按：此十七命，除"果"与"祟"外，其余见于楚简《筮法》。《周礼·太卜》云："五曰果。"郑玄注："果谓以勇决为之。"《周易·蒙·象》云："君子以果行育德。"虞翻注："艮为果。"《周易·剥》上九云："硕果不食。"虞翻注："艮为硕果。"《吕氏春秋·忠廉》云："果伏剑而死。"韦昭注："果，终也。"《周易·乾·文言》云："知终终之，可与存义也。"又，《说文》云："祟，神祸也。"《汉书·江充传》云："祟在巫蛊。"颜师古《集注》云："祟，谓祸咎之征也。"

《荀子·正论》云："圣王之生民也，皆使当厚优。"杨倞注："当，谓得中也。"《吕氏春秋·贵信》云："寒暑四时当矣。"高诱注："当，犹应也。"

"力"，整理者读为扐，不确。今按：《墨子·经上》云："力，刑之所以奋也。"《荀子·劝学》云："真积力久则入。"杨倞注："力，力行也。"《礼记·中庸》云："力行近乎仁。"《诗经·烝民》云："古训是式，威仪是力。"《说文》云："义，己之威仪也。"故"力"指仁义，《周易·说卦》云："立人之道曰仁与义。"《礼记·少仪》云："问卜筮，曰：义与？志与？义则可问，志则否。""忒"读为贷，《广雅·释诂三》云："贷，予也。"《庄子·天运》云："不贷无出也。"《释文》引司马注："贷，施与也。"古人认为占卜结果是神的赐予。《左传·昭公十三年》云："初，灵王卜，曰：余尚得天下。不吉。投龟诟天而呼曰：是区区者而不余畀，余必自取之。"《释文》云："畀，与也。"

作者单位：北京教育学院、北京师范大学

统治秩序、利益分配与政治改革：《周易注》政治思想新探*

凌俊峰

摘要：结合王弼的社会阶层与家庭背景分析可知，王弼著《周易注》展现了他的政治思想。这一思想是士族统治者面对魏晋之际社会变动时希望建立君民共治政体思想的体现，士人借助德行极高且强有力的君主团结士民，构建沟通有效且有等差的政治体制以实现和平统治，王弼赞成严明纪律又慎战的军事制度，建立合理的职责与利益分配制度以控制争讼产生的根本环境，展现了易学的和谐智慧，延续了中国古代以德行维系统治团结群体的政治传统。王弼以《周易》革鼎二卦阐述了改革是政治利益无法调和时的顺天应民之举，当此之时领导者审时度势，以正道取信于民推行变革，而在改革成功后要重新恢复无为而治的政策，以温情脉脉的方式去协调利益分配并重新维护新秩序的稳定。易学包罗广大的学术体系即给予王弼广泛的空间去阐发思想，也无形地限制了王弼自由表达思想观点。

关键词：《周易注》 政治思想 利益分配 改革

---

* 本文系国家社科基金冷门绝学研究专项学术团队项目"《永乐大典》易学典籍辑校与研究"（项目批准号：21VJXT010）之阶段性成果。

王弼的易学思想，本质上不是一种虚无缥缈的理论，而与其所处时代政治以及其心目中理想的政治有紧密的关系。这一论断已经被许多学者所阐释。这一广大思想体系的内涵与外延是什么？政治思想与易学之间的关系是怎么样的？

政治思想是一个广泛的概念，国内学者基本认为政治思想是建立在一定经济基础上的上层建筑的重要组成部分，是各个国家、民族政治思想发生、发展、演变的历史以及其规律的学科。关于政治的定义，虽然有诸多定义与解释，但是基本上解释为一定的阶级、阶层和社会集团为了实现其利益和目标，运用特殊公共权力，根据一定的原则，整合和协调社会关系，使社会纳入一定的秩序，并得到稳定和发展的社会领域①。以此观之，政治思想是讨论如何协调社会关系、维持社会稳定与发展的思想。

一、问题的提出与学术史总结

《周易注》中包含着王弼对于政治运行、维持社会稳定与发展的相关内容，既往学者对此有或多或少的总结与认识。余敦康先生提出王弼在《周易注》中注重说明人事，着重于建立关于人类社会的整体观，这其实就是对易学与政治关系的基本阐述，余敦康提出了屯卦包含了社会起源思想，讼卦包含了社会制度建设思想，节卦中包含了制度建设的总体构想，家人卦包含了家族制度的构想，恒卦阐述了复归于本体无为而治的社会理想②，即为政治思想的一个方面。

杨鉴生提出在政治哲学领域，《周易》的尊刚卑柔概念贯穿在《周易注》中，王弼主张君子之道，反对小人之道，主张君主刚健有为，在

---

① 徐大同主编：《西方政治思想史》第一卷，天津人民出版社，1985年版，第6页。

② 余敦康：《魏晋玄学史》，北京大学出版社，2016年版，第229页。

治化上实行柔道、臣子施行柔道，统治阶级居尊以柔，招贤纳能，虚己待人①。

孙萍认为《周易注》继承了《象传》尚文明的思想并贯彻在王弼对其他政治观点的认识中，其主要内容是礼乐教化的思想，反对威刑，在政治上修德化物，使得万民顺从。在军事战略思想上，以险守国，善于利用凶险的地理条件，保卫国家。军事谋略上，使用武力要掌握一定的时机和条件。政治变革需要顺天应人，革命是阶级斗争尖锐化到了不可调和的程度发生的，变革同样要顺天应民，在弱主处变革时当任贤使能。建立国家要息乱以静，崇本息末，建立良好的制度，在建立制度后，统治者内部同心协力并顺应民心，很好的贯彻新命令。在使用刑罚上，一方面说明了刑罚是保证国家运行必不可少的手段之一，又告诫统治者不可滥用刑罚，对刑罚的施行要轻重合宜。

在如何对待人才的观点上，王弼主张君主当要尚贤，养贤、崇尚节约，以同而异，即使物性不同，水火殊体，却依旧可以共事。君臣观上，主张君主制度的唯一性，不允许僭越，同时要任贤使能，君主要按照臣子的地位相配的原则分配爵禄。如果遇到主弱臣强的态势，要韬光养晦，积蓄力量等待时机。为臣之道主张臣尊君、洁己修身不为名利所桎梏。择事明主、以道事君，发挥才能。君臣之道主张君臣相感，相互感通与互动，展现出对儒家思想的较大兼容性②。

刘泽华先生认为，王弼喜研玄理，但这些理论与政治丝丝入扣，他反对逃避现实的隐士，主张积极参与时政。在具体的政治制度上，他主张建立上下尊卑的等级关系、修齐治平的理论，六亲和睦、交相爱乐的家道，对百姓实行愚民政策，不偏废刑罚，先令而后刑，以文明、感化和以谦德服人、在特殊时期主张有为，适时鼎革改制、善于用谋，懂得

---

① 杨鉴生：《王弼研究》，河南人民出版社，2012 年版，第 46 页。

② 孙萍：《王弼〈周易注〉研究》，中国社会科学出版社，2020 年版，第 203 页。

权变。统治者需要"执一以统众"，把制度与君主视为一体，并要求君主尚贤，建立君臣一体的政治体制①。

总结这些基本观点，我们认为，目前学者对王弼易学中的政治思想已经有较为基本的认识，但是学者在讨论易学与政治思想关系的时候，一方面疏于对政治内涵与外延的梳理，一方面对王弼《周易注》中所涵盖的政治思想缺乏进一步的讨论，我们是否可以细化王弼易学中的政治思想研究，阐述王弼所代表的政治利益团体期望构建何种政治秩序，如何运用公权协调社会关系，决定利益分配，如何构建并改革政治制度，阐明其与时代政治的关联与理想政治的关联，以求进一步推动对王弼的研究。

二、王弼社会阶层分析与理想政治观探析

阶级分析法是重要的历史研究法之一，然而阶级本身是马克思主义传入中国以后使用的概念，对于中国古代的社会情况，马克思统一用"亚细亚生产方式"的范畴予以概括，"阶级"概念不一定适用于研究本文所探讨的许多问题，更切合中国传统社会的概念是流品或者阶层。

王弼究竟代表哪个阶层的利益？通过学者们考察，王弼的祖父是刘表的女婿，父亲是魏的尚书郎，曾祖父王粲是建安七子之一。可以说是当时社会较高的门阀家族，他本人受到了以刘表为代表的荆州学派的较大影响，而王家是山阳高平（今山东金乡）的名门望族，这一家族曾接受过蔡邕的万卷藏书，作为一个门阀士族，王氏家族有较为高深的文化素养，对子弟教育较为严格，形成了一套代代相传的家学体系。若从这些因素看，王弼可能更倾向于统治者阶层。

而在当时的社会环境下，魏国的社会矛盾最为激烈与突出。除却以

---

① 刘泽华著，南开大学历史学院编：《刘泽华全集·政治思想史论》，天津人民出版社，2019年版，第163页。

曹姓为主的统治者，还有一批知识分子官僚，通过传承儒家经学的方式入仕，高平王氏、颍川荀氏、河内司马氏，这些都是典型的世家大族。一方面他们要通过知识的传承、典籍的授受、农田经济的管理去维护家族的地位，一方面又要妥善处理世家大族与皇权之间的关系以及士族与普通百姓之间的关系，甚至也会有妥善处理三国关系的需求。

正如余敦康先生提出的，曹魏政权权力过于集中，造成对人才的压制，而不能人尽其才。学者们按照自己的愿望和幻想去塑造善于协调各种关系的理想君主，是与当时历史环境相配合的。

王弼所期待的社会秩序与君主是则什么样的呢？

余敦康先生认为，由刚柔始交所建立的君主统治是以人民群众的衷心拥戴、自愿服从为基础的，是合乎自然的君主统治，这种统治不依靠武力征服与强制手段，而是出于人民群众的主动追求。因为"弱者不能自济，必依于强"、而君主一方面需要安民在正、以贵下贱，人民群众与君主之间的有机互动是社会从混沌到有序的必要起点①。就人事而言，君臣、父子、夫妇相应地区分为阴阳，虽然有尊卑地位的不同，但是阴与阳互相追求，刚柔相济、阴阳协调能形成一种畅达的局面，只有通才能形成促进万物化生、社会发展。

根据屯卦的象辞解释，刚柔始交而出现磨难，正是一种不安宁而需要领导的卦象，王弼对屯卦的卦辞解释为"屯体不宁，故利建侯也"②。楼宇烈先生校释说屯卦是有艰难之体，所以需要确立一个主，使万物得以安定。屯卦的艰难之象，王弼认为要经历"十年"的一个周期，从而从六二卦"匪寇婚媾，女子贞不字"③，最终获得女子的婚配，无往不

① 余敦康：《魏晋玄学史》，北京大学出版社，2016 年版，第 219 页。

② （三国·魏）王弼撰，楼宇烈校释：《周易注（附〈周易略例〉）》，中华书局，2011 年版，第 25 页。

③ （三国·魏）王弼撰，楼宇烈校释：《周易注（附〈周易略例〉）》，中华书局，2011 年版，第 26 页。

利。屯卦的九五爻、上六爻，都是君主不能有所作为的形象，所以只能获得"小贞吉、大贞凶"的结果，似乎屯卦正是万物初生，制度草创的一种象，在群体中确立一个统治者，以阴求阳，弱者心甘情愿地依附某位强者。在制度的草创阶段，难以真正有所作为，王弼评价说，即使九五爻"处屯难之时，居尊位之上，不能恢弘博施，无物不与，拯济微滞，亨于群小，而系应在二，屯难其膏，非能光其施者也。固志同好，不容他间"①。

王弼通过阐释屯卦的概念，确实提出社会需要一个君主来统领群众，人类社会需要按照尊卑之实定尊卑之名，只有创造制度才能够抑制阴阳互相斗争的一面，充分发挥阴阳相反相成的作用，使社会人际关系恢复自然。

王弼所阐述的君主运营政治的方法，有学者将其总结为四个要点，确保君主地位和权力的至高无上与不容僭越，善于管理臣民、任贤使能放远善柔，弱君遭遇强臣时则韬光养晦，施不失平，按照地位相配的原则分配爵禄。作为臣子参与政治的方法，为尊君、顺从王命，但是也不主张一味尊君，在少数臣子力量极度发展的时候，臣子可以不必听从君主命令的情况，只要志在济物，心存公诚，所以无咎。为臣之道，可以拒绝君主的宠爱，不能贪于名利而被其桎梏，要洁己修身，择事明主。君臣之间为了确保良好的秩序，需要互相感统和互动。以确保言路畅通、君臣相感②。

总结上述观点，我们认为王弼赞同的是君民共治的君主政治体制，但是学者们的总结忽视了一点，王弼所构建的君民共治体制对于统治者的德行素养要求极高。一方面，君主作为统治的核心，需要有较高的从政素养、较强的公信力与臣子相互沟通交流的能力。正如《大有》卦

---

① （三国·魏）王弼撰，楼宇烈校释：《周易注（附〈周易略例〉）》，中华书局，2011 年版，第 27 页。

② 孙萍：《王弼〈周易注〉研究》，中国社会科学出版社，2020 年版，第 202 页。

六五爻所描述的："六五，厥孚交如，威如，吉。"① 王弼对此解释："居尊以柔，处大以中，无私于物，上下应之，信以发志，故其孚交如也。夫不私于物，物亦公焉；不疑于物，物亦诚焉。既公且信，何难何备？为大有之主而不以此道，吉可得乎？"② 这正好是物产丰富，君主与群臣，统治者与被统治者相互团结，以公允之心分配财富并相互成就的一种情景，统治集团有强力的公信力与执行力，让礼乐教化不用宣传就得到了推行。

又如观卦，引申出先王观民设教的内涵，王弼认为其九五爻以阳刚居于尊位，教化得到推行，德性之光被于四表，以此由上到下的推行教化，如风能够让草木顺风而倒一样，以观察民俗，反观为政者从政之道，百姓有罪，是君主的过失，只有让君主的德行著于四海，才可以获得无咎。由此可见，君民的互动关系对治理民众、化民成俗有极大的价值。

臣子作为参政者，需要紧密团结在君主周围。这种有尊卑等差的政治体制内部还有更加复杂的动态关系。臣子作为君主直接下属，其阶层内部是一种有机的动态之象。君臣之间有矛盾的动态关系，而臣与臣之间同样有相互协作与排斥的一面。对于合作的一面，余敦康先生已经多有阐释，如"安于臣位，不违中道，深知悦乐知时祸福转化的必然之理。臣者发现错误的苗头，立即改正"③。但是君臣关系的矛盾，显然会有发展到反面的可能。

正如王弼对《大有》卦中九四爻"匪其彭，无咎"④，做如此解释："既失其位，而上近至尊之威，下比分权之臣，其为惧也可谓危矣。唯

① （三国·魏）王弼撰，楼宇烈校释：《周易注（附〈周易略例〉）》，中华书局，2011 年版，第 84 页。
② （三国·魏）王弼撰，楼宇烈校释：《周易注（附〈周易略例〉）》，中华书局，2011 年版，第 84~85 页。
③ 余敦康：《魏晋玄学史》，北京大学出版社，2016 年版，第 254 页。
④ （三国·魏）王弼撰，楼宇烈校释：《周易注（附〈周易略例〉）》，中华书局，2011 年版，第 84 页。

夫有圣知者，乃能免斯咎也。三虽至盛，五不可舍，能辩斯数，专心承五，常匪其旁，则无咎矣。旁，谓三也。"① 显然，类似的解释颇有君—臣—臣之间的张力与内涵。九四爻是为臣之道，既接近有威的君主，又临近分权之臣，且不当位，处于一种矛盾的困难势力中，只有以强有力的戒惧心才能避免危难。九三爻虽然有强大的实力，有强大的威权，九四爻却依旧专心追随六五爻，制约九三爻的实力，最终勉强获得无咎的结果。正如史家所说，一切历史都是当下的历史。这种纯粹的理论，使我们极其容易联想到汉末以来曹操把持政权的历史，曹操以求贤诏广泛接纳士人官僚，挟天子以令诸侯，在客观上确实维护了汉朝的政权，也笼络了一大批对汉王朝有忠心的臣子在汉朝的名义下为其服务，但是其事业发展到另一个阶段的时候，曹操个人的事业可能取代汉朝的事业，其少数臣子如荀彧也面临着自己的君主是否要取代自己信奉的汉朝政治的选择。曹操的政治统治既面临着不完全拥戴自己的汉官僚集团，又面临着刘备、孙权以及其他势力的敌对，处于一种矛盾之中。曹操最终没有选择称帝，一方面是对以曹操为核心的势力的一种实力评估，更是对汉官僚势力的妥协与退让。

即使如此，如荀彧等一批官员也在矛盾中忧虑而亡。早在曹操想要进爵为国公的时候，荀彧就认为曹操举兵是为了匡扶汉室，一方面在政治上忠诚于汉室，一方面在政治名义上有退让不邀功之实，君子爱人以德，不需要加官进爵以彰显其实力。以荀彧为代表的一批官僚即使知道汉的统治早已经名存实亡，却依旧对其抱有一种幻想，汉的政治秩序、文化制度依旧展现出生命力与维系人心的力量。这些言论让曹操心中有所不满。可见，曹操本人在统一中国北方后，心中确实有取代汉朝称帝的不臣之心，但是为了更大的政治利益，曹操为了协调政权内部的矛

---

① （三国·魏）王弼撰，楼宇烈校释：《周易注（附〈周易略例〉》》，中华书局，2011 年版，第 84 页。

盾，让一个不完全统一的政权能够在其控制下尽可能走向稳定，维护自己的根本利益，也能够让汉官僚尽可能维系在自己的身边为其服务，在名义上依旧做一个宰相，在利益上有所让步以尽可能团结自己的政治集体。即使如此，官僚们内部分崩离析的状态依旧没有办法得到根本的缓解。

以荀彧作为典型的士族能够在早期毫无保留为曹操献计献策，确立政治方针政策，帮助其统一北方，一方面是因为自黄巾起义以来，军阀混战的乱世不符合士族需要安定生活、维护统治的根本利益。另外，曹操在开拓事业的早期阶段，以诚挚的情怀去接纳士族，吸纳了一大批优秀的人才，早期甚至有许多人从敌对阵营转投曹操门下，这都展现出曹操迎立汉献帝的积极效果，能够以汉朝的名义接纳广大的人才为其服务、营造一个安定且有以统一中国北方为战略目标的环境，也用大量的物质财富维系了早期的事业与统治。但是一旦曹操的事业走向新的阶段，北方基本统一，三足鼎立之势渐渐形成，短期内统一中国没有希望，又没有迅速亡国的危险，早期的政治凝聚力就会渐渐消失，新的矛盾就会渐渐突显，曹魏势力失了共同的发展的目标与凝聚力。官僚内部渐渐呈现分崩离析的状态，不同的政治倾向、利益交杂在一起，以荀彧为代表的官僚势力与曹操的矛盾必然会渐渐突显。即使曹操发表了《让县自明本志令》，表明自己不会取代汉王朝，尽可能化解这种矛盾，但是矛盾依旧存在。在这样的环境下，君主必然运用雄猜的权谋去驾驭与防范臣子。臣子缺少合理的位置发挥自己的能力，又面临猜忌与防范，必然会忧虑过度以求保身之道，其凶可知。

曹操君臣之间相互不信任且猜忌的历史，在官渡之战之时就有。当时曹操与袁绍力量相差较大，曹操帐下许多谋士担心曹操无法与袁绍抗衡，多向袁绍写信谄媚。官渡战后，袁绍败亡，曹操的手下搜集到了一大批官僚与袁绍私通的信件上报曹操。曹操聪颖过人，自然也会料到部下与袁绍私通。而且这些信件多有署名，他完全可以在战后调查并惩罚一批通敌的官僚，整顿政治。然而曹操更富有智慧的地方在于，他将所有信件焚烧，并没有清算任何与袁绍有私通的官吏。他明确地认识到自己的统治基础并不牢固，通敌官僚群体是错综复杂的社会群体，与统治者或多或少有亲疏关系，惩罚是维护统治的手段而非目的。一旦施行惩罚既涉及更加复杂的量刑问题，又伤害一批统治阶层，从而直接动摇其统治基础。所以与其说曹操是以广阔的胸怀包容了内部集团的通敌行为，不如说曹操这是为了维护其统治根本利益的必然让步。

正因曹魏统治阶层内部有较大的分歧，官僚内部呈现分崩离析的状态，难以真正建立一个有强大凝聚力的政治团体。这种历史启发了王弼对政治哲学的进一步思考。时代需要一个强有力的君主，君臣关系相互信任且紧密相连，理想政治的目标必然要谋求君—臣—民的和谐互动关系，这与易道的感通原则相一致。以贤君、大臣为核心的统治阶层，建立礼教的秩序，以强有力的德行与制度推行教化，分配利益。简而言之，这是王弼所期待建立的政治秩序的基本内涵。

三、损益之道与义利之辩——《周易注》的利益分配思想

统治者决定了利益分配的原则与手段。一个合理的政治体制必然要依靠合理制度去分配利益。学者对于传统儒家义利观的讨论较为深入，对于王弼《周易注》所蕴含的义利思想也有关注，并且提出王弼认为，在事物发展之开始，利能够激发人民的积极性和创造性，利比义更能推进事物发展。然而，从长远的战略眼光思考义利关系，事物的长久稳定发展是由义去推动的，王弼能够以"终始"的动态角度发展阐发重义轻利的观点，在这个角度创新了儒家学说[1]。

---

① 孙萍：《王弼〈周易注〉研究》，中国社会科学出版社，2020年，第192页。

王弼的利益分配学说具体展现在哪些角度？以《周易》损益二卦为核心的利益分配原则如何具体指导的分配？

损卦的象传认为损卦的含义是"损下益上"，也就是阴顺于阳，统治者通过节约开支，调整利益分配，在这种情况下，以信义去推行损道，就可以以极其微小的开支维持体制的运转。王弼评注损卦就指出，损卦是特殊的情况，而非道之常，必须结合具体的情况与实际才能得到推行。六五爻以柔居尊，带头实行损道，就如同江海处于卑微之地，而百谷都会自动流向大海。处于减损的情境，君主居于尊位，带头实行损道，而能够得到百姓的支持，最终人尽其力，事尽其功，集体发挥出强大的能力与策略，实现了人尽其才的情景，转变了亏损之道，实现了获益。正如余敦康先生所说，处损之道，关键在于诚信，由于社会政治系统是阴阳两大势力相互依存必须生活于其中的共同体，如果双方彼此信赖，相待以诚，都能根据这种响应的相互依存关系来进行自我约束，尽可能去照顾对方、满足对方，则损非全损，益非全益，益中有损，尽管处于一种不利的形势，也能维持一种动态的平衡①。

益卦与损卦正好相反，是一种损害统治者利益去支援普通群众利益的手段，因此象传认为益的推行能够让百姓欢乐"民悦无疆"。这种利益分配的手段是自上而下推行的，自然是光明的大道。所以王弼指出益卦的九五爻得位履尊，是推行益卦的主人。给人最大的利益是诚信，给人争取优惠之大在于争取民心，因民所利而利之，是一种给人恩惠自己却无所损失的恩惠。以诚信去施恩人心，尽物所愿，所以必然获得吉祥，以诚心去给万物恩德，万物也会给其响应。

但是一旦给予恩惠过极，就会变成贪得无厌的追求。益卦上九爻就变成被人击打的凶卦。王弼认为，人道是厌恶过多恩惠的，只知道毫无保留的索取利益，自然也不会有人给予利益，人道恶盈，一个人获得太

---

① 余敦康：《魏晋玄学史》，北京大学出版社，2016年版，第222页。

多利益自然会引起别人的怨言，最后引来击打。

王弼的损益卦对利益、亏损的分配是相当有哲理与辩证思想的。他一方面认识到利益对人有强大的驱动力，鼓励人们有所作为，为政者因民所利而利之，则能得到最大的恩惠。另一方面主张克制恩惠，指出人不能贪得无厌，社会长期健康稳定发展的驱动力是义，以道德的约束力与社会群体的制约力制约贪得无厌的利益。然而这些观点虽然深刻，但本质上没有突破传统儒学义利观的基本范畴。三国时期优秀的政治家如曹操诸葛亮等人，也是自觉运用类似的原则去建立一个赏罚分明、威福兼用的政治体制，以分配利益并建立官僚群体。

四、《周易注》所见政治制度的变革与新秩序的确立

从事政治需要有强有力的政治制度维持，制度本身既是确保广大的利益的手段，在不同的情况下又是亟须清除的阻力。通过阐释《周易》节卦、革卦的内容，王弼如何设计一种合理的政治制度，如何阐释政治改革与革命的内涵？

余敦康先生认为，王弼对节卦的解释阐释了他对制度建设的总体构想，其主要内容是决定刚柔、区分男女，确定尊卑贵贱的名分等级，实行某种节制。但是在施行制度的时候不能"为节过苦"，要注意建立适中甘美的制度。制度的建立是在至尊的九五主持之下完美实现的。总结起来，"王弼所要建立的制度既有尊卑贵贱的等级区分，又有二者的和谐统一，协同配合"①。但是所谓的制度究竟有什么样的内涵？这个问题似乎又需要结合《周易》六十四卦一些具体卦象阐释。我们认为所要重点阐述的是军事制度、诉讼制度以及制度改革的方法。

军事制度见乎《周易》的师卦，其初爻就是"师出以律，否藏

---

① 余敦康：《魏晋玄学史》，北京大学出版社，2016年版，第222页。

凶"①。王弼对此评注，"齐众以律，失律则散。故师出以律。律不可失，失律而藏，何异于否。失令有功，法所不赦"②。楼宇烈先生解释此句的意思是军队的整齐一致是治军者首要之事。

唐代孔颖达对此解释，"律，法也……师出之时，当须以其法制整齐之"③。此说影响极其广大。《说文解字》中解释律为均布也，以此看难以解释。段玉裁注："均律双声，均古音同匀也。《易》曰师出以律，《尚书》正日同律度量衡、《尔雅》刊律铨也，律者所以范天下之不一而归于一，故曰均布也。"④以此看，律有均匀、统一标准的含义。结合《周易》师卦的卦象，"律"也有使得军队有统一标准而整齐有纪律的内涵。当下也有学者提出新的意见，认为"上古时期律本为竹管乐器，后泛指音律，古人视其为万物根本，以此鼓舞士气，周人出师必须吹律听声，然后决定师出与否"⑤。这一观念也颇值得重视，可以立为一说。

通过阅读师卦以及王弼的注评，我们认为师卦本质上反映慎战、战争有严明纪律，以和谐的音律统率而用兵等观念。也有稳定政治，不用小人的重要思想，王弼也继承了这一传统学术的精神内核，没有太多的创新。这与中国古代一代孙子的兵家思想是一脉相承的。

讼卦所包含的诉讼制度，是主客双方利益无法协调时出现的必然状态。所以王弼引用《论语》中的"听讼，吾尤人也，必也使无讼乎"⑥，以阐明彻底解决诉讼在于在事物开始时就谋划并建立合理的制度。只要

① （三国·魏）王弼撰，楼宇烈校释：《周易注（附〈周易略例〉）》，中华书局，2011年版，第48页。

② （三国·魏）王弼撰，楼宇烈校释：《周易注（附〈周易略例〉）》，中华书局，2011年版，第48页。

③ （三国·魏）王弼、（晋）韩康伯注，（唐）孔颖达疏，于天宝点校：《宋本周易注疏》，中华书局，2018年版，第80页。

④ （汉）许慎撰，（清）段玉裁注：《说文解字注》，上海古籍出版社，1981年版，第77页。

⑤ 秦献："'师出以律'新解"，《社会科学辑刊》，1988年第3期，第47页。

⑥ （清）刘宝楠撰，高流水点校：《论语正义》卷十五《颜渊第十二》，中华书局，1990年版，第503页。

物各有其应该得到的利益，职责互相不僭越，就会没有争斗与诉讼。通观讼卦，对争讼的各种情况都包罗在内，如被迫诉讼，以下讼上，诉讼失败，其卦象多凶，即使处于讼卦的中正之位，能够获吉，也是因为九五爻是讼卦之主，有中正之德刚无所溺、公无所偏，才能合理裁决诉讼获得吉的结果。一旦走向上九，以刚居上争讼不止，即使获胜受到赏赐，也不免终朝三褫之的结局。所以王弼一方面认识到人类争讼是无法避免的社会现象，产生于利益与职责分配的不均衡，为了解决争讼，要统治者在一开始就设定合理制度，合理协调职责与利益分配，以尽可能控制争讼产生的根本环境。即使如此，也告诫统治者面对少数争讼，必须以中正的德行裁决，才能获得吉利的结果。以讼卦之象，展现人与人之间和谐的价值，王弼所阐述的诉讼制度本质上彰显着易学和谐的智慧①，其特殊的价值在于王弼能够以设立制度的角度去思考职责与利益分配，谋事于始、遏制争讼发生的客观环境，争讼到来又以制度解决现实争讼，是解决困难的重要方法。

关于制度的革故鼎新，可以通过革卦、鼎卦的内容的以阐述。以《周易》革卦、鼎卦为核心的制度改革，是清除制度中不符合现实社会需要与发展的内容，并接纳新的合理因素以适应现实社会发展的举措，是利益的重新分配。所以两卦虽然内容不同，但是都是政治制度创新的一体两面，不可分割。所以王弼评注："革去故而鼎取新。取新而当其人，易故而法制齐明。"②制度变革本身也是必然之举，是统治系统内部出现了不合才产生的变化。

学者指出，王弼认为革命是水火不容时产生的，是阶级斗争尖锐化到了不可调和的程度发生的。若不同利益集团无法调和，一旦满足了应天顺民的条件，就要变革。《周易注》表达出弱主在变革之时，当任贤

---

① 张涛：《易学 经学 史学》，北京师范大学出版社，2020年版，第79页。
② （三国·魏）王弼撰，楼宇烈校释：《周易注（附〈周易略例〉）》，中华书局，2011年版，第270页。

使能，变革不可避免的情况下，要行之以义，又需要阴柔之臣不能自专，维护君主的核心地位。然而这种观点是王弼的一种设想，现实常常并不如此，弱主强臣的情况自东汉以来经常存在，且王弼去世后魏国就已被司马氏取代①。我们还要注意，王弼所主张的变革是在统治者的深谋远虑下推行的。普通百姓只能习惯旧的生活方式，难以走向变革；可以共享受变革的成果，而难以从一开始思考制度的改革。王弼引用《商君书》观点，证明改革的开始，是不能让普通人了解并认同的，只有改革成功，民众才能信任。余敦康先生指出，顺乎人心，取信于民是极重要的问题，既是判断变革是否成功的唯一标准，又是争取变革成功的必要条件，领导人的行为要合乎正道，不偏不倚，否则就不会为人民所信服。推行变革之时，必须审时度势，因时制宜，是主观的政策措施符合于客观的时心时愿，以争取人民的支持。经历过磨难后，形势发展到九五阶段："诚信的纽带把君臣上下紧密团结在一起，变革获得强有力的成功，直到上六，变道已成，小人也心悦诚服拥护变革，社会人际关系重新恢复和谐，政策重新转移到无为而治的轨道上。"②曹晓伟认为："王弼的变革思想是无为经过有为，再到无为。王弼赞扬刚健有为的变革精神、谴责无所作为的消极情绪，根据不同条件采取不同的对策。"③我们认为既往对王弼《周易注》中革命思想的认识是比较完善的。

革侧重于改变旧的秩序，鼎侧重于创建新的秩序，学者对于鼎卦侧重于创造的新秩序总结为通过制器立法，理通阴阳秩序，并通过正位凝命，明尊卑之序，把阴阳两大势力固定在各自所应处的地位上，按照名分确立新的等级秩序。若在巩固新等级秩序之时，必须取新而当其人，否则就会难以完成变革的大业而导致凶灾。

除此之外，我们当注意到鼎卦的象辞是以木巽火，是烹饪之象，圣

---

① 孙萍：《王弼〈周易注〉研究》，中国社会科学出版社，2020年版，第176页。
② 余敦康：《魏晋玄学史》，北京大学出版社，2016年版，第247页。
③ 曹晓伟：《魏晋南北朝易学研究》，北京师范大学2015年博士学位论文，第50页。

人用之以养圣贤，王弼借助烹饪之象，提出烹饪是调和之器，圣人以烹饪养圣贤，本质上是以一种温情的形式进行利益的重新分配与协调，以和谐的方法维护新秩序的稳定。

综上，王弼借《周易注》阐述自己理想的政治机制，包括至高无上的贤人君主制度、君臣相感言路互通的行政机制、谋事于始权责一致的利益分配、又主张和谐的争讼制度，严明纪律慎战的军事制度，无法协调利益时的改革制度，以及制器立法，稳定新秩序的鼎新制度。以相对完备的制度设计，足以构建一套相对和谐与稳定的行政体系。

五、结论与余论

正如一些学者所说，王弼在评注《老子》与《周易》的时候，展现出超人的政治智慧，引起了何晏的高度赞赏并将他引荐给曹爽，然而曹爽却对这个年轻人不甚赏识，两人不能愉快地共事，本质上是因为曹爽是眼界较为短暂的武人，并不懂得从事政治的抽象原则与政治制度，而王弼所关注的领域偏向于理论研究，似乎与现实政治以及当朝利益毫无关联，彼此并没有利益共同点。然而王弼借助易学所阐述的政治学思想，确实是极其有预见性的，它既继承了传统易学中思想精华，又沟通了儒道法兵家思想，展现出《周易》和谐与创新的价值。

在极其复杂的政治斗争实践中，为政者若没有政治权谋与利益分配的手段，不懂得审时度势不断调整政治政策，争取最大化的利益，而只满足于固有的成绩，必然会被无情地淘汰。曹魏的政权建立在一个不够紧密的曹氏——士族政治联合体上，又缺少强有力的外部环境使内部尽可能团结，更在曹操去世后缺少强有力的继承人，其最终被长期从政、有强大经济基础和广泛社会影响力的司马氏所取代是必然的。

作者单位：北京师范大学

梁武帝易学谫论

谷继明

摘要：梁武帝萧衍对南朝经学、玄学、易学的发展有重要作用。他不仅仅因其经学和玄学政策推动了易学的发展，其本人亦是《周易》诠释的爱好者。作为义疏易学的代表者，他常常讲论《易》义，与其臣子一起撰制了颇为繁多的义疏。其书虽亡佚，就其残存数条来看，仍可解读出不少有价值的信息，主要包括：文言是文王所制，人更七圣，妙体殊用，以及对郑玄爻辰说的反驳。以上这些皆可以占知南朝易学之诠释特色及其思想特点。

关键词：梁武帝　妙体殊用　人更七圣　义疏学　南朝易学

一、梁武帝之经学政策及其时之易学家

南朝经学（包括易学）之繁荣，就其政治因素来讲，梁武帝萧衍毋庸置疑是其中的关键。《梁书·儒林传》序文称：

> 以迄于宋、齐，国学时或开置，而劝课未博，建之不及十年，盖取文具，废之多历世祀，其弃也忽诸。乡里莫或开馆，公卿罕通经术。朝廷大儒，独学而弗肯养众；后生孤陋，拥经而无所讲习。三德六艺，其废久矣。

　　高祖有天下，深愍之，诏求硕学，治五礼，定六律，改斗历，正权衡。天监四年……以平原明山宾、吴兴沈峻、建平严植之、会稽贺玚补博士，各主一馆。馆有数百生，给其饩廪。其射策通明者，即除为吏。十数年间，怀经负笈者云会京师。又选遣学生如会稽云门山，受业于庐江何胤。分遣博士祭酒，到州郡立学。七年，又诏曰：……于是皇太子、皇子、宗室、王侯始就业焉。高祖亲屈舆驾，释奠于先师先圣，申之以宴语，劳之以束帛，济济焉，洋洋焉，大道之行也如是①。

《梁书·武帝本纪》亦概述其儒学政策说：

　　修饰国学，增广生员，立五馆，置《五经》博士。天监初，则何佟之、贺玚、严植之、明山宾等覆述制旨，并撰吉凶军宾嘉五礼，凡一千余卷，高祖称制断疑。于是穆穆恂恂，家知礼节。大同中，于台西立士林馆，领军朱异、太府卿贺琛、舍人孔子祛等递相讲述。皇太子、宣城王亦于东宫宣猷堂及扬州廨开讲，于是四方郡国，趋学向风，云集于京师矣②。

　　萧衍曾从学于刘瓛，对经学至少有知识上的兴趣，建立梁朝之后，有意标榜文治。他对经学比较重要的影响一是恢复经学教学系统，包括国子学、太学的恢复，五经博士、士林馆的建立等；一是自己作为表率，又诏皇太子等行释奠礼，讲论经典。当然，就精神皈依而言，梁武帝"舍道事佛"，是有名的崇佛帝王；但在南朝三教会通的风气之下，他对儒家经典的讲论、扶持也确实较之宋、齐帝王

---

① （唐）姚思廉：《梁书》卷四十八《儒林传》，中华书局，1973 年版，第 661~662 页。
② （唐）姚思廉：《梁书》卷三《武帝本纪下》，中华书局，1973 年版，第 96 页。

要多①。

从易学来看，褚仲都即是因梁武帝天监四年（505）立五经博士的诏书而后任教，周弘正是在梁武帝时期成长为大儒，张讥则是在梁武帝时期受到教育。不过当时易学既是五经之首，又是三玄之主，故其解说不免有玄学风格。《颜氏家训·勉学》谓：

> 洎于梁世，兹风复阐，《庄》《老》《周易》，总谓"三玄"。武皇、简文，躬自讲论。周弘正奉赞大猷，化行都邑，学徒千余，实为盛美。元帝在江、荆间，复所爱习，召置学生，亲为教授，废寝忘食，以夜继朝，至乃倦剧愁愤，辄以讲自释。吾时颇预末筵，亲承音旨，性既顽鲁，亦所不好云②。

这里提到了讲三玄的四个人物：梁武帝、简文帝、梁元帝、周弘正。因为梁武帝的影响，萧统、萧纲、萧绎皆酷爱艺文及讲学。周弘正又是在梁武帝复兴儒学时期担任关键的职务。据此说整个讲经风气是由梁武帝推动的也不为过。

齐代的易学家，除了刘瓛外，尚有伏曼容、沈麟士，惜二人著作也仅留下数条。天监元年（502）伏曼容卒，天监二年（503）沈麟士卒，标志着南齐易学的结束。

天监四年（505），梁武帝诏开五馆，建立国学，设置五经博士各一人。据《南史》，人选为平原明山宾、吴郡陆琏、吴兴沈峻、建平严植之、会稽贺玚③。至于五博士各主一馆还是各主一经，无法确认。五

---

① 潘桂明甚至认为："梁武帝毕生的思想倾向，是儒学重于佛学，国事大于佛事。"（潘桂明：《中国佛教思想史稿》第一卷，江苏人民出版社，2009 年版，第 494 页）此论虽然激进，但也展现出梁武帝思想中的复杂面相，不可简单地以"梁武帝佞佛"一言蔽之。

② 王利器：《颜氏家训集解》卷三《勉学第八》，中华书局，1993 年版，第 187 页。

③ （唐）李延寿：《南史》卷七十一《儒林传》，中华书局，1975 年版，第 1730 页。

人似皆长于礼学。惟明山宾为明僧绍之子，《释文序录》载明僧绍注《系辞》①。

天监七年（508）朱异二十一岁，为明山宾所举荐，在梁武帝前说《老子》《周易》，获得梁武帝赏识，从此成为梁朝重臣、权臣，后来又被认为是侯景之乱的罪人。朱异有《集注周易》，或是为梁武帝搜求旧说助其撰《周易讲疏》的成果；朱异又不断宣讲梁武帝的《周易大义》，亦当有自己的讲疏。另有孔子祛亦是梁武帝御用经学家，为梁武帝写作、讲论②，有续朱异《集注周易》一百卷。朱、孔之《易》解今皆不传。

天监中可确定为讲《易》大家者，为褚仲都。《梁书》中无褚氏专门传记，《孝行传》谓："（储修）父仲都，善《周易》，为当时最。天监中，历官《五经》博士。"③又《陈书·儒林传》谓："（全缓）幼受《易》于博士褚仲都，笃志研玩，得其精微。"④是天监幼年学《易》时，褚仲都为五经博士。天监四年设五经博士时，全缓七岁，此年即或褚仲都未膺其选，而云"幼年"，则褚仲都任五经博士亦当在天监七年（508），即全缓十岁以内。天监九年（510），周弘正十五岁，进入国子学学习。可知褚仲都于周弘正而言实为前辈。

褚仲都有《周易讲疏》十六卷，已亡佚，见于《周易正义》及《周易口诀义》中有数条。就残存内容来看，与周弘正、张讥相比，褚仲都对王注的疏释相对较多，尽管如《正义》所指出有背离王注的地方。《正义》所引褚氏、庄氏、周氏、何氏诸条，褚氏对王弼的诠释最多。就思想主旨来看，褚仲都活动于"玄儒"之学风行前期，其讲疏尚未如

---

① （唐）陆德明：《经典释文》卷一《序录》，上海古籍出版社，2013年版，第24页。

② 《梁书·儒林传》："高祖撰《五经讲疏》及《孔子正言》，专使子祛检阅群书，以为义证。事竟，敕子祛与右卫朱异、左丞贺琛于士林馆递日执经。"参见（唐）姚思廉：《梁》卷四十八《儒林传》，中华书局，1973年版，第680页。

③ （唐）姚思廉：《梁书》卷四十七《孝行传》，中华书局，1973年版，第657页。

④ （唐）姚思廉：《陈书》卷三十三《儒林传》，中华书局，1972年版，第443页。

周弘正、张讥那般以境智、六门等方式诠解，更与刘瓛相对质朴的讲疏之风接近。褚仲都的弟子全缓则已加入三玄讲说的风气中："缓治《周易》《老》《庄》，时人言玄者咸推之。"①

以上诸儒鲜有著作留下，而真正代表梁、陈义疏易学特色的，为梁武帝、周弘正。故自梁武帝至陈朝前期的易学可称为"梁武帝与周弘正时代"。

二、著作与讲学

梁武帝不仅是经学复兴政策的制定者，他自己也对于易学、礼学颇有研究。其讲经活动，推动了梁代义疏易学的发展。《隋志》载梁武帝有《周易大义》二十一卷、《周易讲疏》三十五卷、《周易系辞义疏》一卷，《唐书·经籍志》还载其《周易大义疑问》二十卷。

梁武帝的本纪并未载其《周易大义》，只说："造《制旨孝经义》《周易讲疏》及六十四卦、二《系》《文言》《序卦》等义，《乐社义》《毛诗答问》《春秋答问》《尚书大义》《中庸讲疏》《孔子正言》《老子讲疏》，凡二百余卷。"② 其中的《周易讲疏》及二《系》义可与《隋志》对应。但《周易大义》不知为何。

按《陈书·周弘正传》曰："弘正启梁武帝《周易疑义》五十条，又请释《乾》《坤》、二《系》。"③ 周弘正上表称："自制旨降谈，裁成《易》道，析至微于秋毫，涣曾冰于幽谷。臣亲承音旨，职司宣授，后进诜诜，不无传业。但乾坤之蕴未剖，《系》表之妙莫诠，使一经深致，尚多所惑。"④ 梁武帝答谓："近搢绅之学，咸有稽疑，随答所问，已具别

---

① （唐）姚思廉：《陈书》卷三十三《儒林传》，中华书局，1972 年版，第 443 页。

② （唐）姚思廉：《梁书》卷三《武帝本纪下》，中华书局，1973 年版，第 96 页。

③ （唐）姚思廉：《陈书》卷二十四《周弘正传》，中华书局，1972 年版，第 307 页。

④ （唐）姚思廉：《陈书》卷二十四《周弘正传》，中华书局，1972 年版，第 307 页。

解。"①按《请右将军朱异奉述〈制旨易义〉表》，可知所谓"制旨降谈"，即此《制旨易义》，亦即《周易大义》。又《梁书·张缵传》出现的《制旨礼记正言义》即对应《隋志》"《礼记大义》十卷"，《艺文类聚》卷五五提到的《制旨毛诗义》即对应《隋志》"《毛诗大义》十一卷"，皆可与此《制旨易义》即《隋志》所载《周易大义》的判断相发明。

周弘正"启梁武帝《周易》疑义五十条"，则是对《周易大义》（《制旨易义》）的提问，梁武帝的答复既云"随答所问，已具别解"，则疑其回答即《周易大义疑问》。但此《疑问》不应二十卷之多。颇疑《隋志》著录《周易大义》二十一卷者，包括二十卷《制旨易义》（《周易大义》）及一卷的《疑问》。此后是书流传或有增损分合，其并行者又称《周易大义疑问》。《旧唐书》作者但据毋煚《古今书录》记载，而《古今书录》亦未必逐本考核其同异，因将题名有别实为一书者著录为两种。从"制旨降谈，裁成《易》道"，亦可知《周易大义》为问答体。此义疏学当时的常见体式。

梁武帝钟情艺文，好讲学、好谈辨。一经疏出，群臣辄云集响应。他对于五经皆有讲疏，在五经之外又撰《孔子正言》，甚至为此专门立正言博士，又撰《孔子正言章句》，是欲其撰述与五经同尊。姚振宗考述其事谓：

> 是（《孔子正言》）删次起于大同六年（540），庚申之岁；至明年辛酉杀青，虽有到溉、贺琛表立博士。至八年（542），又为《章句》，下国学宣讲。当时与《制旨孝经义》并重，皆立学，置博士生徒。终武帝之世，为是学得选举因而起家者，不知若干人。张讥、袁宪、戚衮其最著也②。

---

① （唐）姚思廉：《陈书》卷二十四《周弘正传》，中华书局，1972年版，第308页。
② （清）姚振宗撰，刘克东、董建国、尹承整理：《隋书经籍志考证》，清华大学出版社，2014年版，第355～356页。

于《周易》而言，梁武帝先有《制旨易义》。此事大概在大同七年（541）。因《梁书·朱异传》记载："时城西又开士林馆以延学士，异与左丞贺琛递日述高祖《礼记中庸义》，皇太子又召异于玄圃讲《易》。"① 此事厕于七年至八年间。又据《武帝纪》，大同七年十二月丙辰，于宫城西立士林馆，延集学者。是朱异讲梁武帝的《礼记中庸义》必在此后。朱异于玄圃讲《易》亦在此期间。

《艺文类聚》卷五五载有简文帝萧纲的《请右将军朱异奉述〈制旨易义〉表》《请尚书左丞贺琛奉述〈制旨毛诗义〉表》及周弘正《请梁武帝释乾坤二系义表》。其中《请右将军朱异奉述〈制旨易义〉表》曰：

> 臣闻仰观俯察，定八卦之宗；河图洛书，符三易之教。譬彼影圭，居四方之中极；犹彼黄钟，总六律之殊气。疑关永辟，逾弘农之洞启；辞河既吐，迈龙门之已凿。臣以庸蔽，窃尚名理，钻仰几深，伏惟舞蹈。冒欲请侍中右卫将臣异，于玄圃宣猷堂，奉述《制旨易义》，弘阐圣作，垂裕蒙求，谨以表闻，伏原垂允②。

玄圃即太子之东宫，建康的玄圃创于刘宋，梁时重修③。昭明太子卒后，萧纲立为太子居住于此。"疑关永辟，逾弘农之洞启；辞河既吐，迈龙门之已凿。臣以庸蔽，窃尚名理，钻仰几深，伏惟舞蹈"，是萧纲读完梁武帝《制旨易义》的读后感。为了使梁武帝的奥义能进一步得到阐发，太子即请当时协助梁武帝完成《制旨易义》的朱异作为宣讲专家来东宫讲述。

梁武帝是"圣人"，圣人法天，"天何言哉"，不能随便讲述义理、

---

① （唐）姚思廉：《梁书》卷三十八《朱异传》，中华书局，1973年版，第538页。
② （唐）欧阳询撰，汪绍楹校：《艺文类聚》卷五十五《杂文部一·谈讲》，上海古籍出版社，1999年版，第989页。
③ 郭黎安：《六朝建康园林考述》，《学海》，1995年第5期。

宣发德音。五经所载圣人都是有问而答，应机而发；佛陀宣法，也是因病发药，对根而说。梁武帝解经，也需要臣子一步步地启请，臣子则表现出"不愤不启，不悱不发，举一反三"的样态。如前所述，周弘正在阅读了《制旨易义》后，即"启梁武帝《周易》疑义五十条"，请教其中的疑问，希望圣人能给臣子进一步的"开示"，并请武帝进一步解释《乾》《坤》、二《系》。其上表曰：

> 臣闻《易》称"立象以尽意，系辞以尽言"，然后知圣人之情，几可见矣。自非含微体极，尽化穷神，岂能通志成务，探赜致远。而宣尼比之桎梏，绝韦编于漆字；轩辕之所听莹，遗玄珠于赤水。伏惟陛下一日万机，匪劳神于瞬息；凝心妙本，常自得于天真。圣智无以隐其几深，明神无以沦其不测。至若爻画之苞于六经，文辞之穷于两《系》，名儒剧谈以历载，鸿生抵掌以终年，莫有试游其藩，未尝一见其涘。自制旨降谈，裁成《易》道，析至微于秋毫，涣曾冰于幽谷。臣亲承音旨，职司宣授，后进诜诜，不无传业。但乾坤之蕴未剖，《系》表之妙莫诠，使一经深致，尚多所惑。臣不涯庸浅，轻率短陋，谨与受业诸生清河张讥等三百一十二人，于《乾》《坤》、二《系》象爻未启，伏愿听览之闲，曲垂提训，得使微臣钻仰，成其笃习，后昆好事，专门有奉。自惟多幸，欢沐道于尧年，肆业终身，不知老之将至。天尊不闻，而冒陈请，冰谷置怀，罔识攸厝①。

周弘正"亲承音旨，职司宣授"可知他也是梁武帝经学的宣讲人员之一。如本章第一节所述，《制旨易义》即《周易大义》，乃是就问题展开，不随顺经文而释。周弘正由此启请梁武帝进一步对《周易》作诠

---

① （唐）姚思廉：《陈书》卷二十四《周弘正传》，中华书局，1972年版，第307页。

释。从可行性角度来说，先讲解乾、坤两卦及《系辞传》。

梁武帝答复称："随答所问，已具别解。知与张讥等三百一十二人须释《乾》《坤》《文言》及二《系》，万机小暇，试当讨论。"①所谓"已具别解"，即对周弘正五十条疑义的解答。至于"万机小暇，试当讨论"，梁武帝后来也有讲论和成书。周弘正启请梁武帝解《易》，是代表"受业诸生清河张讥等三百一十二人"。《陈书·儒林传》对张讥亦有载：

> 梁大同中，召补国子正言生。梁武帝尝于文德殿释《乾》《坤》《文言》，讥与陈郡袁宪等预焉。敕令论议，诸儒莫敢先出，讥乃整容而进，谘审循环，辞令温雅。梁武帝甚异之，赐裙襦绢等，仍云"表卿稽古之力"②。

梁武帝果真应周弘正之请，在文德殿③讲《乾》《坤》《文言》。六朝讲经必有问难。然皇帝讲经，群儒们不能发出过分的质疑，其间分寸拿捏极具技术含量，是以"莫敢先出"。此时张讥不到三十岁，年轻敢言，得到梁武帝赏识。此次讲经的内容，当与《周易系辞义疏》一致。

三、梁武帝的易学主张

（一）"《文言》是文王所制"

梁武帝易学著述皆已亡佚。《经典释文》中唯存四条，且三条为音注，只有一条为义解。即《释文》引梁武帝曰："《文言》是文王所制。"④

---

① （唐）姚思廉：《陈书》卷二十四《周弘正传》，中华书局，1972年版，第308页。

② （唐）姚思廉：《陈书》卷三十三《儒林传》，中华书局，1972年版，第443页。

③ 郭湖生以为文德殿即梁朝帝寝，梁武帝亦终于斯。参见郭湖生：《台城考》，载郭湖生：《中华古都》，中国城市出版社，2018年版，第196页。

④ （唐）陆德明：《经典释文》卷二《周易音义》，上海古籍出版社，2013年版，第74页。

此盖其《周易乾坤二系义疏》中的文字。

此论点似乎大谬不然：历来相传孔子作《十翼》，《文言传》为《十翼》之一，其作者甚至晚于孔子，显非文王所作。故黄庆萱极力驳之。但梁武帝精于坟典，岂会犯如此明显的错误？此因《释文》止截取其一语，而现代学者误解梁武帝之意。惠栋注"文言"曰："文言，乾坤卦爻辞也。文王所制，故谓之《文言》。孔子为之传。"而后疏曰：

> 《文言》一篇，皆夫子所释乾坤二卦卦爻辞之义，故云"卦爻辞也"。梁武帝云："《文言》是文王所制。"案，"元者善之长也"一节，鲁穆姜引之，在孔子前，故以为文王所制。然则初九以下，著答问而称"子曰"，岂亦文王所制耶？是知"文言"者，指卦爻辞也。以卦爻辞为文王制，故谓之《文言》。孔子为之传，故谓之《文言传》，乃《十翼》之一也①。

惠栋臆补了梁武帝认为《文言传》为文王作，并虚构了梁武帝的理由而后反驳，仍是错会了梁武帝。但惠栋所认为的正确理解，恰恰是梁武帝的意思："文言"为"文王之言"，即《周易》卦爻辞；《文言传》为孔子作，是对"文王之言"的传说。

总体而言，诸儒解"文言"有二种。刘瓛以"文言"为"依文而言其理"，《正义》以为"释二卦之经文"，皆是以文言之"文"为"经文"。又庄氏及《讲周易疏论家义记》以"文"为"文饰"。《释文》特别揭出梁武帝以为"文王所制"，则仍是非常特别的理解。由此可见梁武帝在讲经过程中对于出人意表、标新立异的追求。

---

① （清）惠栋撰，郑万耕点校：《周易述》卷十九《文言传》，中华书局，2007年版，第347页。

（二）"人更七圣"说

又梁武帝答周弘正之文谓：

> 设卦观象，事远文高；作《系》表言，辞深理奥。东鲁绝编
> 之思，西伯幽忧之作。事逾三古，人更七圣。自商瞿禀承，子庸
> 传授，篇简湮没，岁月辽远。田生表菑川之誉，梁丘擅琅邪之学，
> 代郡范生，山阳王氏，人藏荆山之宝，各尽玄言之趣，说或去取，
> 意有详略。近搢绅之学，咸有稽疑。随答所问，已具别解。知与
> 张讥等三百一十二人须释乾、坤《文言》及二《系》，万机小暇，
> 试当讨论①。

黄庆萱据此认为："梁武易学，远祧梁丘，近宗王氏，师承家法，可以略知。"② 然此段文字对易学源流的叙述，主要综合诸《儒林传》而成，当时讲《易》的注本主要是王弼注，自然关注王弼较多，但若说他"远祧梁丘"，则是武断之论。此段值得关注的是所谓"七圣"说，与三圣说不同。《汉书·艺文志》有一个非常著名的判定："《易》道深矣，人更三圣，世历三古。"韦昭注解释三圣说："伏羲、文王、孔子。"孟康亦曰："《易·系辞》曰'易之兴，其于中古乎？'然则伏羲为上古，文王为中古，孔子为下古。"③ 梁武帝所谓七圣是不是讹误呢？梁元帝的《洞林序》亦谓："爻通七圣，世经三古。"④ 可知不误。七圣如何称数？按黄庆萱谓："七圣未闻，或并神农、黄帝、夏禹、周公而数之与？"⑤

① （唐）姚思廉：《陈书》卷二十四《周弘正传》，中华书局，1972 年版，第 307～308 页。
② 黄庆萱：《魏晋南北朝易学书考佚》，华东师范大学出版社，2012 年版，第 583 页。
③ （汉）班固著，（唐）颜师古注：《汉书》卷三十《艺文志》，中华书局，1962 年版，第 1704～1705 页。
④ （唐）欧阳询撰，汪绍楹校：《艺文类聚》卷七十五《方术部·相》，上海古籍出版社，1999 年版，第 1286 页。
⑤ 黄庆萱：《魏晋南北朝易学书考佚》，华东师范大学出版社，2012 年版，第 582 页。

但为何数神农、黄帝、夏禹？如果说神农、夏禹是因为历史上有人怀疑其重卦，那么黄帝为何又在其中？故其猜测难以成立。梁武帝父子注重典据，则七圣之说合当于五经中有本。本书认为是根据《系辞》下的称数。观象制器一章列举了伏羲、神农、黄帝、尧、舜五圣人与《易》的关系，若再加文王系辞、孔子作传，则为七圣。又皇甫谧《帝王世纪》亦据《系辞》下论《易》谓："庖牺氏作八卦，神农重之为六十四卦。黄帝、尧、舜引而伸之，分为二《易》。至夏人因炎帝曰《连山》，殷人因黄帝曰《归藏》，文王广六十四卦，著九六之爻，谓之《周易》。"① 亦可证成本书对"七圣"的推测②。

《易》之作者除七圣说之外，又有九圣说。《抱朴子·释滞》曰："九圣共成《易经》，足以弥纶阴阳。"王明《校释》以九圣为"伏羲、神农、黄帝、尧、舜、夏禹、商汤、周文、孔丘"③，非是。所谓九圣，《系辞下传》提到的伏羲、神农、黄帝、尧、舜五位，文王、孔子也必然有，剩下两位一位当是大禹，因"河出图，洛出书，圣人则之"，最后一位王明认为是商汤，但汤与《易》的关系并不见记载。按孔颖达《周易正义序》有"业资九圣，时历三古"之说，其卷首《八论》又以为周公作爻辞，陆德明也以为周公作爻辞，是六朝时以周公作爻辞为主流。若具体到"九圣"，周公当在其中。所以九圣当即伏羲、神农、黄帝、尧、舜、夏禹、文王、周公、孔子。"七圣"则是减去夏禹与周公。

（三）妙体殊用

梁武帝《天象论》，引"易有太极，是生两仪"及"大哉乾元""至哉坤元"之文，似祖述先儒之说，其实该文引述《易》文后，有"四大

---

① （唐）徐坚：《初学记》卷二十一《经典第一》，中华书局，2004 年版，第 497 页。
② 七圣虽可以据经典数出，但历来儒者只说三圣（四圣），未有"七圣"成说。颇疑梁武帝父子除了标新立异外，意在使之与佛教"七圣"事数相比较。
③ 王明：《抱朴子内篇校释》，中华书局，1986 年版，第 161 页。

海之外，有金刚山，一名铁围山，金刚山北，又有黑山，日月循山而转"之文，则是用佛教的世界观来解释天象。不过此文仍可反映梁武帝对《周易》乾坤与天地的基本看法，其文谓：

> 《系辞》云："易有太极，是生两仪。"元气已分，天地设位，清浮升乎上，沈浊居乎下，阴阳以之而变化，寒暑用此而相推，辨尊卑贵贱之道，正内外男女之位。在天成象，三辰显曜；在地成形，五云①布泽。斯昏明于昼夜，荣落于春秋，大圣之所经纶，以合三才之道。清浮之气升而为天，天以妙气为体，广远为量，弥覆无所不周，运行来往不息，一昼一夜，圜转一周，弥覆之广，莫能测其边际，运行之妙，无有见其始终。不可以度数而知，不可以形象而譬，此天之大体也。沈浊之气下凝为地，地以土水为质，广厚为体，边际远近，亦不可知，质常安伏，寂然不动，山岳水海，育载万物，此地之大体。天地之间，别有升降之气，资始资生，以成万物。《易》曰："大哉乾元，万物资始。""至哉坤元，万物资生。"资始之气，能始万物，一动一静。或此乃天之别用，非即天之妙体。资生之气，能生万物，一翕一辟，或此亦地之别用，非即地之妙体②。

此段提出了"妙体"与"别用"的概念，在中国哲学的体用范畴史中具有标志性的意义。朱伯崑认为："此是说，天地各有其体用。乾元资始之气为天之体，动静为其用；坤元资生之气为地之体，翕辟为其用……所谓'妙体'，指内在的本质；'别用'，指外在的表现和作用。"③并认为："王弼于《老子注》中亦提出体用范畴，但没有用来解释《周

---

① "云"，疑当作"行"，传抄致讹。

② （唐）瞿昙悉达：《开元占经》，九州出版社，2012年版，第16~17页。

③ 朱伯崑：《易学哲学史》第一卷，昆仑出版社，2005年版，第386页。

易》中的义理。以体用解释乾坤卦义，就现传下来的资料看，较早见于肖衍的著作。"①朱先生又指出此种体用观来自佛教哲学，并举《立神明成佛义记》为例。胡勇据沈绩注指出："沈绩把梁武帝的'本一用殊'明确为'体一用殊'。因此作为'心'之体的'无明神明'是无生灭的'一'，而有生灭的殊多则是此体之用。体无生灭而用有生灭，故称'异用'。"②

毋庸置疑，梁武帝解《易》的"妙体殊用"说与其佛学思想中的"体一用殊"说是一致的，但以往的研究仍有可检讨者。换言之，《天象论》和《立神明成佛义记》仅仅是在体用思维方式上的一致，但它们处理的是不同的哲学问题，故不可混同。《立神明成佛义记》关注点在于佛性之有无以及成佛之可能性。故其体用义在于由用复体。潘桂明指出："作为'本体'的'性'是与'无明'联系在一起的，相当于无明之体的神明，无明与神明同一本体……这里的'体'并非严格意义上的'本体'，因为它与'用'始终联系在一起，构成'即体即用'的思维定式……成佛的关键是在'一本之性'上破无明而复神明。"③《义记》从心性角度立论，强调神明与生灭之相即。《天象论》则不同，它是强调天地与乾坤含义的不同。天地有其"妙体"，其意义在于天、地之"本然"。而所谓殊用，梁武帝举"大哉乾元""至哉坤元"为说，是以乾、坤即资始之气、资生之气，是别用。资始、资生之气与天地之妙气有何区别？万物之生化，正是依靠此"别用"。《月令》曰："孟春之月，天气下降，地气上腾，天地和同，草木萌动。"天自在上，地自在下，各有其"妙体"；至于天地生物，则各自出气，天气下降，地气上腾，二气交通，产生世间各种生死流转，是为"别用"。天地之"妙体"，恐非朱伯崑先生所谓"本质"，而是"本然之体"的意思，不过这个"妙体"肯定也不是"苍苍之天"和"块然之地"。

---

① 朱伯崑：《易学哲学史》第一卷，昆仑出版社，2005 年版，第 386 页。
② 胡勇：《中国哲学体用思想研究》，南京大学 2013 年博士学位论文，第 146 页。
③ 潘桂明：《中国佛教思想史稿》第一卷，江苏人民出版社，2009 年版，第 479~480 页。

易言之，梁武帝"妙体殊用"之说固与佛学有关，其实也受《周易》文本语境的制约。一个旁证是《周易正义》卷一：

> 此既象天，何不谓之"天"，而谓之"乾"者？天者定体之名，乾者体用之称。故《说卦》云："乾，健也"。言天之体，以健为用。圣人作《易》本以教人，欲使人法天之用，不法天之体，故名"乾"，不名天也。

此段语言未必非孔氏所撰，但讨论方式于六朝义疏当有传承。《正义》的"体用"思维与梁武帝"妙体殊用"之说有别，价值观亦不同。但以体释天，以用释乾，则是《易》之通义。

（四）对爻辰说的反驳

梁武帝还有《钟律纬》一文，虽然主要论述音律的问题，但其中涉及对爻辰配卦的批评。首先是上生、下生问题。梁武帝谓：

> 案律吕，京、马、郑、蔡，至蕤宾，并上生大吕；而班固《律历志》，至蕤宾，仍以次下生。若从班义，夹钟唯长三寸七分有奇。律若过促，则夹钟之声成一调，中吕复去调半，是过于无调。仲春孟夏，正相长养，其气舒缓，不容短促。求声索实，班义为乖①。

按郑玄在注《周礼·大师》时论述三分损益及配卦曰：

> 黄钟初九也，下生林钟之初六，林钟又上生大蔟之九二，大

---

① （唐）魏徵等：《隋书》卷十六《律历志上》，中华书局，1973年版，第389页。

蔟又下生南吕之六二，南吕又上生姑洗之九三，姑洗又下生应钟
之六三，应钟又上生蕤宾之九四，蕤宾又上生大吕之六四，大吕
又下生夷则之九五，夷则又上生夹钟之六五，夹钟又下生无射之
上九，无射又上生中吕之上六①。

所谓上生、下生者，《吕氏春秋·音律篇》谓："三分所生，益之一
分以上生；三分所生，去其一分以下生。"②亦即前一律的长度乘以三分
之四为上生（益），乘以三分之二为下生（损）。郑玄在述及蕤宾到大
吕时是"上生"。然《汉书·律历志》谓："三分应钟益一，上生蕤宾。
三分蕤宾损一，下生大吕；三分大吕益一，上生夷则。"③推此文本之意，
应钟生蕤宾既是上生，则蕤宾继生大吕则应下生，交替进行故也。但三
分损益不是这个逻辑，它其实是分成两截，一是从黄钟到蕤宾，一是从
蕤宾到仲吕。故《汉书》这个文本是错误的，梁武帝指出来，不仅根据
其原理，又验之于律管制作的实践，是非常有道理的。

梁武帝的第二个问题则直接批评了郑玄的爻辰法：

郑玄又以阴阳六位，次第相生。若如玄义，阴阳相逐生者，
止是升阳。其降阳复将何寄？就筮数而论，乾主甲壬而左行，坤
主乙癸而右行，故阴阳得有升降之义。阴阳从行者，真性也；六
位升降者，象数也。今郑乃执象数以配真性，故言比而理穷。云
九六相生，了不释十二气所以相通，郑之不思，亦已明矣④。

---

① （汉）郑玄注，（唐）贾公彦疏：《周礼注疏》卷二十三《大师》，（清）阮元校刻：《十三经
注疏》，中华书局，2009年版，第1717页。

② 许维遹集释，梁运华整理：《吕氏春秋集释》卷六《音律》，中华书局，2009年版，第
135页。

③ （汉）班固著，（唐）颜师古注：《汉书》卷二十一上《律历志上》，中华书局，1962年版，
第965页。

④ （唐）魏徵等：《隋书》卷十六《律历志上》，中华书局，1973年版，第389页。

梁武帝肯定了京房的六十律，而否定了郑玄之爻辰。其实郑玄之爻辰恰恰本于京房六十律。京房爻辰亦可归纳为"隔八相生"之法，其与京房六十律的区别在于：京房仅仅以三分损益生出的十二律与十二支、十二月份相配；郑玄除此之外，还要与卦爻相配，确切地说，即与乾坤十二爻相配。郑玄相配之原则，可见如下爻辰图：

郑玄爻辰

京房纳支

梁武帝所反对的，恰恰是郑玄以乾坤十二爻与十二律配合。但他反对的立场却是京房的纳支法。所谓"就筮数而论，乾主甲壬而左行，坤主乙癸而右行，故阴阳得有升降之义"，乃指京氏纳支中，乾卦自初至上纳子寅辰午申戌，顺行；坤卦自初至上纳未巳卯丑亥酉，逆行（见上图）。两图对比，可知郑玄和京房阴支的运行恰恰是相反的。京氏纳支阳支左行，阴支右行，故有升降。郑玄虽在对面的未位作为阴的起点，却仍顺阳而行。阴从阳行，即所谓"阴阳从行"，这是阴阳的本性，所谓"真性"；而阴阳相对而行，有升有降，这是数术运行中的状况，所谓"象数"。在梁武看来，郑玄不免"执象数以配真性"。按郑玄的配卦之说来源于《三统历》术。三统历术的考虑在于使天地人的要素皆体现在律数中：

> 三统者，天施，地化，人事之纪也。十一月，乾之初九，阳气伏于地下，始著为一，万物萌动，钟于太阴，故黄钟为天统，律长九寸。九者，所以究极中和，为万物元也……六月，坤之初六，阴气受任于太阳，继养化柔，万物生长，茂之于未，令种刚强大，

故林钟为地统，律长六寸……正月，乾之九三，万物棣通，族出于寅，人奉而成之，仁以养之，义以行之，令事物各得其理……故太族为人统，律长八寸，象八卦，宓戏氏之所以顺天地，通神明，类万物之情也……"后以裁成天地之道，辅相天地之宜，以左右民。"此三律之谓矣，是为三统①。

在这种配比之，乾之初九（乾天）在子，坤之初六（坤地）在未，乾之九三（君子终日乾乾，故为人，寅亦为人）在寅，是"三统"、律数皆统一于易卦中。梁武帝的变革性恰恰在于，他处在经学衰歇的时代，不在关心这种统一性的建构，转向"自然之理"和实际制作的本身，郑玄之爻辰说自然会被其驳斥。另外，梁武帝还指出京房六十律的不合理之处（三分损益所得为不平均律），其实刘宋历学家、易学家何承天亦指出其问题，还专门作了十二平均律的求法②，因与易学无直接关系，姑从略。

作者单位：同济大学

---

① （汉）班固著，（唐）颜师古注：《汉书》卷二十一上《律历志上》，中华书局，1962年版，第961页。

② 王光祈：《中国音乐史》，广西师范大学出版社，2005年版，第43~47页。

梅鷟《古易考原》"大衍之数九十有九"说探微*

涂东哲　蒋振华

摘要：《古易考原》为明代学者梅鷟的易学著作，是研究其易学思想的重要文献。梅鷟在《古易考原》中多取两宋象数易学之说，并提出许多创见，其中以"大衍之数九十有九"说最为新颖。梅鷟将大衍之数分为体数五十和用数四十九，认为两数皆从《河图》之数中衍生而来，各成其数，各具其理。因与传统大衍之数理论迥然有别，所以前代学者认为梅鷟之说言之无据，其说未能引起重视。但通过文献对比考察，可知梅鷟之说绝非臆撰，而是赓续了南宋丁易东大衍之数理论。梅鷟采纳丁氏之说，以揲蓍之理阐释大衍之数的衍生过程，并将其理论予以简化，删去与"蓍策之易"无关的部分，形成了具备自身特色的理论体系，足以称一家之言。

关键词：梅鷟　《古易考原》　大衍之数　揲蓍

梅鷟，字鸣歧，号平埜，又号致斋，明代学者，安徽旌德人，武宗正德八年举人，官南京国子监助教、盐课司提举。梅鷟精通经学，考据

---

* 本文系国家社科基金重大项目"历代道经集部集成、编纂与研究"（项目批准号：17ZDA248）之阶段性成果。

辩伪功力深厚，著作有《尚书考异》《尚书谱》《周易集莹》《读易记》《古易考原》等。《古易考原》是梅鷟唯一的传世易著，收于《万历续道藏》中，亦被《续文献通考》《四库全书总目提要》著录。潘雨廷教授研究后认为，《古易考原》"承陈抟先天之说，合筮法而一之，于象数之发展次第可备一说，尤继承朱熹而贯穿之"[1]。事实上，梅鷟在《古易考原》中并没有囿于朱熹易学理论，而是博采宋代各家易学之长以成一家之言。其"大衍之数九十有九"说，一反前人大衍之数旧论，尤为新异。梅鷟取丁易东大衍之体数五十、用数四十九之论，批判了王弼、韩康伯的"虚一以象太极"说。又从"蓍策之易"的角度，对《系辞》"易有太极"文意做出别样解读，以揲蓍中蓍策变化之象阐释太极、两仪、四象、八卦之衍生关系，其宗旨与朱熹提出的"一分为二"法大异其趣，反映出梅鷟对宋代象数理论的反思和以揲蓍之理解《易》的思维方式。

一、"大衍之数九十有九"的推算方法与理论依据

大衍之数是《周易》象数易学的核心思想之一，但古往今来易学家对大衍之数的看法莫衷一是，众说纷纭。根据巩忠杰《周易筮法研究史》中的统计，由汉魏至明清，涉及大衍之数的各家学说共计有两百种之多。但归纳而言，各家对揲蓍之策四十九皆无异议，争议焦点为大衍之数究竟为几何，各家观点大致可分为两派：

一派学者坚持传本《系辞》中"大衍之数五十，其用四十有九"说，认为大衍之数五十与天地之数五十有五为不同概念。至于大衍之数五十如何而来，汉魏时期诸多学者，其如京房、马融、荀爽、郑玄、王弼等人都对此有所阐释。孔颖达《周易正义》中，于《系辞》第八章下

---

[1] 潘雨廷：《道藏书目提要》，上海古籍出版社，2003年版，第327页。

云："五十之数，义有多家，各有其说，未知孰是。"①诸家学说中，王弼之说影响尤为深远，此后易学家多承其余绪。后世认同此说的学者亦多有之，如宋代的邵雍、程颐、朱熹，明代的徐师曾、来知德，清代的王夫之等人，皆对大衍之数五十没有异议。

另一派学者则认为大衍之数与天地之数实为同一概念，大衍之数当为五十有五。魏晋时期的姚信、董遇有云："天地之数五十有五者，其六以象六画之数，故减之而用四十九"②，依此文意，则在揲蓍中所取应是五十五策，置其中六策以"布六虚之位"，方便占卜者记爻画卦，故所剩策数为四十九，故大衍之数当为五十五。针对为何传本作"大衍之数五十"问题，部分学者提出其句后乃脱"有五"二字。北宋胡瑗第一次明确此说，其《周易口义》有云："大衍之数当有五十有五……今经文但言五十者，盖简编脱漏矣。"③之后学者亦有赞同此说者，如清代程廷祚、徐灏等，现代学者如金景芳、高亨、郭鸿林、廖名春、陈恩林、郭守信亦秉承"大衍之数五十有五"之观点④。

在探讨大衍之数的诸家学说之中，惟有梅鷟的观点别出心裁，提出"大衍之数九十有九"说，《古易考原》记云：

> 《河图》天数五，衍为二十有五，地数五，衍为三十矣，然犹未尽乎衍之极也，故伏羲则《河图》而大衍之则又九十有九焉⑤。

① （三国·魏）王弼、（晋）韩康伯注，（唐）孔颖达疏，于天宝点校：《宋本周易注疏》卷第十一《周易系辞上》，中华书局，2018 年版，第 410 页。

② （三国·魏）王弼、（晋）韩康伯注，（唐）孔颖达疏，于天宝点校：《宋本周易注疏》卷第十一《周易系辞上》，中华书局，2018 年版，第 410 页。

③ （宋）胡瑗：《周易口义》卷十一，《景印文渊阁四库全书》第 8 册，台湾商务印书馆，1986 年版，第 487 页。

④ 马金亮、丁鼎：《大衍之数"五十有五"说补证》，《周易研究》，2015 年第 2 期。

⑤ （明）梅鷟：《古易考原》卷二，《中华道藏》第 17 册，华夏出版社，2004 年版，第 45 页。

梅鷟以为，大衍之数是由《河图》中天一至地十这十个数字推演而来，天地之数五十五仅是将天数五与地数五相加，虽然数有奇偶，体含阴阳，却并不是大衍之数的出处，因为天地之数依然不是"衍"的极致。所以梅鷟以天一至地十为基础，设计出新的算法以推演大衍之数，并得到九十有九的结果。

大衍之数九十有九，其算法颇为复杂。算法的第一步，是要将天一至地十两两相加，即一与二相加得三，二与三相加得五，三与四相加得七，五与六相加得十一，六与七相加得十三，七与八相加得十五，八与九相加得十七，九与十相加得十九。之后，将十一、十三、十五、十七、十九的十位数字相加，得五十，此即大衍之体数；将三、五、七、九相加得二十四，将十三、十五、十七、十九个位数相加得二十四，再加上十一的个位数一，得四十九，此即大衍之用数。将大衍之体数五十与大衍之用数四十九相加，即为大衍之数九十九。

梅鷟对大衍之数的推导过程看似凌乱，其实却颇有章法。在推演大衍之数时，梅鷟有意识地将《河图》之数与揲蓍中"四营而成易"的概念相联系。《系辞》第八章在"大衍之数五十，其用四十有九"文后，便系之以对"占筮之法、揲蓍之体"的描述，即"分而为二以象两，挂一以象三，揲之以四以象四时，归奇于扐以象闰；五岁再闰，故再扐而后挂"[1]。在揲蓍中，将四十九策"分二、挂一、揲四、归奇"谓之"四营"，在重复十八次"四营"的步骤后方能得出一卦。梅鷟在对《河图》之数的运算中，所应用的正是揲蓍中"四营"的规则。为明其理，梅鷟特别制作"伏羲则《河图》衍数为大衍之数图"（图一），其图如下：

---

[1] （三国·魏）王弼、（晋）韩康伯注，（唐）孔颖达疏，于天宝点校：《宋本周易注疏》卷第十一《周易系辞上》，中华书局，2018年版，第409页。

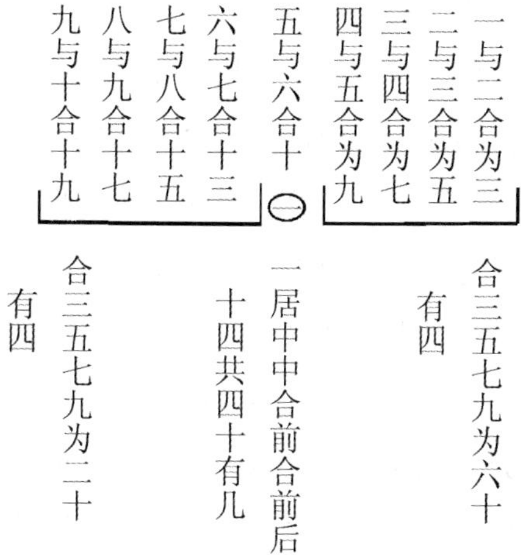

图一　伏羲则《河图》衍数为大衍之数图①

梅鷟又在书中以文字形式对该图加以解释，更为清晰展示《河图》之数与揲蓍"四营"法则之关系，《古易考原》文曰：

> 从一而左右数之，皆一、三、五、七、九而为天数五，乾之纯粹精而无阴柔偶数之驳杂，且前后二十有四，分二之象也。一居于中，挂一之象也。曰三、五、七、九有四者，揲四之象也。又三、五、七、九有四者，再揲之象也。皆出于天机自然之法象，而非一毫人力私知得以营为于其间。于此见伏羲制作之神，妙有非常情所能窥测者②。

本图中，天一至地十两两相加（相合），得三、五、七、九、十一、十三、十五、十七、十九这九个数字，数字"九"为阳数之极，揲蓍中

---

① 《万历续道藏》所收《古易考原》古本中此图右下为"合三五七九为六十有四"，《中华道藏》孔令宏教授点校本亦为"合三五七九为六十有四"，二者皆与原文意旨相抵牾，疑为讹误，依文意应作"合三五七九为二十有四"，今故书其疑于此。

② （明）梅鷟：《古易考原》卷二，《中华道藏》第17册，华夏出版社，2004年版，第46页。

象征"老阳"，且九个数字之个位皆为天数，此即为"乾之纯粹"。在大衍之数的计算中，梅瑴并不是将九个数字简单相加，而是以中央"五与六合十一"为界，将数字分为前后两组，这种排列顺序正与"分而为二以象两，挂一以象三"相对应。首先将前一组四个数字三、五、七、九相加，谓之"揲四之象"，再将后一组数字十三、十五、十七、十九的个位数相加，则为"再揲之象"。两组数字之和，再与中央所余之数十一的个位数一相加，即得大衍之用数四十九，此步骤正与"归奇"相应。之所以可称之为大衍之用数，就在于四十九的生成中暗藏揲蓍之法度，即"分二、挂一、揲四、再揲之法"。与传统筮法不同的是，梅瑴所定义"四营"的最后一步并非为"归奇"，而是变为"再揲"，至于做出这种改变的原因，梅瑴本人却并未言明。最后剩余十一、十三、十五、十七、十九，五个数字的十位数相加得五十，则为大衍之体数，正应《系辞》"大衍之数五十，其用四十有九"之文。

二、"大衍之数九十有九"学说溯源

"大衍之数九十有九"说，清代学者认为无法在前代易学文献中找到类似理论，殊为新异，是故《四库全书总目》言其"论殊创辟，然于古无所授受，皆臆撰也"[1]。但其说并非是梅瑴凭空臆想出的产物，通过文献比对，可以发现梅瑴大衍之数学说乃是赓续南宋丁易东的易学理论。丁易东所著《大衍索引》卷一文曰：

> 天地之数各五，合而衍之通得九位，一与二为三，二与三为五，三与四为七，四与五为九，五与六为十一，六与七为十三，

---

① （清）永瑢等：《四库全书总目》卷七《经部·易类存目一》，中华书局，1965年版，第52页。

七与八为十五，八与九为十，九与十为十九。九位各有奇，而五位各有偶，置其五位之偶是为五十，大衍之体数也。存其九位之奇则得四十有九，大衍之用数也①。

在丁易东另一部易学著作《易象义》中亦可见与此段文献高度相似的材料：

盖天地之数五十有五者，天地之积数也。大衍之数五十，其用四十有九者，天地之衍数也。一与二成三，二与三成五，三与四成七，四与五成九，五与六成十一，六与七成十三，七与八成十五，八与九成十七，九与十成十九。以其偶数言之为五者，五而得五十；以其奇数言之，则五、七、九、一、三、五、七、九，共得四十九。大衍置偶数而用奇数，故四十有九也②。

两段材料除字句略有不同外，所述之方法完全一致。梅鷟与丁易东皆是以《河图》之数推演大衍之数，丁易东将《河图》之数两两相合衍为九数，奇数相加得四十九，偶数相加得五十，这种运算方式为梅鷟直接继承下来。在五十与四十九之关系上，丁易东认为五十为体数，四十九为用数，两数各衍其衍，各成其数，但又并非毫无联系，《大衍索引》曰："……则是四十九之外自有五十矣。四十九之外有五十，是以九十九之数强分之也。毋乃非自然乎。"③至于九十九从何而来，丁易

---

① （宋）丁易东：《大衍索引》卷一，《景印文渊阁四库全书》第806册，台湾商务印书馆，1986年版，第320页。

② （宋）丁易东：《易象义》卷十四，《景印文渊阁四库全书》第21册，台湾商务印书馆，1986年版，第730页。

③ （宋）丁易东：《大衍索引》卷一，《景印文渊阁四库全书》第806册，台湾商务印书馆，1986年版，第321页。

东采用朱熹"著一根百茎，可当大衍之数者二"[①] 的观点，认为一根著草有一百茎，可分为两握，一握为五十茎，"除其用四十有九则一握之外尚余五十茎焉"[②]。由此可知，丁易东理论中已有九十九之概念，梅鷟乃是直接取其数为大衍之数。

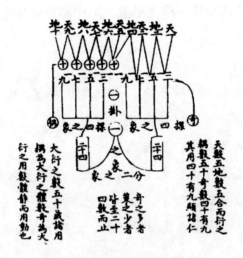

图二　大衍之数五十其用四十九图

在对大衍之数的推导过程中，丁易东运用的同样是揲著中"四营而成易"的方法，其所作"大衍之数五十其用四十九图"，几乎被梅鷟原样照搬（见图二）。

不难发现，梅鷟所作"伏羲则《河图》衍数为大衍之数图"正是丁易东"大衍之数五十其用四十九图"的简化版本。丁易东与梅鷟在大衍之体数五十与用数四十九的推导方法上并无区别，皆以天一至地十两两相合后衍出九数之十位与个位（即上文所言之"奇"）分步相加所得。上文言及梅鷟将"四营"最后一步骤由"归奇"变为"再揲"，极有可

① （宋）胡方平：《易学启蒙通释》卷下，《景印文渊阁四库全书》第20册，台湾商务印书馆，1986年版，第697页。
② （宋）丁易东：《大衍索引》卷一，《景印文渊阁四库全书》第806册，台湾商务印书馆，1986年版，第321页。

能是丁易东只言及"挂一分二揲四之象",没有涉及"归奇",梅鷟沿袭其说时未再加以变造,仅将后之二十四释为"再揲"。以上证据清楚表明,梅鷟之说绝非臆撰,而是以南宋易学家丁易东的大衍之数理论为依据构建而来。

值得注意的是,丁易东之图涵盖的内容较之于梅鷟之图实际上更为丰富。丁氏除了采纳揲蓍中"四营而成易"的思想,还从卦爻之数的角度对大衍之数的推导方法予以诠释,《大衍索引》其言曰:

> 一居其中而左右之位各四,有挂一分二揲四之象焉。三与九合、五与七合皆成十二,四其十二即以四揲之而合,奇与策通成十二之象也。左右各二十有四者,奇与策之中数,奇止于二十四,而策起于二十四也。又二十四者,八卦之爻数也,二十四又二十四则八卦之上又生八卦而上下之体具,六十四卦之象默寓于其中矣①。

梅鷟之说在"挂一分二揲四之象"后,便没有再进一步引申,但丁易东却又引入卦爻之数附会其说。丁氏认为,后衍之九数以一为界,前四数三、五、七、九,三与九合得十二,五与七合得十二,四数之和二十四,正应三画八卦之总爻数(以三乘八为二十四),后四数十三、十五、十七、十九之和六十四,正应六画卦之总卦数。以九数之个位言之,前四数与后四数皆为三、五、七、九,所得之和皆为二十四,二者之和四十八,正应三画卦上再加三画卦以成六画卦的"重卦"之象。

除蓍策与卦爻以外,丁易东又从九数中推衍出四象之策数和四象之奇数,并将大衍之数与《河图》《洛书》之数及天地之数相联系②。由是

---

① (宋)丁易东:《大衍索引》卷一,《景印文渊阁四库全书》第806册,台湾商务印书馆,1986年版,第320页。

② 林忠军教授就这一问题有过详细的探讨。详参林忠军:《丁易东象数易学》,《周易研究》,1998年第2期。

而言，丁易东大衍之数理论容纳了蓍策、卦爻、四象及《河图》《洛书》等多方面学说，内容丰富且思虑周备，但梅鷟却只继承了丁氏《河图》之数与蓍策之说，其它理论一概予以抛弃。既然梅鷟对丁易东大衍之数推导方式原样采纳，为何却不接纳相关阐释理论？此问题则要从梅鷟易学思想中对"卦画之易"与"蓍策之易"的概念区别上进行分析。

梅鷟认为，易传中的易理阐释包含"卦画"与"蓍策"两方面的内容，"卦画之易"专解六十四卦图像，即"象学"之问题，而"蓍策之易"则旨在诠释揲蓍中的策数理论，即"数学"问题。在《古易考原》中，梅鷟于卷一阐释易传中的"卦画之易"，于卷二阐释易传中的"蓍策之易"，对"卦画"与"蓍策"的概念进行了细致区分，认为二者绝不可混为一谈。

在卷一中，梅鷟指出《易》六十四卦图像由来已久，乃由伏羲氏取法天地万物之象制作而成，而后为了在卜筮中能够取卦观象，又发明了蓍策之法，是以"卦画之图"诞生的时间必早于"蓍策之数"。"惟其（卦画）先作，方知之卦画而藏天地万物已往之理于其中，夫然后蓍策之易可得而用也。"[①] 揲蓍之目的即在于求取四象之数以成卦，"蓍策之数"是为求得卦画图像而服务的，故数生于象后。

在论"蓍策之易"时，梅鷟批判了"八卦出于《河图》"的观点。据《汉书·五行志》载，"刘歆以为虑羲氏继天而王，受《河图》，则而画之，八卦是也"[②]。梅鷟指出，《系辞》中"皆未有言则之以画八卦者，乃刘歆之妄而先儒误从之尔"[③]。所谓"圣人则之"，是指伏羲氏于《河图》中取天地之数，"则之以为大衍之数，而用以揲蓍求卦"[④]。即伏羲

---

① （明）梅鷟：《古易考原》卷二，《中华道藏》第 17 册，华夏出版社，2004 年版，第 40 页。

② （汉）班固著，（唐）颜师古注：《汉书》卷二十七上《五行志》，中华书局，1962 年版，第 1315 页。

③ （明）梅鷟：《古易考原》卷二，《中华道藏》第 17 册，华夏出版社，2004 年版，第 48 页。

④ （明）梅鷟：《古易考原》卷二，《中华道藏》第 17 册，华夏出版社，2004 年版，第 45 页。

氏受《河图》之数的启发推导出大衍之数，并以大衍之数揲蓍求卦。是以大衍之数仅与揲蓍求卦相关，并不涉及"卦画之易"。基于此说，梅鷟在吸收丁易东大衍之数理论时，将八卦爻数等"卦画之易"的内容排除在外，以明大衍之数出于"蓍策之易"的道理。

三、梅鷟对王弼"大衍义"理论的批判

在梅鷟之前，"大衍之数五十"说在象数易学中占据着绝对统治地位，阐释其义者不下百余家。梅鷟却不采纳其说，而是以丁易东术数理论为本，另立"大衍之数九十有九"之论。梅鷟另立新说的目的，便是驳斥王弼、韩康伯于《周易注》中提出的"虚一以象太极"的观点。《古易考原》有曰：

> 夫晋人取老庄宗旨以解大易，乃曰："四十九蓍者，即五十之虚一不用也。虚一不用，所以象太极也。"……今信手置下一策即便变器而为道，改形而为理，尊称曰"太极"，崇重神妙无与比伦，何其侥幸之至。而所取用之四十九策失其枢纽，别远根柢，专擅勤劬纷纷用事于外，而不得与所置一策媲美，是何其大不侥幸耶？愈见晋人解经之无当①。

所谓"五十之虚一不用"，是指四十九是由从五十减一所得，即在揲蓍中取五十策，舍去一策而仅使用所余四十九策。上文所云"晋人"，即为东晋易学家韩康伯。但借道家思想阐释易理显然不是韩康伯首创，而且"五十虚一不用"说渊源亦古，自两汉时便已被易学家广泛接受，各家对"五十虚一不用"说也做出过很多阐释，如京房"一为天之生

---

① （明）梅鷟：《古易考原》卷二，《中华道藏》第17册，华夏出版社，2004年版，第46页。

气"说，刘歆"道据其一"说，马融"一为北辰"说等。梅鹜为何仅言"晋人解经之无当"？究其原因，是因为韩康伯所赓续的并非汉代象数易学，而是王弼的玄学思想。韩康伯在其《系辞》注内引王弼之文曰：

> 演天地之数所赖者，五十也，其用四十有九，则其一不用也，不用而用以之通，非数而数以之成，斯易之太极也。四十有九，数之极也，夫无不可以无明，必因于有，故常于有无之极而必明其所由之宗也①。

王弼解《易》一扫旧说，专阐玄理，这与汉儒象数易学无疑大相径庭。韩康伯就王弼"五十虚一不用"理论继续阐发，玄学意味愈发浓厚：

> 言"斯易之太极"者，斯，此也。言此其一不用者，是易之太极之虚无也。无形，即无数也。凡有皆从无而来，故易从太一为始也。言"夫无不可以无明，必因于有"者，言虚无之体，处处皆虚，何可以无说之，明其虚无也。若欲明虚无之理，必因于有物之境，可以却本虚无②。

韩康伯解《易》，注重探求象数之后的义理之学。韩康伯注解《周易》的终极追求，乃是援引老庄自然无为之思想，扫除两汉易学中的阴阳五行与谶纬神异之说。事实上，无论是王弼还是韩康伯，其对大衍之义阐释的落脚点本就不在象数上，两人就连大衍之数为何是五十也未作

---

① （三国·魏）王弼、（晋）韩康伯注，（唐）孔颖达疏，于天宝点校：《宋本周易注疏》卷第十一《周易系辞上》，中华书局，2018年版，第409页。

② （三国·魏）王弼、（晋）韩康伯注，（唐）孔颖达疏，于天宝点校：《宋本周易注疏》卷第十一《周易系辞上》，中华书局，2018年版，第413页。

解释，因为王、韩更为关注的是如何以《系辞》之文敷陈玄旨。言其以老庄之学解《易》，倒不如说是其借《周易》阐发自己的玄学主张。汤用彤先生曾对汉魏间易学之变迁做出过评价："汉代旧《易》偏于象数，率以阴阳为家。魏晋新《易》渐趋纯理，遂常以《老》《庄》解《易》。新旧易学，思不相参，遂常有争论。"[1]自魏晋以降，玄学日渐昌盛，学者偏重以老庄之学阐释易理，易学已然成为玄学之支脉，由是而言，韩康伯只是汉魏以来易学思想的继承者，其贡献乃在于将易理玄学化，将易学与老庄思想进一步融合。

上文中，韩康伯将"太极"释为虚无，明显借鉴了《老子》中"天下万物生于有，有生于无"的哲学思想，将万物之存在视为从抽象的"无"中所出。虽然"太极"是无形无象的虚空之体，但"无又不可以训，故言必及有"，所以在揲蓍中取一策不用，以象征"太极之虚无"。

梅鹫指出，韩康伯既然认为"太极"是虚无，是"无形无数"的抽象存在，那么在有形有数的"大衍之数五十"中取一以象"太极"，是以形而上的哲学概念替换了客观具体的蓍策之数，这便是"变器而为道，改形而为理"，将策数与玄理的混为一谈，这无疑是不合逻辑的。且依韩氏之观点，"太极"本应为天地之始、万物枢纽，但在揲蓍所取五十策中，象征太极之一策却被弃置椟中，"漫不知所统括，反不如四十九策之有用，其为说也，不亦悖乎？"[2]从揲蓍中器物使用的角度，韩氏"虚一以象太极"之说也难以解释得通。

梅鹫在对"五十虚一不用"说的批判上，将矛头直接指向韩康伯，其意在拔除两汉之后易学思想中的玄学思想要素。梅鹫作《古易考原》的宗旨，便在于考证古史，重申"夫子之意"，即恢复孔子时代《易传》思想的本来面貌。故其言"晋人解经之无当"，实为攻讦玄学易理。但

---

① 汤用彤：《魏晋玄学论稿》，上海人民出版社，2015年版，第51页。

② （明）梅鹫：《古易考原》卷二，《中华道藏》第17册，华夏出版社，2004年版，第46页。

无论是王弼还是韩康伯，其立论皆是以孔子所撰《系辞》为依据，梅鷟虽欲驳斥其说，但必然不能对"大衍之数五十，其用四十有九"的经典之文有所非议，所以只能另辟蹊径，不将四十九视为从五十中所出，而是视为两个不同的数，即体数五十，用数四十九。体数五十为"变中之静，用中之体，故置之不用"①，而用数四十九则为"变中之变，用中之用，故特用之以揲蓍求卦"②，如此则能打破"五十虚一不用"的思维定式，"虚一以象太极"说也随之不攻自破。

除了采纳丁易东大衍之数理论以外，梅鷟又从《周易》原文处着手，重新阐释"太极"一词的概念。"太极"一词原出《系辞》第十一章"易有太极，是生两仪，两仪生四象，四象生八卦，八卦定吉凶，吉凶生大业"③。这段材料因文辞简约，所以语意难详，后人多从哲学本体论角度诠释之。梅鷟则由文意出发，对此章做出新解。

就《系辞》十一章究竟所云何事之问题，梅鷟深研文意，将"易有太极"与上下文加以联系，认为"夫子此易字承前章四营而成易之易字，故其下文曰生四象、生八卦、定吉凶、生大业，盖专言蓍策之易尔"④。故梅鷟仍取揲蓍"四营成易"之说对材料加以解释，这一思路正与其大衍之数理论相互贯通。

所谓"太极"，梅鷟解释为"极，屋栋也。太者，至大之谓也"⑤。孔子于《系辞》所言之"太极"意为宽大之屋栋，象征着揲蓍未启时四十九策之全体，"屋栋在上而四方椽桷辐辏于栋，是名曰极。四十九蓍混然在楪而一变、三变、九变、十有八变之易森然已具于此，特为大

---

① （明）梅鷟：《古易考原》卷二，《中华道藏》第17册，华夏出版社，2004年版，第46页。
② （明）梅鷟：《古易考原》卷二，《中华道藏》第17册，华夏出版社，2004年版，第46页。
③ （三国·魏）王弼、（晋）韩康伯注，（唐）孔颖达疏，于天宝点校：《宋本周易注疏》卷第十一《周易系辞上》，中华书局，2018年版，第423~433页。
④ （明）梅鷟：《古易考原》卷二，《中华道藏》第17册，华夏出版社，2004年版，第49页。
⑤ （明）梅鷟：《古易考原》卷二，《中华道藏》第17册，华夏出版社，2004年版，第50页。

大之屋栋，非寻常屋栋可比"①。梅鷟此说与王弼、韩康伯"虚一以象太极"说最大的不同，就是将四十九策视为"太极"，而非为五十策中随意取出之一策，指向性更为明确。且王、韩虽把"太极"解释的神妙无比，在揲蓍中却将其搁置不用，无法再与《系辞》十一章"太极"后文之"两仪""四象""八卦"产生联系。而在梅鷟的理论中，"太极"在揲蓍中则真正起到了枢纽作用，"两仪""四象""八卦"皆可从"太极"四十九策中所出。

梅鷟认为，四十九策握于手中未分之时，象为"阖户"，为坤仪；将蓍策拆分以揲，象为"辟户"，为乾仪，此之谓"两仪"，为蓍策未分之前的"整"，与已分之后的"零"这两种状态。"易有太极，是生两仪"，就是将四十九策由椟中取出并握之于手，之后"分二挂一揲四"的过程。"四象"则为揲蓍后所得六、七、八、九，即老阴、少阳、少阴、老阳之数，得此四数便可画爻成卦，故云"四象生八卦"。梅鷟特别指出，"八卦"所指绝非三画卦，因为《系辞》原文中，"四象生八卦"后紧接定吉凶、生大业之语，"因八卦定吉凶之语逆而推之，则知四象生八卦者，不徒生内八卦而已，外八卦亦是四象所生。四象即生，此内外之八卦则始谓之十有八变而成卦，非单生内八卦而小成之比，夫然后可以定吉凶也"②。孔子所言"八卦"者，实为六十四卦之省文。所以从"易有太极"至"四象生八卦"为止，《系辞》描述的正是一个完整的揲蓍取卦的过程。

梅鷟从"蓍策之易"角度重新阐释"太极"的另一个重要目的，是批判朱熹"一分为二"的画卦说。所谓"一分为二"说，最早是由邵雍提出，载于其《观外物篇》中：

---

① （明）梅鷟：《古易考原》卷二，《中华道藏》第17册，华夏出版社，2004年版，第48页。

② （明）梅鷟：《古易考原》卷二，《中华道藏》第17册，华夏出版社，2004年版，第52页。

太极既分，两仪立矣。阳下交于阴，阴上交于阳，四象生矣。阳交于阴，阴交于阳，而生天之四象；刚交于柔，柔交于刚，而生地之四象：于是八卦成矣。八卦相错，然后万物生焉。是故一分为二，二分为四，四分为八，八分为十六，十六分为三十二，三十二分为六十四①。

邵雍这一思想后为朱熹所继承，《朱子语类》及《周易本义》中皆载其论：

此太极却是为画卦说。当未画卦前，太极只是一个浑沦底道理，里面包含阴阳、刚柔、奇耦，无所不有②。
一每生二，自然之理也。易者，阴阳之变。太极者，其理也，两仪者，始为一画以分阴阳。四象者，次为二画以分太少。八卦者，次为三画，而三才之象始备③。

朱熹不再拘泥于《系辞》中的取象成卦说，以数字推衍的方式解释卦画图像生成次序。卦画由"太极"为始，生出一画以象阴阳，再加一画以成四象，依此类推，逐爻渐生，最后形成六画的六十四卦。朱熹"一分为二"说并不局限于"画卦说"，即梅鹜所谓"卦画之易"。朱熹将"太极"视为宇宙生成之本源，以"太极"为始、"一分为二"的卦画发展过程，亦是宇宙万物的生成和演化过程。朱熹对邵雍"一分为

---

① （宋）邵雍：《观外物篇》卷上，《皇极经世》卷12，《中华道藏》第17册，华夏出版社，2004年版，第644页。
② （宋）黎靖德编，王星贤点校：《朱子语类》卷第七十五《上系下》，中华书局，1986年版，第1929页。
③ （宋）朱熹撰，廖名春点校：《周易本义》卷之三《系辞·系辞上传·第十一章》，中华书局，2009年版，第240页。

二"说的解读,"标志着太极本体观与一元二体观在易学领域的形成"①,汇象数与理学为一炉,因此在易学领域具有里程碑式的意义。

然而,邵雍与朱熹阐发"一分为二"思想时多有自我发挥之处,并未严格依经解《易》,其理甚至与易传中伏羲观物取象而画卦之说相悖。这对复求易传中孔子之本义的梅鷟来说,是断然不肯接受的。所以梅鷟认为朱熹"一分为二"的卦画生成之论,"即非夫子之明文而强生无稽之长语,此不亦乖戾夫子之旨乎?非羲圣之法,非孔圣之旨,断断乎不足从也"②。

潘雨廷教授曾指出《古易考原》于大衍之数理论后"继之明一分为二之次序图,确是太极两仪四象八卦之生生,谓以下十六画、三十二画、六十四画,其义仍可包含在'四象生八卦'中。其象之成,即以筮法当之,即一卦可变六十四卦,实同朱熹之《启蒙》。"③结合上文分析来看,潘雨廷教授的观点值得商榷,至少在价值取向上,梅鷟并不认可朱熹以"一分为二"法诠释卦画生成的理论。梅氏虽引朱子之说与"伏羲六十四卦次序图"于书内,但仅是将其作为批判标靶,为后文以"蓍策之易"阐释《系辞》第十一章铺平道路。

正是基于这一点,梅鷟才煞费苦心地对《系辞》第十一章做出新解来与朱熹针锋相对:朱熹言此章为"卦画"说,梅鷟则以"蓍策之易"解之;朱熹言"太极"为理,为五十策所去之一策,梅鷟则认为"太极"为至大之屋栋,代指四十九策之全体;朱熹言"一每生两",是以三画卦上、六画卦下尚有四画之十六卦、五画之三十二卦;梅鷟则提出《系辞》所言"八卦"为六十四卦之省文,"八卦"之后再无所生之物,如此四画卦、五画卦自然也无容身之处了。

---

① 李震:《从邵雍到朱子:"一分为二"说的演变与定型》,《中国哲学史》,2021 年第 6 期。

② (明)梅鷟:《古易考原》卷二,《中华道藏》第 17 册,华夏出版社,2004 年版,第 52 页。

③ 潘雨廷:《道藏书目提要》,上海古籍出版社,2003 年版,第 327 页。

四、结　语

　　梅鹭《古易考原》中"大衍之数九十有九"理论问世至今，并没有引起巨大反响，明清两代鲜有学者问津其说。一方面，是梅氏之说与传统"大衍之数"学说差异甚大，因而被斥为无据之谈；另一方面，是由于《古易考原》长久以来被视为道教易学文献，故未引起明清儒者的重视。但经由分析可知，梅鹭"大衍之数九十有九"说是以南宋丁易东"大衍之数"理论为依据，加以简化而来，其学说渊源甚明，绝非臆撰。从易学思想来看，梅鹭也并非固守道教易学固有观念，其"大衍之数"理论正是在传统道教术数基础上革故鼎新而产生的，这点在梅氏对王弼、韩康伯"虚一以象太极"说及朱熹"一分为二"法的批判上可见一斑。但由于梅鹭其书多采纳陈抟、邵雍之理论成果，其说反而被视为宋代道教易学之余绪，致使后世学者没有注意到他在术数思想上的创新以及对宋代易学的批判，这一点着实令人感到遗憾。不能否认的是，梅鹭"大衍之数"的理论存在许多缺陷，如其对"揲蓍之易"与"卦画之易"的概念区分过于武断，不免割裂了象与数间的联系；而以揲蓍之象解"太极两仪四象八卦之生生"也显得机械和生硬，给人以望文生义之感。但梅鹭敢于跳出前人窠臼的做法，合乎易学研究中的探索精神，而其以揲蓍之理构建新说以解《易》的阐释方法，也为后世象数易学研究提供了新的思路。

作者单位：湖南师范大学

陈祖念《易用》浅探

万　顶

摘要： 明末福建易学家陈祖念撰有《易用》一书，此书产生有着特定的时代背景，针对当时易学领域流弊日生的情境，《易用》一书尝试从三方面进行突破：一是对前儒《易》说之辩驳，这反映了其企图突破以程《传》、朱《义》为主的官方易学之桎梏；二是对象数学之采用，这与当时汉学复兴思潮有关，反映了其希望跳脱程《传》、朱《义》空讲义理之窠白；三是将《易》切于"用"，这反映了其欲打破明末易学日渐不切民用之囹圄。

关键词： 明代　陈祖念　《易用》　象数

陈祖念，字修甫，号心一，福建连江人。《连江府志》载其名，云："陈第长子，天启间（1621～1627）以明经授永定司训，转永春论，寻迁衢州教授，未几，迁楚府纪善。致仕归，所至海士务崇实学，论文必根极理要，天性至孝。"① 陈祖念之父陈第为明代著名学者，其于音韵方面成就颇丰，撰有《毛诗古音考》《屈宋古音考》等著作。在易学方面，陈第则撰有《伏羲图赞》一文。陈祖念生于书香门第，受其父影响，在易学上亦有所造诣，并撰有《易用》一书。四库馆臣对比陈氏父子时

---

① （清）李棻修、章朝栻：《嘉庆连江府志》卷七，清嘉庆十年刻本，第31页。

曰："祖念学不及其父，而说《易》乃胜其父。"① 可见在四库馆臣眼中，祖念于易学上确有其可取之处。

陈祖念《易用》六卷，现存版本为四库全书本，书前附有《序》一篇，述全书之旨要，惜其后半段残缺，不知何人所作。全书不载《经》文，观其文脉，《乾》《坤》二卦中以《彖传》《象传》《文言》夹入其中，其余诸卦以《彖传》《象传》杂入其中，《系辞》《说卦》置于六十四卦之末，《序卦》《杂卦》则不释，因此，大体可见该书采用通行注疏本。此书所释六十四卦中《大壮》《晋》《革》《鼎》《震》《巽》《兑》《涣》《节》九卦散佚，《需》《遁》《明夷》《井》《艮》《旅》《中孚》七卦与《系辞》残缺，同时《系辞》《说卦》二传另标章目。

一、《易用》成书背景

明初修《四书五经大全》，确立了程朱理学在有明一代的正统地位。易学作为经学的核心，一以程《传》、朱《义》为正宗，而废古注疏不用。受当时官方意识形态的影响，学者们思想日益僵化，难以挣脱程朱思想的窠臼。于是，"明自万历以后，经学弥荒，笃实者局于文句，无所发明；高明者骛于元虚，流为恣肆"②。明中叶以后，商品经济不断发展，资本主义萌芽随之出现，导致社会矛盾进一步激化。在这样的背景下，以程《传》、朱《义》为代表的宋代义理之学日益衰落，其既无法适应时代的变化，又无法满足现实的需求，不少士人只能寻求新的思想出路，于是便出现了心学与经学复古两大思潮。

这两大思潮反映到易学领域中，便是出现了"以心解易"与"复兴汉易"两种解易路径。"以心解易"指易学研究中以陆王心学来阐发

---

① （清）永瑢等：《四库全书总目》卷五《经部·易类五》，中华书局，1965年版，第32页。
② （清）永瑢等：《四库全书总目》卷五《经部·易类五》，中华书局，1965年版，第32页。

《周易》义理，及其末流，又与禅理结合，也无怪于四库馆臣曰："盖明末心学横流，大抵以狂禅解《易》。"① "明人之《易》，言数者入道家，言理者入释氏。"② "复兴汉易"指学习汉儒言《易》必植根于象的解易方式。汉易主要与宋易相区别。宋易主要包括以陈抟、邵雍为代表的象数图书之学和以程子、朱子为代表的儒家义理之学。陈、邵所主张的图书之学发展到明代，虽然达到顶峰，但也产生了愈演愈繁，去象愈远，流弊滋章等弊病，以致四库馆臣对明代图书多不存其书而仅存其目。明时，程《传》、朱《义》为正宗，学者们多"敷衍义理；及其末流，浮伪虚妄，直于《易》无涉"③，致使《易》日渐远于民用。面对这样的境况，明中后期，一些有识之士开始"致力于恢复汉代易学取象以解《易》的方法"④，同时，也出现了一些学习汉儒取《易》象以注易的著作，如魏濬《易义古象通》、吴桂森《周易像象述》等等。

《易用》一书亦是在这样的大背景下诞生的，四库馆臣评价此书曰：

> 其每卦之论，皆逐爻寻理，务以切于人事为主，故名曰"用"……每卦之末，率总论取象之义，多采互体之说，盖其学于汉儒、宋儒无所偏附云⑤。

可见此书不仅力图摆脱空谈义理的弊病，以用于人事，而且受到当时复古思潮的影响，力图借汉儒易说，以寻求《易》中之象。同时，其书对

---

① （清）永瑢等：《四库全书总目》卷八《经部八·易类存目二》，中华书局，1965 年版，第 66 页。

② （明）熊过：《周易象旨决录》，《景印文渊阁四库全书》第 31 册，台湾商务印书馆，1986 年版，第 422 页。

③ 尚秉和遗稿，张善文校理：《尚氏易学存稿校理》第三卷《易说评议·卷三·万远堂易蔡无卷数》，中国大百科全书出版社，2005 年版，第 50 页。

④ 肖满省：《〈易义古象通〉研究》，《周易研究》，2017 年第 1 期，第 18～26 页。

⑤ （清）永瑢等：《四库全书总目》卷五《经部·易类五》，中华书局，1965 年版，第 32 页。

历代以来汉儒、宋儒之说虽多有所取，然亦有辩驳，不存门户之见。总而言之，陈祖念《易用》一书对当时易学流弊有正本清源，拨乱反正之功。

二、《易用》对前儒之辩驳

《易用》一书不仅对当时占主流地位的，以程《传》、朱《义》为代表的官方易学有所吸收，而且对汉儒之说亦有采纳。其并不是简单地抄袭前儒旧说，而是在一些方面能有所辩驳。例如：

《坤》卦中，陈祖念驳斥了前儒关于"西南得朋，东北丧朋"的种种解释，其曰：

> 愚按：崔憬曰："西方坤兑，南方巽离，二方皆阴，与坤同类，故曰西南得朋。东方艮震，北方乾坎，二方皆阳，与坤非类，故曰东北丧朋。以喻在室得朋，犹迷于失道；出嫁丧朋，乃顺而得常。"程正叔曰："西南阴方，东北阳方。阴必从阳，离丧其朋类，乃能成化育之功，而有安贞之吉。"是二言者，似知得丧从阳之义，而不知南北阴阳之方。马季长曰："孟秋之月，阴气始著，而坤之位同类相得，故西南得朋。孟春之月，阳气始著，阴始从阳，失其党类，故东北丧朋。"荀慈明曰："阴起于午，至申三阴，得坤一体，故曰西南得朋。阳起于子，至寅三阳，丧坤一体，故东北丧朋。"吴幼清曰："凡卦之位，四为西，三为南，初为东，上为北。六四、六三，二阴相比近，故为得朋；初六、上六，二阴相隔远，故为丧朋。"是三说者，匠意师心，无所证据，穿凿不经之谈也。近世熊叔仁云："西南，坤本乡，与兑、离、巽三女同居，是为得朋。出而从乾，震、艮、坎三男同居，故丧朋。"夫以坤为西南，本自后天卦位。后天卦位，附会《说卦》，已不足据，况以三女同居为得朋，三男同居为丧朋，是不惟不知其方，且不知得丧

之义矣。嗟夫，圣经不明，各任其臆，遂至翻天地之阴阳，反男女之伦类，可悲也已。不得不一言之，以俟后圣①。

对"西南得朋，东北丧朋"这一句如何解释，历来争论不休，至今尚无定论。陈祖念对崔憬、程颐、马融、荀爽、吴澄、熊过等人的驳斥，反映了其对汉儒、宋儒之说并非盲从。同时，他观察天地大势，从而提出了自己的见解，其曰：

> 或问：从古以来，儒者解《易》，皆以西南为阴方，东北为阳方，今变之可乎？愚谓儒者不察天地之大势，而信口耳以为师。一人倡之，千人和之。盖求其解而不得，故强而为之词也。试以天地观之，北方多寒，阴方也；南方多暑，阳方也。万古此天地，孰能易之？《老子》曰："天地负阴而抱阳。"《说卦传》曰："圣人南面而听天下。"《礼》曰："南方者夏，夏之为言假也；北方者冬，冬之为言藏也。"是南北分阴阳，从剖判以来不易矣。今欲解《易》而变乱天地，可乎？
>
> 或问：南为阳方，北为阴方，信矣。此曰西南，曰东北，何也？曰：阳衰于西而盛于南，曰西南，举阳之终始言之也。阴衰于东，而盛于北，曰东北，举阴之终始言之也。
>
> 或问：得朋、丧朋，何以说乎？曰：儒者之变易天地，正以"朋"之一字，误之也。夫朋之为义，同门曰朋，两贝曰朋，谓其类也。阳以阴为类，阴以阳为类，此天地、君臣、父子、夫妻之所以相得也。若阳与阳类，阴与阴类，似朋实非，何以成生育之功乎？②

---

① （明）陈祖念：《易用》卷一，《景印文渊阁四库全书》第35册，台湾商务印书馆，1986年版，第6~7页。

② （明）陈祖念：《易用》卷一，《景印文渊阁四库全书》第35册，台湾商务印书馆，1986年版，第5~6页。

陈氏以天地之南北冷暖而解阴阳，以阴阳分合为得朋、丧朋，且不论其说是否能说服众人，但其能不囿于前儒旧说，致力于有所创新，就此而言，其说确有其独到之处。

其解释《师卦·彖传》中"以此毒天下"之"毒"时曰：

> 毒，古与育同。《归藏》易，《大畜》《小畜》作《大毒》《小毒》。《老子》："亭之毒之"，注"亭以品其形，毒以成其质"是也。陆德明训"役"，马季良（作者按：当为马季长）训"治"，程《传》训"害"，谓师旅之兴，不无伤财害民。然而民心从之者，以其义动也。愚谓"行险而顺"，已具此义矣①。

其释"毒"字为"育养"之义，不袭前儒训"役用""治理""毒害"之义，颇有可取之处。

其解释《谦》卦上六爻辞"征邑国"之"邑"时曰：

> 上六一爻，圣人之词有褒无贬，儒者多以邑泥之，谓为私邑，然则"商邑翼翼，四方之极"，亦私邑乎？程《传》云："谦既过极，宜于刚武，自治其私。"朱《义》云："阴柔无位，才力不足，故其志未得而至于行师，然亦适足以治其私邑而已。"项平甫曰："五君位，故利以征人，上无人，故可以自征。"俞玉吾曰："上居谦之极，过谦则取侮，岂所宜哉！"苏子瞻曰："其为鸣谦一也，六二自得于心，而上六志未得也。以其所居非安于谦者也，特以其配之劳谦而强应焉。貌谦而实不至，则所服者寡矣，故虽其邑国而犹叛之。"吴幼清曰："上六之志，常欲自伸而不肯下人，

---

① （明）陈祖念：《易用》卷一，《景印文渊阁四库全书》第35册，台湾商务印书馆，1986年版，第14页。

其鸣谦于九三也。畏其勋劳之大，权势之重，不得已而然，故曰'志未得也'。其于六五之君，盖如邑国之臣，自为尊高而不入王朝，故五用师征之而可。"愚以为诸说皆非也①。

陈祖念对宋以来诸儒将"邑"理解为"私邑"颇为不满，认为诸儒之说都泥于私邑，没有注意到爻辞并无贬义，因此，此"邑"应该是为天下四方之榜样的商邑。

由以上三点可知，陈祖念《易用》对前儒之说颇有辩驳，实能出暖暖妹妹，墨守一家之学者之上。陈祖念的这些观点，不仅反映了其对当时易学中存在的盲从前人之说风气的不满，也深刻地反映了陈祖念强烈希望突破前儒《易》说桎梏的愿望。

三、《易用》中的象数观

象数派的正宗学说，见于汉儒以易象（八卦的众多之象）、易数（阴阳奇偶之数）为解《易》途径②。《易用》对以汉儒为代表的象数之说并不排斥，但其又与解释卦爻辞时，先寻象，后言义理的解《易》途径不同。其条论每卦，先言义理，再寻卦爻辞中之象，将象数、义理分而论之，例如，其释《履》卦时，先依次解释卦辞、《彖传》、《大象》、爻辞、《小象》之义理，最后再寻求《履》卦卦爻辞中之象，因此，书中形成了义理、象数两大对立的体系。下面就其用象作简要分析。

其释《坤》卦用象曰：

坤为文，故有"含章"之象。坤体虚容物，有"囊"象。上

---

① （明）陈祖念：《易用》卷一，《景印文渊阁四库全书》第35册，台湾商务印书馆，1986年版，第27页。

② 黄寿祺、张善文：《周易译注》，中华书局，2016年版，前言第22页。

在卦外，故曰"战于野"①。

释《屯》卦用象曰：

> "勿用"取坎。"建侯"取震。"草"，不齐也，指震，震为蕃。"昧"，不明也，指坎，坎水外暗。郭子和曰："坎在上为云，故云雷《屯》；坎在下为雨，故雷雨《解》。"阳贵阴贱，震阳居阴下，故曰"以贵下贱"。震"马作足"，坎为"寇盗"。二五正应，故曰"婚媾"。"十年"，互坤之数。或曰：震有"鹿"象，以惊走也。互艮土，震竹为"林中"。坎为雨，曰"膏"。坎血卦，故曰"血"。坎劳卦，故"不宁"。或曰：不宁言宁也。"求而往"，之外称往②。

释《蒙》卦用象曰：

> 或曰："果行"，象泉之出。"育德"，象山之深。坎为法律，有"刑人"象。虞翻曰："坎为穿木，互震为足，艮为手，故曰'桎梏'。"三阴爻为女，有"取女"象。艮为少男，有"童"象。坎为盗，故曰"寇"。九二之所教皆阴，有"纳妇"之象③。

由上述诸例可知，陈祖念《易用》一书旨在本《说卦》所述八卦之象与爻象来寻《易》卦爻辞中之象，并采用了互体的方式扩充一卦之象。其虽于《蒙》卦中引用虞翻之说，却仅限于互体之法。盖互体之法，《左

---

① （明）陈祖念：《易用》卷一，《景印文渊阁四库全书》第35册，台湾商务印书馆，1986年版，第7页。

② （明）陈祖念：《易用》卷一，《景印文渊阁四库全书》第35册，台湾商务印书馆，1986年版，第8～9页。

③ （明）陈祖念：《易用》卷一，《景印文渊阁四库全书》第35册，台湾商务印书馆，1986年版，第10～11页。

传》所载筮例已言之。

虽然陈祖念多用互体之法扩充卦中之象，但亦不排斥其他扩充易象的方式，如反卦之象、爻变之象、卦体之象。

反卦即将一卦六爻倒转而成另外一卦，来寻求卦爻辞中之象。例如，其寻求《小畜》卦上九爻辞中"既雨既处"之"雨"象时曰："俞玉吾曰：'畜极倒转，为《履》，乾上兑下，其泽自天降。'故为'雨'。"① 其在解释《否》卦上九爻辞中"倾否"之"倾"象时曰："'倾'者，倒也。《否》者，《泰》之倒体。《否》极则倒而成《泰》矣。"② 其在释《井》卦卦辞"改邑不改井"之"改邑"时曰："巽为邑，于《升》下卦，《无妄》互体见之。《井》，《困》之倒体，向为兑，今为巽，是'改邑'。"③ 此三例皆陈氏所用反卦之象。

爻变即某卦中某一爻由阴变阳或由阳变阴，使卦中又括衍出其它象。例如，其在解《剥》卦六五爻辞"贯鱼以宫人宠"之"鱼"象时曰："熊过曰：'二俯则联，初仰则望，五正辨之处。'五变为巽，为绳，而巽又有'鱼'象。"④ 释《大畜》卦六五爻辞"豶豕之牙"之"豕"象时曰："又曰：'五变，巽为豕'。"⑤ 释《坎》卦上六爻辞"系用徽纆"之"徽纆"象时曰："坎上变巽为'绳'。"⑥ 此三例皆陈氏所用爻变之象。

卦体之象即体象，指一卦六爻之整体所表示的象。例如，其释

---

① （明）陈祖念：《易用》卷一，《景印文渊阁四库全书》第 35 册，台湾商务印书馆，1986 年版，第 18 页。

② （明）陈祖念：《易用》卷一，《景印文渊阁四库全书》第 35 册，台湾商务印书馆，1986 年版，第 22 页。

③ （明）陈祖念：《易用》卷四，《景印文渊阁四库全书》第 35 册，台湾商务印书馆，1986 年版，第 77 页。

④ （明）陈祖念：《易用》卷二，《景印文渊阁四库全书》第 35 册，台湾商务印书馆，1986 年版，第 41 页。

⑤ （明）陈祖念：《易用》卷二，《景印文渊阁四库全书》第 35 册，台湾商务印书馆，1986 年版，第 46 页。

⑥ （明）陈祖念：《易用》卷二，《景印文渊阁四库全书》第 35 册，台湾商务印书馆，1986 年版，第 51 页。

《颐》卦上九爻辞"利涉大川"之"利涉"象时曰："卦有舟虚之象，上主行止之权，故曰'利涉'。"① 此是从整体来观《颐》卦六爻，二阳在外，四阴在内，象舟外实而中虚，因此有"舟虚"之象。

同时，其对图书之说亦不排斥，如其在释《蹇》卦卦辞"利西南"时曰："苏氏曰：'艮，东北方；坎，北方。《蹇》难在东北，则西南无难之地。'"② 此是以后天八卦方位进行解释。

除了上述在用象方式上进行括衍而寻象外，陈祖念还运用了传世本《说卦传》以外的象，即逸象。例如：其在释《贲》卦六五爻辞"束帛戋戋"之"帛"时曰："又坤画，《九家》为'帛'。"③ 释《困》卦六三爻辞"据于蒺藜"之"蒺藜"时曰："《九家易》，坎为'蒺藜'。"④ 其所用坤为"帛"象，坎为"蒺藜"象，乃《释文》所载《荀爽九家集解》中坤、坎二卦之逸象。

不仅如此，其在寻求逸象方面也做出了努力，除上文所述巽为邑外，又如其释《随》卦九四爻辞"以明"之"明"象时曰："互艮光辉，曰'明'。"⑤ 释《观》卦六四爻辞"观国之光"之"光"象时曰："互艮有光。"⑥ 艮为光、为明，《说卦传》不载，不少前人虽已有所提及，却并无系统解说，直至近人尚秉和先生从《谦》《观》二卦悟得艮为光明，

---

① （明）陈祖念：《易用》卷二，《景印文渊阁四库全书》第35册，台湾商务印书馆，1986年版，第48页。

② （明）陈祖念：《易用》卷三，《景印文渊阁四库全书》第35册，台湾商务印书馆，1986年版，第61页。

③ （明）陈祖念：《易用》卷二，《景印文渊阁四库全书》第35册，台湾商务印书馆，1986年版，第40页。

④ （明）陈祖念：《易用》卷二，《景印文渊阁四库全书》第35册，台湾商务印书馆，1986年版，第75页。

⑤ （明）陈祖念：《易用》卷二，《景印文渊阁四库全书》第35册，台湾商务印书馆，1986年版，第32页。

⑥ （明）陈祖念：《易用》卷二，《景印文渊阁四库全书》第35册，台湾商务印书馆，1986年版，第37页。

并以《易林》佐证，寻得艮有光明象①。后蔡师飞舟先生又于出土文献马王堆汉幕帛书《二三子问》中寻得艮有"精白"之象，为尚先生艮有光明之象提供了新证②。陈氏于此二卦能言及艮为"光"，为"明"，不失为其在探寻逸象方面而做出的贡献。

当然，笔者也应该指出，陈祖念《易用》一书在象数方面不无缺陷，这主要表现在其未对自身的象数系统进行整理，没有形成系统的象数体系，导致在用象时经常相互矛盾，顾此失彼。其虽然在扩充用象上采用了除互体之外的其他体例，但毕竟只是少数，是其在用互体之法无法得出象时的权宜之举。例如，上文所述《小畜》上九爻辞之"雨"象，因为《小畜》卦下乾上巽，互体为下兑上离，互体中之兑泽虽然为水，但并非自天而下之雨，故其采纳俞琰之说，以"反卦"来寻"雨"象。又如，其在《大过》卦中明言兑泽有"涉"象，而在释《颐》卦"利涉"时又用"体象"，盖《颐》卦上下卦、互体皆无兑泽，因此只能以"体卦"解之。

又其在用上下卦之象、互体之象不通时，多用爻象进行解释，此间又相互抵牾。如其在释《屯》卦时已明言坎为"血卦"③，在释《小畜》卦六四爻辞"血去惕出"时又言："阴阳交争必有血。"④盖《小畜》卦上下体、互体皆无坎象，只得再以阴阳爻交争解释"血"象。又如其释《需》卦时明言坎为"大川"⑤，又在释《同人》卦卦辞"大川"时曰：

---

① 尚秉和遗稿，张善文校理：《尚氏易学存稿校理》第一卷《焦氏易诂·卷十·艮为观象、艮为光为明》，中国大百科全书出版社，2005年版，第173~174页。

② 蔡飞舟：《帛书〈二三子问〉"精白"用象考》，《国学学刊》，2023年第1期，第36~42页。

③ （明）陈祖念：《易用》卷一，《景印文渊阁四库全书》第35册，台湾商务印书馆，1986年版，第9页。

④ （明）陈祖念：《易用》卷一，《景印文渊阁四库全书》第35册，台湾商务印书馆，1986年版，第18页。

⑤ （明）陈祖念：《易用》卷一，《景印文渊阁四库全书》第35册，台湾商务印书馆，1986年版，第12页。

"六二以阴居阴，太阴，水象，故取'大川'。"① 又以六二爻象解释卦辞"大川"之象，盖《同人》卦下离上乾，上下卦与互体皆无坎，因此只能以爻象解释"大川"之象。

此外，其对后天卦位的态度亦十分模糊。如其在前文反驳熊叔仁"西南，赴本乡"之说时，明言熊氏之说本后天卦位，后天卦位附会《说卦》而不足据。然而其在释《蹇》卦卦辞"利西南"时引苏东坡之说，而苏氏之说实又本后天卦位。

综上所述，陈氏《易用》一书的象数观，是在寻象时，除上下卦象、爻象两种基础用象外，以互体这一括象方式为基础，同时不排斥反卦之象、爻变之象、卦体之象等括象方式，并偶尔采用图书之说，并对逸象亦有所探索的一种象数体系。这种体系并不系统，甚至内部经常相互抵牾，这与其不加选择地采用前儒之说有关。

即使如此，我们也不应该完全否认其在寻象方面做出的尝试与努力。自王弼扫象以来，义理学派多纯讲《易》中之哲理，而对《易》之取象漠不关心，导致所讲之义理虚浮无根，流为穿凿不经之谈，致使有志之士开始寻求《易》象作为阐发义理之根底。因此，《易用》一书敢于在寻象方面做出尝试，本就是对当时易学空谈义理风气的突破。

四、《易用》之"用"

针对明末《易》日渐不切于民用的情况，《易用·原序》中曰：

> 《易》理无穷，非言之所能尽，故传注于汉，疏义于唐，议论于宋，日起而日变，而《易》之用则随时随事可以自察……《传》

---

① （明）陈祖念：《易用》卷一，《景印文渊阁四库全书》第35册，台湾商务印书馆，1986年版，第24页。

云："精义入神，以致用也。利用安身，以崇德也。"不能致用，则不能利用斯德，不崇而身不安，无所贵于精义入神矣。善乎朱文公之言，人能取《易》一卦若一爻熟读而深玩之，推于事而反于身，则吉凶消长之理，进退存亡之道，无所求而不得，事父、事君，亦无处而不当，此则"致用""利用"之义也。……读《易》而失《易》之用，古今同嘅①。

此序虽非陈祖念所作，却提纲挈领地道明了《易用》之"用"的内涵，即"致用""利用"。陈氏解释《系辞·下》"精义入神，以致用也；利用安身，以崇德也"一句，曰：

> 夫阴阳屈信，义也，其不测，神也，精知屈信之义，非人之所能为，而深信其皆神之所主，则一心委运，与造化为徒，是之谓致用，用致则利用、身安，而德崇矣②。

其说与俞琰之说可以互相发明，俞琰释此句曰：

> 义即《易》中之义，致与《大学》致知之致同。精研义理，无毫厘之差，而深造于神妙，所以致之于用也。见于用而利，施于身而安，所以为崇德之资也③。

陈氏所谓"阴阳屈伸，义也"，即俞琰所谓"义即《易》中之义"。陈氏

---

① （明）陈祖念：《易用》原序，《景印文渊阁四库全书》第 35 册，台湾商务印书馆，1986 年版，第 2~3 页。
② （明）陈祖念：《易用》卷五，《景印文渊阁四库全书》第 35 册，台湾商务印书馆，1986 年版，第 93 页。
③ （元）俞琰：《周易集说·系辞传下》，通志堂经解本，第 18~19 页。

所谓"精知屈伸之义，非人之所能为，而深信其皆神之所主，则一心委运，与造化为徒，是之谓'致用'"，即俞琰所谓"精研义理，无毫厘之差，而深造于神妙，所以致于用也"。陈氏所谓"用致则利用、身安，而德崇矣"，即俞琰所谓"见于用而利，施于身而安，所以为崇德之资"。综上，"致用"即在精研了《周易》阴阳屈伸之义后而致用此义理；"利用"即在知晓了如何致用《周易》义理的前提下，用此义理而能够得利并身安，以达到道德崇高的目的。

那么，精研《周易》之义理后，应该如何致用呢？用此义理而得利并身安后，应该达到何等崇高的道德境界呢？陈祖念认为从《周易》六十四卦中可知如何致用，并从中获得崇高的道德。其曰："愚谓六十四卦，何者非德？何者不可以为用？何者不可以处常处变？"① 这句话表明了陈祖念希望通过研习《周易》六十四卦，来指导人们"致用"与"崇德"。

就"致用"方面而论，其认为主要应该用于事君。其释《坤》卦卦辞曰：

> 作《易》者以《乾》主倡、主君、主父、主夫；以《坤》主随、主臣、主子、主妻，故不得不别而详之也。体《乾》之君子，利用先矣。又必阴方以求阴，非阴孰助阳乎？体阴之君子，先则迷，后得主矣，利矣。又必往西南阳方，不可往东北阴方②。

释《蒙》卦卦辞曰：

---

① （明）陈祖念：《易用》卷五，《景印文渊阁四库全书》第 35 册，台湾商务印书馆，1986 年版，第 94 页。

② （明）陈祖念：《易用》卷一，《景印文渊阁四库全书》第 35 册，台湾商务印书馆，1986 年版，第 5 页。

夫物之屯也必藉君，物之蒙也必藉师。师者何？天地所生，先知先觉之人，以佐君者也①。

释《小畜》卦六四爻辞曰：

六四，大臣畜君者也。以臣畜君，以下畜上，危道也，惧道也。今履得其正，能以至诚，孚之诚之，所至入金石，蹈水火可耳②。

释《小畜》卦上九爻辞曰：

上犹臣位，为妻、为月、为君子。妻不可以抗夫，月不可以抗日，君子不可以抗天子③。

释《大有》卦九二、九三、九四爻辞曰：

大有之世，人臣皆思自效以应圣主。九二为天子任事之臣，而有刚中之德，遗大投艰，皆足以胜任，犹之大车以载，致远不危，盖凛然不敢逊其事，以为皆臣职之事也，故曰无咎。九三为天子屏翰之臣，而有刚正之德，任土作贡，恭献之王朝，盖颙然不敢有其有，以为皆一人之有也，岂小人之所能乎？亨者，诚之至。小人非不致贡赋，不能有其诚也。九四为天子左右之臣，有刚而能柔之德，嘉谋嘉猷，胥让之厥后，盖欿然不敢有其盛，以

---

① （明）陈祖念：《易用》卷一，《景印文渊阁四库全书》第35册，台湾商务印书馆，1986年版，第9页。

② （明）陈祖念：《易用》卷一，《景印文渊阁四库全书》第35册，台湾商务印书馆，1986年版，第17页。

③ （明）陈祖念：《易用》卷一，《景印文渊阁四库全书》第35册，台湾商务印书馆，1986年版，第17页。

为皆圣主之盛也。臣而若是，岂有咎乎？①

以上诸卦皆反映了《易用》一书教人如何利用六十四卦以侍君。其对君主十分尊崇，认为君主在上，臣子在下，臣子必须顺从君主，并身处君主之后，时刻以诚心待君主，这样才可无咎。

在用于"崇德"方面，其认为《易》中"元亨利贞"四德至关重要，其释《屯》卦卦辞曰：

> 在人则为天地开创之初，名分未定，政教未行，事物纷纭之始也。济屯在人，弘济在德，必有《乾》之四德而后可耳②。

释《需》卦卦辞曰：

> 夫人于未可有为，固必从容以待，然待必实有也。实有道德，可以俟时③。

释《师》卦卦辞曰：

> 然三军之众，统在一人，国之安危系焉，必择其才德足以长人者为将，则功成而吉，民不怨而无咎④。

---

① （明）陈祖念：《易用》卷一，《景印文渊阁四库全书》第35册，台湾商务印书馆，1986年版，第24页。

② （明）陈祖念：《易用》卷一，《景印文渊阁四库全书》第35册，台湾商务印书馆，1986年版，第7页。

③ （明）陈祖念：《易用》卷一，《景印文渊阁四库全书》第35册，台湾商务印书馆，1986年版，第11页。

④ （明）陈祖念：《易用》卷一，《景印文渊阁四库全书》第35册，台湾商务印书馆，1986年版，第14页。

释《比》卦卦辞曰：

> 无德则人不比，自泰则人不比①。

释《大有》卦卦辞曰：

> 人当此时，盛大丰隆之世也，故必有大善之德，嘉美之道，然后足以当之也②。

以上诸卦反映了陈祖念认为人必须有德方可立世，此德即是《周易》中所包含的"元、亨、利、贞"等美德，若人不学习《周易》，则不明其中所蕴含的崇高之德与处世之道。

总而言之，陈祖念《易用》一书针对当时《易》日渐不切于人用的风气，提倡将《易》与"用"结合，用于事君与崇德，不仅反映了其对实学的推崇，也反映了其身为儒家学者，始终心怀着"修身齐家治国平天下"这一崇高理想，与当时空谈性命之理、自持甚高的部分理学家截然不同。

五、余　论

明末福建易学家陈祖念及其《易用》一书，虽然在我国古代易学研究史中并不引人注目，但从上文的论述中，我们可以看出其人其书，亦有着重要的意义与价值。就明代福建易学研究而言，福建作为明代易学

---

① （明）陈祖念：《易用》卷一，《景印文渊阁四库全书》第35册，台湾商务印书馆，1986年版，第15页。

② （明）陈祖念：《易用》卷一，《景印文渊阁四库全书》第35册，台湾商务印书馆，1986年版，第24页。

研究中的一个重要地区，出现了蔡清、林希元、魏浚、何楷等著名易学家，其与陈氏，都是我们研究明代福建易学发展时不容忽视的重要对象。就明末易学研究而言，在当时汉学复兴的思潮下，涌现了许多以象数言《易》的著作，例如前文提到的魏浚的《易义古象通》、吴桂森的《周易像象述》，此外还有陈士元的《易象钩解》、熊过的《周易象旨决录》、钱一本的《像象管见》、唐鹤征的《周易象义》、黄道周的《易象正》等等，他们与陈氏《易用》一书不仅共同促进了明末象数易学的发展，而且为清初象数易学的发展提供了借鉴。

作者单位：福建师范大学

李光地《周易折中》的易学观

——以朱熹"四圣一心"论为中心

陈耀辉

摘要：《周易折中》是清代的一部重要的官方易学著作，在康熙的倡议下，由著名理学家李光地指导完成。然而，受到时代环境的限制，该书长期被认为是清朝为彰显政教合一体制而作，故学界一直关注未深。《周易折中》虽然是在官学的背景下完成的著作，但其循朱熹"格物致知"之教，以阐明四圣易学的渊源为采摭诸家之说的宗旨，却让学者可在语境化的易学历史中对易学有更为丰富的认识与取变，故反而是求儒学不绝于封闭的政治环境之显例。

关键词：清初易学　李光地　《周易折中》　朱熹　四圣一心

一、前　言

清初朱子学从阳明后学流弊中复兴，但由于前儒对朱子学常有议论或微旨——特别是其易学思想，如黄宗羲的《易学象数论》便站在义理学的立场，质疑朱熹的《周易本义》掺入了不属易学的图书学，而面对这些质疑，自幼便喜好朱子学的清朝皇帝——康熙，便特命李光地编修《周易折中》处理。他说："朕自弱龄留心经义，五十余年未尝少辍，但知诸书《大全》之驳杂，奈非专经之纯熟。深知大学士李光地素学有本，《易》理精详，特命修《周易折中》，上律河洛之本末，下及众儒之考定，与通经之不可易者，折中而取之……能以正学为事者。"① 正因为这样，这也要李光地必须系统地思考折中"通经之不可易者"的思路与方法，而这便涉及本文的主题，朱熹的"四圣一心"论，正如李光地指出：

> 《大全》书所采诸家之说，惟宋元为多。今所收，上自汉晋，下迄元明，使两千年易道渊源，皆可览见。列《朱义》于前者，易之本义，朱子独得也。《程传》次之者，易之义理，程子为详也。二子实继四圣而有作，故以其书系经后。其余汉晋唐宋元明诸儒，所得有浅深，所言有粹驳，并采其有益于经者，又系朱程之后；其或所言与朱程判然不合，而亦可以备一说广多闻者，别标为附录以终之，稽异阙疑，用俟后之君子，是亦朱子之志也②。

李光地折中诸说的思路与方法，表面上是由讨论《程传》《朱义》孰谁先后的问题转出，但内里却是"四圣一心"的问题，所谓"二子实继四圣而有作，故以其书系经后"，也就是他们的易学系统都是沿着四圣易学的维度展开的。颇为有趣的是，虽然时空有所不同，李光地与李滉采取的策略却同为朱熹对《周易》成书语境的重视，即其"求羲、文、周、孔之心"的判断。他说："《易》书难读，紫阳先生（朱熹）已屡言之，况我辈耶？今但随《传》随《义》，求羲、文、周、孔之心，不穿凿为说，以返洁净精微之旧，则向所谓难者，将不至终难，而庶

---

① （清）沈定均修，（清）吴联薰增纂，陈正统整理：《漳州府志》卷之七《学校·列圣御书御制·圣祖仁皇帝御制〈周易折中序〉》，中华书局，2011 年版，第 138 页。

② （清）李光地著，刘大钧整理：《康熙御纂周易折中·御制周易折中凡例》，巴蜀书社，2013 年版，第 1 页。

有受用处。"① 即无论是如何折中"汉晋唐宋元明"数代诸儒之经说系于"朱程之后",还是向"所谓难者,将不至终难,而庶有受用处",对朱熹的"四圣一心"论的研究,都是其首要的工作。然而可惜的是,即使是易学史名家朱伯崑先生,却没能有见及此,其对李光地的易学观点仅以一笔带过:"官方易学家的代表李光地还著有《周易通论》,企图调和宋易各派,特别是理数两派观点,在易学界亦起了一定的影响。"② 至于具体影响在何处,则悉数未讲。

二、朱熹的"四圣一心"论

朱熹的"四圣一心"论,出自其晚年所作《周易五赞》的《述旨篇》。《述旨篇》,顾名思义,即是述《周易》之本旨。而朱熹之所以由"四圣一心"而述及本旨的问题,是因为他认为:

> 恭惟三古,四圣一心。垂象炳明,千载是临。惟是学者,不本其初。文辞象数,或肆或拘。嗟予小子,既微且陋。钻仰没身,奚测奚究。匪譬滋荒,匪诚滋漏。维用存疑,敢曰垂后③。

由此可见,"四圣一心"的提出是因朱熹深感诸家说经之牵强支离,认为学者无论文辞、象数都出现偏离"其初",即偏离圣人"垂象炳明,千载是临"的易理。什么叫易理? 在朱熹看来,即初无圣贤之别,人皆可得而用的普遍原则以及表述普遍原则的工具,也即象数学。

① [古朝鲜]李滉:《韩国文集丛刊》第30册《退溪集》,韩国景仁文化社,1990年版,第43页。
② 朱伯崑:《易学哲学史》第四卷,华夏出版社,1995年版,第4页。
③ (宋)朱熹撰,苏勇校注:《周易本义》卷末《周易五赞》,北京大学出版社,1992年版,第179页。

许多道理，依旧在其间。但是因他作这卜筮后，却去推出许多道理来。他当初做时，却只是为卜筮画在那里，不是晓尽许多道理后方始画。这个道理难说。向来张安国儿子来问，某与说云："要晓时，便只似灵棋课模样（按：属于道教使用的一种卜筮技艺）。"有一朋友言："恐只是以其人未能晓，而告之以此说。"某云："是诚实恁地说。"良久，曰："通其变，遂成天下之文；极其数，遂定天下之象。"①

只是除象数学外，《周易》还兼具义理哲学的思想，特别是南宋以后价值理性成为了工具理性的内在依据后，学者更只关注《周易》的义理，而忽略型溯"阴阳"——"极其数，遂定天下之象"本身的探讨。《语类》记载朱熹之言："记得有人问程子，胡安定以《乾》九四爻为太子者，程子笑之曰：'如此，三百八十四爻，只做得三百八十四件事得了'此说极是。及到程子解《易》，却又拘了。"此处朱熹所判"程子解《易》"有拘碍之处，即以易理而言。就朱熹此一思路背后所涉的问题，钱穆在《朱子新学案》说得极为通透：

> 如乾龙初爻"潜龙勿用"，即是实有此事，但不可认定为只是舜之侧微时。潜龙指人事之不通；舜之侧微，乃是其中一例。不得谓乾之初爻，其本指即为舜而发。……义理不限于经书，经书之外，尽可有新义理络续发现。朱子纠二程解经有误，然谓其义理可存。故解经与说理两事，可分可合。读经亦是格物穷理中一项目，学者必先深究朱子格物穷理之教，庶可于此等处无所拘碍，而得其会通也②。

---

① （宋）黎靖德编，王星贤点校：《朱子语类》卷第六十六《纲领上之下》，中华书局，1986年版，第1624页。

② 钱穆：《朱子新学案》（四），《钱宾四先生全集》第14册，台湾联经出版社，1998年版，第5页。

换言之，所谓易理实际又即存在于经书内发现新义理的知识结构，因此如果将义理视为经书本身的义理，"谓乾之初爻，其本指即为舜而发"，则解经不仅只能"做得三百八十四件事"，于"《易》与天地准"相悖，而亦使发现新义理的知识结构的易理，亦因此被局限在这三百八十四件事里，仅重视行为层面上的习性养成，而无智识层面上的思维教育，而也使得践履落实因有一层思维隔阂——这层隔阂固然可以通过意志来消除（如黄宗羲所说的"必敬、义夹持"），而容易出现形式主义的问题，甚至呈现出彻底的虚伪性，因此为避免出现这种矛盾，也就必须由易理转出义理。而对这个问题的处理，事实上就是《周易折中》这部著作的核心宗旨，李光地指出：

> 不可以文、周之《易》为伏羲之《易》。不可以孔子之《易》为文、周之《易》。朱子之说也信乎？曰：朱子有为言之也。为夫拘文而忘象，凿理而弃占者尔。象涵于虚，辞指于实，占其本教，理其源出。混之，则不知赓续缉熙之功也；离之，则不知道法揆合之神也。故其《赞》曰："恭惟三古，四圣一心。"[①]

这番议论看似矛盾，先是指出文王、周公之《易》非伏羲之《易》，接着又指出孔子之《易》亦非文王、周公之《易》，其结论却是故其《赞》曰："恭惟三古，四圣一心"，读来似乎令人头绪纷纭。但实则不然。如果把上文视为对要由易理转出的问题的处理，其文意便通，因其所谓的"拘文而忘象，凿理而弃占"，即对象占的强调，便是朱熹认为需要另加"钻仰没身，奚测奚究"的易理，而这种缘于象占的易理，也正是四圣易学的语境虽异，但却都一以贯之的原因，即所谓"占其本

---

① （清）李光地撰，陈祖武点校：《榕村全集》卷九《述旨赞》，《榕村全书》第八册，福建人民出版社，2013 年版，第 251 页。

教，理其源出"。也就是《周易》之所以成书，四圣相继而作，都是按此原则为著述的宗旨。

本文无意探讨易理，如"著筮之法，一卦可变六十四卦，随其所遇，而其贞与悔皆可以相生"的问题，以知"筮法之变通而触类可长"，即"《易》之旁通至极处"①，但由上述分析，我们就能把握《周易折中》的易学观。所谓"占其本教"，即指圣人卜筮的语境，具体而言即圣人开物成务的事件，因此义理只不过是圣人通过卜筮的方式断定天下教化之业的结果，即教化之业成则"理其源出"，换言之，在三古易学中，并不存在抽象的义理，而实际都是以开物成务为始点的，因而对三古易学的强调，也就是要见圣人本来开物成务之"活法"，具体而言，朱熹在《述旨篇》指出：

伏羲	昔在上古，世质民淳。是非莫别，利害不分。风气既开，乃生圣人。聪明睿智，出类超群。仰观俯察，始画奇隅。教之卜筮，以断可否。作为君师，开凿户牖。民用不迷，以有常守。
文王	降及中古，世变风移，淳浇质丧，民伪日滋。穆穆文王，身蒙大难。安土乐天，惟世之患，乃本卦义，系此《彖》辞。
周公	爰及周公，六爻是资。因事设教，丁宁详密。必中必正，乃亨乃吉。语子惟孝，语臣则忠。钩深阐微，如日之中。
孔子	暨乎末流，淫于术数。偻句成欺，黄裳亦误。大哉孔子，晚好是书。韦编既绝，八索以祛。乃作《彖》《象》，《十翼》之篇。专用义理，发挥经言。

综上所述，在朱熹的"四圣一心"论背景下的《周易》研究，大体可概括为三个特点：第一，是对经书结构的把握，也就是易理的问题。第二，是对圣人卜筮的语境还原，也就是圣人开物成务的事件，具体正如列表所示；而这也同时涉及对《周易》成书的考证，及其与当时之社会风气的关系的考察。在朱熹看来，从伏羲最初"始画奇隅，教之卜

---

① （清）李光地著，刘大钧整理：《康熙御纂周易折中》卷第十八《序卦传》，巴蜀书社，2013年版，第600页。

筮"，到文王"乃本卦义，系此《彖》辞"，再到周公"钩深阐微"文成天下而至孔子"专用义理"，皆有其因学术演进之真相的踪迹可寻。第三，也是最重要的问题，事实上对《周易》研究，自此便不仅只是义理的问题，也是同时考证学的问题，正如钱穆指出，"读经亦是格物穷理中一项目，学者必先深究朱子格物穷理之教，庶可于此等处无所拘碍，而得其会通也"，而李光地所认为的"混之，则不知赓续缉熙之功也"；"离之，则不知道法揆合之神"事实也基于对格物穷理之教的重视，尤其由于当时在西学被大量引进的情况下，这种理性的分析方法实际也是需要被贯彻到人文传统的教育。

有了上述背景，我们就可以具体讨论《周易折中》将"列《本义》于前者，《易》之本义，朱子独得也。《程传》次之者，《易》之义理，程子为详也"及其在理论上的影响。

三、必得朱子《本义》述而申之

《周易折中》的易学观虽然是贯彻官方的学术意志下形成，而《周易折中》这部著作也被认为是"官方的易学著作"，但毫无疑问的是，它也是沿着程朱理学的内部问题成书的。事实上，较之明朝学者胡广在《周易大全》的错误，诚如顾炎武在《日知录》指出："仅取已成之书抄誊一过，上欺朝廷，下诳士子"，而引致学者"尽弃宋、元以来所传之实学，上下相蒙"①的问题，《周易折中》能超越"诸书大全之驳杂"，对《程传》《朱义》重新整理，对实学的重新突显，其本身就有着不可取替的学术史的价值。这一点是不可忽视的。因此其价值不仅只有作为《周易》入门读本的价值，而且从《周易折中》的研究策略来看，"其或所

---

① （清）顾炎武著，黄汝成集释，秦克诚点校：《日知录集释》，岳麓书社，1994年版，第650页。

言与朱程判然不合，而亦可以备一说广多闻者，别标为附录以终之。稽异阙疑，用俟后之君子"，也能显示出《周易折中》对于后世学术思想的开放精神。不过开放也是有界限，正如四库馆臣指出："其诸家训解，或不合于伊川、紫阳而实足发明《经》义者，皆兼收并采，不病异同。惟一切支离幻渺之说，咸斥不录，不使淆'四圣之遗文'。盖数百年分朋立异之见，至是而尽融，数千年画卦系辞之旨，乃至是而大彰矣。"①故亦在一定程度上显示出理性精神。纵观历史上的官方著作，《周易折中》的研究深度也是屈指可数的，亦非后来由乾隆御纂《诗义折中》可同日而语。

诚然，朱熹的"四圣一心"论的背景并非本文能从《周易折中》折出内容全部讨论的，例如《河图》《洛书》等先天学的问题，但正如李光地指出：

> 世更三古，教以时施，然其为心，岂有二哉？自溺于文辞者，既不察夫立象之本；拘于象数者，又不适典礼之中。《易》之道，泯泯棼棼而几乎熄。非周、程发其理，邵子传其象，朱子复推卜筮之指以还《易》之本教，则虽欲知四圣之心，其孰从而求之？……彼盖不善观朱子之说，而以言害辞，辞害意之失也。故此赞之序三古"源委相接"，而卒之曰："四圣一心"。此可以为朱子之定论矣②。

换言之，问题核心似乎可以从"教以时施"的观念来加以聚焦，而这在李光地看来："程子之书，其于宏纲奥旨，则既备矣，而未免以《易》为说理之书，则是犹滞于实。而有所谓虚涵该实，曲畅旁通之妙，

---

① （清）永瑢等：《四库全书总目》卷六《经部·易类六》，中华书局，1965 年版，第 35 页。

② （清）李光地撰，陈祖武点校：《榕村全集》卷九《述旨赞》，《榕村全书》第八册，福建人民出版社，2013 年版，第 250 页。

必得朱子《本义》述而申之，斯无遗憾矣。"① 兹举《程传》解释《同人》卦的象辞："唯君子为能通天下之志"一句为例展开说明：

> 至诚无私，可以蹈险难者，乾之行也。无私，天德也。文明以健，中正而应，君子正也。又以二体言其义。有文明之德，而刚健以中正之道相应，乃君子之正道……天下之志万殊，理则一也。君子明理，故能通天下之志。圣人视亿兆之心犹一心者，通于理而已。文明则能烛理，故能明大同之义；刚健则能克己，故能尽大同之道，然后能中正合乎乾行也②。

《同人》卦的关键在于理解六二和九五的关系，正如程颐指出："它卦固有一阴者，在《同人》之时，而二五相应，天火相同，故其义大。"③ 所谓"其义大"，一则可"以二体言其义"，所谓"有文明之德，而刚健以中正之道相应"，例如"天行健，君子以自强不息"便是这句话的具体表证；另则以卦爻关系言，即六二和九五相应，所谓"柔得位得中而应乎乾"，正如象辞引此关系为"唯君子为能通天下之志"的道理。诚然，这个关系是需要被进一步解释的，因为这是《同人》卦的独特之处。因此程颐说："君子明理，故能通天下之志"。也就是说，在程颐看来，《同人》旨在说明"明理"的重要性，所谓"圣人视亿兆之心犹一心者，通于理而已"。

但要留意的是，程颐的解释看似顺着《象传》的思路，但实际上程颐为了阐明"明理"的重要性，因此将二五的相应关系确立为本卦之旨，而忽略了三四两爻的辞义，此亦李光地之所以强调其"其于宏纲奥

---

① （清）李光地撰，陈祖武点校：《榕村全集》卷九《警学赞》，《榕村全书》第八册，福建人民出版社，2013年版，第251页。
② （宋）程颐撰，王孝鱼点校：《周易程氏传》卷一，中华书局，2011年版，第75页。
③ （宋）程颐撰，王孝鱼点校：《周易程氏传》卷一，中华书局，2011年版，第74页。

旨，则既备矣，而未免以《易》为说理之书"的原因，所以《周易折中》引众说辩说：

> 吴氏曰慎曰：案《程传》论九五，非人君大同之道，《本义》不用此意，何也？盖六二为《同人》之主，著于宗之吝，所以明大同之道也。至五则取其中正而应，故未合而号咷，既遇而笑乐，非以其私也。故《象传》明其中直，《象传》与其中正而应，《本义》谓其义理所同，岂得以私昵病之哉？【案】居尊位而欲下交，居下位而欲获上，其中必多忌害间隔之者，故此爻之号咷，《鼎》九二之"我仇有疾"，亦论其理如此尔，说《易》者必欲求其爻以实之，则凿矣①。

前文提到，程颐认为明理是《同人》"其义大"的原因，因此无论是圣人、君子都不能越过明理的这个前提，否则遇事自然步履蹒跚，但因此程颐也忽略步履蹒跚本身的重要性和价值，正如他说："四刚而不中正，其志欲同二，亦与五为仇者也。"爻之间是"相仇"，非此即彼的关系。但朱熹则以为，《同人》应由六二爻读起，从私心妄念的"号咷"到通天下之志而"笑乐"，须是经过对现实的切实，如三四爻之间的许多"忌害间隔"，变化气质后——即以"中直之诚"，才能得到与九五相应的结果，因此《本义》补充说："五刚中正，二以柔中正相应于下，同心者也。而为三四所隔，不得其同。然义理所同，物不得而间之，故有此象。然六二柔弱，而三四刚强，故必用大师以胜之，然后得相遇也。"换言之，程颐以九五爻为主，则忽视了一卦之中气质变化的问题，也就是以一爻之义说以明一卦之理，故有案说中指出的"必欲求其爻以实之，则凿矣"问题存在。《周易折中》对此问题更加以整理指出：

---

① （清）李光地著，刘大钧整理：《康熙御纂周易折中》卷第二《周易上经·同人》，巴蜀书社，2013年版，第87页。

以六二应九五，亦十六卦，则不能皆吉，而凶咎者有之。如《否》之"包承"也，《同人》之"于宗吝"也，《随》之"系小子失丈夫"也，《观》之"窥观可丑"也，《咸》之"咸其脢凶"也，皆非吉辞也。《屯》之"屯如邅如"，《遁》之"巩用黄牛"，《蹇》之"蹇蹇匪躬"，《既济》之"丧茀勿逐"，则以遭时艰难，而显其贞顺之节者也。唯《比》之"自内"也，《无妄》之"利有攸往"也，《家人》之"在中馈贞吉"也，《益》之"永贞吉"也，《萃》之"引吉无咎"也，《革》之"巳日乃孚征吉"也，《渐》之"饮食衎衎"也，皆适当上下合德之时，故其辞皆吉。夫子所谓"其要无咎，其用柔中"者，信矣①。

此诚千古之论，亦"解经与说理两事"可分可合之显例。

由上述分析，李光地一方面认为程颐的"宏纲奥旨"是值得引起我们注意的，如其所谓"圣人视亿兆之心犹一心"气势磅礴的言论，实属优入圣域的应修之德，而事实也为理学开辟了由内圣到外王的思路，故而万不可偏废；另一方面，他则认为这则是"犹滞于实"的问题存在，因为"天下之志万殊，理则一"即忽视了对现实性的考量，而现实则决非"理则一"所能盖括的问题，事实上朱熹亦尝就此问题多次与程门后学产生论辩。后如张栻便逐渐接受了朱熹的观点。

张栻在淳熙年便曾与朱熹书云："于所讲论皆无疑，独《易说》未得其安，亦恐是从来许多意思未能放下，俟更平心易气徐察之也。所谓若稍作意主张，便为旧说所蔽，此岂独读《易》为然，凡书皆尔。"②换言之，道与器之间的紧张关系，在戴震揭明之前已在《周易折中》得到

---

① （清）李光地著，刘大钧整理：《康熙御纂周易折中》卷首《义例》，巴蜀书社，2013 年版，第 20 页。

② （宋）张栻：《答朱元晦》，任仁仁、顾宏义编撰：《张栻师友门人往还书札汇编》，中华书局，2018 年版，第 312 页。

了明确的揭示。因此，在这个需兼顾道器而言的两难困境底下，李光地认为必须列《朱义》为先，因而提出了"虚涵该实，曲畅旁通之妙"作为折中《程传》的策略，也就是将义理的价值以具体的情境呈现，形成一个内外交呈的知识结构。同时，这也就彻底地引出了"卜筮"的重要性，李光地指出：

> 朱子深探其本，作《本义》一编，专归卜筮，然而至今以为訾謷。盖恐狭《易》之用小，《易》之道而使经为技术者流也。殊不知《易》之用以卜筮而周，《易》之道以卜筮而益妙，而凡经之象数辞义，皆以卜筮观之而后可通，初非小技末术之比也①。

须先指出的是，这里所指的"卜筮"不仅只是易理的问题，亦即如何"在卜筮的语境中昭示出象数与义理的原发性关系"②的问题；而事实上，即使昭示出二者的原发性关系，似乎都无法改变《周易》研究以义理为中心的知识结构，因为正如朱熹指出，在中古末流，学者因浸淫于术数的吉凶，忘却象数是圣人极深而研几的方法，故孔子论学的问题意识及其"专用义理，发挥经言"的方法，就从此取替了原有的知识结构，而对后来的哲学、思想与文化的发展产生重大的影响。然而，问题的核心也正在于此，仅仅"专用义理"是否就足以解释一切的问题呢？毫无疑问，我们的确可以在钻研《易传》的过程中，包括《程传》，得到许多有益的启示，不过学术思想既是继承和延续的问题，也在如何因时代背景、问题的改变而要走向新的方向的问题，而且以义理解《易》，正如朱熹在《述旨篇》归纳，它也是相对于文王、周公之《易》的易学

---

① （清）李光地撰，陈祖武点校：《周易通论》，《榕村全书》第一册，福建人民出版社，2013年版，第12页。

② 张克宾：《朱熹"〈易〉本是卜筮之书"疏论》，《中国哲学史》，2011年第2期，第103～109页。

传统的大胆探索，换言之，我们也必须注意到，当我们回顾《周易》的成书历程，古今并非断裂而是存在着发展的内在理路的；而这就是李光地从对《本义》"专归卜筮"的理解，而要引出我们之所以要重视卜筮的原因，即所谓"《易》之用以卜筮而周，《易》之道以卜筮而益"。其背后不仅只是象数、理义的问题，更在于我们对待学术思想的态度。事实上，这也是《周易折中》仍需要为我们所重视的原因。而且，其对历史诸说在精审下的丰富取材，也将有助于推动我们重新学习《周易》以及《周易》独特的历史学术文化的优良风气。

四、余　论

过去受时代环境的影响，《周易折中》因其作为官方的著作故受轻视，而实际自宋儒着重私人讲习的风气后，已是如此。但从学术的发展而言，在细节上存在一些争议实属正常现象，但在争议的背后，实际也隐藏着许多因争议而转向一致的看法。争议既因一致而存在着被讨论的价值，而学术思想发展也正赖以这些共同的意见。而对这些共同的意见的整理，也只能在官方的背景下集众人之力才可能得以完成，而《周易折中》不仅是集众人之力的系统著作，正如刘大钧先生指出："《折中》一书所引用先儒者，计汉有一十八家，晋三家，齐一家，北魏一家，隋一家，唐一十一家，宋九十八家，金二家，元二十二家，明六十一家，共计达二百一十八家之多。书中尤以所引宋明易学家最多。其中又取汉及宋、明以来诸儒言卦变、互体之说者，可见《折中》一书，虽以阐述宋易为主，从而集宋《易》之大成，但又对清儒研究汉易，起到了相当的推动作用"[1]，故因其取材之广，而又结合程朱理学对格物致知之学的重视转出，也能够更有效地训练学者的理论思维与理论思考能力，因

---

① （清）李光地著，刘大钧整理：《康熙御纂周易折中》，巴蜀书社，2013年版，前言第2页。

此，可以说《周易折中》反而是求学术不绝于封闭的政治环境的显例。事实上，象数义理的问题迄今仍是悬而不决的问题，但我们的知识结构却已受限于西方学科的划分，而转以碎片化的方式呈现，因此重新研究《周易折中》的易学观，也能为今天的文科学术带来新的契机。

作者单位：复旦大学

李塨易学的学术背景*

朱芳颖

摘要：明末清初正处于"天崩地解"的时代，在哲学史、易学史上都呈现出由以宋明理学为主导向以经世实学为主导转变的趋势，由此诞生了独具时代特色的易学思想。李塨作为"颜李学派"的代表人物，其晚年的易学成就无疑受到了清初到清中叶哲学发展、易学发展的共同影响。其中，尤以颜李实学、辨伪易学的影响最大，最终形成了以"习行经济"的颜李实学为宗旨，以对《周易》实事求是之辨伪为辅的易学思想。相比起明末孙奇逢、王夫之等以宋明理学为主导的易学思想，清初李塨的易学思想更加具有经世实学的色彩。因此，考察清初到清中叶的哲学、易学的发展及其对李塨易学的影响，不只对研究李塨易学尤为必要，也有利于重新审视清初到清中叶哲学史、易学史的发展。

关键词：宋明理学　经世实学　颜李实学　辨伪易学　李塨易学

---

* 本文系北京市社会科学基金重点项目"《永乐大典》北京方志辑注"（项目批准号：21LSA 005）之阶段性成果。

引　言

明清学术的转向不是直接由宋明理学到清代朴学，而是先演变出"清初新理学"，再蜕变为"经世致用"之学、考据实学等形态。"清初新理学"力图解决中国 17 世纪末理学基本价值关怀与社会现实间的平衡问题。自此，清初儒学的内在发展从"尊德性"转向了"道问学"，主流学界以孙奇逢、黄宗羲、李颙"三大儒"为领军，对此进行了不同层面的解读、发展。与此同时，掀起了"经世致用"之学的潮流。南方倡导以实事求是为宗旨的考据之学，而身居北方的颜元痛斥理学在佛老思想渗入下的虚无缥缈，以恢复周孔正道为目的，致力于突破宋明理学"体"与"虚"的理论框架，建构以"用"与"实"为宗旨的儒学思想体系，创立了"颜李学派"。到清中叶时，学界普遍认为王学末流空疏误国，在学术思想上出现主张复归程朱理学、回归汉唐经学、回溯先秦诸子学的潮流，学界与颜元相关又不同的学术主张中有提倡"考据经学""自然科学"的，也有提倡"调和程朱理学"的。

李塨，生于顺治十六年（1659），卒于雍正十一年（1733），由于没有明末遗老的亡国经历，因而对清廷没有太大抵触情绪，反而渴望一展宏图，其学术思想呈现出积极的入世倾向。颜元、毛奇龄、万斯同等学者先后对李塨的学术起到了积极的引导作用，尤其是颜元，其"习行经济"思想一直贯穿在李塨的一生中，使其成为"颜李学派"的重要人物。李塨则正好处在从清初理学衰微、经世之学兴起到清中叶考据实学兴盛的过渡阶段，其易学思想也呈现出过渡性的特色。正如李塨在《周易传注·序》中所言：

> 《易》为人事而作也。孔子于《大象》，如天地健顺，云雷屯难，而必曰"君子以之"……自田何传《易》而后，说者梦如，

而视其象忸怩，徽其数穿凿，按其理浮游，而尤误者，以《易》为测天道之书，于是陈抟《龙图》、刘牧《钩隐》、邵雍《皇极经世》并起，探无极推先天，不惟易道入于无用，而华山道士、青城隐者异端隐怪之说群窜圣经，而《易》之不亡脉脉如线。夫圣人之作《易》专为人事而已矣①。

可见，李塨易学的总体学术倾向，即以颜李实学为宗旨解读《易》之义理，并对《易》进行了一定程度的辨伪考证。具体而言，李塨解《易》立足于对象的考证，批判宋易的河洛先天太极诸说，且就老氏之学对《易》的阐发十分排斥；同时，围绕卦爻辞中的实事、史事，解《易》专为人事。因而，必须将李塨易学放在清初哲学、清初易学的背景下，考察颜李实学、清初辨伪易学对李塨易学的影响。

一、颜李实学及对李塨易学的影响

（一）颜李实学与颜元、李塨的渊源

颜元（1635～1704）是“颜李学派”的创始人，主张以“六府”“三物”为内容，以“习行经济”为宗旨的经世致用之学，其学派在清初实学中自成一家，其思想的形成经历了一个复杂的过程，需从颜元的生平、社会变革感触、思想传承说起。生平上，颜元祖籍直隶博野，自小便过继给当地蠡县的朱九祚为养子。颜元二十岁起就肩负起一家的生活重任，耕田、教书、行医一并进行，彼时的颜元热衷于陆王之学，自号“思古人”。二十六岁时知周、程、张、朱学旨，转向尊程朱理学。颜元养祖母病逝时，颜元正值三十四岁，对程朱理学的尊崇促使

① （清）李塨：《周易传注·序》，陈山榜等点校：《李塨集》上册，人民出版社，2014年版，第3页。

他严格遵照朱熹《家礼》所言服丧，由于悲哀过度，几乎病饿致死，直到有老者告知他并非朱氏子弟时才略减哀伤。颜元再次审视《家礼》，发现所言有违人之常理性情，遂开始怀疑理学的合理性、权威性，逐渐走上与理学相反的事功之学的道路。三十五岁创作《存性编》《存学编》时，发现学必以习，故改名"思古斋"为"习斋"。三十九岁后，长期务农行医的实践使他认识到社会生产实践是一切的基础，学术思想的阐发离不开对客观世界的体悟。

社会变革感触方面，颜元生活于明末清初"天崩地解"的时代，其和吴持明、贾珍、孙奇逢、刁包、李明性、王养粹等学者都深受明亡带来的伤痛，在对宋明理学尤其是王学末流的空疏进行反思后，一致认为只有昌明学术才能拯救社会的弊漏，因而在一部分学者仍然保守地拥护以建构形而上学为核心的宋明理学的时候，学界已涌动出对形而下的关怀，出现倡导以"经世致用"为核心的实学的趋势。思想传承与发展方面，颜元在思考"经世致用"的时候，发现这样的思想是自孔孟以来就有的，尤其是北宋、南宋的部分经世思想对颜元实学的诞生有所启发。北宋时期，王安石对"实学"和社会改革的崇尚，对"浮文"的反对；胡瑗"安定之学"对"习"的强调；张载重礼教的教育主张，复"井田制"和"封建制"的政治主张。南宋时期，陈亮、叶适的事功学派则反佛老重功利，指出不讲求功利的道义是虚无的佛老教义。值得注意的是，颜元主"用"、主"动"，批判"文墨世界"的理论多是对陈亮"事功之学"的发挥。颜元正是在继承两宋时期经世思想的基础上，逐步建立起了以"实文实行实体实用"为基本宗旨，以"传承道统康济民命"为根本目标的实学思想体系。后来，在李塨的继承发展下，颜元实学发展为颜李实学。

李塨，"颜李学派"的重要继承人和传播者。由于父亲李明性严格的经学教育，李塨在早年便奠定了深厚的经学功底，颜元家在博野北与李塨家相距不远，颜元与李明性一直有所交往，李塨遂在早年便接触到了颜元以"实文实行实体实用"为基本宗旨，以"传承道统康济民命"为根本目标的实学思想。李塨二十一岁时曾向颜元拜师，但一直到李塨潜心完成《谬忘编》《恕谷集》并以此二书为贽正式向颜元拜师后，才成为颜元的弟子。颜元不仅教授李塨礼乐兵农等实学知识，而且在治学、做人、做事、修身、交友等方面也传授了不少方法。在躬行实践上，李塨一如既往地秉持了颜元的主张，为了践行"六艺实学"，李塨先后多处学习，"塨弱冠学礼于元，又学琴于张而素，学射于赵思光，学数于刘见田，学书于彭通，学兵法于王余祐"①，学的都是兵农钱谷水火公虞等颇具"经世致用"精神的实用之学，李塨无疑是颜元实学的接班人了。

颜元与李塨既是师生又是良友，李塨为了能传承颜元实学，不仅效仿颜元做《日谱》与颜元互相规劝，还发奋地博览群书，铭记颜元劝诫读书不可重文本轻习行的言语。"盖古人读书，惟取施行，固不沾沾其章句。宋人务读取三百遍，期一字不差。朱子尤欲读尽天下书，耗有用心气于纸墨，何为也？率古今之文字，食天下之神智，扫天下之人才，乱古圣之本学，愚哉妄哉！"②李塨早期著作不多，为学上倡"实学"、重"实行"；治学上，学古法、重经世。两次南游中，李塨都致力于弘扬颜元实学，并以此结识了众多学者，也受到朝廷公卿大臣们的重视，得于李塨的宣扬，颜李实学在京城名动一时。南方学者和北方学者都痛感宋明儒者对圣学的篡改，北方学者致力于躬行实践，南方学者则瞄准经书，认为只有通过对经典的考证才能求得圣贤之道。李塨南游后，接触到南方学者毛奇龄、阎若璩、胡渭等考据学家，从此纳入经学考据之法研究颜元实学。李塨先后完成了《大学辨业》《小学稽业》《周易传注》

---

① （清）赵尔巽：《清史列传·李塨》，陈山榜、邓子平主编：《颜李学派文库》第十册《颜李学派研究文选》（下），河北教育出版社，2009年版，第3305页。

② （清）颜元：《四书正误》卷四《论语下·尧曰》，陈山榜、邓子平主编：《颜李学派文库》第一册《颜元文集》（上），河北教育出版社，2009年版，第202～203页。

《周易筮考》等著作，这也是李塨晚年面对颜李实学后继无人的妥协之举。虽然在治学方法上与颜元南北相向，削弱了颜李实学躬行实践的色彩，但也正是这样的考据之法对颜李实学理论上的漏洞进行了弥补，"颜李学派"的实学思想也凭借书籍才得以保留下来，因而后世称其为"颜李学派"，称其思想为颜李实学。颜李实学毋庸置疑地成为了李塨学术思想的主宰，这在李塨易学中能明显看出，颜李实学独特的本质也将成就李塨易学的独特性。

（二）事功之学的本质——成就李塨易学之独特性

相比宋明理学以"正心诚意"为治国平天下的思想指导，颜元则认为应当效法《周礼》《尚书》中记载尧舜周孔对"六府""三事""三物"之道的"习行"。"六府"指木、金、水、火、土、谷；"三事"，指"正德""利用""厚生"；"三物"指"六德""六行""六艺"。"六德"为知、仁、圣、义、中、和六种品性；"六行"为践行孝、友、睦、姻、任、恤；"六艺"是礼、乐、射、御、书、数。颜元强调重视"正德"的同时，更重要的是"利用"和"厚生"，倡导以"正德""利用""厚生"治国平天下。颜元主张以尧舜六府三事、周公三物、孔子四教（文、行、忠、信）代替宋明理学倡导的经书训诂、八股贴括。颜元认为"六府""三事"是养民之政。其中"正德"，是正百姓之德，引导百姓走向夫义妇听、父慈子孝、兄友弟恭、君臣和谐的局面。"利用"，是利民之用，是对民生所需劳作工具、货币、物品流通的完善。"厚生"，指让百姓有所居、有所食、有所穿。在颜元看来，三事、三物、四教是古圣先贤思想的精华，本质都是以事物为教。颜元在《存学编》中阐发了对"六艺"的重视，指出"六德""六行"都要通过"六艺"来实现，而非学理可得。李塨更是指出"六艺之学"是实际之学，是符合《礼记·内则》对学的定义的，"六艺，大学之实事也。今云入大学更不甚学事，只理会理，何不观《内则》为学之序乎"①。李塨认为"六艺"之所以重要在于，不仅于己，可以强身健体、陶冶情操；于外，还可以齐家、治国、平天下。

可见，颜李实学的本质是披着"三事三物"外衣的事功之学，可以用"习行经济"四个字概括。颜元说："则三事、三物之学可复……故仆谓古来《诗》《书》不过习行经济之谱。"②"夫儒者，学为君相百职，为生民造命……儒之处也惟习行……儒之出也惟经济。"③"习行经济"中的"经济"指以"六府"为代表的能有利于国家经济建设的学问，"习"指在生活中不断学习、操习这样实际有用的学问，而非仅仅停留在把握理论的层面。"行"指学习、实践"三物"中的"六德""六行""六艺"，是对人在基本技能和基本素质上的要求。"习行经济"是颜元实学的宗旨，"六府""三物"是颜元实学"习行"的内容，"三事"是颜元实学的目标，颜元认为自古儒者的使命便是为生民造命，而非关注性与天道。因而，颜李实学是在批判宋明理学片面强调修养心性的书本学问的基础上，倡导以"经世致用"为宗旨、"习行"实际有用之学的学问。需要明确的是，"颜李学派"所倡导的"六艺"是包含但不仅仅局限于礼乐射御书数、兵农钱谷水火工虞的一切实际有用之学，且颜元和李塨终生以身作则，努力践行以"习行经济"为宗旨的颜李实学思想。相比南宋陈亮、叶适事功学派反对空谈性命、提倡事功之学的主张，颜李实学虽也倡导事功，但指的是以尧舜周孔的"六府""三事""三物"为核心的事功；相比明末东林党人通过聚集讲学、论辩、出书的方式抨击王学末流在认识论和修养论上玄远、虚空的形而上的主

---

① （清）李塨：《大学辨业》卷三，陈山榜等点校：《李塨集》下册，人民出版社，2014年版，第945页。

② （清）颜元：《习斋记余》卷三《寄桐乡钱生晓城》，陈山榜、邓子平主编：《颜李学派文库》第二册《颜元文集》（下），河北教育出版社，2009年版，第380页。

③ （清）颜元：《习斋记余》卷三《寄桐乡钱生晓城》，陈山榜、邓子平主编：《颜李学派文库》第二册《颜元文集》（下），河北教育出版社，2009年版，第379～380页。

张及对求真务实、实学实用的倡导，颜李实学更加注重对以"六府"为代表的实际学问的习行。王阳明也倡导事功，在骑射、治家、练兵等方面都体现出其事功的一面，但在学术上却主张与事功截然相反的心性修养，比起王阳明将学术与事功判为两途，颜李实学则提倡事功即是学问，"习行经济"成为颜李实学的独特性所在。因而，以颜李实学为宗旨的李塨易学注定会成为了清初易学史上的一朵奇葩。

二、清初易学及其对李塨易学的影响

（一）清初易学的分类及"经道合一"的表现

《清代易学史》在概述中提到清代易学的发展对应清代学术史的发展为"清初宋易衰落与易学辨伪之学兴起；清中期（乾嘉）汉易复兴与重建；清后期（道光以后）汉易衰微"①。汪学群在《清初易学》中立足于清初宋易衰落、辨伪之学兴起（顺治元年至康熙六十一年）的背景，从两方面对清初易学进行分类：一是依政治倾向，清初易学可分为明遗易学、清廷易学和儒臣易学。明遗易学主要是孙奇逢、方以智、王夫之、刁包、顾炎武、黄宗羲等的易学，旨在借《易》总结明亡的教训，抒发亡国之痛，表达不仕清廷之意。清廷易学是以由清廷组织编纂的《易经通注》《日讲易经解义》《周易折中》为代表的官方易学。儒臣易学是陈梦雷、李光地、毛奇龄、胡渭、李塨等学者的个人易学，由于没有明遗亡国之痛，儒臣便借解《易》向清廷提出建设性的政治意见。二是，依学术宗旨的不同，清初易学可分为宋明易学、驳宋易图书先天太极诸说和经世易学三部分。清初易学以宋明易学为主导，宋明易学又以程朱易学为主导。因而清初易学都围绕程朱易学展开，主体是对程朱易学的扬弃。例如站在程朱易学对立面的经世易学、驳宋易图书先天太极

---

① 林忠军、张沛、赵中国等：《清代易学史》上册，齐鲁书社，2019年版，第2页。

的易学，抛弃的大都是朱子易学中论述河洛书先天太极的部分，对义理部分中的经世致用、实事求是等论说还是肯定。

《周易》群经之首的地位使得易学发展不得不受到经学发展的影响，因而对清初易学的考察离不开对清初经学的考察。这里所谓的经学，即围绕儒家经典文本展开考证、辨伪、辑佚、训诂等的学问。明末经道分离造成的后果有二：一是将经传中的注义全抹去，使经本身变成纯粹的八股制艺之文，士人们不仅缺乏对经的系统的学习，也不愿对经作深入理解。二是经道分离，表现为儒者空谈性与天道，一方面，经学的内圣性逐渐空疏；另一方面，经学外王性的社会政治功能丧失。明末以来，内圣与外王的分裂，使得经学失去了对政治的指导作用，伴随着明清之际"天崩地解"时代的到来，经学逐步走向衰微。因而，清初经学的基本问题是处理经与道的关系问题，针对晚明以来经道分离的局面提出了经道合一论，提倡依经释道、通经致用、经书辨伪。对此，以焦竑为代表的南方学者深谙自孔子以来"经不离道，道不离经"的道理，对宋儒玄谈论道解读经典的做法甚为不满。焦竑认为，儒家的经典和法家的条例、医学的经书一样需要深读、挖掘，主张于训诂考据中求得周孔之道，这样的观点受到一大批南方学者的追随。福建陈第在读书时把不同传注加以比较、分析、解读的考据方法也被顾炎武等清初经学家所继承，这样的经学发展对清初易学产生了很大影响，总体而言，使得清初易学呈现出"经道合一"的表现。具体而言，体现在依经释道、通经致用、经书辨伪三方面。

一、关于依经释道。依经释道表现在清初易学上，为重视对易道的阐释。孙奇逢提出"盖就一蓍卦之间，而辞、变、象、占则四者，正圣人之道也"①。他认为把握辞、象、变、占四方面就能明白圣人之道。王

---

① （明）孙奇逢：《读易大旨》卷三《系辞上传》，张显清主编：《孙奇逢集》（上）第一册，中州古籍出版社，2003年版，第119页。

夫之提出："占学一理，得失吉凶一道为义，占义不占利。"① 主张占易、学易、圣人之用易三者并得而行，且以义理为旨归。钱澄之治《易》与老庄结合，说老子所言内圣外王之道本于《易》。黄宗羲指出圣人之意都蕴含在三百八十四爻的爻辞、爻象之中，皆指向人事。此外，清廷以《周易》博大精深、用途广泛，再三强调六艺五常之道本于《易》，可在《周易折中》见到"易是圣人穷理尽性至命之书"② 的言论。由于清初易学不满宋易过分脱离象数随意阐发义理的行为，因此，虽然清初易学尊崇程朱义理易学，但也兼顾象数。二、关于通经致用。通经致用表现在清初易学上，为反对宋明易学对性与天道的空谈，而重视日用伦常，解《易》旨在通经致用。顾炎武治《易》主实用；孙奇逢的"圣心之易"认为《周易》本身就是忧患意识的产物，国家兴衰、个人成就都可由《易》说明；刁包重视《易》中的君臣关系；李塨则认为《易》专为人事，把"六艺实学"及"六德""六行"引入《易》中，充满了以"习行经济"为宗旨的颜李实学色彩。三、关于经书辨伪。经书辨伪表现在批判、考辨宋易图书先天太极诸说上。顾炎武批判宋易图书之学有违孔子本义，"希夷之图，康节之书，道家之《易》也。自二子之学兴，而空疏之人、迂怪之士窜迹于其中以为《易》，而其《易》为方术之书"③。毛奇龄、胡渭则进一步指出，《河图》《洛书》实际来自道家的太乙行九宫之法，《太极图》也是根据《周易参同契》所衍生的，并非从儒家学说中得来。胡渭认为，道家其实早已指出河洛先天太极之说虽出于《易》却非《易》之本义，于是作了《易外别传》来区分，因而丹家之说不能和《易》结合来看。李塨易学也在清初"经道合一"趋势的

---

① （明）王夫之：《周易内传（附发例）》，杨坚总修订：《船山全书》第一册，岳麓书社，2010 年版，第 683 页。

② （清）李光地撰，李一忻点校：《周易折中》上册，九州出版社，2002 年版，第 786 页。

③ （清）顾炎武著，（清）黄汝成集释，栾保群、吕宗力校点：《日知录集释》卷之一《孔子论易》，上海古籍出版社，2014 年版，第 20 页。

影响下，给出了自己的回应，对清初辨伪易学的进行了吸收及发挥。

（二）李塨易学对清初辨伪易学的吸收及发挥

在经书辨伪上，李塨吸收了毛奇龄、胡渭对河洛先天太极的辨伪。易学上，由于颜元反对图书之学、考据之学，所以并没有对《周易》做太多考究，李塨在《周易》上的成就，多是在父亲李明性早年教授经学的基础上自学成材的。由于李塨结识了毛奇龄、胡渭等学者，因而其易学深受二人影响。毛奇龄，人称河右先生，擅长经史、音韵学、散文诗词学。李塨由于重视六艺中的乐遂向毛奇龄问乐。可毛奇龄首先给李塨的却是驳《太极图》、驳《河图》、驳《洛书》的书。与此同时，阎若璩、胡渭发起的辨伪《书》《易》的活动使得清初经学由阐释义理向考证辨伪转变。李塨便在这样的学术环境下加入了辨伪易学的行列。李塨认为仅依据《系辞上传》所言"河出图，洛出书"①，便以四十五点为《河图》，五十五点为《洛书》的说法，是不可信的，并列出十点原因说明河洛之说非孔圣之言。四库馆臣对李塨批判河洛先天太极诸说的评价是："大抵以观象为主，而亦兼用互体，于古人多采李鼎祚《集解》，于近人多取毛奇龄《仲氏易》《图书原舛编》、胡渭《易图明辨》。"② 明确指出李塨易学对毛氏易学的吸收。其次，李塨在次年写的《上颜先生书》中提到宋儒"伪传《河图》《洛书》"③，可见在经书辨伪上李塨无疑是受了毛奇龄的影响。

在依经释道上，李塨以颜李实学为宗旨解《易》。李塨和所有读书人一样有着治国安邦、传承绝学的远大抱负。师承颜元后，李塨贯彻颜

---

① （三国·魏）王弼、（晋）韩康伯注，（唐）孔颖达疏，于天宝点校：《宋本周易注疏》，中华书局，2018 年版，第 423 页。

② （清）永瑢等：《四库全书总目》卷六《经部·易类六》，中华书局，1965 年版，第 40 页。

③ （清）冯辰纂，（清）恽鹤生订，（清）李錣重修：《李恕谷先生年谱》卷二《丁丑·三十九岁》，陈山榜等点校：《李塨集》下册，人民出版社，2014 年版，第 1767 页。

元实学"习行经济"的原则，主张少读写多习事，日常习兵农钱谷水火工虞，为学侧重六艺、经济但求实用，晚年患眼疾时宁可不读书也要习射。"纸上之阅历多，则世事之阅历少；笔墨之精神多，则经济之精神少"①，便是李塨学术态度的最好说明。但李塨对著书读书的态度较颜元要缓和许多，认为对礼乐射御书数的"习行"虽然重要，但也不能不学习书本上的理论知识，只要不因读书耽误了"习行"便可。李塨一生著述颇丰，涉猎较广，著作皆以颜李实学为宗旨，为的是以颜李实学思想经邦济民，实现国富民强的政治理想。除了《拟太平策》《瘳忘编》等书籍贯穿着"习行经济"的思想外，《周易传注》《周易筮考》这两部易学著作也是如此，因而李塨的易学思想不可避免地带上了颜李实学的色彩。李塨在《周易传注》的序言中写道：

> 予弱冠受学于颜习斋先生，不言《易》，惟以人事为教。及壮游，见许酉山先生，颇言《易》卦、象、书，谒毛右河先生，剖辨《河》《洛》《太极》。及归而玩《易》卦象、爻象，一一与习斋所传人事相比，乃知习斋不言《易》而教我《易》者至矣②。

李塨指出，他研《易》时发现卦象、卦辞皆为人事，所言皆和颜元实学不谋而合，是颜元实学启发了他对《易》义理的理解。因而，李塨在《周易传注》中讲求通经致用，以颜李实学解读义理。李塨为学恪守颜元学术，颜元倡导"六艺实学"，李塨则言："古之学一，今之学棼。古之学实，今之学虚。古之学有用，今之学无用……自秦火后……儒者不能以全体大用廓清其间，而所为所杂……习斋先生卓然特

---

① （清）冯辰纂，（清）恽鹤生订，（清）李锴重修：《李恕谷先生年谱》卷二《丁卯·二十九岁》，陈山榜等点校：《李塨集》下册，人民出版社，2014年版，第1751页。

② （清）李塨：《周易传注·序》，陈山榜等点校：《李塨集》上册，人民出版社，2014年版，第4页。

立。"① 李塨以为古之学是实学，今宋儒之学是虚学，前者有用后者无用，颜元实学对"六艺实学"的倡导是对古之学的继承。李塨这样注重实学、反对空谈的学术倾向，已经注定了他对《周易》的注解立足于人事与实践。李塨认为，六十四卦的卦象涉及教育、征战、诉讼、君子品格，卦爻辞涉及君子、大人、小人等而非性天之命。由此可知，虽然八经卦为天地雷风水火山泽等自然之物，但卦爻辞多指向人事，可见《易》是专为人事而作的，李塨对宋明易学将天道与人事分割，以《易》言性与天道表示不满，认为注重人事即是顺应天道。因此，清初李塨易学便在颜李实学、辨伪易学的影响下呈现出解《易》专为人事、实事求是的时代特色，这也是清初哲学史、易学史造就的独特一角。

作者单位：中山大学

---

① （清）冯辰纂，（清）恽鹤生订，（清）李错重修：《李恕谷先生年谱》卷二《己巳·三十一岁》，陈山榜等点校：《李塨集》下册，人民出版社，2014年版，第1755页。

完颜伟易学思想述略*

吴　玡

摘要：清代雍乾时期，满族学者完颜伟在其著述《天人一贯图说》中通过列举九幅易图、探究天人之"仁"，阐发了对"天人一贯"之义的理解，论述了自己的易学思想。整体而言，完颜伟通过九图易说中黑白点、阴阳奇偶数之间的重组重合，发挥了天地四时运行、世间万物生有、循环不息之理。他认为，九图易说中所蕴藏的"生生不息"之理即为"仁"，是达到天人一贯的关键所在。完颜伟九幅易图的内容是对宋代图书之学的承继，其天人之"仁"的思想与宋儒程颢、朱熹的易学观点多有相通之处，但更侧重于人事层面的解读。完颜伟的易学思想见证了满汉文化的交往、交流和交融，体现了少数民族群体对儒家文化的高度认同。

关键词：完颜伟　易学思想　天人一贯　仁

完颜伟，完颜即其氏，满洲镶黄旗人，历仕雍正、乾隆两朝，颇有政绩。雍正九年（1731），"自内务府笔帖式累迁户部员外郎"①；乾隆

---

*　本文系国家民委民族研究重点项目"中华民族优秀传统文化与铸牢中华民族共同体意识关系研究"（项目批准号：2022-GMA-004）之阶段性成果。

①　（清）赵尔巽等：《清史稿》卷三百十《完颜伟传》，中华书局，1977年版，第10636页。

二年 (1737)，"授浙江海防道。调江南河务道，寻擢浙江按察使"①；乾隆四年 (1739)，调江南河务道，转浙江按察使。六年 (1741)，因河务有功"就擢河道总督"②；乾隆十年 (1745)，"以母老乞回京，有旨慰留"③；乾隆十三年 (1748)，"授左副都御史，旋卒"④。完颜伟先后历任江南河务道、江南副总河、河道总督、河东河道总督等，曾疏浚河道，消弭山东水灾，治水颇有功劳。武陵后学胡期顺认为其"仁义忠孝，淡泊宁静，立身行己，无一事不以圣贤为法。而又款异绝人博闻，强记，若思"⑤。

完颜伟有易学著作《天人一贯图说》，现存此书为国家图书馆（古籍部）所藏光绪二年 (1876) 英铠抄写本。该书是完颜氏力索二十年，"然后豁然贯通，遂能独得神解，因撰为图表，而系之以说"⑥ 而成，包括自序、九图易说以及天人一贯总论等内容。此外，胡期顺为之所作《天人一贯图说全函》亦收录其中。

一、九图易说

顾名思义，《天人一贯图说》注重以易图的形式来表达和诠释其哲学思想，因而其中的重要内容之一便是九图易说。这九幅易图分别为《阳奇阴偶图》《阴阳五全图》《一气贯通图》《五阴五阳积数图》《天地生成图》《参天两地倚数图》《四时运行图》《动静交感图》《乾坤变易图》等，体现了完颜伟对宇宙人生的基本认识。下面分而述之：

---

① （清）赵尔巽等：《清史稿》卷三百十《完颜伟传》，中华书局，1977 年版，第 10636 页。
② （清）赵尔巽等：《清史稿》卷三百十《完颜伟传》，中华书局，1977 年版，第 10636 页。
③ （清）赵尔巽等：《清史稿》卷三百十《完颜伟传》，中华书局，1977 年版，第 10637 页。
④ （清）赵尔巽等：《清史稿》卷三百十《完颜伟传》，中华书局，1977 年版，第 10637 页。
⑤ （清）完颜伟：《天人一贯图说》，国家图书馆（古籍部）藏，光绪二年英铠抄本。
⑥ （清）完颜伟：《天人一贯图说》，国家图书馆（古籍部）藏，光绪二年英铠抄本。

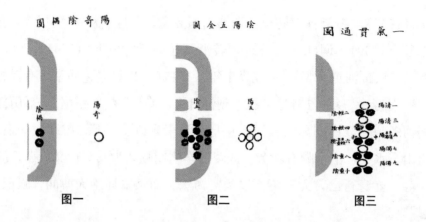

《阳奇阴偶图》（图一）认为，阳为单数，阴为双数。阳内实外圆满，形状凸出。阴内虚外方平，形状凹陷。之所以在第一个图先讲阴阳，是因为阴阳为《易》之根本。

《阴阳五全图》（图二）认为，天地之数各为五，阳为单数，中间为一，周边为四，共计有五。同理，阴为双数，即中间为二，周边为八，共计为十。因为两阴即代表一，所以也是五本于一。阳五阴五，内外兼具，可构成天地之数。阳有数字一三七九，表征消长，阴有数字二四六八，表征进退，万物的生成取决于阳数五与阴数五。

《一气贯通图》（图三）认为，五阴五阳之数相生相成，上下错综，相互配合，浑然一体。阳清一阴清二，依次顺推，阳半浊半清为五。阴半重半轻为六，依次顺推，阳浊九而阴重十。阳由清而浊，阴由重而轻。阴阳二气，相胜相成，清浊浮沉，直通天地，天地万物因此而得以生有。阳数五与阴数六相交相和，天地万物便有了生机。

《五阴五阳积数图》（图四）认为，阴阳之数自上而下金字塔式等差罗列，共计十排。最上端为第一排，一个阳数。依次向下，第二排为两个阴数，直至第九排九个阳数，第十排十个阴数，各照着本数字填画。由此可见，天数为二十五，地数为三十，共计五十五，具备了五阴五阳全部数字。其中，数字五十五本生于十五，数字十五本生于五，数字五本生于一，这些都是自然生成之数。

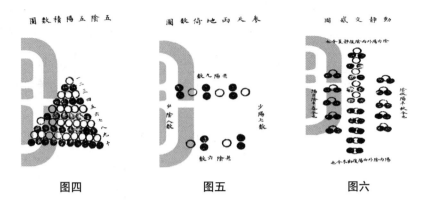

图四　　　　　　　图五　　　　　　　图六

《参天两地倚数图》（图五）认为，生成之数是为五十，阴阳相合之象共计有五对。将其分开，上面三对，对数为奇数，数字之和共计为九，是为老阳。其下两对，对数为偶，数字之和共计为六，是为老阴。老阳右边二阳一阴数字和为四，老阴右边一阴一阳数字和为三，老阳右边老阴右边相加，共三阳二阴，数字和为七，是为少阳。老阳左边二阴一阳数字和为五，老阴左边一阴一阳数字和为三，老阳左边老阴左边相加，共计三阴二阳，数字和为八，是为少阴。

《动静交感图》（图六）认为，阴性属寒，向内收紧，阳性属热，向外发散，阴阳相交，阳入阴解。阳气由其本性发散，阴气也跟随阳气而发散。阳气向外发散，阴气便回归其本性而向内收紧。阳气便依附阴气向内而收。阳附阴收，阴从阳发，内外相互吞吐。阴阳二气的相互作用便促成了一年四时的更迭变换。从冬季到来年夏季，阴阳二气有收有

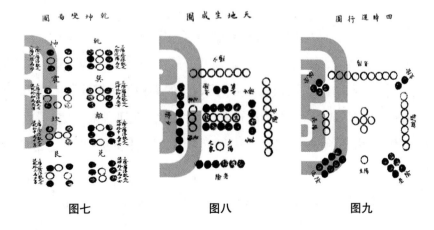

图七　　　　　　　图八　　　　　　　图九

发，发中有收，收中有发，且发且收，内收之势不及发散之势。自夏季至冬季，阴阳二气由外发到内收，收中有发，发中有收，且发且收，发散之势不及内收之势。年岁的消长、四季的更替、万物的盛衰等都与阴阳二气的这种特性密切相关。

《乾坤变易图》（图七）认为，乾阳坤阴，乾阳无坤阴而不能生，坤阴无乾阳而无法成。阴阳二气相交相合，阳气遇阴气沉降，阴气遇阳气而上升。阴阳而起相互感应，阳气盛于阴气者，阳气则包裹着阴气，乾道成男，阴气盛于阳气者，阴气则包裹着阳气，坤道成女。该图中藏蕴着长少先后之别以及生成变化之机。同时，该图也阐发了与《文王八卦次序图》相一致的义蕴。

此外，需要特别说明的是，完颜伟所作《天地生成图》（图八）实即《河图》，所作《四时运行图》（图九）实即《洛书》，其内容探究了天地生成之数中的奥秘，阐发了天地间四时运行之机以及万物循环不息、生生无穷之理。

实际上，完颜伟所作九幅易图遵循着由浅入深、层层递进的逻辑准则，是他对宇宙万物生成过程的图象化解释，旨在诠释阴阳通过相感相合以促成事物发展变化的过程。

二、"天人一贯"

天人关系是中国历代思想家所普遍关注和重点探讨的问题，也是易学思想文化的重要内容之一，而其中的"天人合一"思想"不仅是一根本性的哲学命题，而且构成了中国哲学的一种思维模式"[1]，诚如张涛教授所言："从先秦时期的诸子峰起、百家争鸣到后来的儒、释、道三教合流，'天人合一'一直是中国传统思想文化的核心理念和重要

---

[1] 汤一介：《我的哲学之路》，新华出版社，2006年版，第38页。

命题。"①

完颜伟所作《天人一贯图说》即体现了他对"天人合一"的独到理解。那么，什么是天人一贯呢？完颜伟说："逮阅大易《河》《洛》二图，恍然有见夫乾坤体用之妙，因知造化之理。切近简易，主乎中和，极乎位育，推而溯之见生物之心，反而求之知人性之善。凡帝王礼乐行政，皆缘之而起，一以贯之而无遗。"② 由此可知，第一，完颜伟的思想主要是源于《河》《洛》图书之学，此亦可视为其创作九幅易图的重要原因之一。第二，完颜伟所谓"一贯"有一以贯之之意，此可作为"一贯"的第一层含义。在他看来，帝王礼乐行政等人事范畴与乾坤体用的造化之理是一以贯之的。他进一步指出："是故言天道而不通之人事。不得大用之所以行。详人事而不本之天道。不得大原之所自出。传所云：善言天者必有验于人，善言人者必有合于天，此之谓也。"③ 正因如此，完颜伟作此《天人一贯图说》的目的即是为了"推求人生性命之旨，原始要终""推天命之原，立人道之极"，以"期合于天人一贯之理"④。

那么，"天人一贯"的内容是什么呢？或者说，如何才能实现"天人一贯"呢？对此，完颜伟借鉴、丰富和发展了先秦儒家以来的仁学思想。他说："一以贯之者，仁也。"⑤ 此可作为天人一贯的第二层含义。众所周知，仁是孔子思想的重要内容之一，是礼乐文化背后的价值根基。宋代以后，理学家在阐发其哲学思想时，亦不断对其进行解释，从而丰富了仁的哲学内涵。例如，程颢认为："'天地之大德曰生'，'天地絪缊，万物化醇'，'生之谓性'。万物之生意最可观，此'元者善之长也'，斯所谓仁也。"⑥ 朱熹进一步指出："天地以生物为心者也，而人物

---

① 张涛：《〈周易〉与儒释道的"天人合一"思想》，《山东大学学报》（哲学社会科学版）2017 年第 4 期，第 144～152 页。

② （清）完颜伟：《天人一贯图说》，国家图书馆（古籍部）藏，光绪二年英铠抄本。

③ （清）完颜伟：《天人一贯图说》，国家图书馆（古籍部）藏，光绪二年英铠抄本。

④ （清）完颜伟：《天人一贯图说》，国家图书馆（古籍部）藏，光绪二年英铠抄本。

⑤ （清）完颜伟：《天人一贯图说》，国家图书馆（古籍部）藏，光绪二年英铠抄本。

⑥ （宋）程颢、程颐撰，潘富恩导读：《二程遗书》，上海古籍出版社，2000 年版，第 167 页。

之生，又各得夫天地之心以为心者也。故语心之德，虽其总摄贯通无所不备，然一言以蔽之，则曰仁而已矣。"① "发明心字，曰：'一言以蔽之，曰生而已矣，天地之大德曰生。人受天地之气而生，故此心必仁，仁则生矣。'"② 这里，程颢和朱熹都是以"生生"之义解释"仁"，而且二人的解释皆侧重于天道层面而未涉及人事。

相较而言，完颜伟则在此二人解释的基础上，着重从人道层面对"仁"做了进一步的丰富和诠释。他说：

> 阳不能离阴，阴不能舍阳，阴阳和合，仁爱之道……仁为万善之长……阴阳和合，相生相成者，仁爱而已矣。故仁统四德而为万善。人为万物之灵，承天之命而有仁，率天之命而行仁。故男女以仁爱而为夫妇，尽仁爱而曰和顺。父母以仁爱而生子女，尽仁爱而曰慈孝。兄弟以仁爱而同骨肉，尽仁爱而曰友恭。朋友以仁爱而交心志，尽仁爱而曰诚信。君臣以仁爱而行政治，尽仁爱而曰敬忠心。伦常之所以尽者仁也③。

在完颜伟看来，天地动静交感，阴阳相荡相合、相生相成，产生了仁爱之道。仁爱作为万善之长，是世人应具备的最美好的德行。夫妇之间的和顺、父母子女之间的慈孝、兄弟之间的相亲、朋友之间的交心、君臣之间同心皆源于仁爱。因而，人之所以为人、之所以为万灵之长，全在于人禀受了此由天道下贯而来的"仁"。完颜伟的解释得到了胡期顺的高度认可。胡氏在其对完颜伟的拜题中说道："凡是非善恶治乱安危，莫不由仁而感。所谓在天为理，在人为性。秉之于天，赋之于人。

---

① （宋）朱熹撰，朱杰人等主编：《朱子全书》第23册，上海古籍出版社、安徽教育出版社，2010年版，第3279页。

② （宋）朱熹撰，朱杰人等主编：《朱子全书》第14册，上海古籍出版社、安徽教育出版社，2010年版，第219页。

③ （清）完颜伟：《天人一贯图说》，国家图书馆（古籍部）藏，光绪二年英铠抄本。

一以贯之者，仁也。公欲仁以天人一贯之旨，体验于身，力行乎仁。"①
这里，胡期顺直接点明完颜伟所讲之"仁"既是天理，亦是人性。应该
说，胡氏这段话是对完颜伟思想的进一步阐释和发展。

三、简单的评价

雍正、乾隆年间正是清代义理之学由盛转衰以及考辨之学初兴的
关键时期，完颜伟的《天人一贯图说》即成书于此。他"爰取圣人立
象之义，按数画图，按图明理，发挥阴阳，阐明《河》《洛》，分为九
说，合为一论"②，以此阐发其天人一贯之理。而此天人一贯之理的实质
即其仁学思想。在《天人一贯图说》中，其以易图的形式阐发阴阳变化
之理、万物生化之机，而此理、此机即其贯通天人之"仁"。这固然是
承续了孔子的仁爱思想，并与程颢、朱熹以《周易》之"生生"思想解
释"仁"的思想相契合，但同时，完颜伟更加注重从人道层面对此仁进
行诠释。总之，在完颜伟看来，仁是万善之长，众善之源，是天道生化
万物的内在机理，是天人一贯的重要内容。人因禀赋了天地生生之德而
具有此仁，于是此仁成了人类道德伦理的价值根据。这就要求人们应该
"体验于身，力行乎仁"。

完颜伟的易学思想，一定程度上见证了满汉文化的交往、交流和交
融，体现了少数民族群体对儒家文化的认同。而这种文化认同，是中国
历史上统一的民族共同体向心力和凝聚力的重要源泉。探究完颜伟的易
学思想，不仅可以启迪人们学习和传承中华优秀的传统文化，还有助于
进一步理解铸牢中华民族共同体意识的深刻内涵。

作者单位：北京师范大学

---

① （清）完颜伟：《天人一贯图说》，国家图书馆（古籍部）藏，光绪二年英铠抄本。
② （清）完颜伟：《天人一贯图说》，国家图书馆（古籍部）藏，光绪二年英铠抄本。

刘绍攽对《离》卦的创新性解读
及其诠《易》特色

刘银昌

摘要： 清代陕西学者刘绍攽为大儒李光地再传弟子，学殖深厚，精于易学，其《周易详说》诠解《周易》颇有心得。刘绍攽对《离》卦六爻在时间之流这一维度的变化性解读，渊源有自，但别有新意。结合刘绍攽对《离》卦和其他卦的解读，可以发现其易学诠解将一卦六爻视为一个有机互联的系统结构，具有融训诂、象数和义理于一体而最终归于理学修身养性以寡过的显著特色，在清代关学《易》中独树一帜。

关键词： 刘绍攽 《周易详说》《离》卦 解《易》特色

清代雍乾年间陕西三原著名学者刘绍攽（1707～1778），曾任四川什邡县令，深于经学，工于诗文，旁通韵学、算学、掌故及术数卜算，著述颇丰，在当时关中学界可谓翘楚。时陕西学政王兰生评点关中士人，认为"其刊落浮华，切实用力者，惟绍攽一人而已"[1]。李华春评其诗文、学术造诣，誉之为"关中四杰"[2]之一。刘绍攽之生平著述，《清

---

[1] 王钟翰点校：《清史列传》卷第六十七，中华书局，1987年版，第5382页。
[2] （清）李华春：《皇清诰授朝议大夫湖南沅州府知府吴松崖先生传略》，《四库未收书辑刊·集部》第24册，北京出版社，1997年版，第589页。

史列传》《清儒学案》均有记载，不赘述。

在刘绍攽的学术成就中，易学尤为突出。考其易学渊源，实为清代大儒李光地一脉。李光地有《周易观象》《周易观象大指》和《周易通论》等易学著作，并奉康熙之命编纂《周易折中》，为清代易学界之佼佼者。李光地之学授河北交河王兰生，王兰生任陕西学政时授刘绍攽，故刘绍攽易学为李光地再传。刘绍攽在为王兰生所写的《王文诚公传》①中记述了从李光地到王兰生再到自己的学术传承。在为李翼兹《易史》所作序言中，刘绍攽称自己"少从王信芳夫子受《易》，得不传之秘"②，王信芳即王兰生，由此可知其易学来源及倾向。《周易详说》是刘绍攽的易学代表作，《续修四库全书总目提要》认为该书"诠释经文，贯通数理，其学派与李安溪为近"，"引朱子、先儒旧说，皆不可废之语，皆能化门户之成见，非墨守一先生之说者所及"③。李安溪即李光地，《提要》认为刘绍攽易学与之"为近"，可谓颇具慧眼。由于学界迄今尚无对刘绍攽易学进行研究者，故本文拟以其注解《离》卦为例，管中窥豹，对其诠经注《易》的特色进行梳理，以呈现其易学价值。

一、刘绍攽对《离》卦解读的新意

《周易》自成书以来，对其诠释注解者代不乏人。从汉晋到明清，《易》注汗牛充栋，这些经注，或主象数，或主义理，或衍图书，或涉术数，优者自成体系，劣者陈陈相因。在易学海洋中，王弼、韩康伯之注，孔颖达之疏，程颐之《传》，朱熹之《本义》，借助科举之力而影响

---

① （清）刘绍攽：《王文诚公传》，《清代诗文集汇编》第 304 册，上海古籍出版社，2010 年版，第 278～282 页。

② （清）刘绍攽：《易史序》，《清代诗文集汇编》第 304 册，上海古籍出版社，2010 年版，第 416 页。

③ 中国科学院图书馆：《续修四库全书总目提要·经部》上册，中华书局，1993 年版，第 62 页。

士人甚巨。至有清一代，康熙帝又敕修《周易折中》作为考试读本，仍主《周易本义》和《周易程氏传》二书。因此，《周易注疏》《周易程氏传》和《周易本义》，成为标准的官方《周易》解读。这种代表官方意志的经学解读，是否能够准确地揭示《周易》本旨并不重要，重要的是其构建了官方倡导的价值和伦理系统。而且，几乎每一位解《易》者，都自认为是对本旨的揭示，于是就有了连绵不绝的易学阐释。

刘绍攽《周易详说》在注解经文时，自然以掘发圣人之旨为鹄的，博采诸家之说，取其合于圣意者。但他自有主脑，无形中也在建构易卦的内涵，且不乏新见，其中对《离》的解读，便是颇为显著的一例。这种新意新见，主要表现在将《离》卦六爻，理解为六个不同时段之离。其义如下。

《离》卦初九爻，"此日出之离也"。正是将此爻定位在日出之时，刘绍攽才对爻辞"履错然，敬之，无咎"做如此解读："如人早作，舄履交错，宾从杂沓，小心以处之，乃得无过。"① 日方出，人早起，小心翼翼，步履交错，如宾服之貌，如此方能无过失。

《离》卦六二爻，"此日中之离也"。日中之离，得中正之道，犹如日正则为是，其吉可知。爻辞"黄离，元吉"，刘绍攽认为，"坤为黄，牛属土亦黄。此卦主，所谓畜牝牛者也，足蔽全卦之义，故大吉"。之所以将此爻视为一卦之主，是因为离为明为日，日中之时，最得其用，而"二柔中而且正，正则顺"②，犹如卦辞所谓"畜牝牛"者，故此爻足以概括一卦之义。

《离》卦九三爻，"此日昃之离也"。日已偏西，明确对应爻辞中的"日昃之离"，当此之时，爻辞所说的"不鼓缶而歌，则大耋之嗟，凶"，

---

① （清）刘绍攽：《周易详说》，《四库全书存目丛书·经部》第38册，齐鲁书社，1997年版，第694页。

② （清）刘绍攽：《周易详说》，《四库全书存目丛书·经部》第38册，齐鲁书社，1997年版，第694页。

就有了特定的生命意识。在刘绍攽看来，此爻"既叹光阴之易逝，复悲迟暮之将死，不鼓呼以行乐，则欷歔而嗟老，喻心之昏，非境之变，哀乐无常，凶可知矣"①。

《离》卦九四爻，"此暗暮之离也"。爻辞"突如其来如，焚如，死如，弃如"，刘绍攽除了从爻位方面认为其"刚不中正，处上明之终"外，还针对暗暮这一时境，对爻辞之义进行了还原："有如昏夜昏乱，突然火至，焚物之死，火亦无所附丽，有若弃之者然，不明之极也。"②认为此爻辞所说为日暮昏乱之间突然火起，物被焚尽，火亦无所依附而熄灭，如心之不明。

《离》卦六五爻，"此夜中之离也"。以时而论，此爻相当于夜半子时，而子时一阳来复，人心最易反省，因此刘绍攽将爻辞"出涕沱若，戚嗟若，吉"看作是一种悔过的表现："夜气将复，悔心乃萌，既流涕以自伤，复嗟叹以悔过，其吉可知。"③

《离》卦上九爻，"此再照之离也"。所谓"再照之离"，即夜尽复朝，旭日再升。此时之离，与爻辞"王用出征，有嘉折首，获匪其丑，无咎"又有何关系呢？刘绍攽认为，此阳刚之爻，处于《离》卦之上，"当甲胄戈兵之时，命将出师，王之所为，其最善者"。因为离为戈兵，所以太阳复照而王命将出兵征讨，最为合适。而且，"此第折取其魁首，而不及其丑类"④，征讨只是斩获其首领，而不伤及其类。

刘绍攽的这种解读，应该受到《离》卦九三爻辞"日昃之离"的启

① （清）刘绍攽：《周易详说》，《四库全书存目丛书·经部》第38册，齐鲁书社，1997年版，第694页。

② （清）刘绍攽：《周易详说》，《四库全书存目丛书·经部》第38册，齐鲁书社，1997年版，第694页。

③ （清）刘绍攽：《周易详说》，《四库全书存目丛书·经部》第38册，齐鲁书社，1997年版，第695页。

④ （清）刘绍攽：《周易详说》，《四库全书存目丛书·经部》第38册，齐鲁书社，1997年版，第695页。

发，进而以此爻为基准，将时间维度推及其他五爻，于是《离》卦六爻，井然有序。这种解读，虽受益于经文启导，但不乏创见。如果我们将之与权威的《周易注疏》《周易程氏传》《周易本义》和《周易折中》作比较，会发现刘绍攽的解读别具一格。

《周易注疏》对《离》卦六爻的解读也有大致的时阶定位。王弼以为《离》之初九为"处离之始，将进而盛"①，孔疏进一步阐明"身处离初，将欲前进，其道未济"；对六二爻，王注以为"履文明之盛而得其中"，孔疏曰"居中得位而处于文明"，均未涉及时的问题，如果作宽泛解读，则王弼的"履文明之盛"可理解为文明最盛之时，约等于日中；九三爻因为爻辞明确说是"日昃之离"，故王弼以为乃"处下离之终，明在将没"之时；王弼注对九四爻的理解也是承接九三爻，但不认为是暗暮，而是拂晓，"处于明道始变之际，昏而始晓，没而始出"，即孔疏所谓"四处始变之际，三为始昏，四为始晓；三为已没，四为始出"；对于六五爻和上九爻的解读，王注孔疏均未有时间维度。

《周易程氏传》释《离》卦六爻，主要着眼于爻之阴阳以及是否得位得中，只有对九三爻和九四爻的解读，牵涉时的问题："九三居下体之终，是前明将尽，后明当继之时。""九四，离下体而升上体，继明之初。"②只是说第三爻是明将终结，第四爻为明将继起。

朱熹《周易本义》释六十四卦，因程颐讲义理甚精，故略于言理，而以卜筮解之。是故，在注解《离》卦时，朱熹基本沿袭《周易程氏传》的思路，以九三爻为"前明将尽"，九四爻为"后明将继之时"③，其他爻不以时解。

《周易折中》主于程朱易学，故对《离》卦六爻，亦无系统性的时

① （三国·魏）王弼、（晋）韩康伯注，（唐）孔颖达疏，于天宝点校：《宋本周易注疏》，中华书局，2018 年版，第 206～208 页。

② （宋）程颐撰，王孝鱼点校：《周易程氏传》，中华书局，2016 年版，第 132～133 页。

③ （宋）朱熹撰，廖名春点校：《周易本义》，中华书局，2009 年版，第 126 页。

间解读。

如此看来，刘绍攽对《离》卦的解读，如果抛开九三爻辞"日昃之离"的启示不论，它会是一种全新的无中生有之论吗？答案是否定的。任何一种貌似截断众流式的经学解读，都无法回避经学诠释的悠久传统，也不可能完全置身于这个伟大传统之外。如果我们再细绎易学史，就可知刘绍攽以六时解《离》卦六爻的路径在他之前就已有端倪。早在东汉末年，著名易学家荀爽就以三个不同的时段解读《离》卦内卦三爻："初为日出，二为日中，三为日昃，以喻君道衰也。"[1] 但其解读的焦点是"君道之衰"，颇有时代意义。

较为成型的以六时读《离》卦，则要到清康熙时期的李光地。李光地在其所著《周易观象》中说："两体取昼夜相继。二，日中之象也。五，夜中之象也。三，日昃之象也。四，暗暮之象也。初、上之交，昏晨之际之象也。"以此定位，李光地以"当事之始"释《离》卦初爻，认为爻辞所述为"乱吾明者多矣"；以"明之最盛者"释《离》卦第二爻，认为爻辞所述为黄中通理的"中德"；以"日过中则昃"释《离》卦第三爻，认为爻辞所述为"喻人之德衰而向昏也"；以"前明已过，昏之甚者"释《离》卦第四爻，认为爻辞所述"为至昏所迫，不能安详坚定之状"；以"前明已极，后明将生之际"释《离》卦第五爻，认为爻辞所述为"在人则夜气所息，良心复萌之端"；以"重明复生之时"释《离》卦第六爻，认为爻辞所述"有出征而获大首之象"[2]。纵观李光地的解读，以人之心智昏明为主轴，将《离》之六爻裁为六个阶段，按之爻辞，亦可自成一说。

由于师承关系，刘绍攽对《离》卦的解读明显受到李光地的影响。但是，刘绍攽的解读明显比李光地更加具体而系统，与爻辞之义、象的

---

[1] （唐）李鼎祚撰，王丰先点校：《周易集解》，中华书局，2016年版，第195页。

[2] （清）李光地撰，陈祖武点校：《周易观象》，《榕村全书》第一册，福建人民出版社，2013年版，第284~287页。

融合也更加密切。这正是刘绍攽的创新之处。

二、六爻有机互联的解经理念

从以上刘绍攽对《离》卦的解读，可以看出他解《易》时贯穿六爻有机互联的解经理念。将一卦六爻，视为一个递次演变、内部有机互联的整体，而不是将之视为各自独立的六爻，或仅仅服从乘承比应、得位失位原则的解读。因此，在刘绍攽的解读中，体现出浓郁的六爻之间的时间之流，而非一个固化静态的或仅仅是一种共时性的横向解读，相反，它是一种变动的历时性解读。

刘绍攽的这种解读，理论依据在《易传》中。《乾·象传》曰："大明终始，六位时成，时乘六龙，以御天。"[①] 这是将《乾》卦六爻对应六个时阶，每一爻为特定时阶之龙。《易传·系辞传下》："六爻相杂，唯其时物也。"[②] 认为一卦六爻，尽管表面看起来相互错杂，但每一爻皆因时而成，属于应时之物。也就是说，只要把它们放在时间流中，总可以理出一条线索来。《易传·说卦传》也说："兼三才而两之，故《易》六画而成卦。分阴分阳，迭用柔刚，故《易》六位而成章。"[③]《周易》每一卦，都蕴含天地人三才之道，三才各有阴阳两种属性，故三以两之为六，一卦而成六画。一卦六爻，有阴有阳，"故作《易》者分布六位而成爻卦之文章也"[④]。所谓文章，即有条理之花纹。以此逻辑推进，则

---

① （三国·魏）王弼、（晋）韩康伯注，（唐）孔颖达疏，于天宝点校：《宋本周易注疏》，中华书局，2018年版，第10页。

② （三国·魏）王弼、（晋）韩康伯注，（唐）孔颖达疏，于天宝点校：《宋本周易注疏》，中华书局，2018年版，第461页。

③ （三国·魏）王弼、（晋）韩康伯注，（唐）孔颖达疏，于天宝点校：《宋本周易注疏》，中华书局，2018年版，第475页。

④ （三国·魏）王弼、（晋）韩康伯注，（唐）孔颖达疏，于天宝点校：《宋本周易注疏》，中华书局，2018年版，第475页。

《易》卦六爻有机浑融，不可割裂。

　　刘绍攽的这种解《易》理路，几乎比比皆是。如其在《周易详说》卷三释《蒙》卦，对六爻进行了系统性定位："彖以五为蒙，二为亨蒙之人。爻以四阴爻为蒙，二阳爻为亨蒙之人。初、三、五，二之蒙，三、五又上之蒙，独四与二、上，非应非比，终无启发而致困，可羞吝也。"①认为《蒙》卦辞以六五爻为被启蒙者，九二爻为启蒙者；而爻辞则以九二和上九两个阳爻为启蒙者，初爻、三爻和五爻被九二爻启蒙，三爻和五爻又被上九爻启蒙，唯独六四爻没有启蒙者，故困于蒙。又如其在《周易详说》卷七解《遁》卦曰："卦惟四阳能遁，初与二，皆以阴止遁者。"认为《遁》卦二阴四阳，在下面的初爻和二爻为阴，是阻止逃遁者，三爻、四爻、五爻和上爻为阳，是逃遁者。《遁》卦六二爻和初六爻一样，"二亦阴之欲止遁者，而不可止也"，九三爻为阳则不同，"以爻言，则固四阳之首遁者也"②。至于九四爻、九五爻和上九爻，均为逃遁者，但因其距离下面二阴爻之远近而又有所不同。

　　由以上卦例可知，刘绍攽对《周易》经文的解读，考虑到六爻之间时（天）的有机联系性，如《离卦》；空间之位（地）的有机联系性，如《遁》卦；以及人的有机联系性，如《蒙》卦。将一卦六爻，视为一个有机互联的整体结构，在这一结构内部探讨爻辞之义以及爻与爻的逻辑关系，一卦有一卦之主旨，一卦有一卦之论述结构，从而实现一种系统性解读。

---

① （清）刘绍攽：《周易详说》，《四库全书存目丛书·经部》第38册，齐鲁书社，1997年版，第647页。

② （清）刘绍攽：《周易详说》，《四库全书存目丛书·经部》第38册，齐鲁书社，1997年版，第699页。

三、训诂、象数和义理的统一

关学作为理学之一支，其研治经学之趣味与理学殆同。以程、朱易学为代表，理学家解《易》，多以义理为旨归，阐发卦爻辞中的理、气以及人伦日用和修养工夫，对《易》之象数和文辞训诂则用力较少。即如关学宗师张载，其《横渠易说》所说，也基本上是基于自己体认所得的天道、性理之诠释。关学学者解经，多是这种路径。正如曹冷泉先生所论，关学有"轻视学术"的特点，"关学向朴学之攻击，亦可见关学学者治学之精神与朴学之不同"①。这种与朴学的不同，主要表现在对客观知识和章句训诂的轻视。因此，关中学者解《易》，多有这种特点。但刘绍攽之《周易详说》，却能跳出关学学者这种解经窠臼，融训诂、象数和义理为一体，在关学《易》中独树一帜。

就《周易》文辞训诂来说，刘绍攽尽可能做到简洁明晰，有争议、有疑问则训诂，人尽皆知者则径释文义，不作训诂。如在《离》卦的解读中，刘绍攽仅对《大象传》中的"明两作"之"作"字进行了词义训诂："两作，重离也。《坎》言'至'，《离》言'作'。趋而下者，至也；起而上者，作也。"②"作"的意思是从下面起而向上，即《说文解字》"作，起也"之义。而"至"的意思是趋而向下，即《说文解字》所释"鸟飞从高下至地也"的引申义。可知刘绍攽对"作""至"二字的训诂本于《说文》。刘绍攽之所以对"作"字进行训诂，是想突出《离》卦之基本卦象的属性。按《说卦传》，离为火，坎为水，而《尚书·洪范》曰"水曰润下，火曰炎上"，因此刘绍攽将《坎》卦《大象传》之

---

① 曹冷泉：《关学概论》，载魏冬新订：《新订关学编》，西北大学出版社，2020 年版，第 352 页。

② （清）刘绍攽：《周易详说》，《四库全书存目丛书·经部》第 38 册，齐鲁书社，1997 年版，第 694 页。

"水洊至"与《离》卦《大象传》之"明两作"进行对比，区分"作"与"至"的词义，以明《大象传》取象措辞之精微。又如刘绍攽在解释《比》卦卦辞时，对"原筮"一词中的"原"进行训诂："原，再也。"① 并举《左传》"原田"、《汉书》"原庙"和《本草》"原蚕"之例，证明"原筮"之"原"即再之义，颇有说服力。刘绍攽之所以对"原"字进行训诂，是因为孔颖达将其释为"原穷"，程颐将其释为"推原"，二人均理解为推究之义，此与刘绍攽所认为的正确理解相差甚远。再如刘绍攽释《升》卦九三爻辞"升虚邑"之"虚"字曰："虚者，高也。《诗》曰：'升彼虚矣。'旧以虚邑为入无人之境者非。"② 释"虚"为高地，符合其本义，即《说文》释"虚"为大丘义。刘绍攽还以经证经，引《诗经·鄘风·定之方中》"升彼虚矣"一句说明如此训诂的正确性。总之，刘绍攽解读《周易》经文，不作凭空发挥，不为空疏之谈，而是立足文字训诂，求其确义。

结合易象解读经文，是刘绍攽注《易》的另一特色。自王弼扫象，程颐以儒理解《易》，朱熹以卜筮解《易》，对《周易》之象均无所发明。即使是李光地之《周易观象》，亦以说理为主，罕言卦象。刘绍攽认为，"全《易》皆象也。扫象固非，泥象亦非"③。因此他的《周易详说》始终贯穿以象释辞的原则，如此还嫌不够，他还专门撰写《周易观象》一书，以弥补李光地之《周易观象》说象之不足。

刘氏以象释辞的例子俯拾皆是。如释《离》卦时，对于卦辞"畜牝牛吉"，刘绍攽释曰："盖坎之明在内，以刚健行之于外；离之明在外，当柔顺以养于中。坤为牛，离得坤中爻，故以取象。不为雌而为牛，明

---

① （清）刘绍攽：《周易详说》，《四库全书存目丛书·经部》第38册，齐鲁书社，1997年版，第654页。

② （清）刘绍攽：《周易详说》，《四库全书存目丛书·经部》第38册，齐鲁书社，1997年版，第724页。

③ （清）刘绍攽：《周易详说》，《四库全书存目丛书·经部》第38册，齐鲁书社，1997年版，第600页。

以顺为本也。"① 以坤为牛而离得坤之中爻，故离亦可取象为牛，卦辞取牛象而不取离为雉，是因为此卦以柔顺为本，牛为柔顺之象。其释《离》卦初九爻辞"履错然"曰："互巽为股，初居股下，故有履错之象。"② 是以互卦兼爻位取象。其释《离》卦九三爻辞"不鼓缶而歌，则大耋之嗟"曰："离为乾卦，喜则笑，悲则号咷；互兑为口，故曰歌曰嗟；中虚，故曰缶。"③ 由此可见，刘绍攽对卦爻辞中重要之象均进行解读，无关紧要者则不释，避免泥象之失。

至于阐发卦爻辞中的义理，更是关学《易》之擅长。刘绍攽承继李光地易学，李光地易学以程朱易学为宗，故刘绍攽说《易》，亦宗程朱之学，但有扬弃。如前文所述其对《离》卦的系统性解读，主要还是归于义理，文字训诂和易象的运用都是工具手段，目的是明经义。刘绍攽对其他卦的义理解读不再赘述。由此表明，刘绍攽解《易》，做到了训诂、象数和义理的统一。

四、理学《易》之旨归

如上文所说，刘绍攽解《易》，最终是要归于义理。但是，义理之阐发，有多种取向。钱基博认为读《易》有四蔽，必先祛四蔽"而后可以辟理障，阐易学"。四蔽之中，除"以阴阳占验言《易》"不涉义理外，"以老子明《易》""以禅参《易》""以进化论《易》"④，皆所谓阐发《易》之义理者。因此，以义理说《易》，并不是理学家的专利。刘绍攽

---

① （清）刘绍攽：《周易详说》，《四库全书存目丛书·经部》第 38 册，齐鲁书社，1997 年版，第 693～694 页。

② （清）刘绍攽：《周易详说》，《四库全书存目丛书·经部》第 38 册，齐鲁书社，1997 年版，第 694 页。

③ （清）刘绍攽：《周易详说》，《四库全书存目丛书·经部》第 38 册，齐鲁书社，1997 年版，第 694 页。

④ 钱基博：《周易解题及其读法》，广西师范大学出版社，2020 年版，第 66～68 页。

说《易》之义理，明显不属于钱基博说的"四蔽"，而是属于理学家之义理。

曹冷泉先生在《关学概论》中认为关学学者"多偏人生问题之讨论，于本体论殊少论及"，"且研究之动机，非为满足求知之欲望，而为修养心性之用"①，这正是关学学派之理学的显著特点。关学作为理学之一支，其治学倾向也基本适用于刘绍攽对《周易》的解读。如果我们把刘绍攽对《离》卦的解读从义理方面进行梳理的话，会发现他的确是"多偏人生问题之讨论"，"而为修养心性之用"，其主旨归结为八个字：主敬悔过，克己修身。

刘绍攽对《离》卦的理学义理解读，首先表现在对《象传》"重明以丽乎正，乃化成天下"的阐释："但《离》为两明，物无不照。若不出之以正，则为苛察小慧，不可以化天下矣。"②认为正大光明，方可以化成天下。这是以《大学》中的正心诚意来诠释离火之明。这种出之以正的解读，为后面爻辞的理学解读奠定了基础。其次，对爻辞的主敬悔过思想阐发。因为《离》卦初九爻辞"履错然，敬之，无咎"含有敬而免灾的思想，刘绍攽就结合此爻《小象传》进行阐述："初刚易过，敬所以寡过。"③明确提出敬以寡过。但人非圣贤，孰能无过？过可以寡，很难无过。过则如何？刘绍攽结合《离》之六五爻"出涕沱若，戚嗟若，吉"，指出"夜气将复，悔心乃萌，既流涕以自伤，复嗟叹以悔过，其吉可知"④，即夜半自省以悔其过。这种悔过获吉的思想，可能

---

① 曹冷泉：《关学概论》，载魏冬新订：《新订关学编》，西北大学出版社，2020年版，第352页。

② （清）刘绍攽：《周易详说》，《四库全书存目丛书·经部》第38册，齐鲁书社，1997年版，第694页。

③ （清）刘绍攽：《周易详说》，《四库全书存目丛书·经部》第38册，齐鲁书社，1997年版，第694页。

④ （清）刘绍攽：《周易详说》，《四库全书存目丛书·经部》第38册，齐鲁书社，1997年版，第695页。

和清初关中大儒李二曲的"悔过自新"说有关。最后，对爻辞蕴含的克己修身思想的发掘。《离》卦上九爻辞曰："王用出征，有嘉折首，获匪其丑，无咎。"刘绍攽揭示其象外之义曰："在国家，则为除乱而去其元恶；在人心，则为克己而尽其根株；善补过者也，故无咎。"[1] 提出用心性修养方面的克己工夫以补其过。而后，刘绍攽又结合上九爻之《小象传》进一步指出："《离》为明明德之学。出征以喻克己，正邦以喻修身。"[2] 这样，整个《离》卦，就被刘绍攽阐释为由"出之以正"的正心诚意发端，到"《离》为明明德之学"收结，中间经历了主敬寡过——悔过获吉——克己补过的重要过程，可视为一个完整的心性修养程序。

刘绍攽诠《易》的理学旨归，由其对《离》卦的解读可见一斑。其主敬寡过、克己修身的主导思想，在注解其他卦时亦反复出现，在此不赘。刘绍攽的这种思想，应该源自程颐的主敬、朱熹的居敬与持敬思想，与同邑前辈李二曲的"悔过自新"说，当亦有思想上的绍继之迹可寻。总之，这些理学思想取向，正如刘绍攽在注解《系辞传上》时所说："设卦系辞，总归于寡过而已。"[3] 将整个一部《周易》，视为寡过之书，是其易学根柢。

综上所述，刘绍攽继承汉代荀爽和清代李光地注解《离》卦的思想，将《离》卦六爻视为一个在时间之流变化的结构系统，对卦辞和爻辞给予一种全新的解读，其创新性显而易见。从其对《离》卦和其他卦的解读来看，呈现出三个方面的显著特色：在卦爻结构方面，视一卦六爻为有机互联的自足系统；在具体诠解方面，综合运用文辞训诂、象数

---

[1] （清）刘绍攽：《周易详说》，《四库全书存目丛书·经部》第 38 册，齐鲁书社，1997 年版，第 695 页。

[2] （清）刘绍攽：《周易详说》，《四库全书存目丛书·经部》第 38 册，齐鲁书社，1997 年版，第 695 页。

[3] （清）刘绍攽：《周易详说》，《四库全书存目丛书·经部》第 38 册，齐鲁书社，1997 年版，第 771 页。

解析和义理阐发三种手段，以揭示圣人之旨；在义理取向方面，则以理学《易》为旨归。此种解《易》特色，足以使刘绍攽在整个清代关学《易》中占有一席之地。

作者单位：陕西师范大学

尤庵宋时烈及其易学思想析论

赖贵三

摘要：宋时烈（字英甫，号尤庵，1607~1689），韩国朝鲜王朝（1392~1897）中后期鸿儒重臣、党首大师与性理学思想名家，朝鲜儒士敬称"宋子""宋夫子"。宋时烈及其弟子所共同创立的"华阳书院"，更是当时最大书院之一，对于朝鲜儒学发展有重要的影响力。宋时烈于27岁时，赴生员试，以《周易·系辞上传》"一阴一阳之谓道"诠论，受到太学士崔鸣吉（字子谦，号迟川，1586~1647）赏识，极称"洞论太极阴阳之辨，天地造化之源"。通过考述宋时烈生平事略年表，析论其易学思想，有助于进一步把握宋时烈"直"的哲学思想与其时代背景，彰明其学术渊源与著作历程，特别是以其《易说》为主要核心，辅之以"一阴一阳之谓道"等相关诠论，分别就《易》变易也"与"理通气局"二面向切入，探讨其易学所蕴含的文化内涵，对于开显尤庵宋时烈易学思想的潜德幽光具有重要作用。

关键词：宋时烈 《宋子大全》《易说》 直 《易》变易也 理通气局

一、前　言

宋时烈（字英甫，号尤庵，1607～1689），忠清道沃川郡恩津（今大田广域市儒城区）人①。韩国朝鲜王朝（1392～1897）中后期鸿儒重臣、党首大师与性理学思想名家，朝鲜儒士敬称"宋子""宋夫子"，是朝鲜儒学家中唯一被尊称"子"者，从祀文庙，赠谥号为"文正"。（以下皆以"尤庵"敬称之）尤庵及其弟子所共同创立的"华阳书院"，更是当时最大书院之一，而朝鲜书院祠中，奉享尤庵者共有36所，可略窥其影响力与重要性②。

朝鲜王朝明宗（李峘，1534～1567，在位：1545～1567）、宣祖（李昖，1552～1608，在位：1567～1608）之世，儒学鼎盛，朱子（名熹，字符晦，号晦庵，1130～1200）性理学大炽，其中以"二李"——"朝鲜朱子"李滉（字景浩，号退溪，1501～1570）与"畿湖学宗"李珥（字叔献，号栗谷，1536～1584）最为杰出③。自此以下，朝鲜儒学发展不出二家"理气"之说。尤庵师承金长生（字希元，号沙溪，1548～1631），可算是栗谷李珥之再传弟子。前人研究多以"直"作为贯穿尤庵思想的关键处④，并以为其"正直哲学"扎根自栗谷，并上承朱子的道学精神与孔子（名丘，字仲尼，前551～前479）的仁学思想，

---

① 案：大田市儒城区即是纪念尤庵宋时烈而命名，区内有其故居与尤庵纪念公园，尝二度拜谒。

② 据蔡茂松统计，韩国书院祠共有274所，其中祀孔子者为6所、祀朱子者为22所、祀赵光祖者17所，李滉27所，李珥21所，而以祀尤庵宋时烈者数量最多，高达36所，可见其重要性。详参蔡茂松：《韩国李朝的教育》，《成大历史学报》，1974年7月第1号，第175页。

③ 详参 [韩] 李丙焘：《韩国儒学史略》，韩国亚细亚文化社，1986年版，第143页。

④ 关于尤庵宋时烈"直"的哲学阐述，可参阅：(1) 李甦平：《韩国儒学史》，人民出版社，2009年版，第424～446页。(2) 韩国哲学会编，龚荣仙译：《韩国哲学史（中）》，社会科学文献出版社，1996年版，第280～294页。

宋氏尝云：

> 天地之所以生万物，圣人之所以应万事，"直"而已。孔孟以来相传，惟是一"直"字。而朱子临终，所以告门人者，亦不外此矣①。

天地以何"生万物"？圣人以何"所以应万事"？孔孟以何"相传"？朱子临终以何"告门人"？尤庵以为皆为一"直"字，此义理主要源自二处：其一，《周易·坤·六二》爻辞："直方，大，不习无不利。"《文言传》曰：

> "直"，其正也；"方"，其义也。君子敬以直内，义以方外，敬义立而德不孤。"直方，大，不习无不利"，则不疑其所行也②。

其二，《孟子·公孙丑上》篇：

> 敢问夫子恶乎长？曰："我知言，我善养吾浩然之气。"敢问何谓浩然之气？曰："难言也。其为气也，至大至刚，以直养而无害，则塞于天地之间。其为气也，配义与道；无是，馁也。是集义所生者，非义袭而取之也；行有不慊于心，则馁矣。"③

---

① ［古朝鲜］赵持谦：《宋子大全·附录》卷十一《年谱》，韩国民族文化推进会，1990年版，第a115～433a页。见于韩国古典综合DB网站：http://db.itkc.or.kr/itkcdb/mainIndexIframe.jsp。

② （三国·魏）王弼、（晋）韩康伯、（宋）朱熹：《周易二种——周易王韩注、周易本义》，台湾大安出版社，1999年版，第10～13页。

③ （汉）赵岐注，（宋）孙奭疏：《孟子注疏》卷第三上《公孙丑上》，（清）阮元校刻：《十三经注疏》，中华书局，2009年版，第5840～5841页。

尤庵秉承《周易·坤六二·文言传》"敬以直内"与《孟子·公孙丑上》篇"以直养气"之说，故曰：

> 天尊地卑，阴降阳升，亦无非理之所以直也。直之道，顾不大欤？然而，学者之所从事者，必以其近而至要者，生盍亦以"敬以直内""以直养气"者为先哉①。

因此，可约略看出尤庵以"敬以直内""以直养气"作为"直"的第一层次，以之为学习者所切近且至要的涵养；然而，观尤庵"浩然章质疑"之说，则可发现其解释"直"思想的内化历程，其言曰：

> 此"直"字即上文曾子"自反而缩"之意，此盖养气之根本也。不可以此"缩"字作"浩然"看也，方其缩时，此心无所愧怍，故不惧千万人。至于以此而养成浩然，则塞乎天地，不但不惧千万人而已也②。

孟子（名轲，字子舆，前 372～前 289）引述曾子（名参，字子舆，前 505～前 432）转述孔子的说法，所谓"自反而缩，虽千万人，吾往矣"③。若合于义理，心无所愧怍，则虽千军万马，亦不足以为惧，此"直"存于心中之故，因而光明正大，毫无畏惧。尤庵继而言之：

---

① ［古朝鲜］宋时烈：《宋子大全·四》卷一百三十五《杂著》，日本斯文学会，1971 年影印缩刷版，第 704～705 页。

② ［古朝鲜］宋时烈：《宋子大全·四》卷一百三十《杂著》，日本斯文学会，1971 年影印缩刷版，第 622 页。

③ "昔者，曾子谓子襄曰：子好勇乎？吾尝闻大勇于夫子矣。自反而不缩，虽褐宽博，吾不惴焉。自反而缩，虽千万人，吾往矣。"（汉）赵岐注，（宋）孙奭疏：《孟子注疏》卷第三上《公孙丑上》，（清）阮元校刻：《十三经注疏》，中华书局，2009 年版，第 5840 页。

以直养者，以道养之之谓也。夫此气，始从道义，而生而养之；既成，则此气还以扶助道义，正如草木始生于根，而及其枝叶畅茂，则其津液反流于其根，而其根亦以深长①。

尤庵进一步将"直"提升至"道"的层次，然此处所谓"道"，实指"载道之气"。气自道义而生，而反扶助道义之成，如草木枝叶一般。故尤庵曰："先生（朱熹）尝以为养气之药头，只在于以直养及集义上。"②继而复曰："义亦是直义。"③可知，尤庵以为朱子所谓"集义"之说，其实即为"直"；其所谓"直"，除正大光明、无有畏惧外，实则以"道义"为其内涵④。

综上所述，"直"的义理思想，实为贯穿尤庵"正直"哲学的一大要点，而"正直"学说也展现在尤庵易学思想之中。此外，关于理、气的论述，同时也成为尤庵《易说》的重要论点，因此下文首先针对尤庵学术渊源与著作历程，加以考述梳理；继而，以其《易说》为析论核心，探讨尤庵"正直"哲学与其对于理、气论述的性理脉络背景，期能开张其易学思想的潜德幽光。

---

① [古朝鲜] 宋时烈：《宋子大全·四》卷一百三十《杂著》，日本斯文学会，1971年影印缩刷版，第622页。

② [古朝鲜] 宋时烈：《宋子大全·四》卷一百三十《杂著》，日本斯文学会，1971年影印缩刷版，第625页。

③ [古朝鲜] 宋时烈：《宋子大全·四》卷一百三十《杂著》，日本斯文学会，1971年影印缩刷版，第625页。

④ 案：尹丝淳于《韩国哲学史》中，提及此说："宋时烈的直哲学从根本上来说，是洞然通达为私欲净尽的、真实无妄的、生的纯粹性和原始性，并且包括了光明正大的生之正大性。"详参 [韩] 韩国哲学会编，龚荣仙译：《韩国哲学史（中）》，社会科学文献出版社，1996年版，第282页。

二、尤庵生平事略年表考述

本节主要以尤庵论著中，相关其生平者，加以整理归纳而成①。尤庵为朝鲜王朝中后期非常重要的性理思想家与政治人物，此与其生平事略有着密切的关系，尤庵于学术方面，自幼便天资过人，三岁即能识字，且受到家学熏陶，八岁时，与亲族宋浚吉（字明甫，号同春、同春堂，谥文正，1606～1672）同业，此后二人思想多有契合，始因于此。十二岁时，其父睡翁公以栗谷李珥《击蒙要诀》教授之，尝责勉之曰："学朱子，当自栗谷始。"②自此尤庵即以栗谷作为学术思想的圭臬。青年时期，尤庵从学于栗谷高徒沙溪金长生，而沙溪逝世后，续受业于其子金集（字士刚，号慎独、慎独斋，谥文敬，1574～1656）门下，完成学问德业深厚的基础与笃实的能力③。

政治方面，尤庵历仕仁祖（李倧，字和伯，号松窗，1595～1649，在位：1623～1649）、孝宗（李淏，字静渊，号竹梧，1619～1659，在位：1649～1659）、显宗（李棩，字景直，1641～1674，在位：1659～1674）、肃宗（李焞，字明普，1661～1720，在位：1674～1720）等四朝。于明崇祯六年癸酉（1633），参加生员试，以"洞论太极阴阳之辨"而入仕，并成为凤林大君（李淏，朝鲜孝宗）之师，此一经历奠定尤庵日后于政坛上显要的地位。以下归纳梳理尤庵生平事略，以窥知

---

① 主要参考文献有二：(1)《宋子年谱》，收录于［古朝鲜］赵持谦：《宋子大全·附录》卷二至卷十二，韩国民族文化推进会，1990年版。(2)［古朝鲜］金平默：《重庵先生文集·尤庵宋先生事实记》，收录于《韩国历代文集丛书》（韩国景仁文化社，1999年版）。

② 详参［古朝鲜］金平默：《重庵先生文集·尤庵宋先生事实记》，以及权尚夏《墓表》："睡翁公（尤庵父）……尝责勉曰：'朱子，后孔子也；栗谷，后朱子也。学朱子者，当自栗谷始。'先生（尤庵）自儿时已受此教，遂自任以圣贤之学及师沙溪先生，尽得其所传之学于栗谷者。"

③ 详参蔡茂松：《韩国李朝的教育》，《成大历史学报》，1974年7月第1号，第174页。

尤庵学思历程与其政治哲学。

公元	明朝、朝鲜纪年①	年龄	生平事略
1607	万历三十五年丁未 宣祖四十年	1	生于忠清道沃川郡（今"大田广域市"）九龙村。 母郭夫人梦吞明月珠而有身，至是父睡翁先生（景献公，尤庵父），适以宗家祀事，在青山衙舍，梦孔子率诸子至家。俄而，解娩之报至，故小字"圣赉"。
1610	万历三十七年己酉 光海三年	3	已能识字，父母所不欲，不敢复为。
1612	万历三十八年庚戌 光海四年	4	行商过门而遗其货，亟追而予之，人皆奇之。
1613	万历四十一年癸丑 光海五年	7	始就学。
1614	万历四十二年甲寅 光海六年	8	于宋尔昌宅与其胤子（宋浚吉，同春先生）同业。 两先生道义之契，实本于此。
1618	万历四十六年戊午 光海十年	12	父景献公乃授栗谷李先生《击蒙要诀》，而告之曰："朱子，后孔子也；栗谷，后朱子也。学朱子，当自栗谷始。"既受此教，便以圣贤德业自励。
1625	天启五年乙丑 仁祖三年	19	读书于金泉寺。 自少时，为读书多在山房，攻苦食淡，或连夜不寐，或连日不食，而亦不少懈。李忠肃公尚吉②尝语人曰："吾见宋君，非溪则谷也，盖拟牛（牛溪）③、栗（栗谷）两先生也。"

---

① 案：朝鲜王朝无自定义年号，以宗主国明代年号纪年。

② 案：李尚吉（字士佑，号东川，谥忠肃，1556～1637），其生平事略功绩，详参宋时烈撰、宋浚吉书、金寿恒篆：《忠臣赠议政府左议政谥忠肃李公神道碑铭》。

③ 案：成浑（字浩原，号牛溪、默庵，谥文简，1535～1598）。

续表

公元	明朝、朝鲜纪年	年龄	生平事略
1630	崇祯三年庚午 仁祖八年	24	就学于文元公沙溪金先生①。 文元公受学于栗谷李文成公，为东方理学之世适。先生自幼已出入其门下，文元公甚奖与之。及是，睡翁公丧制既毕，专意致事……先受《近思录》《心经》《家礼》等书，文元公期许益重。每同其寝食，夜间，数字呼，而问其寝否？询扣格致、心性、情意等说，为之谆谆论说。先生益自奋发，自任以圣贤之学焉。
1631	崇祯四年辛未 仁祖九年	25	金长生逝世，先生在其子金集门下完成学业。
1633	崇祯六年癸酉 仁祖十一年	27	赴生员试，中生员试第一。时崔相鸣吉为太学士，以《易》义"一阴一阳之谓道"试诸生，先生因洞论太极阴阳之辨，天地造化之源，诸考官谓非程序欲去之，崔相擢置上第，曰："为此文者，其作名世大儒乎。"是岁，拜敬陵参奉，就职；旬望，以远离老母，谢归。
1635	崇祯八年乙亥 仁祖十三年	29	除大君（凤林大君）师傅，乃孝庙初潜也……自是大君所得于先生者，日以深远，其大要曰："学以明其心，行以践其实也。"
1636	崇祯九年丙子 仁祖十四年	30	大君请讲《易》数及《书》期三百、玑衡、律吕之法，先生反复开陈，大君无不言下领解。时有人讼其田入宫庄，先生曰："以大君与小民争田，可乎？"大君遂即弃无辨。先生际遇之隆，实始此云。 丙子胡乱后，凤林大君迫为人质。

---

① 案：金长生学于栗谷，为世儒宗。宋时烈自幼即已出入金氏门下。

续表

公元	明朝、朝鲜纪年	年龄	生平事略
1638	崇祯十一年戊寅 仁祖十六年	32	先生才经大乱，痛念国家羞辱，有谢世长往之意。爱黄涧冷泉里山高水深，遂寓居焉。环堵萧然，蔬粝屡空，而处之晏如，绝口不谈时事，日与四方学者讲学。有时终日瞑目，对案危坐，盖验未发时气象也。时同春（宋浚吉）亦家居讲道，有请学者，辄辞之曰："黄溪有大师，君辈之从我游，惑也。"
1642	崇祯十五年壬午 仁祖二十年	36	辨尹鑴①理气说。尹鑴者，先生始甚亲爱，以为英材。至是，鑴忽著说论理气，斥退溪、栗谷诸先生之说，而牛溪先生则尤不数焉。先生大加惊愕，责之以为程子不云乎——"不敢信己，而信其师"。后生末学，但当虚心逊志，以求通夫先正之说，何敢自主己见，遽生慢侮之心乎？此背真而售伪，毁冠而裂冕，不可与共学者也。又自著说痛辨，鑴听之邈然，益肆其诬悖，而终又攻斥朱子经书集注，皆以己意去取。至于《中庸》则扫去章句，全以其意易之。先生乃以为朱子，孔子后一人也。尧舜、禹汤、文武、孔孟之道，至朱子大明于天下后世，而鑴敢肆其訾侮，以立其说，则此乃诐淫邪遁，夷狄禽兽，为斯文世道之乱臣贼子，遂严辞以斥之。尹宣举②每攘臂助鑴，以先生为已甚。先生又以为《春秋》之法，治乱贼先治其党与，并与宣举而攻之。

① 案：尹鑴（字斗魁、希仲，号白湖、夏轩，1617~1680），奸臣孝全子也，戾气所钟，应时而生。聪敏巧黠，文词绝人。始瞒一世，自以为知道。当时名公，皆期与以大儒，而于先生戚属不远。尤庵于孝宗九年（1658）举荐尹鑴入朝为吏，然己亥（1659）礼讼时，尹鑴则以"卑主二宗""寿嫡夺宗""贬降君主"等批评尤庵。

② 案：尹宣举（字吉甫，号姜村、鲁西、山泉斋），坡平人，朝鲜王朝中期的学者。丙子胡乱时，家属遭殃，隐居锦山，致力于性理学研究而成名。后同尤庵不和，引起老少分裂。他同兵曹参知俞棨合编的《家礼源流》，成为他死后老少党争的火种，著作有《鲁西遗稿》《癸甲录》等。详参崔成德主编：《朝鲜文学艺术大辞典》，吉林教育出版社，1992年版，第797页。

续表

公元	明朝、朝鲜纪年	年龄	生平事略
1644	崇祯十七年甲申 仁祖二十二年 （清世祖顺治元年）	38	崇祯皇帝殉社稷。
1645	崇祯十八年乙酉① 仁祖二十三年 （清世祖顺治二年）	39	凤林大君回朝鲜。
1647	崇祯二十年丁亥 仁祖二十五年 （清世祖顺治四年）	41	入飞来庵，与诸生讲学。 先生最好朱子书，教授后学，亦以是书为先，曰："读书，当以栗谷先生所定次第为主。而后学得力处，无如朱书。"又授以《书经》期三百、玑衡之制，及《皇极经世书》《易学启蒙》《律吕新书》《洪范》《皇极内篇》等书，曰："此虽非后学急务，而看得此文字，识得此义理，则胸中开豁，为学自有进步处云。"
1649	崇祯二十二年己丑 仁祖二十七年 （清世祖顺治六年）	43	凤林大君登基，是为孝宗。
1650	崇祯二十三年庚寅 孝宗元年 （清世祖顺治七年）	44	撰《沙溪先生行状》。 作《同春校栗谷先生年谱》。
1658	崇祯三十一年戊戌 孝宗九年 （清世祖顺治十五年）	52	出任赞善，后升任吏曹判书。 特命褒赠睡翁公。
1659	崇祯三十二年己亥 孝宗十年 （清世祖顺治十六年）	53	多次入侍昼讲、召对，内容以《心经》为主。 己亥服制问题（己亥礼讼）②

---

① 案：朝鲜于明朝灭亡后，仍然使用崇祯年号，称之"崇祯纪年"。有谓以凤林大君（孝宗李淏，1619~1659，在位：1649~1659）坚信古训曰："胡人无百年之运。"依然尊崇明朝。他为了挥兵北伐清朝，而起用西人党的尤庵。在非外交场合中，清朝的年号被弃而不用，而使用崇祯的年号。

② 案：己亥礼讼是发生在朝鲜王朝孝宗十年（1659）五月，因为孝宗过世，孝宗继母庄烈王后该如何服丧一事所引发的争论。尤庵与尹鑴因此礼讼，反复辩论，因而决裂。

公元	明朝、朝鲜纪年	年龄	生平事略
1662	崇祯三十五年壬寅 显宗三年 （清圣祖康熙元年）	56	时远近学者颇来会，先生每以朔望诣书院焚香，与诸生行相揖礼，仍与讲学。校勘《栗谷先生年谱》。慎斋先生以《栗谷先生年谱》托先生，先生极意编摩。尹宣举亦数来同其校勘，先生每病宣举不明于阴阳之辨，至是又责之，以为镌既以排斥朱子，为斯文之乱贼。而今又假托礼论，谋害士流。虽圣明在上，奸计未售，而此如射人偶未中者，将必祸国凶家，无所不至。而公乃周旋其间，左右扶护，亦与镌无殊科。宣举以为此乃希仲轻脱之过，不可疑之太深，斥之太甚，反以规先生。先生以为此正中镌毒而不自觉，将为斯文世道无穷之祸，极以为忧。其所以开谕斥责者，或伤太迫，而不之恤焉。
1663	崇祯三十六年癸卯 显宗四年 （清圣祖康熙二年）	57	行大享于竹林书院。院在两湖之交，始享栗谷、牛溪、沙溪三先生。至是先生又奉静庵、退溪二先生，盖仿石潭旧规，而亦遵朱夫子沧洲祠遗意也。祀罢，先生升讲席讲《玉山讲义》，诸生环听者，殆千余人。 此院至肃宗乙亥，亦享先生。
1674	崇祯四十八年乙卯 肃宗元年 （清圣祖康熙十三年）	69	先生被夺官职，流放京外，远窜德源府，后移庆尚道长鬐。始作《朱子大全札疑》。
1678	崇祯五十一年戊午 肃宗四年 （清圣祖康熙十七年）	72	《朱子大全札疑》草稿完成。 先生尝曰："退溪《节要记疑》，颇有未甚安者，故不免因其所疑，作为问目，质之知旧，而如此处颇多，心甚不安。然苟其所疑不妄，而诸友商证，终得其是，则亦退溪先生之所愿闻也。"又曰："吾之为此，抑又有一事。贼镌既攻斥朱子不遗余力，而宣举父子终始党助，

续表

公元	明朝、朝鲜纪年	年龄	生平事略
			以厄斯文。"鑴于甲寅①秋,到金监司澄家,大斥朱子而终之曰:"吾功不在禹下。"金监司族侄干、栽兄弟,亲闻而言于我,此其祸甚于洪水猛兽矣!若使人人知读朱子书,则邪说自无所售。倘蒙诸贤不惮用力,终见究竟,则庶可为明圣学、扶世教之一助。遂自乙卯以后,专心《大全》,随手箚录,晨夕孜孜,未尝少辍。孙畴锡实执笔砚之役,闷先生疲精苦心,时请少休,则辄引朱子所谓"你懒惰,教我懒惰"以责之。间与文谷金公,往复订正,至是始克成编。又以《二程全书》编次错乱,各以类分,而名之以《程书分类》,以便考阅。又证订退溪《经书质疑》及《记善录》等书,未尝一日暇逸,常有惟日不足之意云。
1679	崇祯五十二年己未 肃宗五年 (清圣祖康熙十八年)	73	流放至巨济岛②。 《朱子语类小分》成。 先生每嫌《语类》记事错杂,且多烦复。自入岛中,与孙畴锡,日夕对勘,整其错杂,删其烦复,随类移分,虽危祸迫头,而亦不以为意。惟专心用工于此事也。 以《朱子年谱实纪》互有烦复,故合为一册,名之以《文公先生纪谱通编》,又录其所疑于行外。
1681	崇祯五十四年辛酉 肃宗七年 (清圣祖康熙二十年)	75	流放结束。 校正《心经释义》。

---

① 案:甲寅为万历四十二年、光海六年(1614),尤庵时年八岁。

② 2012年5月12日至8月12日,韩国全罗南道丽水市举办"2012年世界博览会",笔者适讲学于首尔韩国外国语大学,曾偷闲前往观赏,并乘游艇至庆尚南道"巨济岛"凭吊历史古迹。

公元	明朝、朝鲜纪年	年龄	生平事略
1683	崇祯五十六年癸亥 肃宗九年 （清圣祖康熙二十二年）	77	作《节酌通编》。 先生摘选退溪《朱子学节要》与郑经世《朱文酌海》里遗漏《朱子大全》的重要句子，作《节酌通编补遗》。
1685	崇祯五十八年乙丑 肃宗十一年 （清圣祖康熙二十四年）	79	入华阳。 献《经筵讲书次第议》。 以朱子所定次第观之，则《书经》之后，继以《周易》者，不啻分明，后学似不敢有异议也。《春秋》虽是圣人所作，然传者多失圣人本旨，其中胡传最为称善，然朱子犹病其穿凿，又以为不晓事情。而终乃举邾书燕说、范明友家中奴事，以讥传者之妄说，恐不可遽以是进讲也。《大学衍义》，盖是史学，此则或恐以为暇日兼讲之书无妨矣。上遂从先生议，进讲《周易》。
1689	崇祯六十二年己巳 肃宗十五年 （清圣祖康熙二十八年）	83	己巳换局。 遭肃宗赐死。临终前曰："朱子学问，致知、存养、实践、扩充，而敬则通贯始终，此于勉斋所撰行状，详之矣。" 又曰："天地之所以生万物，圣人之所以应万事，直而已。孔孟以来相传，惟是一直字。而朱子临终，所以告门人者，亦不外此矣。"

李丙焘于《韩国儒学史略》中认为尤庵：

　　天资严毅刚大，有英雄豪杰之姿，长于辩论，志介如时，主义主张，少不屈于人，时或过高。由是，往往被时所激，而实为屈指的学者政治家也①。

---

① 〔韩〕李丙焘：《韩国儒学史略》，韩国亚细亚文化社，1986 年版，第 181 页。

既是学者亦是政治家，自小尤庵便天资过人，十分聪慧，其任风林大君之师时，即开启了仕途之路；然一生几起几落，在晚年甚至遭流放，并遭肃宗赐死，结束其政治家的一生。

学者方面，八岁时与宋浚吉同业，二者同宗同门，又同在金长生门下，可称之为"溪门双杰"，道学并称于世①。十二岁，景献公（尤庵父）乃授栗谷李先生《击蒙要诀》而告之曰："朱子，后孔子也；栗谷，后朱子也。学朱子，当自栗谷始。"② 尤庵既受此教之后，便以圣贤德业自励，并自栗谷以溯朱子之学。故当时李尚吉尝曰："吾见宋君。非溪则谷也。盖拟牛，栗两先生也。"③ 二十七岁时，以生员试作"一阴一阳之谓道"文，而获当时崔相之赏识，赞其为名世大儒。由此试文，亦可看出当时尤庵对于易学的造诣颇高。

其中有一点值得注意者，则是关于宋时烈对于朱子书的整理过程，姜文植《宋时烈朱子书研究与编纂：以〈朱子大全札疑〉〈节酌通编〉为中心》④ 中，认为综观十六世纪中叶以后，朝鲜学者对于朱子性理学的研究有一特点，即是整理与注释朱熹著述的重要内容的著作，尤庵也不例外。然观上表所述，可知尤庵于晚年流放时，才着手进行，主要是因为当时以尹鑴（字斗魁、希仲，号白湖、夏轩，1617～1680）为中心，批判朱子的风气正盛，故尤庵将整理朱熹著述，视为其晚年的使

---

① "尤庵字英甫，同春字明甫，两宋以同宗同门，道学并称于世，屡被召征，官至宰相，具从祀文庙。又二人俱为溪门之杰，而同春天资温粹，不露圭角，且问学于妻父郑愚伏，多被退溪学风之影响，故常折衷于退溪。尤庵则承溪门之传钵，绍述师说，每于退溪、愚伏说深甚攻之。"详参 [韩] 李丙焘：《韩国儒学史略》，韩国亚细亚文化社，1986 年版，第179 页。

② [古朝鲜] 赵持谦：《宋子大全·附录》卷二《年谱》，韩国民族文化推进会，1990 年版，第 a115～203a 页。

③ [古朝鲜] 赵持谦：《宋子大全·附录》卷二《年谱》，韩国民族文化推进会，1990 年版，第 a115～203a 页。

④ 详参姜文植：《宋时烈朱子书研究与编纂——以〈朱子大全札疑〉〈节酌通编〉为中心》，载黄俊杰编：《朝鲜儒者对儒家传统的解释》，收录于《东亚儒学研究丛书（15）》，台湾大学出版中心，2012 年版，第 197～212 页。

命，主要是希望透过真正了解研究朱子学，以恢复朱子学的重要性。

尤庵门人权尚夏（字致道，号遂庵、寒水斋，谥文纯，1641～1721）有言：“朱子之道，至栗谷而复明；栗谷之业，至先生（尤庵）而益广。”以此，学者李丙焘（1896～1989）亦曰：“朱子之学，至栗谷而发展之以论理，栗谷之论理，至尤庵而益彻底矣。”①作为一重要的学者政治家，尤庵对于当时以及后世儒学的发展，可谓十分具有影响力。

三、尤庵易学思想析论

关于尤庵的易学相关论述，主要可分为两方面，一为《易说》，是尤庵对于《周易》的说解，是书大抵与朱熹《周易本义》的结构基本相同，序文后有《易》图，为“先天变后天图”“先天配河图”“后天配洛书”“河图”“洛书”等，并于“后天配洛书”图下云：“此下又有先天配洛书、后天配河图之图，而按此可推，故不复画耳。”②于经注正文前，录有“河洛说”“九六说”“卦画说”“说卦取象”等，为尤庵简述其于《周易》相关基本论点。进而不录原文，逐条说解各卦各爻，与《系辞》《说卦》《序卦》《杂卦》等，卷末则附有“十翼辨”。

然细观《易说》内容，可知尤庵实非如中国传统注经模式，录原文后加以注释诠解，而是将《说卦》分为两部分探讨，一为正文前“说卦取象”，是将原《说卦》第八章，后移至正文前加以讨论，并引历来学者，如孔颖达（字冲远、仲达，574～648）、邵雍（字尧夫，号安乐先生、百源先生，谥康节，1011～1077）、项安世（字平甫，号平庵，1129～1208）等人说法，梳理《说卦》取象之理。正文后所述《说卦》则为前七章之内容，此可谓《易说》特色之处。

---

① ［韩］李丙焘：《韩国儒学史略》，韩国亚细亚文化社，1986年版，第181页。

② ［古朝鲜］宋时烈：《易说》，《韩国经学数据集成（易经篇上）》第23册，韩国成均馆大学校出版部，1996年版，第5页。

然而，欲探讨尤庵易学思想，除了上述《易说》以外，其于生员试中所论"一阴一阳之谓道"的文章，其中所蕴涵的内容也可作为了解其易学思想的重要内容。故就上述二种资料，初步探讨尤庵易学思想要点。

（一）《易》象与人道相符

尤庵在解释《系辞上传》第一章时有言："《乾》《坤》生六子而成德业；贤人体《乾》《坤》而成人道。成位其中者，参三才之位也。"① 而此处朱熹则解为：

> 成位，谓成人之位；其中，是谓天地之中。至此则体道之极功，圣人之能事，可以与天地参矣②。

是故，朱子以圣人成位于天地之中，而能与天地参；相较朱子之说，尤庵则将此分为两个层次诠解：第一层是以为人道是贤人体《乾》《坤》而得，其人道与《乾》《坤》的关系更为密切。故尤庵亦曰：

> 《易》之象，象中有个道，盖《易》象与人道相符也，爻之动及三才之道也③。

明言《易》象与人道相符，人道既是贤人体《乾》《坤》而得，自然能相为契合。第二层更进一步提出所谓：

---

① ［古朝鲜］宋时烈：《易说》，《韩国经学数据集成（易经篇上）》第 23 册，韩国成均馆大学校出版部，1996 年版，第 152 页。
② （宋）朱熹：《周易本义》，台湾大安出版社，1999 年版，第 235 页。
③ ［古朝鲜］宋时烈：《易说》，《韩国经学数据集成（易经篇上）》第 23 册，韩国成均馆大学校出版部，1996 年版，第 152 页。

> 至德者，圣之事。盖言天地日月，亦皆为配圣人而设象也[1]。
> 圣人极策著之数之变化之道[2]。

天地日月是为配圣人而设象，天为《乾》、地为《坤》，天地所设之象即为《乾》《坤》。《乾》《坤》是为天地为圣人设象，而圣人又能极策著之数之天地变化之道。

综上所述，天地日月配圣人而设象乾坤，圣人又能极策著之数以论变化之道，贤人则体《乾》《坤》而能设人道。尤庵层层推衍，使《易》象与人道相符之说具有其必然性。

（二）论"一阴一阳之谓道"

尤庵在解释"一阴一阳之谓道者，何也?"这个问题时，首先提出"理气之说"[3]，可知理、气问题是理解尤庵思想的关键，以下就其对于《易》变易也"之诠解与其"理通气局"切入，探讨尤庵论"一阴一阳之谓道"的思想内蕴。

1.《易》变易也

尤庵解释"变易"，简而略之是为"变化"之论，其曰：

> 《易》变易也。《乾》《坤》两卦是纯阳纯阴之卦，逐爻不得不变易，变易然后变化生矣，不然只是纯阳纯阴而已，况为诸卦之

---

① [古朝鲜] 宋时烈：《易说》，《韩国经学数据集成（易经篇上）》第 23 册，韩国成均馆大学校出版部，1996 年版，第 153 页。

② [古朝鲜] 宋时烈：《易说》，《韩国经学数据集成（易经篇上）》第 23 册，韩国成均馆大学校出版部，1996 年版，第 153 页。

③ 尤庵有言："或问于余曰：'阴阳，气也，道，理也，而夫子曰'一阴一阳之谓道'者，何也?'余应之曰：'善乎子之问也，子知理气之说乎?'"详见 [古朝鲜] 宋时烈：《宋子大全·五》卷一百三十六《杂著》，日本斯文学会，1971 年影印缩刷版，第 10 页。

父母，此天地变化万物始生之意①。

尤庵以为《乾》《坤》为纯阳纯阴之卦，若不变则只是纯阴纯阳，而不可能有《乾》《坤》生六子之说，故"变易"实则是为天地变化、万物始生的动力，此动力可谓为理，而天地变化之理即为"易"也。此则与伊川《易程传》中所言："《易》，变易也，随时变易以从道也。"强调"随时变易以从道"之说，可谓大相径庭。

自纯阳纯阴逐爻变易，然后天地变化自此而始。尤庵又曰："每爻皆变易，变易生变化，变化配四时，四时之道元亨利贞也。"②可知，不论春夏秋冬抑或元亨利贞，天道运行或人伦变化皆以《乾》《坤》为源，以"变易"为动力而成。

2. 理通气局

"理通气局"四字，是为栗谷之创见③，尤庵承之而谓：

> 所谓"气局"者，何也？阳之体非阴之体，阴之体非阳之体，则所谓局也。所谓"理通"者，何也？阳之理即阴之理，阴之理即阳之理，则所谓通也。局故两立，通故两在，非局则通无所发见，非通则局何以原始乎？必著一阴一阳之谓道，然后器亦道、道亦器，而精微之蕴，活泼泼矣！然则，夫子所言之意，又何疑乎？④

因为阴阳为气、道为理，然二者实为一而二，二而一之关系，故气局则

---

① ［古朝鲜］宋时烈：《易说·乾》，《韩国经学数据集成（易经篇上）》第 23 册，韩国成均馆大学校出版部，1996 年版，第 21 页。

② ［古朝鲜］宋时烈：《易说·序》，《韩国经学数据集成（易经篇上）》第 23 册，韩国成均馆大学校出版部，1996 年版，第 4 页。

③ 关于栗谷李珥"理通气局"之说，可参见张敏：《李栗谷理通气局说辨析》，《韩国学论文集》第十辑，辽宁民族出版社，2003 年版，第 70～89 页。

④ ［古朝鲜］宋时烈：《宋子大全·五》卷一百三十六《杂著》，日本斯文学会，1971 年影印缩刷版，第 11 页。

两立，阴阳二体分立而成。理通则两在，阴阳二气中所蕴涵之理实为一也。尤庵极为强调理、气二者"既非二物又非一物"的观点，又曰：

> 太极者，本然之妙也；动静者，所乘之机也。妙者，理也；机者，气也。非气，则理无所依着；而非理，则气无所根柢。故一动一静者，气也；而动之静之者，理也。一阴一阳者，气也；而使阴使阳者，理也。今以阴阳与道，为判然二物，则固陷于二歧之惑，而直以阴阳为道，则又昧于道器之分矣①。

太极为理、动静为气，若判然二物则有二歧之惑，若以阴阳即道又有道气之分。一阴一阳实贯阴阳而言也；若此，有言圣人单谓"一阴一阳"，而不曰"之谓道"，其意似无不妥。然则，尤庵反对此说，认为圣人既言"一阴一阳之谓道"，实有其意义所在，故曰：

> 自阴阳而言之，则曰"一阴一阳之谓道"；自其道而言之，则曰"冲漠无眹"。动静阴阳之理，已悉具于其中，"体用一源，显微无间"，盖自体而言，则即显而微不能外；自微而言，则即体而用在其中，不可谓见一阴一阳，而后知有此道也②。

理与气实则一而二，二而一，既非二物又非一物者也。不论自体而言或自微而言，二择一说皆不备。前文有谓尤庵以"直"的哲学贯穿其思想，此亦可由其对于太极与阴阳的解释中看出，如其言曰：

> 阴阳生乎太极，而及其阴阳既生，则反以运用乎太极，以生

---

① 详参 [古朝鲜] 宋时烈：《宋子大全·五》卷一百三十六《杂著》，日本斯文学会，1971年影印缩刷版，第10页。

② [古朝鲜] 宋时烈：《宋子大全·五》卷一百三十六《杂著》，日本斯文学会，1971年影印缩刷版，第11页。

万化，大小虽殊，而其理则一也①。

此自可通栗谷李珥"理通气局"之论。"一阴一阳之谓道"，阴阳为气、道为理，尤庵以理、气为一而二，二而一之论，并贯穿其"直"的哲学，通过对于栗谷"理通气局"的思想，诠释《易传》"一阴一阳之谓道"的中心思想。

四、结 语

"直"的哲学为贯穿尤庵思想的核心要点，此可从其易学思想检证观照。尤庵所谓"直"，实以"道义"为内涵，故本之《周易·坤六二·文言传》"敬以直内"、《孟子·公孙丑上》篇"以直养气"，要皆不出"道义"之说。

尤庵自幼天资不凡，加上家学熏陶，并受业于栗谷高徒金长生门下学习，于二十七岁参加生员考试，便崭露头角。在政治方面，从被任命为凤林大君的老师，自此开启尤庵一生起起落落的政治生涯。在学术方面，则承袭栗谷之说，宗朱子之学，并在晚年为保朱子正统，力抗以尹鑴为首的"南人党"反朱子势力，而以整理朱子书为其文教使命，成为当时首屈一指的性理学者与"西人党"政治家。

尤庵易学思想主要呈现在对于"《易》变易也"的诠释，他认为《乾》《坤》是万物之源，而"变易"是天地化生的动力。此外，承继栗谷李珥"理通气局"的思想，认为"一阴一阳之谓道"所载理气之说，实为一而二，二而一的学问。

作者单位：台湾师范大学、扬州大学

---

① ［古朝鲜］宋时烈：《宋子大全·四》卷一百三十《杂著》，日本斯文学会，1971年影印缩刷版，第622页。

日本足利学校藏八行本《周易注疏》的文本价值*

谢炳军

摘要：日本足利学校藏南宋初两浙东路茶盐司所刊《周易注疏》在源流和文本价值两个方面值得再作研究。一方面，足利学校藏八行本《周易注疏》是我们目前所能见到的最早的注疏合刻本，而足利八行本的正义部分和今见南宋监本正义，或者有着共同的祖本，即北宋监本正义。另一方面，从文献学的角度看，足利学校藏南宋官版《周易注疏》，具有很高的文本价值，有利于读者对《周易》的研究。这可以从此版本的阅读史中略见一斑。陆游、陆子遹父子在此本《周易注疏》中留下的点读痕迹在《周易注疏》阅读史中是一个典型的例子，侧面上反映了此本《周易注疏》所具有的文本和阅读价值。

关键词：八行本《周易注疏》《周易》《周易正义》 八行本

日本足利学校藏南宋初两浙东路茶盐司所刊《周易注疏》①，学术界

---

* 本文系国家社科基金青年项目"日本足利学校藏宋刊本《周易注疏》整理与研究"（项目批准号：18CTQ015）之阶段性成果。

① 参见（唐）孔颖达：《影印南宋官版周易正义》，安平秋、杨忠主编：《重归文献——景印经学要籍善本丛刊》，北京大学出版社，2017 年版；[日] 长泽规矩也解题：《影南宋初年刊本周易注疏》，汲古书院，1973 年版。

称为"八行本《周易注疏》",又称"越州本《周易注疏》"或"越刻八行本《周易注疏》"①。足利学校藏八行本《周易注疏》在1955年6月被日本官方指定为"日本国宝"②,其珍稀性及所含的文本价值已被学界所公认③。作为现存最早的注疏合刻本,它的存世及当下得以影印出版,极大地便利了我们对《周易注疏》和单疏本《周易正义》的文本内容、刊经史及出版文化、日本儒学发展史和中日儒学交流史等多方面的研究,可开拓《周易》研究的新局面。本文将研究重点聚焦在八行本《周易注疏》的文本价值这个方面,予以讨论。

一、学术史简述

早在18世纪前后,日本学者山井鼎就对足利学校所藏宋板《周易注疏》比照所见日本国内写本进行参校研究,其学术贡献主要有四点:首先,认为此本实不载孔颖达《序》《八论》《略例》及《释文》诸篇;其次,校出异文,如谓"'此潜龙始起',宋板'此'作'比'";再次,从卷数上略论宋本"近古"之性质;最后,列举诸本之书写体例。而山井鼎的不足之处在于,其著述重在考异,且受限于文献资料之不充分,对八行本《周易注疏》之文本价值尚未有深入的揭示④。

① 张丽娟:《宋代经书注疏刊刻研究》,北京大学出版社,2013年版,第296页。
② 国宝,即"日本官方指定最重要文物"。参见〔日〕阿部隆一:《足利学校藏八行本周易注疏解题》,载〔唐〕孔颖达:《影印南宋官版周易正义》,安平秋、杨忠主编:《重归文献——景印经学要籍善本丛刊》,北京大学出版社,2017年版,第323页;严绍璗:《汉籍在日本的流布研究》,江苏古籍出版社,1992年版,第253页。
③ 《影印南宋官版周易正义》的《出版说明》说:"日本足利学校藏本十三卷无缺页,全然原版,又有陆子遹移录陆游旁点,为人间极品。"乔秀岩说:"足利藏本有些讹误,丝毫不减其价值,因为足利藏本文本毫无疑问比北图藏本更接近北宋版。"参见乔秀岩、叶纯芳:《影印南宋官版〈周易正义〉编后记》,《文献学读书记》,生活·读书·新知三联书店,2018年版,第210页;亦参见〔唐〕孔颖达:《影印南宋官版周易正义》,安平秋、杨忠主编:《重归文献——景印经学要籍善本丛刊》,北京大学出版社,2017年版,第349页。
④ 参见〔日〕山井鼎撰,〔日〕物观补遗:《七经孟子考文补遗》,国家图书馆出版社,2016年影印日本享保刻本,第12~47页。

　　至清道光、咸丰间，瞿镛虽未见八行本《周易注疏》，但据山井鼎所引同为一版本系统之宋板，确认了八行本《周易正义》的文本价值。瞿氏之学术贡献及见解主要有五点：其一，对宋元递修本八行本的版面信息介绍较为全面，分别对书名题写、撰者、卷数、半叶行数及字数、经文与注疏排版格式等版本信息进行一一说明；由分卷与诸本相异，推此八行本分卷尚为孔颖达《周易正义》原本之次第；其二，将其经文与单注本参校，认为两者多同，并指出三处异文；其三，由此八行本所载《正义》之经文及注疏之解经体例、文本完整性，确认此版本之文本价值，认为读注疏者当以此本为祖本；其四，由避讳用字情况，判断此本源自绍兴初监本；其五，与其他诸本相参，认为此本卷首《表》《八论》为不幸亡佚①。瞿氏推进了八行本之研究，学术成就显著，而其不足在于，所指八行本经文和单注本异文尚未全面；所述有时语焉不详，所参校之本未提供版本信息，如谓《咸》九三之疏文有刻本脱字多至一百而八行本不脱，然未指明其为何本。今检诸本，实乃嘉靖中李元阳刊本、万历北监本、毛氏汲古阁本，而四库本、武英殿等本皆不脱；又因未见足利学校藏八行本《周易注疏》，所见者乃宋两浙东路茶盐司刻宋元递修本，所以对八行本之认识不够深入，如卷首之有无是否属于亡佚情况，此为客观条件不足所致，今已有各个影印本出版，可细细比较，加深认识。

　　日本学者长泽规矩推进了足利本《周易注疏》之研究。其嘉惠学林之功，首先是影印刊布了此本《周易注疏》（1973），此为其出版古籍之贡献；其次，其学术见解也有可圈可点之处，一是通过考察足利本《周易注疏》、宋刊本《广韵》《论衡》之共同刻工，以及结合宋刊《礼记正义》文末黄唐之跋，否定了此本刊于绍兴之旧说，肯定其为宋孝宗乾道、淳熙间刊本，此说颇有见解；二是指出足利八行本与北京图书馆藏

---

① （清）瞿镛：《铁琴铜剑楼藏书目录》，《续修四库全书》史部第 926 册，上海古籍出版社，2002 年版，第 44～45 页。

宋元递修八行本为同版传本；三是对原本足利本卷首之有无，持阙疑之态度。日本学者阿部隆一也肯定了足利本所载《周易正义》之文本价值，称其实属"珍中之珍"，其理由如下，一是足利本保存了孔颖达原本《周易正义》之文本信息，如《正义》注文起止标示；二是割裂删改之处颇少，文字较少脱误；三是属于南宋早期合刻本，其文献价值几近孤本。遗憾的是，长泽规矩、阿部隆一等学者虽对足利本之研究有所推进，但也未能参校诸本，结合宋代刊经文化，对足利本《周易注疏》作全面、深入之研究。

至 2014 年，上海古籍出版社出版了郭彧汇校之《南宋初刻本周易注疏》，据其《凡例》所言，参校本注用南宋刻《周易注》及《周易注》附陆德明《音义》本、疏用北宋刻南宋递修孔颖达《周易正义》和日本弘治、永禄间大字手写之《周易正义》、注疏合刻本用《四库全书荟要》本、《文渊阁四库全书》本及同治十年广东书局重刊武英殿本《周易注疏》。郭先生由此努力作了一番汇校，并取得了一定成果，但其不足之处也应指出，其一，底本可靠性不佳，郭先生在《凡例》中称"今经多方辗转，终于如愿以偿得到日本足利学校遗迹图书馆后援会于一九七三年（昭和四十八年）再造《周易注疏》二册。此次汇校，即以之为底本"①，即郭先生藉以为汇校底本者为长泽规矩也影印之《影南宋初年刊本周易注疏》，而此底本辗转流传，已出现改动现象，如坤卦有6个"敬"字②、需卦有1个"恒"字③及"让"字④、讼卦有2个"竟"

---

① （三国·魏）王弼、（晋）韩康伯注，（唐）孔颖达疏，郭彧汇校：《南宋初刻本周易注疏》，上海古籍出版社，2014 年版，《凡例》第 2 页。

② （三国·魏）王弼、（晋）韩康伯注，（唐）孔颖达疏，郭彧汇校：《南宋初刻本周易注疏》，上海古籍出版社，2014 年版，第 78 页。

③ （三国·魏）王弼、（晋）韩康伯注，（唐）孔颖达疏，郭彧汇校：《南宋初刻本周易注疏》，上海古籍出版社，2014 年版，第 104 页。

④ （三国·魏）王弼、（晋）韩康伯注，（唐）孔颖达疏，郭彧汇校：《南宋初刻本周易注疏》，上海古籍出版社，2014 年版，第 105 页。

字①、比卦1个"境"字②、同人卦2个"弘"字③等字末笔已被人为私自增补；又如讼卦卦画原本误为乾，而今也被人为私自修正④。由此可见，郭氏所据以为底本之书并不可靠。

2013年，张丽娟所著《宋代经书注疏刊刻研究》介绍了越州刻八行本注疏本《周易注疏》的收藏情况、历代目录书的解题以及陆游父子对八行本的批注等情况⑤。

2017年，北京大学出版社出版了安平秋、杨忠主编《重归文献——影印经学要籍善本丛刊》之《影印南宋官版周易正义》，其取日本足利学校藏南宋版本《周易注疏》与傅增湘影印单疏本并排影印，是古籍排版影印史中之创举，其学术贡献主要有三个方面。一是为学界提供了研究八行本《周易注疏》之可靠版本，此书《出版说明》谓"本社特蒙史迹足利学校事务所支持，获得足利市教育委员会许可，用斯道文库所制胶卷重新排版影印，偶遇胶卷图像不佳处，则用京都大学人文科学研究所藏一九四一年照片替补"⑥，可见出版者治学之严谨。二是提供了深入研究南宋官版《周易正义》之线索，如称通过细细校对足利本所载《周易正义》之文本与单疏本，可进一步获知北宋本《周易正义》之文本信息；又如，期待版本学界对南宋版进行系统、深入、细致、客观的研究，对重要的版本逐叶讨论是原版还是补板，讨论刻工名，提高基

① （三国·魏）王弼、（晋）韩康伯注，（唐）孔颖达疏，郭彧汇校：《南宋初刻本周易注疏》，上海古籍出版社，2014年版，第112页。

② （三国·魏）王弼、（晋）韩康伯注，（唐）孔颖达疏，郭彧汇校：《南宋初刻本周易注疏》，上海古籍出版社，2014年版，第134页。

③ （三国·魏）王弼、（晋）韩康伯注，（唐）孔颖达疏，郭彧汇校：《南宋初刻本周易注疏》，上海古籍出版社，2014年版，第179页。

④ （三国·魏）王弼、（晋）韩康伯注，（唐）孔颖达疏，郭彧汇校：《南宋初刻本周易注疏》，上海古籍出版社，2014年版，第109页。

⑤ 张丽娟：《宋代经书注疏刊刻研究》，北京大学出版社，2013年版，第296~300页。

⑥ 参见（唐）孔颖达：《影印南宋官版周易正义》，安平秋、杨忠主编：《重归文献——景印经学要籍善本丛刊》，北京大学出版社，2017年版，出版说明。

础信息的准确性，等等，这些"问题意识"皆可启发后学。三是此书末尾汇录版本解题，影印三种参考资料，为学者在此基础之上展开相关研究，提供了重要的文献线索和参考资料。

总而言之，中外学者对八行本《周易注疏》都有不同程度的研究，研究主要集中在版本真实信息、版本价值以及校勘等方面。笔者在先达时贤的基础之上，主要推进八行本《周易注疏》的源流和文本价值两个方面的研究工作。

二、八行本《周易注疏》的源流

八行本《周易注疏》，今天我们能看到两个本子，一个是日本足利学校藏的，一个是国家图书馆藏的，都属于同一个版本系统。足利本是我们目前所能见到的最早的注疏合刻本，国图本是足利本的修订本，也即宋元递修本。所谓《周易》注疏合刻本，就是将《周易》经文、王弼韩康伯注和孔颖达正义合编成的书本。足利八行本是南宋初年的官版，它所用的"正义"部分最有可能是北宋官版。北宋官版《周易正义》的雕版刻行是精益求精的。《玉海》卷四三《艺文》"端拱校五经正义"条载：

> 端拱元年三月，司业孔维等奉敕校勘孔颖达《五经正义》百八十卷，诏国子监镂板行之。《易》则维等四人校勘，李说等六人详勘，又再校。十月板成，以献①。

端拱，宋太宗赵炅在位所用的第三个年号，其元年是公元 988 年。这年三月，孔维等人奉行宋太宗诏令校勘包括《周易正义》在内的《五经正

---

① （宋）王应麟：《玉海》，上海书店，1987 年影印清光绪九年浙江书局刊本，第 813 页。

义》，命令国子监雕版刊行。孙维等四人对《周易正义》进行了校勘工作，李说等六人又详加校勘，并做了再次校对的工作。从 988 年 3 月到同年 10 月，历时约 7 个月，《周易正义》的刻板雕成，并献给朝廷。

今检国家图书馆藏南宋前期所刻《周易正义》，书末载有勘官秦奭、胡令问、解贞吉、解损、孔维五人，详勘官有孙俊、王元贞、刘弼、尹文化、牛韶、毕道昇、李说七人，再校人员有刘弼、毕道昇、胡令问、李说四人，都校（负责校定的整体工作）是孙维①。尾崎康发现校勘、详勘人数有差异，说"不知何故"②。其实，应以现存的宋刻递修本为准，因为人员的调配是依照工作需要而灵活变动的③。由引文可知，宋太宗对出版《五经正义》的重视，所以勘官、详勘官、再校官都有好几位，且一再校勘，唯恐出错而辜负上级厚望。也由此而推，这次出版的《周易正义》必为书籍中精品。遗憾的是，北宋本《周易正义》今天已经不能看到。

我们今天能见到的是南宋所刻的《周易正义》，即现藏于国家图书馆的宋刻递修本。赵万里《中国版刻图录》二八说：

《周易正义》 唐孔颖达撰 宋刻递修本 杭州

---

① 参见国家图书馆藏宋刻递修本《周易正义》；亦参见（唐）孔颖达：《影印南宋官版周易正义》，安平秋、杨忠主编：《重归文献——景印经学要籍善本丛刊》，北京大学出版社，2017 年版，第 318 页。

② [日] 尾崎康著，乔秀岩、王铿译：《正史宋元版之研究》，中华书局，2018 年版，第 5~6 页。

③ 傅增湘认为，《玉海》和《周易正义》文末所记都是正确的，他说："今检视衔名，勘官解损等四人，详勘官李说等七人，而孔维实为都勘官，且其后再列衔，维已改书守国子祭酒。疑数月之间，校书官时有更迭，而维至进书时已擢守祭酒，故人数与官位咸有不同，非《玉海》误记也。"顾永新同意傅增湘之说，指出，人数前后有差异的现象是普遍存在的，因为校书官人员更迭、官位变动都影响着人员和人数的统计。参见傅增湘：《傅增湘影印跋》，载《影印南宋官版周易正义》，安平秋、杨忠主编：《重归文献——景印经学要籍善本丛刊》，北京大学出版社，2017 年版，第 319 页；顾永新：《经学文献的衍生和通俗化：以近古时代的传刻为中心》，北京大学出版社，2014 年版，第 53 页。

匡高二三·三厘米，广一五·七厘米。十五行，行二十六字。白口，左右双边。宋讳缺笔至构字。刻工包端、王政、朱宥、章宇、陈常、顾仲、弓成、王允成、李询、徐高等，皆南宋初年杭州地区名匠。《玉海》：绍兴九年九月诏下州郡索国子监元颁善本校对镂版，十五年闰十一月博士王之望请群经义疏未有板者，今临安府雕造。因推知此书当是绍兴十五年以后南宋监本。近年傅增湘印本，即据此帙影印①。

今检查此本《正义》，宋讳缺笔至慎字。例如此本卷二第四叶上半叶，"恒、竟、慎"三字都缺末笔②。此叶刻工是蔡通。《中国版刻图录》图版九《文粹》说："……弓成、王允成……蔡通……等人，皆绍兴初年杭州地区良工。"③所以，如果此叶不是补版，那么此书最早的出版时间是宋孝宗赵昚时，也即不会早于1162年。此时刻工或对避讳"慎"字还未形成刻字习惯，或沿用了宋高宗赵构时本就有的旧版，所以此本《正义》也偶见"慎"字不缺笔的情况。例如卷二第13叶下叶第6行，"慎"字未缺末笔；又从这叶字迹漫漶看，它为赵构时的刻版的情况是可能的④。

由上文的分析可以推知，足利八行本的正义部分和今见南宋监本正义，有共同的祖本，即北宋监本正义。

---

① 参见北京图书馆编：《中国版刻图录》第1册，文物出版社，1990年版，第12页；也见（唐）孔颖达：《影印南宋官版周易正义》，安平秋、杨忠主编：《重归文献——景印经学要籍善本丛刊》，北京大学出版社，2017年版，第326页。

② （唐）孔颖达：《影印南宋官版周易正义》，安平秋、杨忠主编：《重归文献——景印经学要籍善本丛刊》，北京大学出版社，2017年版，第9页。

③ 参见北京图书馆编：《中国版刻图录》第1册，文物出版社，1990年版，第10页。

④ （唐）孔颖达：《影印南宋官版周易正义》，安平秋、杨忠主编：《重归文献——景印经学要籍善本丛刊》，北京大学出版社，2017年版，第21页下栏。

三、八行本《周易注疏》的文本价值

从书籍史的角度看①，经文、注文和正义文合编出版，产生了一本新书。《中国版刻图录》图版六八说："此为周易经、注、单疏合刻第一本。"② 这是经学出版史上的创新，对《周易》的出版活动、阅读活动有深刻影响。

从文献学的角度看，足利学校藏南宋官版《周易注疏》，是我们今天能见到的最早的八行本，在版本学史中，是一个很有研究价值的版本，它对其他版本的设计和出版起着借鉴意义。

从阅读史的角度看，将经文、注文和正义文合编，表明南宋时人们对阅读便利性的进一步追求。1192 年，南宋黄唐认为，中央和地方出版的《五经正义》有两大缺点，一是省略了经文和注文，二是排版散乱，此造成了读者的不满，所以才有了南宋初年八行本《周易注疏》《尚书注疏》《周礼注疏》的校对和出版③。文本的新形式，改变了读者的阅读方式。法国学者罗杰·夏蒂埃认为，文本表现形式上的基本变化，

① 值得说明的是，书籍史与版本史是两个有联系但有严格区别的概念。书籍史指的是书籍的产生、演变的历史，既可以从整体上考察不同书籍的种类、内容和特点，又可以从个体上考察同一本书（即相同作者、相同书名的书籍）的产生和演变的历史。版本史是指同一本书在出版内容、出版形式、出版时间等方面有差异而形成的新本子的历史。对书籍和版本的关系，乔秀岩说得很形象，他说："书与版本的关系，犹如曲子与唱片。"参见乔秀岩：《古籍整理的理论与实践》，载乔秀岩、叶纯芳主编：《文献学读书记》，生活·读书·新知三联书店，2018 年版，第 96 页。同一首曲子，由不同人演奏，产生不同的唱片，但这首曲子不会因为不同唱片而变成另外的曲子。同理，同一本书，经由不同出版者出版，形成不同的版本，但这本书没有因为不同出版社而化为另外的书籍。

② 参见北京图书馆编：《中国版刻图录》第 1 册，文物出版社，1990 年版，第 18 页。

③ 南宋越刊《礼记正义》文末载黄唐之语："六经疏义，自京监、蜀本，皆省正文及注；又篇章散乱，览者病焉。本司旧刊《易》《书》《周礼》，正经、注、疏，萃见一书，便于披绎。"参见（唐）孔颖达：《影印南宋越刊八行本礼记正义》，安平秋、杨忠主编：《重归文献——影印经学要籍善本丛刊》，北京大学出版社，2014 年版，第 1697 页。

必定会改变其参考背景和诠释方式①。意思是说，即使是相同内容的文本，如果它的排版方式和开本的尺寸等表现文本的形式，发生了变化，一种新的读法就诞生了。

我们的阅读史，既关注书籍读法的变化，也关注个体的阅读情况。英国学者戴维·芬克尔斯坦、阿利斯泰尔·麦克利里指出，"作为一种个体实践，阅读是一种解释的形式。作为一种社会活动，阅读是接受史的一部分"②。具体来说，个体的阅读爱好决定了私人的阅读实践，阅读实践形成对文本的解释，由解释而形成的文本之公开和发表又建立了新的读者群体，而读者的共鸣可以形成"解释共同体（interpretive communities）"③。足利本《周易注疏》为我们提供了一个典型的阅读个例。

足利本《周易注疏》，十三卷，此书原属于南宋诗人陆游，今藏于足利学校遗址图书馆。此书每卷文末有陆游幼子陆子遹阅读过的痕迹——题识，分别为：（卷第一）其月二十一日，陆子遹三山东窗传标；（卷第二）端平改元冬十二月廿三日，陆子遹三山写《易》东窗标阅；（卷第三）廿四日，子遹标阅于三山写《易》东窗；（卷第四）甲午岁未尽五日，子遹东窗标阅；（卷第五）甲午十二月癸巳，子遹三山东窗阅标；（卷第六）端平甲午岁除日，三山东窗子遹标阅；（卷第七）乙未天基节三山东窗子遹标阅；（卷第八）乙未开岁五日，子遹三山东窗标阅；（卷第九）端平乙未正月六日，陆子遹阅且标于三山之东窗；（卷第十）乙未人日，子遹标于三山东窗；（卷第十一）乙未正月八日，子遹三山东窗标阅；（卷第十二）乙未立春日，子遹三山东窗标；（卷第十三）端

---

① ［法］罗杰·夏蒂埃著，吴泓缈、张璐译：《书籍的秩序——14 至 18 世纪的书写文化与社会》，商务印书馆，2013 年版，第 141 页。

② ［英］戴维·芬克尔斯坦、阿利斯泰尔·麦克利里著，何朝晖译：《书史导论》，商务印书馆，2012 年版，第 169 页。

③ ［英］戴维·芬克尔斯坦、阿利斯泰尔·麦克利里著，何朝晖译：《书史导论》，商务印书馆，2012 年版，第 169、259 页。

平二年正月十日，镜阳嗣隐陆子遹遵先君手标，以朱点传之，时大雪始晴，谨记①。

陆子遹的上述标记，在足利本《周易注疏》这本书阅读史上，有重要的意义。它真实地记载了陆游父子曾经认真地阅读过此书，此大为增加了此书阅读史的厚重性。句读此书和书写批语，是陆游个人的阅读活动；陆子遹转录陆游的读《易》心得，并流传到今天，成为此书被阅读过的见证，也成为此书阅读史的重要事件。

陆游阅读《周易》，可从他的五首诗歌中得到印证。《斋居书事》："道室焚香勤守白，虚窗点《易》静研朱。"（卷七）《北斋》："研朱朝点《易》，捣虀夜潢经。"（卷十一）《客有见过者既去喟然有作·又》："永日安耕钓，余年迫耄期。研朱点《周易》，饮酒和陶诗。"（卷四十）《闭门》："闭门何所乐，聊息此生劳。……研朱点《周易》，饮酒读《离骚》。"（卷五十九）《闲咏》："小几研朱晨点《易》，重帘扫地昼焚香。"（卷七十七）这些诗分别作于淳熙三年（1176）、淳熙六年（1179）、庆元五年（1199）、嘉泰四年（1204）、嘉定元年（1208）②，其中后三首写于山阴（浙江绍兴古县名）③。日本学者近藤守重认为，"三山在山阴镜湖中，放翁中年卜居地。'东窗'，翁诗中数见，所谓'东偏得山多'者是也"④。其实，从陆诗"余年迫耄期"看，陆游晚年已回故乡山阴定

① 参见（唐）孔颖达：《影印南宋官版周易正义》，安平秋、杨忠主编：《重归文献——景印经学要籍善本丛刊》，北京大学出版社，2017年版，第30、55、79、109、133、162、191、211、236、255、275、302、317页；又可参［日］阿部隆一：《足利学校藏八行本周易注疏解题》，载（唐）孔颖达：《影印南宋官版周易正义》，安平秋、杨忠主编：《重归文献——景印经学要籍善本丛刊》，北京大学出版社，2017年版，第323~324页。

② （宋）陆游著，钱仲联校注：《剑南诗稿校注》，上海古籍出版社，1985年版，第583~584、857、2544、3409、4215页。

③ （宋）陆游著，钱仲联校注：《剑南诗稿校注》，上海古籍出版社，1985年版，第2544、3409、4215页。

④ ［日］涩江全善、森立之编：《经籍访古志》，据清光绪十一年徐承祖聚珍排印本影印，贾贵荣辑：《日本藏汉籍善本书志书目集成》第1册，北京图书馆出版社，2003年版，第37~38页。

居。又从"陆子遹遵先君手标，以朱点传之"看，陆子遹沿用陆游阅读八行本时所作的记号或笔记，用朱笔转录到他所读的八行本上。今检验陆子遹的读本，卷一第 4 叶手写的文字"君之德也，初则不彰，三则乾（笔者按，此是重文符号，代表乾字），四则或跃，上则过亢。利见大人，唯二、五焉"，卷十一第 23 叶"楚夏不同，有言无字，正如释典，非译不宣，虽有梵书，待言而达"①，都是陆子遹移录陆游读书笔记的证明。

从这两则读书笔记看，陆游读《易》，一是抄写王《注》，二是举例论证孔《疏》。这就是陆游"点《易》"的一个内容。另一个内容是，陆游对八行本《周易注疏》的句读。这部分的学术价值是，它能让我们领略宋代文人对《周易注疏》的句读。陆游的点《易》很有特点：

一是，常将表示因果关系的"故"连上文读。如卷一第 5 叶："以阳居三位。故称九三。以居不得中故。不称大人。"②（乾卦九三）清代学者句读为："以阳居三位。故称九三。以居不得中。故不称大人。"③陆游的意思是，乾卦九三因为居位不能得中的缘故，不称谓为大人。"故"在这里充当名词。清代学者将"故"当连词用，意为"所以"。这两种句读都能使文意通达，体现出不同时代学者的不同阅读体验。

二是，多以短句形式点断《疏》文。如卷一第 5 叶："此九二。当据建丑建寅之间。于时地之萌牙。初有出者。即是阳气。发见之义。乾卦之象。其应然也。但阴阳二气。共成岁功。故阴兴之时。仍有阳。在

---

① 参见（唐）孔颖达：《影印南宋官版周易正义》，安平秋、杨忠主编：《重归文献——景印经学要籍善本丛刊》，北京大学出版社，2017 年版，第 9、273 页；《影南宋初年刊本周易注疏》，汲古书院，1973 年版，第 7、687 页。

② （唐）孔颖达：《影印南宋官版周易正义》，安平秋、杨忠主编：《重归文献——景印经学要籍善本丛刊》，北京大学出版社，2017 年版，第 10 页。

③ （三国·魏）王弼、（晋）韩康伯注，（唐）孔颖达疏：《周易注疏》，清同治十年广东书局重刊武英殿本《十三经注疏》本卷一，第 4~5 叶。

阳生之月。尚有阴存。所以。六律六吕。阴阳相间。"（乾卦九二）① 清代学者句读为："此九二当据建丑建寅之间。于时地之萌牙初有出者。即是阳气发见之义。乾卦之象。其应然也。但阴阳二气。共成岁功。故阴兴之时。仍有阳在。阳生之月。尚有阴存。所以六律六吕阴阳相间。"②阅读没有句读的经典，一个乐趣是，个人的句读为我们提供了个性化的阅读理解。不同的句读，来源于不同的阅读感受，是处在当时阅读环境时读者真实体验的表现。所以，相较于考虑古人或现代人句读或标点的对错，更有意趣的是，顺着他们的思维，寻味他们当时阅读的时代语境和真实感受，会让我们获得更为宽阔的学术视野③。陆游的短句阅读，是他某一次阅读足利本的真实记录。虽然从句读中未必能获知他当时的阅读体验，但他的句读可以提供推想的空间，这本身也是我们研究和阅读足利本的额外乐趣，这是现代的点校本无法给予的。

从古代诗词、散文看，用朱笔点读《周易》，是古代学者共同的阅读乐趣。唐代高骈《步虚词》载："清溪道士人不识，上天下地鹤一只。洞门深锁碧窗寒，滴露研朱点《周易》。"④ 意即唐代道士在冬天闭门用红笔批点《周易》。北宋末南宋初史尧弼《挽刘中远侍郎》载："研朱看点《易》，摇尘听谈玄。"⑤ 此说史尧弼追思刘中远点读《周易》之事。显然，与友人共同点读《周易》成为学者的一件印象深刻的趣事。而

① （唐）孔颖达：《影印南宋官版周易正义》，安平秋、杨忠主编：《重归文献——景印经学要籍善本丛刊》，北京大学出版社，2017 年版，第 10 页。

② 《周易注疏》，清同治十年广东书局重刊武英殿本《十三经注疏》本卷一，第 4 叶上。

③ 乔秀岩说："读书必须接受作者习惯，甚至要了解在作者所处环境里，这种习惯有多平常或多特殊，这样才能了解某一种说法是否有特殊含义。不应该仅凭自己习惯，怀疑古人的语言习惯。"参见乔秀岩：《古籍整理的理论与实践》，载乔秀岩、叶纯芳主编：《文献学读书记》，生活·读书·新知三联书店，2018 年版，第 122 页。同样，研究某一本书的阅读史，尤其要有这样的态度。

④ （五代·后蜀）韦谷编：《才调集》，《景印文渊阁四库全书》第 1332 册，台湾商务印书馆，1986 年版，第 503 页。

⑤ （宋）史尧弼：《莲峰集》，《景印文渊阁四库全书》第 1165 册，台湾商务印书馆，1986 年版，第 673 页上栏。

且，学者赞美他人读书的格调高雅，也常常用点读《周易》等经典为例子。如南宋王迈《谢赵侍郎送自著〈易说〉〈语〉〈孟〉〈洪范〉〈老子书解〉启》载："每于凝香焚戟之间，不废滴露研朱之乐。"《回学正海阳丞启》载："焚香读《骚》，不类膏粱之公子；研朱点《易》，宛如山泽之臞儒。"《读林去华居厚主簿省题》："研朱点周易，修此清净业。焚香读《楚词》，时作真行帖。"① 点读《周易》，也常常给予读者积极的人生心态。南宋方岳《次韵王尉致香》载："研朱对《周易》，老鼎亦英扬。"《送吴丞入幕》载："莫道头今白，寒簦几梦，研朱看点《周易》。"②

又从出版者服务意识的历史看，足利八行本和国图本的比较研读，可以提供一个范例。国图本补版的一个重要作用是，使足利《周易注疏》合编这本书继续服务读者，可以陈述如下：

一是，从补版看，出版者的出版目的是明确的，即为读者提供更为完善的本子，所以校对各个版本，原版有的错误被纠正了过来。如足利本卷二第11叶，屯卦的卦画是错误的，补版把它改正了③。值得注意的是，这叶补版的版心写有"易注二"，原版为"易注疏二"，这可能是校对者依据当时官版王弼《周易注》校对的，疏忽之际，给我们留下了一个有意思的信息。

二是，为让当时读者更好地读懂文本，补版适当地增添了内容。作为承载文本的典籍，是处在历史的动态环境之中的，前代人习以为常的专用名词或固定术语，在后代人看来，或许已经陌生。所以有的出版者

---

① （宋）王迈：《臞轩集》，《景印文渊阁四库全书》第1178册，台湾商务印书馆，1986年版，第537、560、607页。

② （宋）方岳撰：《秋崖集》，《景印文渊阁四库全书》第1182册，台湾商务印书馆，1986年版，第192页上栏、第309页下栏。

③ 参见（唐）孔颖达：《影印南宋官版周易正义》，安平秋、杨忠主编：《重归文献——景印经学要籍善本丛刊》，北京大学出版社，2017年版，第39页；（三国·魏）王弼、（晋）韩康伯注，（唐）孔颖达疏：《周易注疏》，《续修四库全书》经部第1册，上海古籍出版社，2002年版，第316页下栏。

并没有照搬原本，而是在不出校勘记的情况下，通过增字方法来体现文本的时代性，体现服务读者的自觉意识。如足利本卷二第 18 叶下半叶："在足曰桎，在手曰梏。《小雅》云：'杻谓之梏，械谓之桎。'"国图本补版将"《小雅》"改称为"《小尔雅》"①。《小雅》，是唐朝及其以前的常见称谓②。到了南宋之时，这个称谓对于一般读者大概已经陌生，所以出版者有意加以增改③。

总而言之，不论是从书籍史、文献学的角度看，还是从阅读史的角度看，都共同地体现了足利学校藏南宋官版《周易注疏》的文本价值。

结　论

《周易注疏》是易学史中的珍宝。足利学校藏南宋官版《周易注疏》在刊经史、出版史和中国经典阅读史中具有重要意义。第一，足利藏八行本《周易注疏》是我们目前所能见到的最早的注疏合刻本，是难能可贵的宋刊善本。八行本《周易注疏》的出版，表明易学等经典在宋代达到了新的出版水平。第二，从阅读史看，将经文、注文和正义文合编，既反映了宋代出版者服务意识的进一步提高，又表明了南宋时人们对阅读质量的追求。第三，陆游之子陆子遹留在日本足利学校所藏的八行本《周易注疏》中的文字标记，是《周易注疏》阅读史中的奇葩，由此可

---

① 参见（唐）孔颖达：《影印南宋官版周易正义》，安平秋、杨忠主编：《重归文献——景印经学要籍善本丛刊》，北京大学出版社，2017 年版，第 44 页；《周易注疏》，《续修四库全书》经部第 1 册，上海古籍出版社，2002 年版，第 320 页上栏。

② 阮元《校勘记》："'《小雅》云'，钱本、宋本、闽、兼、毛本，'小'作'尔'。按，'尔'字误；《小尔雅》，唐人多作'《小雅》'，《文选·注》亦然。"参见（三国·魏）王弼、（晋）韩康伯注，（唐）孔颖达等正义：《周易正义》，（清）阮元校刻：《十三经注疏》，中华书局，2009 年版，第 44 页。

③ 张丽娟、乔红霞说："其较原版增一字，导致此行行字拥挤，决非偶然所致，此当为补版者有意增改。"参见张丽娟、乔红霞：《八行本〈周易注疏〉的原版与修补版》，《新世纪图书馆》，2013 年第 8 期，第 64 页。

见古人点读《周易》的真实情景。总而言之，日本足利学校所藏八行本《周易注疏》在《周易正义》和《周易注疏》版本上、刊经文化史以及阅读史中具有多重的价值，值得我们关注。

作者单位：广东外语外贸大学

简论越南儒士阮秉谦汉文
《白云庵诗集》的易学意蕴*

涂浩诚

摘要：阮秉谦是越南南北朝时期的著名哲学家、汉学家及易学家，也是越南本土宗教高台教的"三圣"之一。在乱世涤荡中，阮秉谦尝以汉文赋诗言志，借唐风宋韵抒发志趣，运用风俗典故摹写生活，是越南汉诗发展史上承上启下的重要人物。在其现存主要著作《白云庵诗集》中，经常引用《周易》经传、卦爻辞及义理等阐述观点，倾吐理想，为其诗歌增添了宋儒哲学的理学韵味，并折射出其深厚的易学思想底蕴。值得关注的是，阮秉谦"得濂溪、伊川之正传"，继承了《周易》天人一体的宇宙观和整体思维方式，在对《周易》的泰和、乾坤、阴阳盈虚、穷通变化、天人合一、一致百虑等思想融会贯通的基础上，表现出推天道以明人事的学术特点，寓理于象、缘义取象的诗歌特点与儒道互补的思想倾向。

关键词：阮秉谦 《白云庵诗集》 《周易》 越南易学

---

* 本文系国家社科基金冷门绝学研究专项学术团队项目"《永乐大典》易学典籍辑校与研究"（项目批准号：21VJXT010）之阶段性成果。

一、《白云庵诗集》产生的历史背景

安南后黎朝晚期威穆帝、襄翼帝皆暴虐，相继被源郡公郑惟憻所杀，在各种势力角力之中，黎圣宗曾孙陀阳王黎椅即位，是为黎昭宗。黎昭宗在位期间，各地军阀拥兵自重，欲废黎昭宗，黎昭宗无奈之下重用大将莫登庸。在击败郑绥、阮敬等反对力量后，1521 年，莫登庸被封为仁国公、太师，执掌后黎朝军政大权。1527 年，莫登庸接受黎恭皇的禅位，改元明德，篡立莫朝。明嘉靖十一年暨大正三年（1532），阮淦于哀牢尊黎昭宗之子黎宁为帝，改元元和，是为黎庄宗。黎庄宗以国之正统的身份拜阮淦为兴国公、太师，率领郑检等反抗力量讨伐莫朝，声威日盛，越南由此正式进入长达半个多世纪的南北朝对峙时期（1532~1592）。

这一时期，安南的经济生产环境虽遭到大肆破坏，但儒家文化传统和科举制度却延续下来，宋儒哲学及易理影响日渐兴盛。乱世之中精通儒学、身思报国的士大夫知识分子阶层逐渐崛起，以阮秉谦、冯克宽等为代表的儒士生于忧患之中，潜心于易学思想的研究，在服务社会民生和政治生活的同时也通过理学诗歌表达政治见解和个人情怀。这类诗歌往往富有唐风宋韵和宋儒哲学的意蕴，辞藻具有日常化、风俗化的特点，深受越南百姓的喜爱，传唱甚广。易学文化及思想随之飞入寻常百姓家，融入越南人日常生活和民俗信仰之中，出现了如《白云庵诗集》《梅玲使华诗集》《草堂诗集》《宣斋公诗集》等具有易学意蕴的诗歌及文学作品，其中《白云庵诗集》是易学文化越南在地化发展最具代表性的作品，反映了知识阶层对儒家思想的内化与运用的过程，突显了汉文化在越南社会生活中扮演的重要角色。

二、阮秉谦生平事迹述略

阮秉谦（1491～1585），字亨甫，亦字文达，号白云居士，越南永赖中庵人（今越南海防市），是后黎朝晚期至南北朝时期的重要汉学家、易学家及著名诗人，后世尊其为雪江夫子，享年九十五岁。阮氏一生著述丰富，现存《白云庵诗集》《白云国语诗集》等著作，另传《程状谶》一书，不可确考。阮秉谦早年曾师从景统二年（1497）榜眼、翰林院侍读掌院事梁得朋修习儒学。梁得朋通晓易理，洪顺元年（1509）奉命出使明朝，得《太乙神经》一本，精研太乙神数，授之于阮秉谦，"公既造诸玄理，其道遂精"[①]，传闻其能预知未来，后被奉为高台教三圣之一。阮秉谦少时无志于仕途，年方四十四岁时才在亲友的劝说下参加乡试。大正六年（1535），阮秉谦四十五岁时参加春试，四场连得第一，中莫朝乙未科状元，世称程状公，后历任莫朝东阁校书、吏部左侍郎兼东阁大学士、吏部尚书等职，晋封程国公。据《白云庵居士阮文达谱记》记载，阮秉谦甚有家学渊源，"自少年学讲家庭"，"先世皆有阴德，不可考"，其父阮文定，号瞿川先生，"有学行，充太学生"，官至太保、严郡公；其母慈淑夫人汝氏"性聪慧，通史，善文章，尤精风鑑，晓术数"，是前朝户部尚书汝文澜之女[②]。受到家学及梁得朋影响，阮秉谦通达儒理，长于易学，"博极群书，深明易数，雨旸水旱，祸福灾祥，存亡兴衰之理，因参不前知"[③]，是越南人世代崇拜的智慧化身。

阮秉谦的人生和仕途并非一帆风顺。黎昭宗光绍年间（1516～

---

① ［越］武钦邻：《白云庵居士阮文达谱记》（R.105·NLVNPF-0081），越南国家图书馆藏汉喃文献手抄本电子版。

② ［越］武钦邻：《白云庵居士阮文达谱记》（R.105·NLVNPF-0081），越南国家图书馆藏汉喃文献手抄本电子版。

③ ［越］武钦邻：《白云庵居士阮文达谱记》（R.105·NLVNPF-0081），越南国家图书馆藏汉喃文献手抄本电子版。

1522），兵荧四起，郑惟慥妄兴废立，农民起义军陈皓攻破首都升龙。黎恭皇统元初年（1522），"郑绥、莫登庸皆有挟天子合诸侯之志，频年构兵，境内大乱"①。权臣枭雄轮番登场，阮秉谦避居家乡海阳隐逸教书，"抱道自乐，不求闻达"②。隐居期间，阮秉谦开设学校，办学授徒，阮屿（著《传奇漫录》）、冯克宽（著《周易国音歌》）、梁有庆（梁得朋之子）等都是其弟子。莫朝大正六年（1535），阮秉谦在科考中脱颖而出，第一次出仕，累迁吏部左侍郎兼东阁大学士。在莫朝的政治风暴中，阮秉谦坚守正道，"疏劾弄风黜法十八人，请诛之。其志为欲万物各为其所，微而貔髻亦授歌卜业"③。广和二年（1542），"忽值婿范瑶贵横，恐累连姻，遂托病致仕"④。出仕仅八年，时年五十二岁，既归田里，在家乡东侧修筑白云庵，仍以白云居士为号。又建迎风、长春两桥，于雪江渡口修中津馆，作《中津观碑记》，修缮佛寺，与耆宿老僧登山自乐，游憩遁世。避居海阳期间，北方的郑主及南方的阮主皆遣使向阮秉谦咨询国事，谋划大计，越南南北天下两分的背后有阮秉谦的谋划之功。如，传说阮秉谦对阮烈祖阮潢说"横山一带，足以栖身"，阮氏遂割据横山；又如，莫朝延成八年（1585），阮秉谦病笃之际对莫英祖莫茂洽说"他日国有事故，高平虽小，可延数世福"⑤，终皆应验，显示出阮秉谦的慧眼烛照。此后，阮秉谦因功封程泉侯、吏部尚书、太傅、程国公等职，祖妣后代皆受荫封。1585 年，阮秉谦病逝，学者追

---

① ［越］武钦邻：《白云庵居士阮文达谱记》（R.105·NLVNPF-0081），越南国家图书馆藏汉喃文献手抄本电子版。

② ［越］武钦邻：《白云庵居士阮文达谱记》（R.105·NLVNPF-0081），越南国家图书馆藏汉喃文献手抄本电子版。

③ ［越］武钦邻：《白云庵居士阮文达谱记》（R.105·NLVNPF-0081），越南国家图书馆藏汉喃文献手抄本电子版。

④ ［越］武钦邻：《白云庵居士阮文达谱记》（R.105·NLVNPF-0081），越南国家图书馆藏汉喃文献手抄本电子版。

⑤ ［越］武钦邻：《白云庵居士阮文达谱记》（R.105·NLVNPF-0081），越南国家图书馆藏汉喃文献手抄本电子版。

尊其为雪江夫子。

有关阮秉谦的传说轶事广为流传，常言其"人不问则不答，言必有中"①。《公余捷记·阮公文达谱记》中记载，阮秉谦的学生裴氏通晓吏事，阮公尝谓之其晚年富贵。然而，裴氏年近七旬时仍落魄不得第，私下常常对门生们说阮公的奇术多有谬误。阮秉谦听说之后笑而不答。偶然一天，阮公告诉裴氏"借渔舟十只，泛万宁海之洪潭，约某日时权泊，奉物收回，当获重赏"②。裴氏欣然应允，"果于海中获衣巾一老妪，载回事之如母"。"俄而，广东总督使使来言：'太夫人泛海飘风，观星象落在南土，邻邦之义，当为搜寻。莫以重赏购求，公命奉车以献，裴得重赏，后爵至韬国公。"③阮秉谦经常与门生张时举卜《易》，推知"八世之后，必起干戈"④，后阮福映三兄弟西山起义灭郑主、阮主，推翻后黎朝，建立阮朝。阮公的神妙渊奥不能一一尽述，正如他自言其志曰"高洁谁为天下士，安闲我是地行仙"⑤。

三、《白云庵诗集》中的易理哲思

阮秉谦深受宋儒理学及易学思想的沾溉，尝赋诗言物明志，取象达义，是越南理学诗人的代表人物。据学者统计，"所见阮秉谦诗集包括刻本，原刻一式两种，补刻本一式一种，钞本十四种，不含汉诗的喃诗

---

① 孙逊、郑克孟、陈益源主编：《越南汉文小说集成》第9册，上海古籍出版社，2010年版，第215页。

② 孙逊、郑克孟、陈益源主编：《越南汉文小说集成》第9册，上海古籍出版社，2010年版，第215页。

③ 孙逊、郑克孟、陈益源主编：《越南汉文小说集成》第9册，上海古籍出版社，2010年版，第215页。

④ 孙逊、郑克孟、陈益源主编：《越南汉文小说集成》第9册，上海古籍出版社，2010年版，第215页。

⑤ 孙逊、郑克孟、陈益源主编：《越南汉文小说集成》第9册，上海古籍出版社，2010年版，第216页。

钞本二种",《白云庵诗集》《全越诗录》《四家诗集》等中共有八百零六首阮秉谦的诗歌①。穷通得丧、盈虚变化、八卦、乾坤、太极、卦名、易理等词语和意蕴在阮秉谦诗歌中俯仰皆是。有学者称赞道:"阮秉谦是越南汉诗史上的关键人物,他近百年的人生展现了越南典型的儒家知识分子的生活轨迹,他的《白云庵诗集》是中国古代汉语诗歌向越南传播以后结出的硕果,反映了中国古典诗学传统在越南的积淀。"②《白云庵诗集》不仅流露出中国古代士大夫式的家国情怀,还表现出王弼扫落象数后随义而取象、得意忘象的新思维,反映出《周易》及其思想在越南古代知识阶层的日常生活中占有重要一席。

阮秉谦的诗文心系忧患,"出于自然,矢口辄成,不事雕琢,简而畅,淡而味,皆有关于世教"③,这与他的社会活动紧密相连,其中综合了他的哲理说教和人生经验④,又与易学发乎忧患,关心人事,"神以知来,知以藏往"的旨趣浑然相合。同时,他的诗中星宿列张、地理山川常常与八卦方位配合比兴,体现出阮公擅长以《易经》卦变之道比附人事的诗歌特点。本文简举几例以作讨论:

(一) 慎终敬始的忧患意识

黎圣宗朝之后,越南境内兵戈连年不断,阮秉谦有感于世事动荡,作《感兴诗》曰:"'泰和在宇不卢周,攻战交争笑两雠。川血山骸随处有,渊鱼麋爵为谁驱。重兴已卜渡江马,后患应防入室貙。世事到头

---

① 转引自简锦松:《越南莫朝诗人阮秉谦〈白云庵诗集〉现地研究》,载台湾"中研院"中国文哲研究所主编:《中国文哲研究辑刊》,台湾"中研院"中国文哲研究所,2013年第43期,第129页。

② 刘玉珺:《论越南诗人阮秉谦〈白云庵诗集〉中的唐宋音调》,《广西师范大学学报》(哲学社会科学版),2018年第2期,第90页。

③ 孙逊、郑克孟、陈益源主编:《越南汉文小说集成》第9册,上海古籍出版社,2010年版,第216页。

④ 黄心川主编:《东方著名哲学家评传(越南、犹太卷)》,山东人民出版社,2000年版,第155页。

休说著，醉吟泽畔任闲游.' 盖知黎氏当兴，始黎偏安，理必复国。而'世貔'，其隐语也。"① 这里在感慨乱世纷争皆为利益所驱之外，又期盼社会和谐，对黎氏复归正统作了预测判断。他深感南北朝之际战争给人民带来的巨大伤害，作《伤乱》一诗控诉战争的本质，体现出强烈的忧患意识。诗云："气运有升降，理乱是消息。一周东而南，两路西而北。战争互相寻，祸乱至此极。恻怛无仁端，戕杀有鬼贼。居屋折为薪，耕牛屠而食。攘夺非己货，胁诱非己色。见陷重涂炭，所过生荆棘。憔悴斯为甚，哀诉莫能得。风雨时晦明，日月时薄蚀。惟天公无私，佑民眷有德。以仁伐不仁，王师知必克。救此凋瘵民，使跻仁寿域。"② 阮公以气运变化来说明莫郑争权夺利的战争没有赢家，希望两家偃旗息鼓，为人民创造一个休养生息的环境，强调唯有心怀仁义的军队才能获得人民的拥护。"气运升降""理乱消息"是说天道变化有自然的规律，盈虚消息的运转轮回不会停止，无休止地相互征伐是违背天道人心的。"东而南""西而北"则是后天八卦方位的变化。《说卦传》曰："数往者顺，知来者逆，是故《易》逆数也。""帝出乎震，齐乎巽，相见乎离，致役乎坤，说言乎兑，战乎乾，劳乎坎，成言乎艮。万物出乎震，震，东方也。齐乎巽，巽，东南也……"③ 万物之气由东方震位出，转而向南离位，再由西方兑位往北方坎位推进，顺时针形成一个循环变化的空间。震为木，为春，离为火，为夏，以此类推，也就是春夏秋冬的四季更迭。北宋易学家邵雍说："自震至乾为顺，自巽至坤为逆。"④ 朱熹在《周

---

① ［越］武钦邻：《白云庵居士阮文达谱记》（R.105·NLVNPF-0081），越南国家图书馆藏汉喃文献手抄本电子版。

② ［越］阮秉谦：《白云庵诗集》（R.2017·NLVNPF-0083），越南国家图书馆藏汉喃文献海学堂刻本电子版。

③ 金景芳、吕绍纲：《周易全解》，上海古籍出版社，2005年版，第611页。

④ （宋）朱熹撰，朱杰人等主编：《朱子全书》第一册，上海古籍出版社，2002年版，第20页。

易本义》中说："太一肇判，阴降阳升，阳一以施，阴两而承。"① 笔者以为"一周""两路"或是基于阴阳乘承比应而言。阮秉谦在此意在提醒郑阮两家以史为鉴，彰往而察来，尽快结束不义之战，以不变而应万变。诚如其在《中津馆碑记》中所说："勿谓善小，必主为帅。勿谓恶小，必谨其微。一智一愚复一迷。"② 积善行义无往而不利，汲汲营营到头来是一场空。

又作《临馆观鱼见巨鱼食小鱼感作》诗云："群物有洪谶，莫非天生育。圣人推所爱，使各蒙所福……大小宜相安，机智莫相触。帝德本好生，慎勿萌杀戮。"③ 这里假大小鱼之名阐述"生生之谓易""天地之大德曰生"的易学思想内涵，主张和谐共生，止戈为武。《戏作》组诗云："休期欣见圣人生，知是天将启治平。历数在躬符舜让，室家胥庆蹂汤征。白旌西挥群阴散，红日东升万国明。自古帝王皆有命，笑他雠贼谩相争。""圆以象乎乾，方以取诸坤。月影空中见，天心静里存。润民泽溥斯，澡德玉其温。道脉渊源在，余波及子孙。"④ 阮公深谙天道命数，批驳南北相争称不上是"汤武革命"。另，西方为兑金，主白色，东方为震木，木生火，或为东方震动，帝王将出气运回转之意。此外，天圆地方以《乾》《坤》为象，月有晦朔望弦盈虚变化，天道静自运行。程颐解《乾卦·文言》"君子以成德为行"说："德成而后可施于用。""天地者道也。""合于道则人与鬼神岂能违也？"⑤《谦卦·象》曰："谦谦君

---

① （宋）朱熹撰，朱杰人等主编：《朱子全书》第一册，上海古籍出版社，2002 年版，第 163 页。

② ［越］阮秉谦：《白云庵诗集》（R.2017·NLVNPF-0083），越南国家图书馆藏汉喃文献海学堂刻本电子版。

③ ［越］阮秉谦：《白云庵诗集》（R.2017·NLVNPF-0083），越南国家图书馆藏汉喃文献海学堂刻本电子版。

④ ［越］阮秉谦：《白云庵诗集》（R.2017·NLVNPF-0083），越南国家图书馆藏汉喃文献海学堂刻本电子版。

⑤ （宋）程颢、程颐著，王孝鱼点校：《二程集》，中华书局，1981 年版，第 704～705 页。

子，卑以自牧。"①《诗经》中说："言念君子，温其如玉。"君子如玉，以德为温，泽被万民，或许正是阮公所欲表达的意思。

（二）安身立命的处世哲学

莫宣宗景历三年（1551），舒国公阮倩及其子倦、俛归顺莫朝，阮秉谦寄诗《乱中寄阮杲川》于阮倩曰："顾我存孤惟义在，知君处变岂心甘……气运一周离复合，长江岂有限东南。"②则表达了周而复始，物极必反的易道变化、朝代更迭观点及其处变存高洁的儒士情怀，体现了其生生不息的历史观念。

阮秉谦在七十三岁致仕时，归乡重修白云庵，赋诗《重修中津馆》云："重置茅斋傍水村，竹为栏楹石为门。其中自有田园乐，此外别无车马喧。兔走乌飞闲日月，阴来姤往小乾坤。天时人事相终始，圣道渊源岂易言。"③阮秉谦此处借用《姤卦》之义抒发人事浮沉，天道有常的致仕感言。《姤卦》卦象巽下乾上，风行天下，接遇万物，有不期而遇的意涵。其初六爻为阴，余五爻皆为阳，刚柔相遇，昭示着一个阴生阳消过程的开始。十二消息卦中，阳生以《复卦》为首，所谓一阳来复，主一年中农历十一月中气冬至，以《乾卦》为终，主四月小满；阴生以《姤卦》为始，柔道显微，主五月夏至，以《坤卦》为尾，主十月小雪。这样就形成了一个阳长阴消，阴息阳消，循环往复的四季变化闭环，象征着春生夏长秋收冬藏的自然变化规律。"阴来姤往小乾坤"就是表达这个意思。《姤卦·象》曰："九五含章，中正也。有陨自天，志不舍

---

① 金景芳、吕绍纲：《周易全解》，上海古籍出版社，2005年版，第148页。

② ［越］阮秉谦：《白云庵诗集》（R.2017·NLVNPF-0083），越南国家图书馆藏汉喃文献海学堂刻本电子版。

③ 转引自简锦松：《越南莫朝诗人阮秉谦〈白云庵诗集〉现地研究》，载台湾"中研院"中国文哲研究所主编：《中国文哲研究辑刊》，台湾"中研院"中国文哲研究所，2013年第43期，第101页。

命也。"① 意为九五爻位居尊位，含而不露，持守正道，居易俟命，遵循自然规律，善于等待，有荀子"制天命而用之"之义。"兔走乌飞"或出自唐代诗人韩琮的诗文《春愁》"金乌长飞玉兔走，青鬓长青古无有。秦娥十六语如弦，未解贪花惜杨柳。吴鱼岭雁无消息，水誓兰情别来久。劝君年少莫游春，煖风迟日浓于酒"② 之中，表达了作者感叹宦海沉浮，时光飞逝，人无再少年的晚春之愁，阮秉谦在此处慨叹天道与人事规律的一致性，抒发春秋鼎盛之年而归居乡里的落寞悲寂。

寓居乡梓闲游之际，常有故人赋诗与阮公书信交流。如有高舍友人唱和的《题中津馆》之三诗。诗云："羡今程老中津馆，多古裴公绿野堂。池水有情环舍右，俗尘何处绕窗旁。门迎海气琴声润，户引潮声枕簟凉。静验芭蕉舒卷处，道中时可识行藏。"③ 此处高舍友人以唐代"元和中兴"名相裴度"午桥庄绿野堂"的典故比拟阮秉谦的中津馆。唐文宗"甘露之变"后，宦官进一步专权，士大夫道统沦丧，裴度已到辞官挂甲的年纪，在上书保护十几位大臣后选择隐居，于午桥旁修建绿野堂，与白居易、刘禹锡等名士交游畅谈，复归朝政不久就溘然病逝。高舍友人以裴度比阮秉谦，似有期盼阮公迟早回归朝政的意蕴。阮公回诗云："偷闲自笑今津馆，假隐殊非昔草堂。山送青来云树外，水将白绕雪溪旁。天光入户春光好，竹色侵盃酒色凉。道有屈伸随所遇，径行素志不终藏。"④ 阮秉谦在婉拒友人赞美的同时，表达出随遇而安，知行合一的高洁品行。其中，"道有屈伸随所遇"一句似有取于《系辞下传》

---

① 金景芳、吕绍纲：《周易全解》，上海古籍出版社，2005 年版，第 352 页。

② （清）彭定求等编：《全唐诗》卷五百六十五，中华书局，1960 年版，第 6548 页。

③ 转引自简锦松：《越南莫朝诗人阮秉谦〈白云庵诗集〉现地研究》，载台湾"中研院"中国文哲研究所主编：《中国文哲研究辑刊》，台湾"中研院"中国文哲研究所，2013 年第 43 期，第 101~102 页。

④ 转引自简锦松：《越南莫朝诗人阮秉谦〈白云庵诗集〉现地研究》，载台湾"中研院"中国文哲研究所主编：《中国文哲研究辑刊》，台湾"中研院"中国文哲研究所，2013 年第 43 期，第 102 页。

"子曰：'天下何思何虑？天下同归而殊途，一致而百虑，天下何思何虑？'日往则月来，月往则日来，日月相推而明生焉。寒往则暑来，暑往则寒来，寒暑相推而岁成焉。往者屈也，来者信也，屈信相感而利生焉。尺蠖之屈，以求信也；龙蛇之蛰，以存身也。精义入神，以致用也；利用安身，以崇德也"①一段之义。暗自表达了克己修身是为了安身立命，砥砺德行的志趣。

（三）缘义取象的象例运用

阮秉谦在其组诗《津观寓兴》中多谈天道往复变化，告诫君子应惧以终始，顺应天理。诗文写道："道与时行达变通，一流适莫便非中。天真静处梧桐月，春意动时杨柳风。花竹有园多冻水，楼台无地美莱公。古人仕止浑如是，向上需求学问功。""别占溪泉景致幽，归来结屋觅闲游。护花半掩临风树，待月先开近水楼。消长随时知物理，穷通有命岂吾忧。这般真假谁能会，一曲寒山一钓舟。""饘粥曾供有薄田，闲来更饱旧溪泉。千花争娟长春地，两曜交辉不夜天。乐共心融尘外景，兴随意足醉中仙。生消升降终而始，甲子哪知年又年。""贫贱重逢此乱离，区夕忧国鬓成丝。彭颜寿夭樽前酒，刘项赢输局面棋。八卦免推天往复，数声鹃验世兴衰。旁人莫笑痴狂客，只要吟多老更痴。""庵馆虽非绿野堂，宛然别有小村庄。龙眼石洞云无迹，鱼跃桃林水自香。酒使诗狂随放逸，坎流艮止具行藏。生夕欲识天机妙，认取寒梅验一阳。"②其中，"坎流艮止"易象为《坎》为水，有流动不息的意蕴，《艮》为山，有见险而止的意蕴，合在一起或为心系万里江山，寄望南北休兵之意。程颐解《艮卦》曰："物无常动之理，艮所以次震也。""人之所以

① 金景芳、吕绍纲：《周易全解》，上海古籍出版社，2005年版，第579～580页。
② ［越］阮秉谦：《白云庵诗集》（R.2017·NLVNPF-0083），越南国家图书馆藏汉喃文献海学堂刻本电子版。

不能安其止者，动于欲也。""动静合理义，不失其时也。"① 此意在说明动静有常，乱极有止，遵奉天时的道理。又解《坎卦》曰："理无过不已，过极则必陷，坎所以次大过也。"② 阮秉谦似乎希望统治者观《坎》《艮》之象，而明白战争是过犹不及的。"一阳"验"寒梅"则是说"一阳来《复》"，《复卦》象征冬至节气，初九阳爻在下，上承五阴，有阳气始生，冬去春来之意。阮秉谦认为治乱兴衰顺应天理民心，人生境遇的顺逆也是同样的逻辑，并非一成不变的。

他在《观棊古意》组诗中借动静阴阳之义述说围棋之道，引用武圣孙武和"马革裹尸"的伏波将军马援典故，来说明动静有命，不可违逆之义。诗曰："在天有星宿，在地有山川。局排列法地，子森罗象天。两般分黑白，一试见方圆。得算饶多胜，知几审万全。沉潜孙武子，矍铄马文渊。蹊径人心际，干戈客眼边。严明师以律，操纵巽行权。用间奇陈孺，临危剧谢安。动时虓猛虎，静处蜕寒蝉。攻守一心上，赢输万古前……日月闲来往，乾坤任斡旋……""西河战罢气方酣，妙算兵机寓手谈。天数一周离更合，长江岂有限东南。"③ "严明师以律，操纵巽行权"运用了《师卦》"师出以律"严明法纪的用兵之道，以及《巽卦》"巽以行权"因势利导、便宜行事的经权思想。又如《乾卦·文言》曰："同声相应，同气相求。水流湿，火就燥，云从龙，风从虎，圣人作而万物睹。本乎天者亲上，本乎地者亲下，则各从其类也。"④ 与诗文中表达的同类相感，龙柔虎刚，动静有常的朴素自然规律不谋而合。"长江岂有限东南"则是说天道自然变化，长江天险也不能阻挡改朝换代的历史规律。《寓兴》组诗其二云："何时再观唐卢治，依旧乾坤一泰和。"

---

① （宋）程颢、程颐著，王孝鱼点校：《二程集》，中华书局，1981 年版，第 967~968 页。

② （宋）程颢、程颐著，王孝鱼点校：《二程集》，中华书局，1981 年版，第 843 页。

③ ［越］阮秉谦：《白云庵诗集》（R.2017·NLVNPF-0083），越南国家图书馆藏汉喃文献海学堂刻本电子版。

④ 金景芳、吕绍纲：《周易全解》，上海古籍出版社，2005 年版，第 26 页。

其五云："世事人情只如此，命途休恲有穷通。"① 可见，阮公对乾坤、穷通、泰和等易学专用词汇情有独钟，每每赋诗论及天道人事都将这些概念重复运用。

《感兴》组诗其四云："浮世功名色是空，今来古往寓闲中。微才粗乏资时用，老笔犹堪补化工。满目干戈留客恨，一园莘柳醉清风。静观剥复知天意，道不终穷险更通。"《偶成》组诗其四云："从前已约鱼虾侣，岂谓穷居德有邻。"其五云："天人相与又相符，得丧穷通是命途。莫把功名论管葛，休将成败说曹刘。半轮明月孤舟客，一片闲云万户侯。世远文宣无著述，百年公论是春秋。"《冬夜饮》诗云："津馆凄凉夜倚栏，盃添顿逊辟冬寒。致和自觉为春易，却雪休论入梦难。乐有嚣夕遗物表，忧无戚夕到眉端。群阴剥尽随阳复，留得乾坤醉里看。"《初冬偶成》诗云："津亭冷冽不禁风，光鬓虽萧恰似蓬。得寝只缘书爱睡，辟寒顿觉酒为功。江山到处皆吾有，造化思心与物同。剥往静观知必复，一阳已验地雷中。"《除夕自述》诗云："静观剥复识穷通，阳长阴消一夜中。腊去灾殃随腊雪，春来富贵趁春风。君亲在念乾坤老，诗礼传家父子同。汝辈未应欺我老，衰迟犹可训儿童。"② 以上几组诗歌都提到了《剥卦》《复卦》两卦。细籀阮公诗集不难发现，他对《剥》《复》二卦频频引用，对两卦意涵有深度认知，也体现出其对十二消息卦原理是大有研究的。程颐以为："物无剥尽之理，故剥极则复来，阴极则阳生。""阳，君子之道。阴消极则复反，君子之道消及则复长也，故为反善之意。"③ 在阮公看来，阴阳消长的推衍变化犹如世事命途的穷通转变，嵌入天地人这个整体中的人是无法摆脱这一自然规律的，在悲寂愁

① ［越］阮秉谦：《白云庵诗集》（R.2017·NLVNPF-0083），越南国家图书馆藏汉喃文献海学堂刻本电子版。
② ［越］阮秉谦：《白云庵诗集》（R.2017·NLVNPF-0083），越南国家图书馆藏汉喃文献海学堂刻本电子版。
③ （宋）程颢、程颐著，王孝鱼点校：《二程集》，中华书局，1981年版，第817页。

苦之余只能安土乐天，静待时运。也就是《系辞上传》所说的："与天地相似，故不违。知周乎万物而道济天下，故不过。旁行而不流。乐天知命，故不忧。安土敦乎仁，故能爱。"① 阮秉谦所作《贺慈山府儒学训导》诗云"欲知天理静存处，向上须寻剥复诸"②，则直接表达了这个意思。

《读〈周易〉有感》诗云："奇偶从来盈又虚，阴阳消息验乘除。姤初在下皆羸豕，剥五居尊得贯鱼。错综万殊今古事，统综一理圣贤书。世无三绝韦编者，数墨寻行笑太踈。"《复卦》诗云："下一为阳上五阴，于初动处细推寻。静观万物生夕意，应见无穷天地心。"③ 这两首诗则直接显示了阮秉谦对易学思想的综合贯通和娴熟运用。阮公以为，易理的核心在于奇偶之数变、阴阳之消息，再配合乘承比应，形成一套"一阴一阳之谓道""推天道以明人事"的一致百虑完整逻辑体系。详解两诗如下，《姤卦》初六爻辞"系于金柅，贞吉。有攸往，见凶，羸豕孚蹢躅"④，其意为初六一阴始生在下，上接六阳爻，阴阳际遇，被阳刚所牵，唯有守持柔顺之道、防微杜渐方能自保。《剥卦》六五爻辞"贯鱼以宫人宠，无不利"⑤，其意是六五居尊位率领以下诸阴爻鱼贯排列上承上九，有转阴复阳的迹象。诸阴附于阳首，因而无不利。然而六五以阴居尊位获宠，"剥及尊位，剥之极也，其凶可知"⑥。笔者以为阮公意在表达宦海浮沉由微而著，物极必反，是以隐居研学聊以自乐。除直接引用评论《周易》卦爻辞外，阮公还将阴阳动静、天人一体的内容灵活运

---

① 金景芳、吕绍纲：《周易全解》，上海古籍出版社，2005 年版，第 523～525 页。

② ［越］阮秉谦：《白云庵诗集》（R.2017·NLVNPF-0083），越南国家图书馆藏汉喃文献海学堂刻本电子版。

③ ［越］阮秉谦：《白云庵诗集》（R.2017·NLVNPF-0083），越南国家图书馆藏汉喃文献海学堂刻本电子版。

④ 张涛：《〈周易〉注评》，凤凰出版社，2011 年版，第 185 页。

⑤ 张涛：《〈周易〉注评》，凤凰出版社，2011 年版，第 102 页。

⑥ （宋）程颢、程颐著，王孝鱼点校：《二程集》，中华书局，1981 年版，第 815 页。

用，来完善自己对人事际遇的感慨。如，《元旦偶成》组诗其三云："一元嘉会际亨通，大造难窥干运中……青年不再光阴老，白发无私贵贱同……"《自述》组诗云："阳升且喜地天通，造化从头向一中。""一转鸿钧淑气通，阳和布泽满寰中……思逐云烟光景共，道参天地古今通。""阳生天地气潜通，动静原从太极中。"《即事》诗云："谁知萧杀秋冬后，又是阳春一泰和。"① 如此种种在阮秉谦理学诗歌中随处可见，就连咏物诗中也有所言及，如《椰果诗》云："泰包绰有大臣量，坤美偏承君子贞。"②

此外，阮秉谦在奉莫朝君主之命接待明朝来使时，曾赋诗两首，谈到了"泰和""乾坤"等易学概念。《奉接天朝使·时来使驻在思明府》诗云："皇王柔道普恩波，仁以渐涵义以摩。文德诞敷阶有羽，春风谈笑塞无戈。北南昔以殊风限，宇宙今同一泰和。万古思明明在月，光辉长照越山河。"③ 这里借柔道、仁义等儒家思想来劝说明朝与莫朝以和为贵，交通南北，和谐共生。《践大明国使》诗云："芳誉名腾翰苑林，乘轺万里布纶音。丹台先映三秋月，素节坚容百炼金。南国乾坤春荡荡，北燕驿路马骎骎。归时若对龙颜下，为道群芳仰慕心。"④ 此处则是说大明使节造访莫朝，南国天地如沐春风。简锦松认为两诗均体现出阮秉谦的亲莫朝倾向，期盼明朝勿攻击篡位后黎朝的莫朝。

---

① ［越］阮秉谦：《白云庵诗集》（R.2017·NLVNPF-0083），越南国家图书馆藏汉喃文献海学堂刻本电子版。

② ［越］阮秉谦：《白云庵诗集》（R.2017·NLVNPF-0083），越南国家图书馆藏汉喃文献海学堂刻本电子版。

③ 转引自简锦松：《越南莫朝诗人阮秉谦〈白云庵诗集〉现地研究》，载台湾"中研院"中国文哲研究所主编：《中国文哲研究辑刊》，台湾"中研院"中国文哲研究所，2013年第43期，第119页。

④ 转引自简锦松：《越南莫朝诗人阮秉谦〈白云庵诗集〉现地研究》，载台湾"中研院"中国文哲研究所主编：《中国文哲研究辑刊》，台湾"中研院"中国文哲研究所，2013年第43期，第119页。

四、结　语

有学者指出，阮秉谦诗歌的思想内容表现出其深厚的理学修养，万物天理与个人内心境界同流，达到了天人合一的境界①。的确如此，在《津观寓兴》诗中阮秉谦说："六经火后多师说，统一谁能会圣真。"其后在《吏部尚书苏溪伯甲澂》一诗中阮秉谦对北宋理学家周敦颐、程颐推崇备至，谈道："闻濂溪后有伊川，理学时推是正传。"②众所周知，周敦颐是宋易和理学开山鼻祖，著有《太极图说》，程颐则是理学宗师和易学大家，著有《伊川易传》。程颐在《易传序》中说"前儒失意以传言，后学诵言而忘味"，《易》之为书"将以顺性命之理，通幽冥之故，尽事物之情，而开物成务之道也"③，将推辞考卦、得辞通意、得辞达意、微显阐幽、体用一源视为研究易学的正途。这一点在阮秉谦的诗歌中得到恰如其分的践行和发挥。这不仅说明阮氏受到北宋儒学、理学的深厚沾溉和熏陶，也是阮氏诗歌中易学思想来源的直接佐证。应当说，阮秉谦的玩辞达意、诗《易》会通与宋儒易学周敦颐——二程之学是一脉相承的。在一定程度上，阮秉谦的诗歌正是基于宋易所尊奉的天道天理与政治人事相互结合思维图式的超然产物。此外，阮秉谦的《白云庵诗集》等曾常备于越南古代学堂，对易学思想在越南民间的普及推广和深层传播具有极为特殊的贡献，真正实现了程颐所谓"知《易》"的"得之于精神之运，心术之动"④。

值得一提的是，阮秉谦的嫡传弟子冯克宽极有可能是越南最早的

① 刘玉珺：《论越南诗人阮秉谦〈白云庵诗集〉中的唐宋音调》，《广西师范大学学报》（哲学社会科学版），2018年第2期，第96页。

② ［越］阮秉谦：《白云庵诗集》（R.2017·NLVNPF-0083），越南国家图书馆藏汉喃文献海学堂刻本电子版。

③ （宋）程颢、程颐著，王孝鱼点校：《二程集》，中华书局，1981年版，第689页。

④ （宋）程颢、程颐著，王孝鱼点校：《二程集》，中华书局，1981年版，第690页。

《易经》喃译者，《易经》的喃字翻译及易学相关诗歌著作等在越南的广泛流传皆有赖于冯克宽的首倡传播之功。范贵适在《周易国音歌·序》引考亭先生之言说："我越之与诸华，学同而音异，老儒先生往往演为国音，取便初学。如《诗经解义》，故已行于世矣。《易》之微奥，不啻他书。演释以明之则易知，讽咏以昌之则易熟，由是精思妙契。因程朱二先生之训释，以溯圣人之精蕴，其亦升高之毕陟遐之迩欤。余故曰训诂之流也。抑演义非自邓翁始也，冯子毅斋尝有之矣，迄今无传焉，盖不遇好之者焉耳。是书非吾侯安知不为毅斋之演义欤。然则书虽出于邓翁，而行之者吾侯也。"[1] 毫不夸张地说，古代中国和越南的学术思想几乎同出一源，易学亦是如此，但囿于语言的差异，《周易》经传的内容和程朱研《易》之学的精神并未能够得到越南人的充分理解。由是，冯克宽作了使用喃文翻译《易经》的首次尝试。其喃文译本《易经演义》或为越南第一本《易经》喃文译本。可惜的是，因无好之者遂而亡佚。在冯克宽之后，越南籍学者的喃文译本《易经》、易学研究著作、以《易经》创造的诗歌和对联等不断推出。如，邓泰滂（约1674~1743）在冯本基础上著喃字《周易国音歌》以备后学研读，对冯克宽之书有所承继，进一步打通了易学思想研究中的语言通道。是书上半部分为《周易释义》，下半部分为《周易国音译》，上为解义，下为歌诀。阮浩轩（1750）、武钦邻（1757）、范贵适（1815）为其作序[2]。范贵适（1759~1825）著《周易问解撮要》《易经大全节要演义》（亦不可考）《草堂诗集》。范廷琥（1768~1839）著《羲经蠡测》（汉喃院藏本）《宣斋公诗集》。名儒黎贵惇（1726~1784）著《易肤丛说》，兼采诸儒名家注释，探讨义理与象数。黎文敔（1860~1934）著《周易究原》，

---

① ［越］邓泰滂、武钦邻：《周易国音歌》（R.2020·NLVNPF-0740-01），越南国家图书馆藏汉喃文献嘉隆乙亥刻本电子版。

② 刘春银、王小盾、陈义主编：《越南汉喃文献目录提要》，台湾"中研院"中国文哲研究所，2002年版，第4页。

深论《周易》思想。及至近代，越南学者对《易经》的关注度持续升高，研究《周易》的著作逐渐蕃盛，涌现出如潘佩珠、吴必素等知名的越南易学研究者。足见易学文化在越南传承不断，影响深远，并呈现许多在地化的传播特点。

作者单位：青岛大学

理雅各对《易经》的翻译与阐释

——以明夷、复、困、小畜四卦为例*

李思清

摘要：理雅各《易经》英译本是诸多译本中最具经典性的译本之一。从该译本对明夷、复、困、小畜四卦的翻译处理可以看出，理雅各对诸卦卦象、卦义及重点字句的理解颇为精当。他既注意吸取中国历代易学家的说法，也有他个人的见解。"窥一斑而知全豹"，理雅各对明夷、小畜等卦的译释，体现了他的易学造诣，具有重要学术价值。

关键词：理雅各 《易经》 明夷 复 困 小畜

理雅各（1815～1897）是十九世纪英国著名的来华传教士和汉学家，他所翻译的《易经》①，被视为达到了很高翻译水准的译作，在西方世界产生了巨大影响。理雅各阅读并尝试翻译《易经》，早在1850年代他还在香港传教时期就已开始，但最后完成是到他返回英国、担任牛津

---

* 本文系国家社科基金后期资助重点项目"清史馆文人群体研究"（项目批准号：20FZWA006）和澳门大学"南中国海历史文化研究"课题（项目批准号：MYRG196-FSH11-YY）之阶段性成果。

① *The Sacred Books of China*，*The Texts of Confucianism*，Part II，*THE YI KING*，Oxford：1882. 另可参 James Legge，*YI KING*，*The Sacred Books of the East*（American Edition），Vol. V，New York：1899. 二书版式、页码相同。以下所引均据1882年版。

大学汉学教授期间。《易经》英译版正式出版，是在 1882 年。本文以明夷、复、困、小畜四卦为例，介绍理雅各对《易经》的翻译及阐释情况。

一、明夷：艰难守正，谁晦其明

关于"明夷"，除音译外，理雅各有不同的意译法。一是在卦爻辞译文的注释中，理雅各将"明夷"译为"Intelligence Wounded"。又解释"夷"为"injured"及"repressed"。二是在明夷《象传》译文中，理雅各将"明入地中，明夷"译为："(The symbol of) the Earth and that of Brightness entering into the midst of it give the idea of Ming Î (Brightiness wounded or obscured)."括号内的部分（"Brightiness wounded or obscured"）便是对"明夷"卦名的意译及解释。回译过来，就是"明"（Brightness）被伤害、被遮蔽。

再看理雅各有关明夷《象传》的翻译。

《象传》"内文明而外柔顺，以蒙大难，文王以之"[1] 理雅各译作："The inner (trigram) denotes being accomplished and bright；the outer, being pliant and submissive. The case of king Wân was that of one who with these qualities was yet involved in great difficulties." [2] 这是说的文王。《象传》"利艰贞，晦其明也。内难而能正其志，箕子以之"[3]，理雅各译作："It will be advantageous to realise the difficulty (of the position)，and maintain firm corrrectness：—that is，(the individual concerned) should obscure his brightness. The case of the count of Kî was that of one who,

① （宋）朱熹撰，廖名春点校：《周易本义》，中华书局，2009 年版，第 142 页。

② *The Sacred Books of China*，*The Texts of Confucianism*，Part II，*THE YI KING*，Oxford：1882，pp.241~242.

③ （宋）朱熹撰，廖名春点校：《周易本义》，中华书局，2009 年版，第 142 页。

amidst the difficulties of his House，was able（thus）to maintain his aim and mind correct."① 理雅各的翻译，对原文部分语句的先后顺序有所变动。

在为卦爻辞译文所做的注释中，理雅各就卦辞、爻辞分别有一些解释。

关于明夷卦。理雅各说，从明夷卦我们看到的是一种象征：一位聪明善良的大臣在君位被闇弱且无同情心的君主占据的情况下，仍在为国家分忧。所谓"明夷"，就是智者受到伤害。这一卦讲到了一个人当明夷之时，该当如何行事，并坚持个人的目标。

关于各爻。理雅各说：

> 初九为阳爻，当位，应向前发展。但在卦中，对初九的设定是他受了伤。伤是轻微的，一开始他就接受了这伤。于是，出现了一只作为象征的受伤的鸟，它不得不扇动翅膀。这是一位君子，他认为应该暂时停止争斗。他专心致志地思考，以至于可以三日不食，也不去想吃饭的事。当他退避时，反对会随之而来。然而这意味着他会坚持自己的目的。

> 六二为阴爻，也当位，并且居中。意思是一个官员，忠于其职守、行使其职权。他的左大腿受了伤，对他的行动有妨碍，但不会使他丧失能力。他坚持目标，也找到了自救之道。

> 九三，阳爻居阳位，下卦最上一爻，与上六相应。上卦所代表的君主统治权力，集中于上六一身。下卦象征着光或光明，其含义是由南方来表达的。在子午线的高度看太阳，人就要转而向南。如此一来，九三成为一位追逐猎物的成功的猎人。他在斗争中取得胜利，但不必要求他过于急切地纠正所有事情。

---

① *The Sacred Books of China*，*The Texts of Confucianism*，Part II，*THE YI KING*，Oxford：1882，p.242.

六四为阴爻，弱而当位。朱熹说，他不理解经文给出的象征意义。译文是照人们普遍接受的看法来译的。显然，此爻指的是从危险处境中得以逃脱，受到的损害很小①。

以上是理雅各对前四爻的解释。

关于六四爻辞"入于左腹，获明夷之心，于出门庭"②，朱熹曾坦承："此爻之义未详。窃疑左腹者，幽隐之处。获明夷之心，于出门庭者，得意于远去之意者。"③理雅各对此做了非常谨慎、细致的翻译处理。

理雅各译"入于左腹"为："entered into the left side of the belly (of the dark land)"④。所谓"腹"，乃是"漆黑大地"之"腹"。

《象传》又说，"入于左腹，获心意也"⑤，理雅各译"获心意"为"he is still able to carry out the idea in his (inner) mind"⑥，"入腹"被解释为"入心"和"入脑"。

六五、上六，是明夷卦颇为重要的两个爻。朱熹说，"盖（明夷）下五爻皆为君子，独上一爻为暗君也"⑦。理雅各解释六五道：

按说六五应是君位，但在明夷卦中，上六被指定为君位。大

---

① *The Sacred Books of China*，*The Texts of Confucianism*，Part II，*THE YI KING*，Oxford：1882，pp.135～137. 按：本文所引理雅各《易经》译、释文字，均由本文作者自译为中文，不另出注。

② （宋）朱熹撰，廖名春点校：《周易本义》，中华书局，2009 年版，第 143 页。

③ （宋）朱熹撰，廖名春点校：《周易本义》，中华书局，2009 年版，第 143 页。

④ *The Sacred Books of China*，*The Texts of Confucianism*，Part II，*THE YI KING*，Oxford：1882. p.242.

⑤ （宋）朱熹撰，廖名春点校：《周易本义》，中华书局，2009 年版，第 143 页。

⑥ *The Sacred Books of China*，*The Texts of Confucianism*，Part II，*THE YI KING*，Oxford：1882. p.311.

⑦ （宋）朱熹撰，廖名春点校：《周易本义》，中华书局，2009 年版，第 143 页。

臣居五位，为上卦之中，其位近于君王。箕子是理想的大臣角色，他是一位历史人物，其事迹见载于《书经》。

理雅各解释上六道：

> 上六是对统治者命运的阐述。他嫉贤妒能。他本可以成为太阳，自天空的高处照亮臣民，却成为隐藏于地底的太阳。我深信，此时浮现于《易经》作者脑际的是商朝的末代君主（纣王）。

朱熹释明夷卦说："夷，伤也。为卦下离上坤，日入地中，明而见伤之象。"[①] 又说："其上六为暗之主，六五近之，故占者利于艰难以守正，而自晦其明也。"[②] 朱熹此言，强调了明夷卦的三个要点：(1) 日入地中，由卦象而来。坤上离下，坤为地，离为火，火入地中，故为"明夷"；(2) 上六为明夷最阴损之人，且其位最高，故为"暗之主"；(3) 六五为明夷卦主，位虽正而自身柔弱，又近暗主，故需"自晦其明"，"艰难以守正"。

这儿出现了一个问题：一个人不幸跌入了明夷的状态和境遇，并非"自晦其明"，而是"被晦其明"。这是他的遭遇，并非主动选择。对一个"被晦其明"的人，我们竟然继续要求他、规劝他"自晦其明!"先之以他辱，继之以自辱。先之以他晦，继之以自晦。现在我们要求他继续忍受、承受他的不能正大不能光明，是否过于欺负这世间的不幸之人了？如果光明只是埋伏于一个人的内心最深处，此光明真的是值得人们追求的彼光明吗!

另外，当明夷以周文王、箕子为例说明韬光养晦的道理时，我们会

---

① （宋）朱熹撰，廖名春点校：《周易本义》，中华书局，2009 年版，第 142 页。

② （宋）朱熹撰，廖名春点校：《周易本义》，中华书局，2009 年版，第 142 页。

发现：明夷卦有一个关于未来光明的预设。并且，明夷所举的事例，是纣王、文王、箕子这样的王侯将相。韬光养晦，最终的目的是晋——如晋卦卦辞所云："明出地上"，"君子以自昭明德"。这样的结局当然是完美的、理想的。因此可以说，明夷是为暂时居于困境的未来成功者鼓劲的一卦。"明入地中"是暂时的，无论他晦还是自晦，终将迎来"明出地上""自昭明德"的光辉未来。至于那"未来"会不会来，"明"出不出得了"地"，谁能打包票呢！很多人的"明夷"，可是终身未得突围的，尤其是绝大多数普通人。

二、复："其见天地之心乎！"

复是十一月卦，所谓"一阳来复"，这是一个转折，而且是逐渐向好的那种转折。是在历尽绝望和沮丧之后才看到的一线生机。理雅各首先将"复"区分为三个义项：(1) returning；(2) coming back；(3) over again。其中，returning 和 coming back 均有返回、回来之意，但略有区别，前者另有归还、回报之意。over again 的意思是重新、再次。三者有细微的差异。

由初至上各爻爻辞中出现的"复"字，理雅各均译为"return""returns"或"returning"。"不远复""休复""频复""中行独复""敦复""迷复"等"复"前修饰词，则分别译为"of no great extent""admirable""repeated""right in the centre/alone""noble""astray"。

按："休复"，朱熹称"复之休美"[1]，故理雅各译为"admirable"。

至于"敦复"，朱熹的解释是："以中顺居尊，而当复之时。敦复之象，无悔之道也。"[2]《象传》说，"敦复，无悔，中以自考也"[3]，大约

---

[1] （宋）朱熹撰，廖名春点校：《周易本义》，中华书局，2009 年版，第 111 页。

[2] （宋）朱熹撰，廖名春点校：《周易本义》，中华书局，2009 年版，第 111 页。

[3] （宋）朱熹撰，廖名春点校：《周易本义》，中华书局，2009 年版，第 111 页。

是据"中顺居尊"和"中以自考"二义，理雅各译"敦复"为"noble return"。

关于此卦所蕴含的剥极必复的道理，理雅各说：

> 上一个卦象（按：剥卦）向我们展示了众小人战胜了君子，自然界和社会中所有的美好，都向坏屈服。但变化是自然界和社会之通则，衰败到极限便会复苏。在剥卦中，阳爻居最上，五阴爻居下。

复卦与剥正相反，五阴居上，一阳居下。《序卦传》说，"物不可以终尽，剥，穷上反下，故受之以复。"理雅各结合十二消息卦的变化原理，将由剥至复的过程与政治、社会的变迁联系起来，他说：

> 在复卦中，五阴爻居于一阳爻之上。试结合我们从自然界看到的情形来说吧。剥是九月卦，是一年中要冷起来了的时候，几近衰落。完全衰落是在十月。十月卦为坤，然后就是复。复为十一月卦，时值冬至，太阳沿着它行进的路线返回，向着夏至持续而有规律地运行。一个国家在政治和社会方面的变化，是与自然界的这些变化协调一致的。在《易》中从未希望过会有一个不发生变动的、完美的社会或国家。

震之初爻为一卦之主爻，它强壮有力。理雅各说：

> 居于最底下的震之初爻，是强大的阳爻。震为动，上卦为坤，表示温顺的和才干。阳爻强壮有力，其"复"将不会遭遇令人痛苦的阻碍。阴爻们将会变强（即变为阳爻），与初爻为友。闪光的品质会日复一日、月复一月地变得更好。

最后，理雅各解释了他对"七日来复"的看法。他说：

> "七日来复"一句，颇滋疑惑。如果读者参考第 44 卦（姤）、第 33 卦（遯）、第 12 卦（否）、第 20 卦（观）、第 23 卦（剥）和第 2 卦（坤），会发现在这些卦所表示的月份里，五、六、七、八、九和十月这几卦，是阴爻逐渐战胜阳爻。到坤卦，阳爻全被挤出。然后就是复卦。复卦作为第七个卦，阳爻开始复出，之后逐渐将阴爻逐出……社会和国家中必定有与此相类的情形，虽然不能确指。

理雅各总结说，"如果占到复卦，会有一个值得期待的前景或预兆"。

有关各爻爻辞，理雅各分别做了如下的解释：

（1）初爻自然是阳爻，程颐曰："阳，君子之道。"[1] 注定会有偏差之"复"，或不可言说之"复"。

（2）二爻当位，居中，却是阴爻。然而这足以弥补它对初爻的跟从[2]。六五并非正应，故六二之复乃优秀、可敬之复（按即爻辞"休复"）。

（3）三爻是阴爻居阳位。下卦震为动，三爻处动之极。遂有频复之喻，但如能意识到危险、谨慎应对，任何危厉之事皆可避免。

（4）六四与初九正应，不同于其他几个阴爻，故其所行的道

---

① 理雅各原文引程颐；此据《伊川易传》回译为中文。（宋）程颐撰，王孝鱼点校：《周易程氏传》，中华书局，2011 年版，第 133 页。

② 按即程颐所云："二虽阴爻，处中正而切比于初，志从于阳，能下仁也，复之休美者也。"（宋）程颐撰，王孝鱼点校：《周易程氏传》，中华书局，2011 年版，第 136 页。

路也相应不同。

（5）五以尊位居中，为坤之中爻，其德柔顺，因而吉祥。

（6）六为弱爻，居于卦极，为复之终了，其行动当招致（爻辞所言的）灾眚。"十年"是个整数，表示很长的时间，与第三卦（屯）六二爻辞同（按：屯六二爻辞曰，"女子贞不字，十年乃字"）。

按：关于六三爻辞何以为"频复"，理雅各未有解释。值得注意的是，理雅各译复卦《象传》"（刚）动而以顺行"为"(Its subject's) actions show movement directed by accordance with natural order."[①] 他以"natural order"译"顺"字，正与《象传》下文提到的"复，其见天地之心乎"呼应起来！

三、困：大人、小人、平凡人

困卦的初爻，大约是《易经》三百多爻中极为不幸的一爻。爻辞说，"臀困于株木，入于幽谷，三岁不觌"[②]。朱熹说，这是"处困之底，居暗之甚"[③]。困卦卦辞曰："亨，贞。大人吉。无咎。有言不信。"[④] 单看卦辞，还好。"亨，贞"，就是还不错。不过要少说话。

理雅各对困卦的象征义恐怕也很困惑，否则他不会在解释完九四、九五两爻之后，都要加上一句感慨的话。比如："此爻的象征意义就这样解释完毕，当然并不十分令人满意"；或者："这一解释，并不比上一

① *The Sacred Books of China*, *The Texts of Confucianism*, Part II, *THE YI KING*, Oxford: 1882. p.233.

② （宋）朱熹撰，廖名春点校：《周易本义》，中华书局，2009 年版，第 172 页。

③ （宋）朱熹撰，廖名春点校：《周易本义》，中华书局，2009 年版，第 172 页。

④ （宋）朱熹撰，廖名春点校：《周易本义》，中华书局，2009 年版，第 171 页。

个更令人满意"。

有关此卦，理雅各谈到了四个要点。

第一，他将"困"字视为一个画面，即"围墙内的树"，这是看起来很浅易，其实颇为新鲜、独特的视角。一个字的笔画所构成的图形，成为解卦的重要起点。

第二，理雅各谈困，联系到治国，并强调重要人物的作用——因为困卦二、五均为阳爻，且居中正。他说：

> "困"向我们展现的画面，是一棵长在围墙内的树。卫三畏说："一株植物因为得不到足够伸展枝叶的空间，而正在枯萎。"……这个卦象表示了事物的一种状态，当此状态之下，于国家福祉有助益的秩序和治理很难得以实施。在伟人（the great man）和其他官员的娴熟管理下，终有所成。

第三，理雅各认为九二、九五之困是由初六、六三、上六诸阴爻所致。阳爻为好人或君子，阴爻则为小人。他说，"三个阳爻（二、四和五）都被认为代表君子。他们的困境不在于其人或财产，而在于发展空间被剥夺。"他说：

> 从卦象可以看到，两个中正位置为阳爻所据。但九二为初六、六三两阴爻所限。九五（统治者）和九四（他的大臣），居上六阴爻之下。所有这些，均意味着好人受到坏人的压制或限制。

这儿说的是统治者和大臣是"好人"且"受到坏人的压制或限制"。

第四，理雅各依据卦辞"有言不信"并参考《周易折中》的观点，强调当事人要慎言。理雅各说：

"他若说话，人们不信他"。但《周易折中》的编辑们（按：原文为"Khang hsî editors"）给出充分的理由来改字，以便给出解释①。当此情形，需要的是做，而不是说。

理雅各还很幽默，因为《易经》中经常出现"臀"字，他便吐槽道：

"臀"作为象征很受周公喜爱——"每个人都有自己的喜好"。可怜的初六位于三画卦底部，预示着危险。九四与其正应，由于受到限制而无法施以援手，因此将有不利的预兆。"三年"，通常被用来指很长的时间。

理雅各这段话，其实也道出了一些解读方面的自相矛盾。如果初六是"小人"，则何需替他慨叹，说什么"可怜的初六位于三画卦底部，预示着危险"。小人遭遇危险，咎由自取罢了！

显然，我们看初六，并不能只视之为小人。因为初六既可以是小人，也可以是君子，他就是居于底层的普通人，是每一个平凡的我们。理雅各说：

三个阳爻（二、四和五）都被认为代表"君子"。他们的困境不在于其人或财产，而在于发展空间被剥夺。因此，九二为奢华的生活所困（按：九二爻辞"困于酒食"）。其应为五，然非正

---

① 见《周易折中》困卦案语："有言不信，'信'字疑当作'伸'字解。盖有言而动见沮抑，乃是困厄之极，不特人疑之而不信也。夬卦'闻言不信'，己不信人之言也。而夫子以'聪不明'解之，以'信'字对'聪'字，则'信'字当为疑信之'信'。此卦'有言不信'，人不行己之言也。而夫子以'尚口乃穷'解之，以'信'字对'穷'字，则'信'字当为屈伸之'伸'。"（清）李光地：《御纂周易折中》卷六，清康熙五十四年（1715）武英殿刻本，哈佛大学哈佛燕京图书馆藏。

应。五居统治者之位，来帮助二。这位统治者所着的朱绂（red or vermillion knee-covers），不同于九五爻辞中所说的贵族的赤绂（scarlet knee-covers）。九二养其诚意，努力任事，如同祭奠时的牺牲一样去奉献。他如能保持沉默，那就无碍。

在谈到同为阴爻的六三时，理雅各又说：

> 对于六三爻辞的"完整解释"，朱熹让读者去参考孔子在《系辞》中的解释。然而，读者可能鲜有所得。《周易折中》的解释是："三阴（初六、六三、上六）皆非能处困者。初在下，坐而困者也。三居进退之际，行而困者也。伤于外者，必反其家，而又无所归，甚言妄行取困，其极如此。"①

《周易折中》的编者们视六三为"非能处困者"，认为六三"居进退之际"，是"行而困者也"。但是一旦转换到平民视角，压制就不再是阴爻对阳爻的压制，而是相反了：

> 九四与初六为正应，但它是阳爻居阴位，给初六的帮助是迟缓的。初六居九二之下，为其压制，九二其象为"金车"。初六和九四很难联手以有所作为。但四近九五，均是阳爻，同情共感，九五自有成功之道。

到了九五，视角再次转变为帝王视角，受压制的竟再度是统治者了：

---

① 理雅各原文引《周易折中》，此据《周易折中》回译为中文。（清）李光地：《御纂周易折中》卷六，清康熙五十四年（1715）武英殿刻本，哈佛大学哈佛燕京图书馆藏。

九五上为六爻所揵，下则乘刚（九四），受上、下之所害。尤其困于身着赤绂的大臣。但其上卦为兑，兑有自满、自得之象，据说，这意味着五虽陷于困境，仍能继续下去，尤其由于他的真诚。

不知是否出于对视角反复转换的警惕，理雅各再发感慨，称："这一解释，并不比上一个更令人满意"。

然而，转换并没有终止。到了上六，再度转为平民视角。理雅各说：

六爻居卦极，困苦至于极点。六为困所缠束，而居最高危之地。但困于其极也是他的机会。如能改悔并向前行进，这样做下去将有好运。

上文曾提到《周易折中》的说法："三阴（初六、六三、上六）皆非能处困者"，是啊，不是说过上六不是好人吗，他受困是他该当、该受的惩罚，何必再说"困于其极也是他的机会"？

《易经》原本就是这样，为每一爻位指示吉凶。占得某爻，便以某爻为自己，视角的变换是必然的。可是，人生祸福千变万化，测出来的吉凶又在随时转化。所谓"否极泰来""祸福相倚"，人们都已能淡然视之、淡然处之。无论否泰、祸福，都改变不了忙忙碌碌的运命。我们都不过是沧海一粟，于人世间到此一游罢了。

说到底，《易经》是善良的，是导人向善的，给处于不同位置的人以迁善改过的机会，为每一种人指出脱困前行的出路。但是理雅各未必这样看，他觉得真理和价值要稳定、要有标准。在翻译《左传》时，理雅各是曾经很严厉地批评过孔子的某些观点的①。

---

① 理雅各认为，孔子开创的儒家一派过于畏服威权，导致"对真理缺乏尊重"，"不能正确看待现实中的自身境况与社会关系"。见 *The Chinese Calssics*, Vol. V. *The Ch'un Ts'ew, with The Tso Chuen.* Translated by James Legge，Hongkong：1872，p.52.

四、小畜:"风行天上",何以小畜?

理雅各是如何翻译及理解"小畜"卦名,以及卦名中所包含的"畜"字的呢?

"小畜"卦名,理雅各译为"Hisâo Khû",是音译。卦辞、爻辞及《象传》中并未出现"畜"字。《象传》"风行天上,小畜。君子以懿文德"一句出现了"小畜",但依然是音译的"Hisâo Khû"。《象传》中"以懿文德"四个字十分重要,是对"小畜"的解释。理雅各译"以懿文德"为"adorn the outward manifestation of his virtue",回译过来,意思是对"德"的外部表现、外在形态加以美化或文饰。"adorn"即"懿","the outward manifestation",即"文"。"virtue",即"德"。

再看《序卦传》。《序卦传》说:"比必有所畜,故受之以小畜。物畜然后有礼,故受之以履。"理雅各的翻译是:

(Multitudes in) union must be subjected to some restraint. Hence Pî is followed by Hisâo Khû. When things are subjected to restraint, there come to be rites of ceremony.[①]

"be subjected to some restraint",回译过来就是受约束、限制、抑制之意。这便是理雅各所理解的"畜"。

解读"小畜"之"小",有不同的思路。朱熹注"风行天上,小畜。君子以懿文德"[②]一句,曰:"风,有气而无质,能畜而不能久,故

① *The Sacred Books of China*, *The Texts of Confucianism*, Part II, *THE YI KING*, Oxford: 1882, pp.433~434.
② (宋)朱熹撰,廖名春点校:《周易本义》,中华书局,2009年版,第68页。

为小畜之象。懿文德，言未能厚积而远施也。"①"能畜而不能久"，故其所畜者小，这是朱熹解释"小畜"的思路。在这个解释思路中，"小"是大小的"小"。这儿的"小"，是从"风"的特性及能力（"有气而无质""能畜而不能久"）引申而来。

还有一个思路，是从德行的角度说"小"。"小畜"，指为小人、阴人、不正之人所畜。这要结合初九、九二、九三爻辞来说。

（1）初九爻辞曰："复自道，何其咎。吉。"朱熹曰："下卦乾体，本皆在上之物。志欲上进，而为阴所畜。然初九体乾，居下得正，前远于阴，虽与四为正应，而能自守以正，不为所畜。故有进复自道之象。占者如是，则无咎而吉也。"②

（2）九二爻辞曰："牵复，吉。"朱熹曰："三阳志同，而九二渐近于阴，以其刚中，故能与初九牵连而复，亦吉道也。"③

（3）九三爻辞曰："舆说辐，夫妻反目。"朱熹曰："九三亦欲上进，然刚而不中，迫近于阴，而又非正应，但以阴阳相说，而为所系畜，不能自进。故有舆说辐之象。"④

朱熹释以上三爻分别曰"前远于阴""渐近于阴""迫近于阴"，均是以六四这个阴爻为潜在对象的。与六四接近、为六四所畜，即是与小人相接近、被小人所利用。这是解读小畜的另一个思路。

理雅各对"小畜"卦名的解释是："small restraint"。"约束"之所以"小"，乃是因为这个"约束"来自于六四，而六四是阴爻，力量有限，故其所能施加的约束力量是"小"的。

小畜卦仅六四这一爻为阴爻。理雅各说：

① （宋）朱熹撰，廖名春点校：《周易本义》，中华书局，2009年版，第68页。

② （宋）朱熹撰，廖名春点校：《周易本义》，中华书局，2009年版，第69页。

③ （宋）朱熹撰，廖名春点校：《周易本义》，中华书局，2009年版，第69页。

④ （宋）朱熹撰，廖名春点校：《周易本义》，中华书局，2009年版，第69页。

即便我们接受许多易学家的说法，认为六四为上卦巽之主爻，该爻集中了巽的所有优点——温顺、灵活，然而它对下卦乾的抗衡也不可能长久。因此，这种情形之下的"畜"，必然是"小畜"。

这说明，理雅各并没有因六四为阴爻而忽视其长处。他提到六四作为巽之主爻也有温顺、灵活等优点。

小畜卦辞中的"密云不雨，自我西郊"如何解释，向来聚讼纷纭。《象传》说："小畜，柔得位，而上下应之，曰小畜。健而巽，刚中而志行，乃亨。密云不雨，尚往也。自我西郊，施未行也。"① 理雅各在解释小畜《象传》时说，周文王在小畜卦中想要表达的意思，是居于六四上、下的各爻，均为六四所"畜"（to be restrained by it）。他提到一些易学家的观点，例如有人说，"密云"之所以"不雨"，是因为"畜"在发挥作用。

理雅各感慨道：该卦的象征意义与《易传》对它的解释并不一致。因为按照该卦的意旨，"畜"的最终结果还是要下雨。——这雨之于"小畜"，究竟是该下还是不该下？

通常是将这一句的本事与文王联系起来。理雅各也提到这一点，他说：这"密云"发生在周族所活动的西部地区，那只是商朝的一个封地。下级部族不能统治上级，周族曾一度受到商朝的统治。周取代了商，仁政之"雨"将润泽整个国度。

在小畜卦辞、爻辞译文下面的注释中，理雅各引用过雷孝思（P.Regis）的解释。雷孝思说："这是在公开宣称：自西至东的大片国土长时间阴云密布却无降雨，让有头脑的人不会想到别的，只会得出如下的结论：文王部族才配得上君位，而暴君纣王无论家世多么悠久都配不上它。"② 理

---

① （宋）朱熹撰，廖名春点校：《周易本义》，中华书局，2009 年版，第 67 页。

② *The Sacred Books of China*，*The Texts of Confucianism*，Part II，*THE YI KING*，Oxford：1882，p.78.

雅各认为，以上就是对"密云不雨"这个"谜"的解答。这是孔子在《象传》中所暗示的。理雅各不无抱怨地评论道："但是，没有一位中国学者有勇气将它说得透彻充分。"他为何如此抱怨？我们不得而知。

关于六爻爻辞，理雅各分别做了如下的解释——

初九，当位。尽管为六四所制，仍会继续行动，并将依其强大的天性行事，向前行进。

九二，也很强大，尽管不当位，但居中，将与初九志同道合，故吉。

九三，虽是阳爻、当位，但不居中，更难抑制六四的挟制，故不祥。

六四，一卦中唯一的阴爻。很可能会受伤害，并在力图挟制他爻时感到忧惧。但它当位，为巽之初爻，有温顺和灵活的禀性。众阳爻会给予它以同情和援助。故无咎。

九五居巽之中，并以其诚意打动了六四、上九两位邻居，愿受驱驰，以实现共同的目标。

上九，想法实现了，大自然恢复了它的和谐。雨已降下，强壮的阳爻们应该止步了。有缺陷却取得如此成果。如果任由其自行其是，必将陷于危险境地。月既满，必亏缺。君子至于其极，当沉静自守。

程颐曰："'尚德载'，四用柔巽之德，积满而至于成也。阴柔之畜刚，非一朝一夕能成，由积累而至，可不戒乎？"[1] 这是站在六四角度向六四进劝言，并不以六四为小人。理雅各译"尚德载"为"(So) must we value the full accumulation of the virtue"[2]。所谓"小人抗君子，则必害君子"[3]。"尚德载"，是希望所有人都能讲点"德"。

---

[1] （宋）程颐撰，王孝鱼点校：《周易程氏传》，中华书局，2011年版，第57页。

[2] *The Sacred Books of China*，*The Texts of Confucianism*，Part II，*THE YI KING*，Oxford：1882. p.77.

[3] （宋）程颐撰，王孝鱼点校：《周易程氏传》，中华书局，2011年版，第58页。

五、小 结

从理雅各对明夷、复、困、小畜四卦的释读上，我们可初步概括他译卦、释卦的一些特点。首先，理雅各对一些重要的词语、概念，如明夷卦的"明夷"二字、复卦的"复"字、小畜卦的"畜"字，尽可能达到清晰而富有层次的翻译或解释。将他的英译回译为中文，就可以看出他在把握这些概念的内涵时是如何努力地实现精确和细腻。其次，在面对博大精深的中国易学诠释传统时，理雅各作为一位外国学者表现了坦率、平等的对话精神。十九世纪西方来华传教士在言说中国文化时，较为常见的心态是西方中心主义或基督教文明优越主义，不大能够平心静气、实事求是地看待中国文化。理雅各虽未必完全避免上述两种"主义"，但他的确尽最大可能做到了平等和尊重。理雅各在其中国助手（包括王韬）的帮助下，比较深入地了解了中国历来形成的易学阐释传统。他注意汲取中国传统《易》说的菁华，尤其是主流易学家的观点。在他的译、释文字中，触目可见对孔子、王弼、孔颖达、朱熹、程颐等人观点的征引。第三，理雅各在译《易》、释《易》时常会发表一些感慨、表达一些"异见"，这也是不可多得的吉光片羽。如在解释明夷卦时，理雅各说，"按说六五应是君位，但在明夷卦中，上六被指定为君位。大臣居五位……其位近于君王"①。这就是他写在注释中的一个"札记"，强调明夷卦在爻位之君臣属性设定方面的不循常例。理雅各以"长在围墙内的树"②释"困"，也显示了一位外国人对汉字表意特点及形意关系的特殊兴趣，当然也应是受到了中国易学诠释传统的启迪，如朱

---

① *The Sacred Books of China*，*The Texts of Confucianism*，Part II，*THE YI KING*，Oxford：1882，p.137.

② *The Sacred Books of China*，*The Texts of Confucianism*，Part II，*THE YI KING*，Oxford：1882，p.163.

熹即曾从字形和笔画的角度释"屯"①。至于理雅各就部分话题所表达的困惑、质疑，也是值得重视的一家之言。

作者单位：中国社会科学院

---

① 朱熹释《屯》曰："屯，六画卦之名也，难也。物始生而未通之意。故其为字，象中穿地，始出而未申也。"参见（宋）朱熹撰，廖名春点校：《周易本义》，中华书局，2009年版，第49页。

宋人易书考（十）

顾宏义

摘要：《周易》作为群经之首，在宋代学术思想史上地位极为重要，宋人对其进行注疏、阐释与发挥的著述文献也蔚为大观，远过前代。但因年代久远，宋人易书多有残佚，其传世者也不乏错乱、窜伪者。对宋代易学文献进行逐人逐书的整体考辨，有助于廓清相关记载的讹缺。

关键词：宋代　易学　易书　文献

易 发 题

袁甫撰。

袁甫（1174～1240），字广微，鄞县（今浙江宁波）人。袁燮子。从杨简学。嘉定七年（1214）进士。端平元年（1234）知建宁府兼福建路转运判官，嘉熙元年（1237）除中书舍人，权吏部侍郎。官至权兵部尚书，兼吏部尚书。四年卒，年六十七，李裕民《宋人生卒行年考》。谥曰正肃。著有《孝说》《孟子解》《后省封驳》《信安志》《江东荒政录》《防拓录》《乐事录》及文集行世。《宋史》卷四〇五有传。

袁甫《蒙斋集》卷一《经筵讲义》载《易发题》一篇。又，《蒙斋集》卷十六载有《易有太极铭并序》《乾坤易之门铭并序》二篇。

周易释传

钱时撰。

钱时（1175～1244），字子是，号融堂，严州淳安（今属浙江）人。受学于杨简。嘉熙二年（1238）五月以布衣特补迪功郎，充秘阁校勘，"仍下本州取时所著《周易释传》《尚书演义》《学诗管见》《论语古文孝经大学中庸四书管见》《两汉笔记》《国史宏纲》，缮写缴进。十一月，添差浙东提举常平司干办公事"。《南宋馆阁续录》卷九。淳祐四年卒，年七十。李裕民《宋人生卒行年考》。传附《宋史》卷四〇七《杨简传》，云其"读书不为世儒之习，以《易》冠漕司，既而绝意科举，究明理学。江东提刑袁甫作象山书院，招主讲席，学者兴起，政事多所裨益。郡守及新安、绍兴守皆厚礼延请，开讲郡庠。其学大抵发明人心，论议宏伟，指摘痛快，闻者皆有得焉。丞相乔行简知其贤，特荐之朝……授秘阁校勘，诏守臣以时所著书来上，未几出佐浙东仓幕。太史李心传奏召史馆检阅，转对，敷陈剀切，皆圣贤之精微，旋以《国史宏纲》未毕求去，授江东帅属，归。其书有《周易释传》《尚书演义》《学诗管见》《春秋大旨》《四书管见》《两汉笔记》"等。

《读易举要》卷四云："严陵钱时撰《融堂易说》。绍定己卯，再以免解到省，门人劝其不必为此行，乃潜身就试，复见黜。端平间，以乔平章荐，授迪功郎，甫到选而论罢。"则本书又名《融堂易说》。按：绍定间无己卯年，当为"辛卯"之误。辛卯，绍定四年（1231）。《周易启蒙翼传》中篇云："钱时《周易释传》二十卷。其说谓：'伏羲、文王、周公之经，既孔子为之传，后学何可容喙？敬于传下略释本旨，而曰《周易释传》焉。'案其书文辞虽明，而意义亦浅，略不及象数。释物理，间有可采者。"明叶盛《水东日记》卷十二载"录白宋省札"及"录白严州进书缴状"，云及"札付严州臣，除已恭禀缮写钱时所著述书计壹百册，开具数目如后，须至上进者：钱时《家塾尚书演义》三十册，《学诗管见》三十册，《周易释传》二十册，《四书管见》八册，《两汉笔记》一十二册"。时嘉熙二年九月。叶盛又云："胡参政拱辰藏其乡先生宋融堂钱时子是《周易释传》一册十二卷、《两汉笔记》一册六卷，盖皆不完之书。"按：《经义考》卷三五云"未见"。

周易讲义

洪咨夔撰。

洪咨夔（1176～1236），字舜俞，号平斋，于潜（今浙江临安西）人。《宋史》卷四〇六有传，云其嘉定二年（1209）进士，又应博学宏词科。端平中为中书舍人，寻兼直学士院，后进刑部尚书，拜翰林学士、知制诰，加端明殿学士，卒。《咸淳临安志》卷六七云其中嘉泰二年（1202）进士第。端平三年六月卒，谥忠文。按：南宋有嘉定元年郑自诚榜，无二年榜，《南宋馆阁续录》卷八云洪咨夔为"嘉泰二年傅行简榜进士出身，治诗赋"。《宋史》本传云云有误。又洪咨夔《平斋文集》卷三一《亡弟子文圹志》云及其弟"琥字子文，生于淳熙丁酉（1177）二月丙子，后余一岁"，则洪咨夔生于淳熙三年。《咸淳临安志》卷六七云"咨夔研究经史，驰骛艺文，蔚为近世词宗"。著有《两汉诏令》三十卷、《春秋说》三卷及赋诗文三十二卷、奏议三卷等。

洪咨夔《平斋文集》卷一至卷六《讲义》，释《豫》《随》《蛊》《临》《观》《噬嗑》诸卦。

易论机衡

吴惠子撰。

吴惠子，金溪（今属江西）人。元虞集《道园学古录》卷四三《故临川处士吴仲谷甫墓志铭》云陆九渊娶吴渐女，惠子为吴渐孙，"有书曰《易论机衡》。其弟国史校勘正子，有书曰《二礼经制》。书上送官，并免本州文解，而校勘用荐者得召对称旨，而著廷辟为之属矣"。据陆九渊《象山集》卷二七《吴公行状》，吴渐卒于淳熙十年（1183）六月，年六十。时有"孙男女各一人，尚幼"，故推知惠子当生于淳熙初年。按：本书佚。

易学启蒙或问

郑文遹撰。

郑文遹，字成叔，闽县（今福建福州）人。《闽中理学渊源考》卷十七云其"嘉泰甲子（1204）贡士。幼而聪慧，少长刻苦为学，口诵手抄，昏夜寒暑不辍……闻黄榦得文公之传，遂受业焉……后遂与俱登文公之门，交游皆当世善士。文公晚年编集《仪礼经传》，分畀门人，而以《丧礼》委文遹。乃为考经证传，旁通子史，引比条律，纲目凡例纤悉。文公见之，大喜曰：'直卿称成叔之贤且好学，今果然。'……文遹深观默养，玩索益精，读书有未解者，危坐终日以思，至忘寝食，及既得之，犹沈潜反复，必极其趣而后已。尝观周子《太极图》，而悟孟子性善之旨本于《大易》继善成性之说，曰：'荀、扬之徒妄生异论，岂知性哉？'所著有《易学启蒙或问》《礼记集解》《丧礼长编》，有《庸斋集》《遗书》凡五十卷"。

《经义考》卷三一作《易学启蒙或问》，佚。按：《雍正福建通志》卷六八云郑文遹著《易学启蒙》三卷、《易学或问》二卷。视作二书，似不确。

易　解

彭宗茂撰。

彭宗茂，《经义考》卷一八引《长沙府志》云其"字尚英，湘阴（今属湖南）人。隐居好学，作《易解》，始于屯、蒙，终于乾、坤，吴猎、吴旗序之，漕使邓汝说置之学宫"。然《雍正湖广通志》卷五八引《县志》作"彭宗孟"，云"字尚英，湘潭（今属湖南）人。隐居好学，不求闻达，尤深于《易》。作《易解》，吴猎、吴旗序其书，置之学宫。漕使邓汝说闻而礼聘之"。按，作"宗孟"者当误，而"邓汝说"亦当为"赵汝说"之讹。赵汝说，宋宗室，《宋史》卷四一三有传，字蹈中，登嘉定元年（1208）进士第，累官至知温州卒。据《咸淳临安志》卷六七，其尝官湖南仓，又尝任湖南漕。故知彭宗茂当为南宋宁宗嘉定前后人，《经义考》卷一八置其于北宋中期，不确。案：本书佚。

西山復卦說

真德秀撰。

真德秀（1178~1235），字景元，一字希元，号西山，浦城（今属福建）人。庆元五年（1199）进士，继试中博学宏词科。嘉定元年（1208）召为太学博士，累迁起居舍人兼太常少卿。以不附权臣史弥远，出为江东转运副使。十五年，迁湖南安抚使兼知潭州。理宗即位，召为中书舍人，擢礼部侍郎，直学士院，仍以忤史弥远落职。绍定五年（1232）起知泉州。六年，知福州。端平元年（1234）召为户部尚书，改翰林学士、知制诰。二年，拜参知政事，寻致仕，卒，年五十八，谥文忠。事迹详见刘克庄《后村集》卷五《真公行状》、魏了翁《鹤山集》卷六九《真公神道碑》。《宋史》卷四三七有传，云"自（韩）侂胄立伪学之名，以锢善类，凡近世大儒之书，皆显禁以绝之。德秀晚出，独慨然以斯文自任，讲习而服行之。党禁既开，而正学遂明于天下，后世多其力也。所著《西山甲乙藁》《对越甲乙集》《经筵讲义》《端平庙议》《翰林词草四六》《献忠集》《江东救荒录》《清源杂志》《星沙集志》"。

《直斋书录解题》卷一、《宋史·艺文志·易类》著录真德秀《西山复卦说》一卷。《经义考》卷六九云"存"。

又，真德秀《西山文集》卷三一载录《问学易》一篇。

周易要义

魏了翁撰。

魏了翁（1178~1237），字华父，号鹤山，邛州蒲江（今属四川）人。登庆元五年（1199）进士。开禧元年（1205）为秘书省正字，明年迁校书郎，出知嘉定府。嘉定十五年（1222）召对，进兵部郎中，迁太常少卿、秘书监、起居舍人。理宗即位，迁起居郎。会论济王事忤时相，为言者所劾，诏降三官，靖州居住。绍定中复职奉祠，进宝章阁待制、潼川路安抚使、知泸州。史弥远卒，召为权礼部尚书兼直学士院，论奏二十余上，皆当时急务。忌者合谋挤之，乃以端明殿学士、同签书枢密院督视京湖军马。召为签书枢密院事，寻改资政殿学士、湖南安抚使、知潭州，未几改知绍兴府、浙东安抚使。嘉熙元年改知福州、福建安抚使，以疾卒于官，年六十，诏赠太师，谥文靖，累赠秦国公。了翁穷经博古，学术自成一家，"至靖，湖、湘、江、浙之士不远千里，负书从学。乃著《九经要义》百卷，订定精密，先儒所未有"。著述甚丰，有《九经要义》《周易集义》《易举隅》《古今考》《经外杂钞》《鹤山集》等。《宋史》卷四三七有传。

本书乃魏了翁《诸经要义》之一种。魏了翁《鹤山集》卷三五《答澧州徐教授复》云："某囚山五年，殆与世绝，圣贤之书，重复温寻，益觉义理无穷，岁月易得。独恨山深路崄，带行之书无多，时寮土人亦无储书者，遇有记忆不明之事，无从参考。然亦坐是功精专，免于博杂。某自初来此，与同志者日读《语》《孟》数章。去年方读《易》，偶曾衷萃周、程、张、邵、杨、游、胡、二朱、二吕诸儒《易》说成编，日诵数爻，宾主俱觉有得。邵氏书惟有乡人观物先生张文饶（原注：行成）为之注解者在此，与诸友讲论，未容辍纳，俟令人抄录一本，后便寄去。康节家自有邵子文所注本，虽未尽得本旨，然亦可观，却无带行者。向来见门下乾、离同位之说，固知留意先天之学，后又闻家学渊源，已非一日，今无由再晤，相与共讲，第切恨恨。邵氏书有《观物篇》《先天图》《渔樵问对》《击壤诗》《易学辨惑》等非一，不止《皇极经世》。若某万一归蜀，则此等书亦非难得，今偶不带行，但能省记耳。"同卷《答真侍郎》云："山间尽安稳，读书日有新功，读《易》乃向来功夫。自囚山以来，遍读诸经，早晚毕事，然后合程、邵诸家《易》为一书，但苦书不备，友亦难得耳。"《答丁大监》云："某读《易》规摹不过如前所禀，向来曾作邵子工夫，近亦重别寻绎，若端绪整整，则自程、邵以及其流派可合为一书。曾见虞仲亦作得一书，已脱稿，亦取汉上说附逐爻之末，惜未得本也。"《答池州张通判》云："《易传》与《本义》之异同，则向来固尝与辅丈汉卿细评之。大抵文公所为邵传義《易》、程演周经者，盖于邵子多有取焉，而未尝显言之。兼东南学者亦罕得邵学，今正欲追此暇日，合程、邵之异为一书，尚恨穷理未至，未欲容易为之也。"《答朱择善改之》云："先天之说，须有人口讲面授，乃可以入。若以纸上书之，恐有未尽择善。试访寻朱子发震《易图》《易传》及临卭人张文饶行成《七易》读之，当自得之。或问之卖书人陈思郎可得也。大抵伏義之易，乾、兑、离、震、巽、坎、艮、坤，左边数往者顺，右边知来者逆。而文王易，则乾、坎、艮、震、巽、离、坤、兑，《易》所系甚分明。或取朱文公《启蒙》观之，亦可见其详矣。"又卷三六《答丁大监》云："某十二三年来本有合程、邵为一书之意，入山以后，便欲逐旋抄记，因温寻诸经一遍，然后为之。既入诸经中重新整顿，则益觉向来涉猎疏卤，不惟义理愈挹愈深，而名物度数有一不讲，便是欠阙，缘此且更精读深思，未暇有所著述。"

方回《跋紫阳书院重刊本》有云魏了翁于"乙酉岁（1225），以权工部侍郎坐言事忤时相，谪靖州，取诸经注疏摘为《要义》，又取濂洛以来诸大儒《易说》为《周易集义》六十四卷"。《周易启蒙翼传》中篇。《宋史·艺文志·易类》著录魏了翁《易要义》十卷。其六世孙魏文彬《鹤山雅言序》云魏了翁"立言垂训，以私淑后人者，有《九经要义》《鹤山大全集》《易集义》。此三书昔刊于徽之学官，已行于世。其他如《周礼折衷》《经史杂抄》《观物经世说》与夫门人所记《师友雅言》等篇尚藏于家。"时至正二十四年（1287）五月。《全蜀艺文志》卷三一。又，《四库全书总目》卷三著录魏了翁《周易要义》十卷，云："了翁以说经者但知诵习成言，不能求之详博，因取诸经注疏之文，据事别类而录之，谓之《九经要义》，此其中之第一部也。方回《桐江集》有《周易集义跋》，载了翁尝言：'辞变象占，《易》之纲领，而繇《彖》《象》爻之辞，画爻位虚之别，互反飞伏之说，乘承比应之例，一有不知，则义理阙焉。'盖其大旨主于以象数求义理，折衷于汉学、宋学之间。故是编所录，虽止于注疏释文，而采掇谨严，别裁精审，可谓剪除枝蔓，独撷英华。王祎《杂说》云：'孔颖达作《九经正义》，往往援引纬书之说。欧阳公常欲删而去之，其言不果行。迨鹤山魏氏作《要义》，始加黜削，而其言绝焉。'则亦甚与以廓清之功矣。明万历中，张萱重编《内阁书目》，载《九经要义》，尚存《仪礼》七册、《礼记》三册、《周易》二册、《尚书》一册、《春秋》二册、《论语》二册、《孟子》二册，又《类目》六卷。本共为一编，今诸经或存或佚，不能复合，故今以世有传本者各著于录。朱彝尊《经义考·群经类》中载《九经要义》一百六十三卷，注曰'分见各经'。然各经皆载《要义》，而《易类》则但据《宋志》载了翁《周易集义》六十四卷，不载此书，似乎即以《集义》为《要义》。考方回《周易集义跋》曰：'鹤山先生谪靖州，取诸经注疏摘为《要义》，又取濂洛以来诸大儒《易》说为《周易集义》。'则为二书审矣。"

按：有《四库全书》本等。

周易集义

魏了翁撰。

《读易举要》卷四云"枢密临卭魏了翁华父集伊川、横渠、吕与叔、吕东莱、游广平、杨龟山、朱汉上、朱晦庵之说，及邵氏《渔樵问对》、谢上蔡《语录》、李吁《师说》，名曰《鹤山周易集义》"。《玉海》卷三六《周易传》、《宋史·艺文志·易类》著录魏了翁《易集义》六十四卷。元吴师道《礼部集》卷十七《读易杂记后题》称魏了翁"《集义》，自周、程诸门人下及朱、吕，渊源所自，可以参观。但其取汉上朱氏以备象数一家，未免芜杂"。《周易启蒙翼传》中篇"案"曰："《集义》自周子、邵子、二程子、横渠张子，程门诸大儒吕蓝田、谢上蔡、杨龟山、尹和靖、胡五峰、游广平、朱汉上、刘屏山，至朱子、张宣公、吕成公，凡十七家，内一家少李隆山子秀岩心传，他《易》不预。如郭氏父子，以背程门出之。"

方回《跋紫阳书院重刊本》曰："金书枢密院事魏文靖公鹤山先生（原注：了翁）华父，前乙酉岁（1225），以权工部侍郎坐言事忤时相，谪靖州，取诸经注疏摘为《要义》，又取濂洛以来诸大儒《易说》为《周易集义》六十四卷。仲子太府卿静斋先生（原注：克愚）明己壬子岁（1252）以军器监丞出知徽州，刊《要》《集义》，置于紫阳书院。至丙子岁（1276），书院以兵兴废，书版尽毁。寻草创新书院于城南门内，独《集义》仅有存者。今戊子岁（1288），山长吴君（原注：梦炎）

首先补刊。会江东详刑使者大原郝公（原注：良弼）深嗜易学，谓圣人之经得濂洛而后明五经、《论》《孟》之原，非此诸大儒明之，则终于不明。又非有如文靖公囚縶闲僻，类聚成编，则世之学者亦无从尽知之也。欣然割资相工，得回所藏墨本，率总府郡颁协助两山长及书院职事生员釂泉，讫役半年而毕。甚矣，易道之难明也。自汉至今，说《易》何啻千家。王弼、孔颖达《注》《疏》单行，朱文公尝深辟之，读者亦鲜。李鼎祚《易百家解义》，间见子夏、京房、虞翻、陆绩、蜀才之说。及郑玄互体，殆无复续之者。天启斯文，濂洛有作。周元公曰：'无极而太极。'谓太极无形而有理，以明《易》有太极之旨，不可以迹求，而翼之以《通书》。为临川陆学者肆为强辩，则不可与读《易》。邵康节始因《大传》分言伏羲先天、文王后天，如两仪四象乃伏羲画卦次第，阳一、阴二为两仪，太阳一、少阴二、少阳三、太阴四为四象。惟文公独得其传，为永嘉叶学、三山林学者别为臆说（原注：叶适正则著《习学记言》，于《易》谓其为三阳也，天也，此《易》之始画也。已不识伏羲画卦次第云云。叶说浅而陋，全不识仪象之义。林则林栗也），则不可与读《易》。程纯公、正公师元公，其说《易》，张横渠撤皋比以逊之。正公尝教人读王弼、胡瑗、王安石《易》。《伊川易传》出，则已削三家之疵，而极其粹。苟犹泥于三家，而不求之程《传》者，则不可与读《易》。纯公、正公皆尝闻康节加一倍法，而正公《易传》不屑于象数，惟专于义理。故文公谓邵明羲易，程演周经，盖欲学者合邵、程而为一也。岂惟邵、程当合为一，蓝田吕与叔初师横渠，后与上蔡谢显道、广平游定夫、龟山杨中立在程门为四先生。《乾》用九，《坤》用六，凡例惟与叔、欧阳文忠公及文公三人知之。汉上朱子发本程《传》而加象数。和靖尹德充登正公门最后，将易簀，授以《易传》。其论生卦，惟许康节。五峰胡仁仲得之上蔡，传之南轩张宣公。而东莱吕成公与文公、宣公相友，文公于是集诸儒之大成。《易》本筮占，乃述《本义》《启蒙》，图说多得之邵学者。不于此混融贯通焉，则亦不可与读《易》。文靖公之在渠阳，欲以东莱《读诗记》为《读易记》，谓辞变象占，乃《易》纲领，而繹《彖》《象》爻之辞，画爻位虚之别，互反飞伏之说，乘承比应之例，一有不知，则义理阙焉。是书濂流洛派，凡十六家合为一，观之而易道备矣。先是温陵曾穜刊《易粹言》，七家中有郭兼山《易》。文靖公谓忠孝《易》书去程门远甚，自党论起，绝迹程门，殁不设奠，故并其子雍曰《白云易》者黜之。临卭张行成，文靖公乡人，为《邵易批注》《通变》《经世观物》等书，世称'七易'，疑文公未之见，别为一支，以备旁考。今文靖公集百卷，明《易》之义者二百三十章有奇，易学最精。尝与参知政事西山先生真（原注：德秀）希元、文公门人辅广汉卿相讲磨渠阳山中，苦于书不备，友难得。是书犹欲有所裨益，而未为序引者此也。虽然，圣如仲尼，天不使之居周公之位，大儒如濂洛诸老，天亦不使之得路于一时，而使之立言于万世，其有以夫！权远柄国二十七年，穷贪极谬，屏文靖公卧五溪，穷处踰七稔，不如是，后世焉得是书而读之。至元二十五年（1288）十月既望。"《周易启蒙翼传》中篇。元人余阙《与子美先生书》曰："徽有《鹤山易集义》，吾家有之，比归点视，止存三、五册。其版在否，若亦毁，得劝有力之家刻之为好。"《师山集》附录。按：有淳祐十二年（1252）魏克愚紫阳书院刊本，题《大易集义》六十四卷。

《文渊阁书目》卷一著录《大易宋诸儒集义》一部六册、《周易宋诸儒集义》一部十六册。按：疑即本书。

易举隅

魏了翁撰。

《宋史》卷四三七《魏了翁传》云其著述有《易举隅》。按：已佚。

用易详解

李杞撰。

李杞，字子材，号谦斋，眉山（今属四川）人。董鼎《书传辑录纂注·引用诸书》。余未详。《四库全书总目》卷三云其"字子才，号谦斋，眉山人。仕履未详。考宋有三李杞，其一为北宋人，官大理寺丞，与苏轼相唱和，见《乌台诗案》；一为朱子门人，字良仲，平江人，即尝录甲寅问答者，与作此书之李杞均非一人，或混而同之者，误也"。

李杞《自序》云："经学不可以史证，经学必以史证，此吾为书之病也，亦吾为书之意也。夫圣人之经，所以示万世有用之学，夫岂徒为是空言也哉？故经辩其理，史纪其事，有是理必有是事，二者常相关而不可一缺焉。自后世以空言为学，岐经与史为二，尊经太过，而六经之书往往反入于虚无旷荡之域。吁！是亦不思而已矣。夫经固非史也，而史可以证经，以史证经谓之驳，焉可也？然不质之于史，则何以见圣人之经为万世有用之学也耶？且《易》之为书，盖圣人忧患之作，于以同民吉凶，而使之趋避焉者也。《易》书既作，凡所以避凶趋吉、酬酢泛应者，在天下日用之际，有不穷之妙。是《易》之为易，乃圣人应世之书，吉凶悔吝、治乱安危、得失祸福之理之所萃焉者也，而奈何以空言学之乎？文中子曰：'易，圣人之动也，于是乎用之，以乘时矣。'夫时变之来无穷，而易之理亦与之无穷，善用之则吉，不善用之则悔吝。古之圣人所以周流变化，而前民之用者，皆用易之妙也。尧、舜之揖逊，汤、武之征伐，伊、周之达，孔、孟之穷，在天下有如是之时，在易有如是之理，在圣人有如是之用。盖不独十三卦制器尚象为然，而孰谓可以虚文轻议之也哉？故吾于《易》多证之史，非以隘《易》也，所以见《易》为有用之学也。因取文中子之言，而以'用易'名编。呜呼！学《易》非难，而用《易》为难，吾其敢自谓能尔乎！嘉泰癸亥（1203）

六月望日，谦斋居士李杞子才序。”

《文渊阁书目》卷一著录《李谦斋详解》一部二册。《四库全书总目》卷三著录李杞《用易详解》十六卷，云：“其书原本二十卷，焦竑《经籍志》作《谦斋详解》，朱彝尊《经义考》作《周易详解》。考杞《自序》称：‘经必以史证，后世岐而为二，尊经太过，反入于虚无之域，无以见经为万世有用之学。故取文中子之言，以“用易”名编。’其述称名之意甚详，竑及彝尊殆未见原书，故传闻讹异欤？外间久无传本，惟《永乐大典》尚散见各韵中，采掇裒辑，仅缺《豫》《随》《无妄》《大壮》《暌》《蹇》《中孚》七卦及《晋》卦后四爻，其余俱属完善，谨排次校核，厘为十六卷。书中之例，于每爻解其辞义，复引历代史事以实之，如《乾》初九称‘舜在侧微’，《乾》九二称‘四岳荐舜’之类。案《易》文有帝乙、高宗之象，《传》有文王、箕子之词，是圣人原非空言以立训，故郑康成论《乾》之用九，则及舜与禹、稷、契、皋陶在朝之事；论《随》之初九，则取舜宾于四门之义，明《易》之切于人事也。宋时李光、杨万里等更博采史籍，以相证明，虽不无稍涉泛滥，而其推阐精确者，要于立象垂戒之旨，实多所发明。杞之说《易》，犹此志矣。其中不可训者，惟在于多引老、庄之文，如《蒙》之初六，则引《老子》‘终日嗥而不嗄’云云，以为童蒙之义；《履》之《象》，则引《庄子》‘虎与人异类而媚养己者’云云，以为履虎尾之义。夫老、庄之书，其言虽似近《易》，而其强弱攻取之机，形就心和之论，与《易》之无方无体，而定之以中正仁义者，指归实判然各殊。自叶梦得《岩下放言》称《易》之精蕴尽在庄、列，程大昌遂著为《易老通言》。杞作是编，复引而伸之，是则王弼辈扫除汉学，流弊无穷之明验矣。别白存之，亦足为崇尚清谈者戒也。”《经义考》卷三七作《谦斋周易详解》，二十卷，云“未见”。按：有《四库全书》本等。

淙山读周易记

方实孙撰。

方实孙，字端仲，号淙山，莆田（今属福建）人。《四库全书总目》卷三云"实孙不知何许人，惟刘克庄《后（山）[村]集》有《实孙乐府跋》，称其字曰端仲，有《实孙经史说跋》，称其以所著《易说》上于朝，以布衣入史局，时相以其累上春官，欲令免省奉对，遂以风闻报罢，浩然而归。其所终则不可考矣"。《仪顾堂题跋》卷一云其"庆元五年（1199）进士。尝以所著《易说》上于朝，入史局。著有《读书》一卷、《读诗》一卷、《经说》五卷、《读论语孟子中庸大学》四卷、《史论》一卷、《太极说》《西铭说》及此书（《读易记》）"。按：此称方实孙庆元五年进士者疑误。

方实孙《自序》云："易者，道也，象数也，言道则象数在其中矣。道果有耶？《系辞》曰：'易无体。'道果无耶？《系辞》曰：'易有太极。'是道自无而有也。有太极则有阴阳，阳奇属乾，阴偶属坤，易则有奇偶画矣。有阴阳则有天地，天位于上，地位于下，易则有上下画矣。有天地则有人，人位于中，曰三才，易则有三画矣。有人则有男女，有三画则有三索，《说卦》曰：'乾，天也，故称乎父；坤，地也，故称乎母。震一索而得男，故谓长男。巽一索而得女，故谓长女。坎再索而得男，故谓中男。离再索而得女，故谓中女。艮三索而得男，故谓少男。兑三索而得女，故谓少女。'譬诸天地有六子，如风雷日月山泽之类，易则有八卦矣。伏羲之易止于如是，岂其王天下也，始画八卦以示教，自父子兄弟[夫妇]之外，亦未暇尽传耶？《系辞》曰：'八卦成列，象在其中。因而重之，爻在其中。'又曰：'兼三才而两之，故六。'是易有三画，则有六画，有八卦，则有六十四卦也。使道果不离于象数，又何待文王而后得其传哉？因于羑里而演易，果何心也？《周易》六十四卦，先《乾》后《坤》，《易》则有定序矣。初、二、三爻是下卦也，唯二为中爻，二，臣位也，属于阴偶，故贱，孰敢以贱为嫌乎？四、五、上爻是上卦也，唯五为中爻，五，君位也，属于阳奇，故贵，孰敢以贵为嫌乎？易则有贵贱矣，《系辞》曰：'天尊地卑，乾坤定矣。卑高以陈，贵贱位矣。'是孔子知文王之心也。然考之于《易》，《随》上六爻云：'王用亨于西山。'《升》六四爻云：'王用亨于岐山。'《明夷·象》云：'内文明而外柔顺，以蒙大难，文王以之。'不知文王演易之后，亦自称王乎，否乎？《革·象》云：'天地革而四时成，汤、武革命，顺乎天而应乎人。'又不知文王演易之后，能预知有武王之事乎，否乎？……吾愿从有道者而取正焉。宝祐戊午（1258）三月朔日序。"又《后序》略云："孔颖达云：'重卦之人，诸儒不同，凡有四说。王辅嗣等以为伏羲重卦，郑玄以为神农重卦，孙盛以为大禹重卦，史迁等以为文王重卦。'愚按《系辞》曰：'易之兴也，其当殷之末世。周之盛德邪？当文王与纣之事邪？'皇甫谧曰：'文王在羑里，演六十四卦，著七、八、九、六之爻，谓之《周易》。'自此而论，则知伏羲始画八卦，但有其画耳。神农取诸《益》《噬嗑》卦，但取其象耳。夏曰《连山》，殷曰《归藏》，皆未必有言语文字之可传。今所谓《易经》者，先《乾》后《坤》，名以《周易》，乃文王所演之《易》也。《坎》卦独加名以'习坎'者，文王在羑里时陷于坎窨，习为出坎之道，终欲事殷，而知有尊卑贵贱之定分，是文王之本心也。孔颖达又云：'《左传》："韩宣子适鲁，见《易·象》，曰：'吾乃知周公之德。'"周公被流言之谤，亦得为忧患也。验此诸说，以为卦辞，文王，爻辞，周公也。'然考之《大有》六三爻云：'公用亨于天子。'《解》上六爻云：'公用射隼于高墉之上。'《小过》六五爻云：'公弋取彼在穴。'所谓公者，岂周公果自言之乎？又按孔颖达云：'《彖》《象》等十翼之辞，以为孔子所作，先儒更无异论。'又云：'《上彖》一、《下彖》二、《上象》三、《下象》四、《上系》五、《下系》六、《文言》七、《说卦》八、《序卦》九、《杂卦》十。'然考之《随卦》

云'元亨利贞'，即卦辞也。《左氏》襄九年《传》：'穆姜曰："《随》元亨利贞，无咎。元，体之长也。亨，嘉之会也。利，义之和也。贞，事之干也。"'穆姜已有是言矣，是时孔子犹未生也，岂《文言》皆孔子为之乎？或谓文王作卦辞，周公作爻辞，孔子作十翼，《彖》一、《卦象》二、《爻象》三、《乾·文言》四、《坤·文言》五、《上系》六、《下系》七、《说卦》八、《序卦》九、《杂卦》十。是亦一说也。"

《宋史·艺文志·易类》著录方实孙《读易记》八卷。《文渊阁书目》卷一著录方实孙《（宗）[淙]山读易记》一部六册。《四库全书总目》卷三著录方实孙《淙山读周易记》二十一卷，云："此书旧本但题曰《读周易》。案朱彝尊《经义考》作《淙山读周易记》，盖此本传写脱讹。《经义考》又引曹溶之言曰：'《宋志》八卷，《澹生堂目》作十卷，《聚乐堂目》作十六卷。今世所行凡二本，一本不分卷，不知孰合之。'此本《上经》八卷，《下经》八卷，《系辞》二卷，《序卦》《说卦》《杂卦》各一卷，又不知谁所分也。其书取朱子《卦变图》别为《易卦变合图》，以补《易学启蒙》所未备。其说多主于爻象，不设空谈。《自序》有曰：'易者道也，象数也，言道则象数在其中矣。道果有耶？《系辞》曰："易无体。"道果无耶？《系辞》曰："易有太极。"是道自无而有也。'可以识其宗旨矣。其据《随》上九爻'王用亨于西山'，《升》六四爻'王用亨于岐山'，《明夷·象》'文王以之'，《革·象》'汤武以之'，证《爻象》非文王作，自为确义。其据《大有》六三爻'公用亨于天子'，《解》上六爻'公用射隼于高墉之上'，《小过》六五爻'公弋取彼在穴'，证《爻辞》非周公作，则必不然。说《易》者本不云'公，周公'也。然其大旨则较诸家为淳实矣。"余嘉锡《四库提要辨证》卷一云："此篇即取材于《后村集》一百单七卷《方实孙经史说跋》，乃含混不加说明，亦可怪也。"针对《四库提要》云云，郭彧案云："方实孙原书……卷首列《河图数》《洛书数》《先天卦象乾南坤北图》《后天卦象离南坎北图》等图，并附以图说。方实孙所出《易卦正覆图》《易卦变合图》，实本李挺之《变卦反对图》和《六十四卦相生图》衍出，追本溯源，皆发端于虞翻。谓其'取朱子《卦变图》'，'以补《易学启蒙》所未备'，则非作者本意。《易学启蒙》考变占篇有三十二幅用于变占之图，其第一幅即为列于《周易本义》卷首第九《卦变图》之归纳图。所以，并非是方实孙取《周易本义》之《卦变图》别为《易卦变合图》，以补《易学启蒙》所未备。"按：有《四库全书》本等。

易心学

任直翁撰。

任直翁，名里未详。宁宗后期、理宗初期尝知眉州。

魏了翁《经外杂钞》卷二云："此《先天环中图》，中央之外第三规，玄黄色相交者也。《易大传》曰：'四象生八卦。'邵子曰：'阳交于阴，阴交于阳，而生天之四象；刚交于柔，柔交于刚，而生地之四象，于是八卦成矣。'又曰：'四分为八。'又曰：'四象生八卦'之类。又曰：'四象交而成八卦。'又曰：'三变而八卦成矣。'又曰：'八卦何谓也？曰：谓乾、兑、离、震、巽、坎、艮、坤之谓也，迭相盛衰，终始于其间矣。'"又云："今知眉州任侯直翁《易心学》中录出太极、两仪之说，惟朱文公初画为仪、再画为象之说，足以一洗传注之陋，然其为图，每一画已，必分而为二，而后更加一画。此图自中而生，逐一而分为阴阳，而八卦具，比朱图似径便。然文公原画之赞，则此图犹未及之也。若夫玄衣黄裳之说，其寓言哉。"按：本书佚。

先后天图

司马子已撰。

司马子已，字叔原，祖籍洛阳（今属河南），寓居戎州（今四川宜宾）。司马光七世孙。《万姓统谱》卷一二六云其"该通理学，不事科举，以清白世其家。召补嘉定司户参军"。按：魏了翁《鹤山集》卷六三《跋司马子纪先后天诸图》称其名子纪。

魏了翁《鹤山集》卷六三《跋司马子纪先后天诸图》云："涑水司马叔原覃思义理之学，自羲、文、周、孔之易，《河图》《洛书》之数，阴阳动静之义，日月迟速之度，以及周、程、张、邵、朱、张子之书，旁观历览，为图为书，时贤皆有题识。又欲求一言于予，予迁靖未返，不得与叔原共学，姑识数者之疑于末。且《先天图》自魏伯阳《参同》、陈图南爻象卦数，始略见此意，至邵尧夫而后大明。千数百年间，不知此图安所托，而图南始得此图，亦已奇矣，而诸儒无称焉。数往者顺，谓震、离、兑、乾；知来者逆，谓巽、坎、艮、坤，皆以左旋言之。今叔原以为自乾至震、自坤至巽，此必有所据。朱文公以十为《河图》、九为《洛书》，引邵子说辩析甚精，叔原从之。而邵子不过曰：'圆者，《河图》之数；方者，《洛书》之文。'且戴九履一之图，其象圆；五行生成之图，其象方，是九圆而十方也，安知邵子不以九为《图》、十为《书》乎？故朱子虽力攻刘氏，而犹曰：'《易》《范》之数，诚相表里，为可疑耳。'又曰：'安知《图》之不为《书》，《书》之不为《图》？'则朱子尚有疑于此也。近世朱子发、张文饶精通邵学，而皆以九为《图》、十为《书》，朱以《列子》为证，张以邵子为主。予尝以《乾凿度》及《张平子传》所载太极五行九宫法考之，即所谓戴九履一者，则是图相传已久，安知非《河图》也？靖士蒋得之云：'当以《先天图》为《河图》，生成数为《洛书》。'亦是一说。叔原谓日月亦左旋，此张说朱意也。第日起北陆，春西陆，夏南陆，秋东陆，而冬返乎北陆，则为右乎？左乎？谓日速月迟，读书穷理，正欲其自得，况叔原所引'见处一分亏'之诗，即予少作也。吾侪所见，本不相远，第以历家细算分数言之，则月行十三度余者，特约法耳。其实则一日至四，二十四至晦，行十四度余；五日至八，二十至二十二，行十三度余；惟自九日至十九，仅行十二度余，此犹二至之暑刻最迟，不为无理。而叔原反疑之，独取望日为证，则望日正行迟之日也，况本乎阳者常舒迟，本乎阴者常急促，若日迟而月速，大者舒而小者促，此亦阴阳自然之分也。叔原之图精且密矣，盍更以是审思之？日食书甲乙，如辛卯，日与辰相克为异，尤不经。康成虽有是说，然《春秋》壬午日食，亦日与辰相克也，而《左氏》谓不为灾，又何邪？叔原谓分星起于汉、唐，谓汉则已后，谓唐则滋邈，岂以《左氏内》《外传》与《周礼》为不可信邪？是三书亦有可疑，而分次之说相传已久，独星不依方，而以受封之日为次，此传注之可疑，而未有说以破之耳。大抵叔原之说，十得六七，予方敛衽之不暇，尚有未能释然者，姑摘一二以备审订，他时道梗以如邛，叔原必有以复于予也。绍定四年（1231）六月甲子。"《师友雅言》下又载魏了翁言："司马子已叔原说重卦或以为伏羲，以《系辞》或以为文王，或以为夏禹，司马子长以为文王。但舜说'谋及卜筮'，若未重卦，则筮止有八卦，变方成卦，卦未重，则筮用不行。"《鹤山集》卷一〇九。按：本书佚。

周易解

黄龟朋撰。

黄龟朋，字益甫，泉州德化（今属福建）人。《经义考》卷三三云其嘉泰二年（1202）进士，除潮阳簿，历梧州推官、廉州教授。著有《周易解》。按：佚。

易　解

宋闻礼撰。

宋闻礼，字叔履，龙溪（今福建漳州）人。《闽中理学渊源考》卷二一云其登嘉泰二年（1202）进士，为叙州教授，再调化州，知海阳县。有《易》《礼记》《诗解》行世。按：佚。

易　解

徐雄撰。

徐雄，字子厚，婺州东阳（今属浙江）人。开禧元年（1205）毛自知榜进士出身。端平三年（1236）十二月以国子博士兼庄文府教授除秘书丞，嘉熙元年（1237）十一月为著作郎，二年闰四月为军器少监，四年四月除秘书少监，十月与宫观。《南宋馆阁续录》卷七、卷八。

《经义考》卷三三云徐雄著《易解》，佚。

易说指图

王宗道撰。

王宗道，字与文，奉化（今属浙江）人。别号怡斋。《雍正浙江通志》卷四三。王时会侄。嘉定元年（1208）郑自诚榜进士。《宝庆四明志》卷一〇。为江东提刑司干官。"嗜古人之学，穷眇讨幽，时出其奇见，人多称之"。所著有《易说指图》十卷、《二礼说》七卷、《书说》六卷、《观颐悟言》一卷、《读书臆说》十卷、《杂录》二卷、《闻见因笔》二卷、《淮盐论》二卷、诗文五十卷。《万姓统谱》卷四四。按：本书佚。

古易解

林叔清撰。

林叔清，三山（今福建福州）人。余未详。

魏了翁《鹤山集》卷六二《题林叔清古易》云："《易》之为书，广大悉备，知仁随见，小大由识，各适所求。至近世周、程、邵、张子以后，诸儒辈出，易道几无余蕴矣。三山林君又为《周易古经解》，依上、下部叙，以六十四卦、三百八十六爻胪分彪析，而证以古今善恶是非之事。此非积岁累月不能为。或曰：'审尔则《易》之书四百五十事而已乎？'曰：'不然也。林君之为是也，亦不过约为之说，以自识其知仁之见云尔，非断断然以是为不可易也。'程正公《易传》晚而后出，犹以迫于门人再三之请，且自谓仅得七分。然则林君尚勉之哉。"按：佚。

易　原

杨忱中撰。

杨忱中，字德夫，义乌（今属浙江）人。《经义考》卷三三引《金华府志》云其嘉定戊辰（1208）进士，累官朝请大夫、知蕲州。著《易原》三卷。《雍正浙江通志》卷一二七云其尝知南雄州。

《文渊阁书目》卷一著录杨忱中《易原》一部三册，又一部一册。《雍正浙江通志》卷二四一引《聚乐堂艺文志》载杨忱中撰《易原》三卷，《经义考》卷三三作九卷，云"未见"。

易爻变义

王太冲撰。

王太冲，字符邃，莆田（今属福建）人。嘉定元年（1208）登第，知吉水县，擢知梅州，改太宗正丞，轮对，请"以太平责宰相，以说言责台谏，以富强责主兵财者"。除考功郎中，以郎班对，言括田、榷使兴利非便。兼礼部郎中，除知汀州，卒。"太冲少善声律，多通古书，有奏议集若干卷"。《雍正福建通志》卷四四。

《雍正福建通志》卷六八载王太冲撰《易爻变义》一卷。《经义考》

卷三三云"佚"。

周易直说

徐相撰。

徐相，字子材，婺州兰溪（今属浙江）人。乡先生。

赵与訔《序》云："幼侍先伯氏殿撰，受《易》于乡先生徐公之门，先生不鄙其愚，集诸家之长，著为《直说》一编，授与訔兄弟，且谓'此为初学设，非曰尽在是也'。佩服师说，早夜究心，不敢自谓有得，然发蒙开覆，实昉自兹。先生命与才仇，卒老于儒，幸有是书，可惠后学，讵容使之无传也哉！曩伯氏守嘉禾，尝欲锓梓而未果。与訔继领郡绂，簿书之暇，亟取是书而公之，不惟不失伯氏之志，而先生之学亦于是乎传矣。"《经义考》卷三四。按：佚。

易　原

陈冲飞撰。

陈冲飞，莆田（今属福建）人。绍定二年（1229）己丑特奏名。《雍正福建通志》卷三五。

《雍正福建通志》卷六八云陈冲飞著《易原》十卷。按：佚。

系辞说

邓传之撰。

邓传之（1180~1200），字师孟，周必大《文忠集》卷五五《书示永丰彭肃》。永丰（今属江西）人。"资质早成，积学笃勤，十三作祭叔祖文，十五作登山赋，语多老苍。十六七时，从儒先曾丰幼度、邑宰黄景说岩老讲习诗文，复侍族伯约礼文范官永嘉，因游叶适正则之门。归作《求斋记》，大概欲自求于内，收放心于外。又论颜子之乐惟在博学，藻绘组织何有哉？用志如此"。于庆元戊午（1198）春"袖书"谒见周必大，时年十九。年二十一卒。详见周必大《文忠集》卷五四《求斋遗稿序》，云："传之于六经尤好读《易》，有《系辞说》一卷，评论《史》《汉》名臣及诗赋记序箴铭杂说，皆出入经传，推寻义理，举业亦不废也。"按：本书佚。

易玄神契

叶仪凤撰。

叶仪凤，字子仪，侯官（今福建福州）人。嘉定七年（1214）甲戌袁甫榜进士。《淳熙三山志》卷三一。《万姓统谱》卷一二四云"叶子仪，侯官人。文章博洽，有《绛毫集》及《易玄神契》行于世"。宋杜范《清献集》卷二有《挽叶子仪二首》，其一云："性质孰无偏，工夫岂易镌？人谁知此学，我独谓公贤。耿耿存忧世，悠悠付逝川。一经端有属，拭目看家传。"按：本书佚。

大易集解

张祥龙撰。

张祥龙（？～1258），字仲符，新建（今属江西）人。从王若冰学。屡应举不第。"受徒讲学，五十余年，夜诵晓讲，以道德性命为根本，以语言文字为枝叶，一时从游多心领神会，去而与偕计者有人，翔太学者有人，蛰而不奋者亦不失为名胜士"。其"究心易学，手集诸儒训说，遇自得处，则疏于左方"。宝祐戊午七月卒。"平生著述有《大易集解》四卷、《金刚经大义》一卷，《星源纪行集》《鄂渚集》《家居杂咏》，皆手泽也"。事迹详见宋释道璨《柳塘外集》卷四《中沙张公先生墓志铭》，又云"庆元、嘉定间，大理司直竹斋裘公万顷以清风亮节闻天下，里之人士耳濡目染，多笃行好修，表倡后学……竹堂徐公应科、北山王公申之、竹岳傅公梓、中沙张公祥龙，是四君子，皆学修行立，识不识，皆以先生称之"。则张祥龙当生于孝宗淳熙前后。按：本书佚。

读　易

尤彬撰。

尤彬，字叔文，莆田（今属福建）人。《万姓统谱》卷六二云其"家贫苦学，工词赋，有声一时。名士知崇安县林澧特延为馆宾，叶堂、王迈皆与之为友，陈立伯、损伯、傅澄皆师事之。端平二年（1235）特奏名，调真阳主簿，卒于官"。

《雍正福建通志》卷三五云尤彬著《读易》四卷。按：佚。

易　说

包恢撰。

包恢（1183～1269），字宏父，号宏斋，建昌（今江西南城）人。"自其父扬、世父约、叔父逊从朱熹、陆九渊学，恢少为诸父门人讲《大学》，其言高明，诸父惊焉"。嘉定十三年（1220）举进士。景定初，拜大理卿、枢密都承旨兼侍讲，权礼部侍郎，进华文阁直学士、知平江府兼发运。度宗即位，召为刑部尚书，进端明殿学士、签书枢密院事，以资政殿学士致仕。年八十七卒，谥文肃。《宋史》卷四二一有传。《宋史·宰辅表五》云咸淳四年（1268）十二月丙戌，包恢以资政殿学士致仕。推知其卒于咸淳五年。按：《说郛》卷五五载吴莱《三朝野史》云"宏斋先生包恢年八十有八，为枢密，陪祀登拜郊台，精神康健。一日，贾似道忽问曰：'包宏斋高寿，步履不艰，必有卫养之术，愿闻其略。'恢答曰：'有一服丸子药，乃是不传之秘方。'似道欣然欲授其方，恢徐徐笑曰：'恢吃五十年独睡丸。'满座皆哂。"此称包恢年八十八为枢密，当出传闻之言。

包恢《敝帚稿略》卷八附其门人郑无妄《书后》，有云："无妄窃惟先生之文，若《易说》，若《周礼记》，若《讲义》，若《家传》，学者已争先睹之为快矣，独于文集之大成，则日月以俟而未之见。"按：本书佚。

读易管见

萧山撰。

萧山，沙县（今属福建）人。任长溪丞，博极群书。著有《读书传》《论语讲说》《读易管见》。《雍正福建通志》卷五一。《经义考》卷三五引《闽书》云萧山一名石，端平二年（1234）特奏名。按：本书佚。

易　　通

赵以夫撰。

赵以夫，字用甫，号虚舟，又号虚斋，宗室，居长乐（今福建福州）。嘉定十年（1217）进士。历知漳州、邵武军，嘉熙初为枢密副都承旨，拜同知枢密院事，官终吏部尚书兼侍读。《雍正福建通志》卷四三。据《宋史·宰辅表五》，赵以夫于嘉熙二年（1238）七月同知枢密院事，淳祐元年（1241）三月罢。《景定建康志》卷一载赵以夫于淳祐五年六月以中奉大夫、安抚使兼行宫留守，七年罢。《宋史全文》卷三四载淳祐十一年"五月丁卯，诏赵以夫、刘克庄同共任责修纂《国史》志传，以全大典日下条具以闻"。

赵以夫《易通序》略云："臣幼学之年受《易》于师，涉阅三纪，犹愦如也。辛丑（1241）居闲，尽置传注，观象玩辞，豁然悟曰：'吾夫子之心，其文王、周公之心乎？何所言无毫发之殊也？''文王既没，文不在兹乎？''甚矣！吾衰也。久矣！吾不复梦见周公。'夫子之叹，盖叹易也。又曰：'下学而上达，知我者其天乎？'是当时群弟子已未足以知圣人矣。臣生后夫子千七百余载，岂敢自异于儒先，以为独能探三圣人作易之微旨，第以参稽卦爻，往来俱通，如是而亨贞，如是而悔吝，如是而吉凶无咎，若象若数，理无不合，此臣所以自信其愚也。丙午（1246）之夏书成，名之曰《易通》，不敢自秘，将以进于上，庶几仰裨圣学缉熙之万一云。臣以夫谨序。"按：《读易举要》卷四载赵以夫撰《虚斋易说》，又撰《易图》。"淳祐间表进，有御笔题于卷首"。则推此《自序》文义，实为进书之表。又，刘克庄《后村集》卷二四《赵虚斋注庄子内篇序》有云："端平初，余为玉牒所主簿，赵为卿；摄郎右铨，赵为侍郎。朝夕相亲，稍窥平生论著，于《书》《易》皆出新义，虽伊洛之说不苟随，惟《诗》与朱子同"。

《文渊阁书目》卷一著录赵以夫《易通》一部六册。《闽中理学渊源考》卷三四载黄绩"晚闻赵以夫作《易通》，与之上下其议论，以夫称为益友"。《周易启蒙翼传》中篇云："赵虚舟《易通》六卷、《或问类例图象》四卷。其《易》大概论九、六、七、八，变与不变，或静吉动凶则勿用，动吉静凶则不处，动静皆吉，随寓皆可，动静皆凶，无所逃于天地间，此圣人所以乐天知命不忧也。"《四库全书总目》卷三著录赵以夫《易通》六卷，云："是书前有以夫《自序》，皆自称臣，末有'不敢自秘，将以进于上，庶几仰裨圣学缉熙之万一'，则经进之本也。考赵汝腾《庸斋集》有《缴赵以夫不当为史馆修撰奏札》曰：'郑清之以进史属之以夫，四海传笑，谓其进《易》尚且代笔，而可进史乎？其后闻为史馆长，人又笑曰："是昔代笔进《易》之以夫也。"'又何乔远《闽书》曰'以夫作《易通》，莆田黄绩相与上下其论'。据其所说，则是书实出黄绩参定，汝腾所论不尽无因。殆以以夫不协众论，故哗然以为绩代笔与？胡一桂云：《易通》六卷，《或问类例图象》四卷。朱彝尊《经义考》曰《宋志》十卷，又注曰《聚乐堂书目》作六卷。盖《宋志》连《或问类例图象》言之，聚乐堂本则惟有《易通》。此本亦止六卷，而无《或问类例图象》，其自聚乐堂本传写与？其书大旨在以不易、变易二义明人事动静之准，故其说曰奇偶七八也，交重九六也，卦画七八不易也，爻书九六变易也。卦虽不易而中有变易，是谓之亨。爻虽变易而中有不易，是谓之贞。《洪范》占用二贞悔，贞即静也，悔即动也。故静吉动凶则勿用，动吉静凶则不处，动静皆吉则随遇而皆可，动静皆凶则无所逃于天地之间，于圣人作易之旨可谓深切著明。至其真出于谁手？则传疑可矣。"按：《宋志》未著录赵以夫《易通》，清馆臣乃沿承朱彝尊之误。本书有《四库全书》本等。

易或问类例图象

赵以夫撰。

《周易启蒙翼传》中篇云赵以夫著《易通》六卷、《或问类例图象》四卷。按：佚。

图象问答语录

阳枋撰。

阳枋（1187～1267），字正父，号字溪，合州巴川（今四川铜梁东南）人。师事考亭门人度正、莲荡夏渊。登淳祐辛丑（1241）进士第。历任绍庆府学官，摄郡通守，志恬退，隐居不仕，累封朝散大夫。咸淳丁卯十月卒，年八十一。所著有《诗辞》一卷、《讲义》一卷、《图象问答语录》一卷、《书说》《中庸说》《辨惑正言》《记序》《题跋》《家训》各一卷、《易正说》二卷、《本草集方》一卷，藏于家。事迹详见《字溪集》卷一二《有宋朝散大夫字溪先生阳公行状》。《字溪集》卷十二附录《纪年录》云其"长受业于文公朱子之高弟礼部侍郎侍读度正，讲明理学，最为精切。继在涪陵，从布衣晏渊游，晏亦亲受业于朱子者，一见即授以师传易学，于是屏居家山，以所得于度、晏者服膺焉"。又云"有门人所集《易说》《图象讲义》等十二卷"。

《有宋朝散大夫字溪先生阳公行状》云阳枋"尤喜《易》，嘉熙间，与弟全庵、侄存斋偕宗族朋旧避蜀难于符阳溪间，采薇茹蕨，拂石傍梅，随事观理，即象玩辞，患难厄穷而不改其乐。分教广安，郡人前进士杨君甲率同志问《先天图》义、象数之学。摄大宁理曹，赵侯汝廪辟凤山堂，请公日讲一卦，命子崇樵师事焉。侯于是相与讲明《易》书，答问往还，逐卦各有义疏。梓部使者循斋黄公应凤与公俱事性善，每以其同得于师者，相与抉象数之蕴而发挥之。约友东山宋公如山讲明爻象，今载《易编》。长涪北岩书院，李侯震午、刘侯叔子尊礼请问，乃作《三陈九卦》等义疏。时南畴赵公震挨之子子寅为郡民曹，因从公问业。就养于夔，李侯卓率子弟请问，公一本程、朱之学，疏为卦义，曰《易学正说》。于卧龙山阳丈室斗牖讨论紫阳师弟子易学渊源及莲荡晏公师传，手编集其奥义为一书，目曰《文公进学善言》。居渝州，厌嚣尘，乃于东山结茅临流，开卷自娱。尝曰：'道无终穷，惟愈玩愈明，愈求愈有。盖一爻一象，该天地万物之理。假使心思虽穷得至，却未曾遇得此事，亦轻易过了，又复废忘，一旦事来，又无以应之。所以学者只大概说《易》，而终不能用易也。圣人心与天地一，六十四卦、三百八十四爻皆是方寸间事，敛而为一，散而为万，随取随足，随应随当，目视耳听，手持足行，无非自然。学者须要十分用力推究，把持玩味，纵未到以一贯万，亦会有五六分，浸浸不已，岂不涣然、怡然矣乎?'又曰：'易中天理，元只以一贯万，晓得一义，众义皆通。见得说不得，非是不可说，盖条理灿然，盈天地，贯古今，不容枚举缕数。圣人也只提起纲要，不容以尽言。此事只要力行而已。'又曰：'今时易学不下千余家，皆能释字义，讲爻象，说道理，而迹其为人，则往往与易不相似，则其所言，未必真知易。惟伊川《易传》言人事最切，晦翁说《易》于卦爻义最精，而二先生非苟言之，实允蹈之。后学于此折衷焉可也。'又曰：'玩《易》只须四，圣人卦爻象辞，平易思量去，使纯乎天理之正，勿以后世人伪私欲参之，并勿引惹背意，方见得三百八十四爻都是洁静精微，而吾之所以日用常行，都自有纯然天理一脉，平平坦坦，安稳快乐，行得彻头彻尾时，是甚次第，更说甚王侯卿相与。夫释老升仙入定，惊动天地，到此便是《剥》之"硕果不食"。伊川言剥于上则生于下，人生至此上下，与天地同流，岂曰小补之哉？'又曰：'《河》《洛》两图，是道之体用，只是要入身子体之为难。只如"孝悌"二字，一日十二时中有多少未尽善处，须要行得似曾、闵，充而至尧、舜，方是极头。'又曰：'夫子《彖》《象》《系辞传》是多少分明显著，若说道理，断只用夫子为准，不过更与详明之而已。《易》元无出于圣人言语之外者，只在力行求至，行得一步是自家底一步，行得一事是自家底一事。'又曰：'易初未有物，当未画以前，只是浑然一理，在人则湛然一心，寂然不动，喜怒哀乐未发之中，忽然至虚至静中有个象，方发出许多象数吉凶道理来。尝跋《启蒙》卷后曰："《易》有象有数，与理与气而已矣。著书立言，发钥是焉者也。"理气妙于无迹，其体由象数而立。象数显而可见其用，该理气而神，精粗显微，岂有异致哉？'又曰：'易，圣人所以范围天地，曲成万物，穷理尽性至命，通昼夜，知生死，无一不本于易。只谓世人不能潜心体玩，反折于二氏。'又曰：'《易》与《春秋》相为体用，《易》便是《春秋》之体，《春秋》便是《易》之用。明得《春秋》，《易》在其中矣。'"又云："公谓易固形而上之道，而实前民利用之书，吉凶悔吝，都切近日用常行，文公《本义》只于占筮上说，大概不使人求易道于高远，因欲取诸家卦林而折衷之，览究甫及旬日而考终。"按：佚。

易象图说

阳枋撰。

《字溪集》卷十二附录《纪年录》云："绍定元年（1228）戊子，公年四十二。先是性善先生于丙戌（1226）召对，偕季全甫至涪，谒其同门友晏公亚夫，且谓门弟子曰：'亚父从考亭受业久于我，尽得易学以归，其往师焉。'公于是偕季弟全父、族侄存子造晏公于涪之莲荡。师友问答，详见《语录》。公作《阴阳消长图》，晏公披图，熟视久之，谓公曰：'一气不顿进，一形不顿消，子得之矣。'"《字溪集》卷七《图说》收载有《阴阳消长图》，阳枋《后记》云："凡易数积或三百六十，或二百四十，或百有二十，或二百一十有六，或百四十有四，或一百八，或三十六，或二十有四，皆天地阴阳自然策数，虽纷纶变易，进退乘除之不齐，而莫不有合，不可以私意臆度、增损安排。圣人言'参伍以变，错综其数'，盖不三则五，不五则九，然止言阳数而不言阴数，则错数动而变，以阳为用故也。淳祐十一年仲冬二十一日，寓夔门之卧龙山巴川阳枋偶书。"图下说明曰："右图，字溪始作以呈莲荡晏公，莲荡云：'曩亦欲作此以呈晦翁，而未及也。'时字溪于图中央以朱作点，莲荡曰：'何谓？'字溪对曰：'万事从心起。'莲荡曰：'得之矣。'图之大义，则于答杨明夫《剥卦说》见之。"又，《四库全书·字溪集提要》有云"其《易象图说》一篇，多参以卦气纳甲之法，乃不尽与朱子《本义》合。案：李性传《朱子语录序》称诸书答问之际多所异同，而《易》为甚。晏渊所录一编，与《本义》异者十之三四。枋殆述晏渊之所授，故持论不同欤？"

易卦义疏

阳枋撰。

《字溪集》卷十二附录《纪年录》云："绍定六年癸巳，公年四十七，在武信，四方之士闻公学，从游弥众。夏六月，遂与心友罗东父、宋寿卿偕门人讲学于巴岳精舍，究濂溪《易通》、邵子《经世》、横渠《正蒙》、朱子《启蒙》等书，理与数咸诣精纯，各有义疏。"《有宋朝散大夫字溪先生阳公行状》云阳枋"分教广安，郡人前进士杨君甲率同志问《先天图》义、象数之学。摄大宁理曹，赵侯汝廪辟凤山堂，请公日讲一卦，命子崇樵师事焉。侯于是相与讲明《易》书，答问往还，逐卦各有义疏。梓部使者循斋黄公应凤与公俱事性善，每以其同得于师者，相与抉象数之蕴而发挥之。约友东山宋公如山讲明爻象，今载《易编》。长涪北岩书院，李侯震午、刘侯叔子尊礼请问，乃作《三陈九卦》等义疏……公平生于易学用功最深，《乾》《坤》以下逐卦各有问答，独《未济》卦未尝出口。从子昂至是（时阳枋年八十一）疏《未济》之义以请益，公乃书曰：'上经之坎、离，乃全体之坎、离，而坎在离上。下经未济之坎、离，乃分析之坎、离，而离在坎上。夫坎、离交则天地生，物之功由是而成。坎、离不交则天地闭，物之功于此而息。古今盛衰、得丧、存亡、死生、昼夜，皆不出乎此。天地一阴阳也，人物一阴阳也，阴阳一气也。理反元，气不反元。大哉易也，斯其至矣"。

朱文公易问答语要

阳枋撰。

《字溪集》卷十二附录《纪年录》云："淳祐十年（1250）庚戌，公年六十四，编类《朱文公易问答语要》。"按：佚。

文公进学善言

阳枋撰。

《字溪集》卷十二附录《纪年录》云："淳祐十二年（1252）壬子，公年六十六，新集文公《易说》精要成编，题曰《文公进学善言》。"按：佚。

易学正说

阳枋撰。

《字溪集》卷十二附录《纪年录》云："淳祐十二年（1252）壬子，公年六十六……郡守李侯卓致养老尊贤之礼，请问易学。公一本程、朱之正，为之卦义，朔望讲论，名曰《易学正说》，子弟诸生记而录之，久遂成书。"《有宋朝散大夫字溪先生阳公行状》作《易正说》二卷。按：佚。

《经义考》卷三五云阳枋著《存斋易说》。按：据《有宋朝散大夫字溪先生阳公行状》，存斋乃其侄阳岊之号。《经义考》此误。

又《字溪集》卷十二附录《纪年录》云："宝祐甲寅，公年六十八。是岁，为从子昂订正《读易记》。"

易传集解

蔡模撰。

蔡模（1188~1246），字仲觉，建阳（今属福建）人。蔡沈长子。学者称觉轩先生。隐居笃学，嘉熙二年（1238），王埜创建安书院，延为山长。淳祐六年（1246），以荐补迪功郎，添差建宁府教授，命下而

卒。生于淳熙戊申三月，卒于淳祐丙午十二月，年五十九。事迹详见
《蔡氏九儒书》卷七翁合《蔡觉轩先生墓志》。

赵汝腾《庸斋集》卷五《蔡模易集义序》云："易之为言，在太极
先。羲、文作，周公、孔子述，凡更四圣人矣。其为书也，广大悉备，
岂直象辞变占而已哉？《左氏》载易占法，特其一耳。盖《易》可施于
卜，而非专主于卜也。善言《易》者，莫邃于濂溪。善传《易》者，莫
精于伊川。《通书》曰：'万物资始，诚之源也。乾道变化，各正性命，
诚斯立焉。元亨，诚之通；利贞，诚之复。'又曰：'思者，圣功之本，
吉凶之机也。君子见几而作，不俟终日，知几，其神乎？'又曰：'不善
之动，妄也。妄复则无妄矣，无妄则诚焉。故无妄次复，而曰"先王以
茂对时育万物"。'濂溪之旨，伊川得之，即阴阳屈伸、往来阖辟之妙，
衍而推之于人事举错酬酢之间，拟议变化之际，曰随时变易以从道也。
四圣人之蕴，具于是矣。当是时书出，而门人有泄天机之语。伊川自谓
止七分，盖谦辞也。朱文公因'公用享于天子''田获三品'等辞，遂
有《本义》之作，曰'某象占当如是''某爻占当如是'。近世学者遂一
切以卜筮视《易》，而不知文公预忧之矣。其《原象》曰：'程演周经，
言尽理得，弥亿万年，永著例程。'其《警学篇》曰：'在昔程氏，继周
绍孔，粤指宏纲，星陈极拱。'其推程氏之《易》极矣，其训学者至矣，
岂专以卜筮言哉？文公之高弟蔡西山尤通于《易》，尝授其子节斋，节
斋授其犹子觉轩，今觉轩《集义》所载是也。《集义》宗主程、朱、杨、
吕，参之家学，间又附以己见。于《困卦》言小人之困，君子适足以自
困；释《艮卦·象辞》之'止为闲邪'，释《爻辞》之'止为圣人'之
'止'，是皆儒先之所未发。大抵发明义理，不专主占筮也。鲁国男子以
'吾之不可，学柳下惠之可'，若觉轩者，可谓善学文公者。觉轩之子湛
然曰：'是书先君犹未脱稿。'予曰：'义理其有穷乎？天假觉轩数年，
其书又不止于此矣。'湛然将刊而传之，俾予附名篇端，不得而辞也。"

翁合《蔡觉轩先生墓志》云其"尝辑文公所著书为《续近思录》及

《易传集解》《大学衍说》《论语集疏》《河洛探赜》等书行世，皆与素轩、静轩钩深探赜，搜集研穷，反复讨论，以至成篇"。按：佚。

周易发挥

何基撰。

何基（1188～1268），字子恭，婺州金华（今属浙江）人。弱冠师事朱熹门人黄榦，黄榦教以"治学必有真实心地，刻苦工夫而后可"，基终身实践不违。隐居故里北山盘溪，四方学者争来求教。学者称北山先生。知州赵汝腾、蔡抗、杨栋相继聘其主讲丽泽书院，皆辞不就。咸淳元年（1265），授史馆校勘兼崇政殿说书，又授承务郎衔、主管南岳庙，亦不受。咸淳四年卒，年八十一，谥文定。著有《大学发挥》《中庸发挥》《大传发挥》《易启蒙发挥》《通书发挥》《近思录发挥》等。事迹详见王柏《何北山先生行状》。《宋史》卷四三八有传。元吴师道《礼部集》卷二〇《代请立北山书院文》云其"平时不轻撰，惟研究朱子之书，《四书章句集注》悉加点抹，有《大学发挥》十四卷、《中庸发挥》八卷、《大传发挥》二卷、《启蒙发挥》二卷、《太极》《通书》《西铭发挥》三卷，行世已久，诵习者多，《近思录发挥》十四卷，《论孟发挥》未脱藁，文集十卷，藏于家，采辑精严，开示明切，寔朱学之津梁、圣途之标的也"。又《节录何王二先生行实寄史局诸公》云其"所著《大学发挥》十四卷、《中庸发挥》八卷、《大传发挥》二卷、《易启蒙发挥》二卷、《通书发挥》二卷、《近思录发挥》十四卷，《论孟发挥》未脱稿，《近思录》未校正，余在家刊布已久，《太极》《西铭发挥》即《近思录》摘出者，文集三十卷，藏于家。所标点诸书近存者，皆可传世垂则也"。

《文渊阁书目》卷一著录何基《易》四《发挥》一部七册，《千顷堂书目》卷一著录何基《周易朱氏本义发挥》七卷。按：检诸文献，何基撰有《大传发挥》二卷、《启蒙发挥》二卷、《系辞发挥》二卷与《太极图发挥》一卷，计四《发挥》，合七卷。故《授经图义例》卷四即云何基著《周易发挥》七卷，而称《朱氏本义发挥》，乃何基据朱熹《周易本义》，"遍阅《文集》《语录》诸书，凡讲辩及此者，随义条附于《本义》之后"，何基《系辞发挥序》。故以名书。

朱氏大传发挥

何基撰。

《宋史·何基传》云其著有《大传发挥》。《读易举要》卷四云"何基《朱氏大传发挥》，纂朱子《系辞》《说卦》《序卦》《杂卦》解"。元吴师道《礼部集》卷二〇《代请立北山书院文》《节录何王二先生行实寄史局诸公》云其著《大传发挥》二卷。按：佚。

易学启蒙发挥

何基撰。

何基《系辞发挥序》云："《图》《书》出而易之数显，卦爻画而易之象明，蓍策设而易之占立，曰数，曰象，曰占，是三者乃圣人作易之大用，舍是则无以为易。一以贯之，则画前太极之妙，又易道之根源也。在昔伏羲氏继天立极，不过因造化自然之数，推卦画自然之象，仿蓍策自然之变，作为卜筮，以告天后世，使人得以决疑成务，而不迷吉凶，惟若指涂云尔。至文王之系《象》，周公之系爻，虽曰因事设教，丁宁详密，然又不过即卦象之所值，依卜筮以为训，俾之观象玩占，避凶趋吉，以为处己应物之方，而不失其是非之正而已。观其为书，广大悉备，冒天下之道，变通不穷，尽事物之理，然其于易道之根源、义理之精蕴，未始数数言也。迨夫世变日下，《易》之为用，浸淫于术数，故夫子十翼之作，始一以义理言之，而不专求之象数占筮之间，是故因俗淳漓为教，不得不然也。然圣人之书，本末不遗，而显微无间，极深研几，固以为开物成务之方，洗心藏密，亦岂忘与民同患之意？今观《大传》之篇，高极于阴阳变化之理，精究于性命道德之微，虽其闳远蕴奥，未易窥测，然而细研之，则亦莫非象数之深旨与夫占筮之妙用。至所谓君子居则观象玩辞者，则又使人虽平居无事，亦得以从容玩释，即燕闲静一之中，而自得夫斋戒神明之用。推之日用云为，有不待列蓍求卦而占自显者。其视羲、文之《易》，其为教益备、为用益广、为理益精耳。紫阳子朱子自少玩《易》，尽洗诸儒之曲说，而独得四圣之本心，谓《易》本为卜筮而作，故观爻、《象》者要尝深探占象之精意，而不必强合以外求之义理。至夫子《大传》，虽曰发天之蕴，莫非极致，然亦不过穷象数之本原，括卦爻之凡例，若其微辞奥义，则又曲畅旁通，因而及之。故其言曰：'周子《通书》有云："圣人之精，画卦以示；圣人之蕴，因卦以发。"以是观之，经文主于占象者，画卦以示之精也；《大传》详于义理者，因卦以发之蕴也。其说的确简明，圣人复起，不易吾言矣。'始愚读《大传》《说卦》诸篇，见其渊微浩博，若无津涯，而说者类皆汗漫不精，涣散无纪，及得朱子《本义》之书，沉潜反复，犁然有会于吾心，洙泗微旨，乃可得而寻绎。然其辞尚简严，未能尽达也。因遍阅《文集》《语录》诸书，凡讲辩及此者，随义条附于《本义》之后，首尾毕备，毫析缕解，疑义罔不冰释，标曰《朱子系辞发挥》，因藏之笥椟，以备遗忘。畏斋王君用功程《传》，顷以精本刻梓盱江，谓《大传》未有善解，见愚所论《发挥》，爱之不释，已刊之家塾，盖将融会二先生之书，以求经、传之深旨。书成，复俾基题识其首，乃本朱子论《易》之意，僭述梗概，与同志共焉。至若朱子指示所以读《系传》之要旨，已具见于《纲领》，兹不赘叙，亦在乎善读之而已。"《何北山先生遗集》卷一。王柏《鲁斋集》卷五《启蒙发挥后序》云："冲漠无朕而万象已具，风气渐开而人文渐明，非一圣一贤之所能尽发，故伏羲氏之画八卦也，仰观俯察，近取远取，得《河图》而后成，虽曰阐阴阳变化之妙，而其用不过教民决可否之疑而已。历唐、虞、夏、商，有占而无文。至文王始系之以《彖》，周公系之以爻，吾夫子又从而为之传。更三古四圣人，而《易》之为书始备，盖非一时之所能备也。文王变后天之卦，而先天之《易》几于亡；《大传》发义理之奥，而变占之用几于隐。后世不能会通而并观，于是尚义理者淫于文辞，尚变占者沦于术数，而易道始离矣。我朝盛时，邵子密传羲画而缺于辞，程子晚绎周经而缺于象，先后不二十年，而从游非一日，乃不相为谋，而各自成书。皆临终而后出，书虽不同，然各极其精微，反若分传而互足。异哉！易道之所以大明也。由是朱子著为《本义》，谓《易》本于占，而义为占而发，惧后学梏于见闻而未易信也，又作《启蒙》四章，先开其秘而祛其惑。首之以《本图书》《原卦画》，示《易》之所由始也；次之以《明蓍策》《考变占》，示《易》之所以用也。然亦各为一书，而学者犹未能融会而贯通之。北山何先生受业勉斋之门，闻此义为甚蚤，晚年纂辑朱子之绪论，羽翼朱子之成书，不敢自加一字，而条理灿然，群疑尽释。至于引《本义》之《象辞》，参于变占之后，使千百年离而未合者，两无遗恨，真有得于体用一原、显微无间之深旨，岂不为后人之大幸欤？先生无恙时，因约斋王史君请刊梓于盱江，尝命仆序其首，仆固辞不敢承。先生今亡矣，不可使观者不知编摩之大意，于是忘其疏卤，述其略于后云。"

元吴师道《礼部集》卷二〇《代请立北山书院文》《节录何王二先生行实寄史局诸公》云其著《易启蒙发挥》二卷。《千顷堂书目》卷十一著录何基《启蒙发挥》二卷。按：《经义考》卷三九云"未见"。

系辞发挥

何基撰。

《文渊阁书目》卷一著录何基《系辞发挥》一部二册。《千顷堂书目》卷一著录《系辞发挥》二卷。按：《经义考》卷六九云"未见"。

太极图发挥

何基撰。

元吴师道《礼部集》卷二〇《节录何王二先生行实寄史局诸公》云"《太极》《西铭发挥》即《近思录》摘出者"。《千顷堂书目》卷十一著录何基《太极图发挥》一卷。按：《经义考》卷七一云"未见"。

易 学

林公掞撰。

林公掞，名未详，莆田（今属福建）人。官监场。刘克庄《后村集》卷四七《答林公掞监场》略云："仆与足下同里闬，又与贤冰翁南宫舍人接交游，闻俊声、仰下风之日多矣。顾壮老不相谋，锐惰不同调，常欲亲炙而不敢。自去岁至今，足下以所著《易学》及诗文教诏之者三，以书开晓之者亦三……足下之所以诲仆者，易学也，诗文也，仆于《易》或未能分其句读，岂能索其精微哉？理学至伊川，数学至汉上，亦云至矣。然考亭已微与二家异，鹤山又微与考亭异，南塘、虚斋皆求新义于诸儒未发之外，皆以其说陈之旒扆，虽贵为侍从，加以明主称制临决，而承学之士未之能信然，则足下之诗，纵使南塘、虚斋见之，明主之力，皆恐未能剖凿一世之聋瞽，统一群儒之议论，如仆庸琐，何足以赞美其万一乎？……足下既为易学，占得地位已高，而又欲求工于文，无乃反自狭小、自卑陋乎？足下又条易学数端，俾区别以对，若主司策进士之为者。仆闻程氏将没，自言《易传》只说得七分。足下以程氏之《传》为然耶？当补其三分之未发者可也。以为未然耶？当自为一书，藏之名山，百世以俟圣可也。上起郑康成、王辅嗣、韩康伯，下至鹤山、南塘、虚斋诸家之说，当以程氏《传》为准可也。"按：本书佚。

易　辑

徐几撰。

徐几，字子与，号进斋，崇安（今福建武夷山市）人。《闽中理学渊源考》卷三三云其"尝与詹琦筑静可书堂于武夷，博通经史，尤精于《易》。自晦翁之后，理学之传，能臻其奥。景定间，廷臣交荐，与何基同以布衣召对，授崇政说书。上甚器重之，诏补迪功郎，迁建宁府教授兼典建安书院山长。撰经义以训多士，宇内尊之，称曰进斋先生"。《读易举要》卷四云其建安人，"撰《进斋易说》。蔡节斋门人"。

《周易会通·姓氏》亦云其"建安人。宣教郎、崇政殿说书、通判建宁府。学于节斋蔡氏。《易辑》讲环中意"。按：《宋史》卷四五《理宗纪五》载景定四年（1263）五月"丁酉，婺州布衣何基、建宁府布衣徐几皆得理学之传，诏各补迪功郎，何基婺州教授兼丽泽书院山长，徐几建宁府教授兼建安书院山长"。卷四六《度宗纪》载景定五年十二月，何基、徐几兼崇政殿说书。则《周易会通》称徐几通判建宁府者误。按：本书佚。

又，《雍正福建通志》卷六八云徐几所著名《易义》。

易　论

方汝一撰。

方汝一，字清卿，莆田（今属福建）人。《雍正福建通志》卷五一云其"幼奇逸，以考古著书自娱。所著《易论》《江东将相论评》《两汉史赞》各若干篇，著有《小园僻藁》"。

《经义考》卷三七云方汝一著《易论》二卷，《雍正福建通志》卷六八作二十篇。按：佚。

易 解

吴渊撰。

吴渊（？～1257），字道父，宁国（今属安徽）人。嘉定七年（1214）举进士。历知平江、隆兴、镇江府，除江西安抚使，知江州，迁兵部尚书，再知平江兼浙西两淮发运使，知建康府，拜资政殿大学士。宝祐五年拜参知政事，越七日卒，谥庄敏。所著《易解》及《退庵文集》等。《宋史》卷四一六有传。

《经义考》卷三三作《周易解》，佚。

朱文公易说

朱鉴撰。

朱鉴（1190～1258），字子明。朱熹嫡长孙。《闽中理学渊源考》卷十五称其"荫补迪功郎，累迁奉直大夫、湖广总领。宝庆间，随季父在迁居建安之紫霞州，建文公祠于所居左"。《宋人生卒行年考》称其宝祐六年卒，年六十九。

元董真卿《周易会通·姓氏》云："朱氏鉴子明，文公孙，仕至吏部侍郎，湖广总领。集《文公语录》为《易说》二十三卷，淳祐壬子（1252）自序。"《文渊阁书目》卷一著录《朱文公易说》一部四册，《千顷堂书目》卷一著录朱鉴《朱子易说》二十三卷。明杨士奇《东里集·续集》卷十六《朱子易说》云："右《晦庵先生易说》廿三卷，分为三册。先生于《易》自《本义》《启蒙》之外，凡杂著及门人所记口授之言，其精义皆在此书。盖先生之孙鉴所会稡，而学《易》之士所不可无者。"《经义考》卷三一引徐乾学曰："《文公易说》，公适孙子明守富川时所辑，淳祐中锓板。盖取门人记录问答之语会粹而成，多与《本义》《启蒙》相发明，大有功于学者。嗣后董正叔、胡庭芳、董季真各有采辑，是为之权舆也。"《四库全书总目》卷三著录朱鉴编《朱文公易说》二十三卷，云："朱子注《易》之书，为目有五：曰《易传》十一卷，曰《易本义》十二卷，曰《易学启蒙》三卷，曰《古易音训》二卷，曰《蓍卦考误》一卷，皆有成帙。其朋友论难与及门之辨说，则散见《语录》中。鉴汇而葺之，以成是编。昔郑元笺注诸经，其孙魏侍中小同复裒其门人问答之词为《郑志》十一卷。鉴之编辑绪言，亦犹此例也。考朱子初作《易传》，用王弼本，后作《易本义》，始用吕祖谦本。《易传》，《宋志》著录，今已散佚。当理宗以后，朱子之学大行，剩语残编，无不奉为球璧，不应手成巨帙，反至无传。殆以未定之说，自削其稿，故不复流布与？鉴是书全采《语录》之文，以补《本义》之阙。其中或门人记述，未必尽合师说，或偶然问答，未必勒为确论，安知无如《易传》之类为朱子所欲刊除者。然收拾放佚，以备考证，亦可云能世其家学矣。"按：有《四库全书》本等。

又，《文渊阁书目》卷一著录《易经朱子遗说》一部十六册。疑即本书别称。

四尚易编

牟子才撰。

牟子才，字存叟，四川井研（今属四川）人，客居湖州（今属浙江）。学于魏了翁，又从朱熹门人李方子。嘉定十六年（1223）进士。度宗即位，授翰林学士，力辞不拜，进端明殿学士，以资政殿学士致仕，卒，谥曰清忠。著有《存斋集》《内制外制》《四朝史稿》《奏议》《经筵讲义》《口义故事》《四尚易编》《春秋轮辐》。《宋史》卷四一一有传。

《四尚易编》，佚。《嘉靖浙江通志·艺文志》《续文献通考·经籍考一》著录牟子才《四书易编》，《（雍正）浙江通志》卷一九四云牟子才著《四书易编》三十卷。按：《宋史》本传、《蜀中广记》卷九九、《经义考》卷三三皆作"四尚"，《易·系辞上》云："易有圣人之道四焉：以言者尚其辞，以动者尚其变，以制器者尚其象，以卜筮者尚其占。""四尚"云者取义于此，作"四书"者误。

读 易 记

陈沂撰。

陈沂，字伯澡，仙游（今属福建）人。陈光祖子。师从北溪陈淳，又遍参当世名儒硕士，复受《书》《易》于蔡渊、蔡沈。"平日以礼法自将，丧祭一遵朱子《家礼》。淳尝名其书室曰贯斋"。官至新州推官。著有《大学》《论语说》《读易记》等。事迹见《闽中理学渊源考》卷二八。

《经义考》卷三七云陈沂著《读易记》，佚。

周 易 说

黄以翼撰。

黄以翼，字宗台，永春（今属福建）人。《闽中理学渊源考》卷十二云其"尝受业陈北溪、蔡白石之门，庄毅有立，析理精诣。晚年记问益富，所著有《周易》《礼说》"。按：本书佚。

易 讲

林希逸撰。

林希逸（1193～?），字肃翁，号鬳斋，福清县（今属福建）渔溪人。少从陈藻于红泉，"既而走江淮，其闻见益博"。端平二年（1235）进士甲科第四人。淳祐中迁秘书省正字，历翰林权直学士兼崇正殿说书，八年（1248）以直祕阁知兴化军，景定四年（1263）为司农少卿，终中书舍人。所著有《易讲》《春秋正附篇》《老》《庄》《列口义》《考工记解》《竹溪十一稿》。事迹详见《明文海》卷四〇〇郭万程《宋福清儒林传》，且云："希逸初学诗，藻得克庄诗，语之。希逸少七岁耳，因而定交。"按：刘克庄生于淳熙十四年（1187），故推知林希逸生于绍熙四年。又，林同于咸淳庚午（1270）正月元夕前一日撰《竹溪鬳斋十一藁续集序》，有云咸淳戊辰（1268）九月"上擢鬳斋长仙蓬，侍缋熙，明年春再入禁林，掌词翰，盖是癸亥东归，一闲七期矣"。则林希逸当卒于咸淳庚午以后。按：《万姓统谱》卷六四云林希逸"绍定间进士第四人"，不确。

《经义考》卷三五云林希逸著《易讲义》，"未见"。按：诸书大都作"易讲"。《雍正福建通志》卷六八称林希逸著《易讲》四卷。

易　说

饶鲁撰。

饶鲁，字伯舆，又字仲元、师鲁，饶州余干（今江西余干西）人。《明一统志》卷五〇云其"幼从黄榦游，性行端谨，学术精明。累荐不起，号双峰。及卒，门人私谥文元。有《五经讲义》《语孟纪闻》《春秋节传》《庸学纂述》等集"。《雍正江西通志》卷八八云其"从黄榦学。榦问《论语》首篇时习是如何用功？鲁曰'当兼二义，绎之思虑，熟之践履。'榦大器之。尝以《易》赴棘试，不遇，遂归，专意圣贤之学，以致知力行为本。中书舍人赵汝腾、御史董槐、左司谏汤中、提刑蔡抗等皆相为引荐召，不起。时理学大明，师儒攸属，四方聘讲无虚日。作朋来馆以居学者，又作石洞书院，前有雨峰，因号双峰"。《宋史》卷四四《理宗纪》称其于宝祐二年（1254）以布衣补饶州教授。按：诸书多有称饶鲁师事勉斋黄榦者，然《闽中理学渊源考》卷二四载"黄榦字尚质，福宁人。师朱子，著述甚富。余干饶鲁、宁德李鉴皆师之。所著有《梅鉴语》《五经讲义》《四书纪闻》。官至直学士"。则非勉斋黄榦。

《周易会通·姓氏》云饶鲁著有《易说》。按：佚。

太极三图

饶鲁撰。

明李梦阳《空同集》卷四二《东山书院重建碑》有云"双峰之学本于致知力行，所著有《五经讲义》《论孟纪闻》《春秋节传》《庸学纂述》《太极三图》《庸学十二图》《张氏西铭图》《近思录》《饶氏遗书》等书"。《经义考》卷七一云饶鲁著《太极三图》一卷，云"未见"。

警心易赞

孟珙撰。

孟珙（1195~1246），字璞玉，随州枣阳（今属湖北）人。嘉定十年（1217），以功补进勇副尉。升鄂州江陵府副都统制，与元军围攻蔡州，端平元年（1234）金亡，特授武功郎、主管侍卫马军行司公事，擢建康府都统制兼权侍卫马军行司职事。嘉熙元年（1237）擢高州刺史、忠州团练使，兼知江陵府、京西湖北安抚副使，未几授鄂州诸军都统制。二年春授宁远军承宣使、带御器械、鄂州江陵府诸军都统制，寻授枢密副都承旨、京西湖北路安抚制置副使，升制置使兼知岳州，三年授枢密都承旨、制置使兼知鄂州，四年制拜宁武军节度使、四川宣抚使兼知夔州，进封汉东郡侯，兼京湖安抚制置使，淳祐四年（1244）兼知江陵府。六年授检校少师、宁武军节度使致仕，九月卒于江陵府治，年五十二，谥曰忠襄。事迹详见刘克庄《后村先生大全集》卷一四三《孟少保神道碑》。《宋史》卷四一二有传。

《宋史》本传云"其学邃于《易》，六十四卦各系四句，名《警心易赞》。亦通佛学，自号无庵居士"。《文渊阁书目》卷一著录《无庵警心易赞》一部一册。按：佚。

易　说

王万撰。

王万（1196～1243），字处一，号抑斋，婺州（今浙江金华）人。登嘉定十六年（1223）进士。端平元年（1234）主管尚书吏部架阁文字，迁国子学录，明年添差通判镇江府，三年授枢密院编修官，嘉熙初兼权屯田郎中，差知台州，三年迁屯田员外郎兼编修，迁尚右郎官，寻兼崇政殿说书，四年擢监察御史，出知平江府。以朝奉郎、守太常少卿致仕，卒，谥忠惠。《宋史》卷四一六有传。《姑苏志》卷五一云其淳祐三年卒，年四十八。

明宋濂《浦阳人物记》卷上称王万所著有《时习编》《易》《书》《诗》《论语》《孟子》《中庸》《太极图说》及其他奏札论天下事者凡十卷。按：佚。

太极图说

王万撰。

明宋濂《浦阳人物记》卷上称王万所著有《太极图说》。按：佚。

太极演说

朱中撰。

朱中，义乌（今属浙江）人。《经义考》卷七一云其"从徐侨游，究心理学，著《太极演说》《经世补遗》"。按：《太极演说》一卷，佚。

易　说

林子云撰。

林子云，字质夫，福安（今属福建）人。宝庆二年（1226）进士，除融州教授。潜心理学，躬行实体。著有《易说》十卷。《雍正福建通志》卷四八。按：佚。

易　解

罗大经撰。

罗大经，字景伦，吉水（今属江西）人。宝庆二年（1226）进士。《千顷堂书目》卷一。著有《鹤林玉露》等。《桂故》卷五云："范应龄字旗叟，丰城人。历仕以清直闻。为广西提刑，庐陵罗大经时在幕下，亲得其为人，见大经所著书中。大经，字景纶。"又，《雍正江西通志》卷五〇、卷五一载其举嘉定十五年（1222）壬午解试，宝庆二年丙戌王会龙榜进士。按：《经义考》卷三五引黄虞稷云其"宝庆六年进士"，不确。

《千顷堂书目》卷一著录罗大经《易解》十卷。按：佚。

易 集 传

黄济叔撰。

黄济叔（1197～1273），名未详，晚自号樗庵老人，隆州井研（今四川仁寿）人，后家于吴。生于庆元丁巳。早游李秀岩、李东窗之门。"连蹇名场，淳祐癸卯（1243）甫荐江东，景定壬戌（1262）以累举当入对，诸老力劝之行，会有旨学县皆设官，调台州宁德县丞"。后洪雪岩"帅越，兼庾事"，辟为茶盐司准备差遣，癸酉九月卒。其为学"大旨，率本伊洛，而诸儒之说亦皆参考互绎，贯穿融液，以会其归，义有未安者，未尝苟同，颇为改易。其于象数、制度、名物，口讲手画，粲然可观，以至训诂义疏，一语之疑，一字之讹，人所不经意者，先生言之甚精，伦类博通，本末赅贯，世之号为儒者未之能及也"。所著有《论语幼学说》《易集传》《诗会解》《汉晋史节》《性理指南》《信笔录》等书，藏于家。事迹详见牟巘《陵阳集》卷二四《黄提干行状》。按：本书佚。

读 易 记

王柏撰。

王柏（1197～1274），字会之，婺州金华（今属浙江）人。少慕诸葛亮为人，自号长啸，三十岁后以为"长啸非圣门持敬之道"，遂改号鲁斋。从何基学。以教授为业，曾受聘主婺州丽泽、台州上蔡等书院。咸淳十年卒，年七十八，谥文宪。王柏著述繁富，著有《读易记》《涵古易说》《大象衍义》《涵古图书》《读书记》《书疑》《诗辨说》《读春秋记》《论语衍义》《太极衍义》《伊洛精义》《研几图》《鲁经章句》《论语通旨》《孟子通旨》《书附传》《左氏正传》《续国语》《阐学之书》《文章复古》《文章续古》《濂洛文统》《拟道志》《朱子指要》《诗可言》《天文考》《地理考》《墨林考》《大尔雅》《六义字原》《正始之音》《帝王历数》《江右渊源》《伊洛精义》《杂志》《周子发遣》《三昧文章指南》《朝华集》《紫阳诗类》《家乘》、文集等。大多已佚。事迹详见《王文宪公文集》（《续金华丛书》本）卷末附《王文宪公圹志》。《宋史》卷四三八有传。

元吴师道《礼部集》卷二○《节录何王二先生行实寄史局诸公》云王柏著《读易记》十卷、《涵古易说》一卷、《大象衍义》一卷。《宋史·艺文志·易类》著录王柏《读易记》十卷。按：《经义考》卷三九云"未见"。

涵古易说

王柏撰。

金履祥《仁山文集》卷四《鲁斋先生文集目后题》云王柏"杂著成编者，《论语衍义》七卷、《涵古图书》一卷、《研几图》一卷、《诗辩说》二卷、《书疑》九卷、《涵古易说》一卷、《大象衍义》一卷、《太极衍义》一卷"。《宋史·艺文志·易类》著录王柏《涵古易说》一卷。按：《经义考》卷三九云"未见"。

大象衍义

王柏撰。

《宋史·艺文志·易类》著录王柏《大象衍义》一卷。金履祥《仁山文集》卷四《鲁斋先生文集目后题》曰："《大象衍义》，北山先生亦俱有答语，与履祥所集《私淑编》，当依《延平师友问答》之例别为一书。但《大象》乃公所拈出，谓为夫子一经，故其《衍义》亦自入集。"按：《经义考》卷三九云"未见"。

太极图衍义

王柏撰。

金履祥《仁山文集》卷四《鲁斋先生文集目后题》云王柏著《太极衍义》一卷，又云："古者有图有书，自《易大传》以后，书存而图亡。公尝因《先天图》之出与《太极图》之作，谓图学中兴，故公建图亦多，今亦立门编入云。"元吴师道《礼部集》卷二〇《节录何王二先生行实寄史局诸公》云王柏著《太极图衍义》一卷，且云"理宗崩，率诸生制服临于郡，既归，讲道于家，著撰益精富。作《易》图推明《河》《洛》先、后天之验，自伏羲则《河图》，推一阴一阳之义，画出奇偶，皆因自然之势而生八卦，文王则《河图》，却因已定之卦推其交合，乃求未画之图而易位置，《河图》者先后天之祖宗乎？"按：《经义考》卷七一云"未见"。

周易管窥

倪公晦撰。

倪公晦，字孟旸，金华（今属浙江）人。《雍正浙江通志》卷一七六云其"受业何北山之门，与王鲁斋为友。鲁斋称其服善喜闻过，专志于下学之实。仕至转运司干办公事，清介廉直，有声于时。兄公度、公武俱以学行称"。

《雍正浙江通志》卷二四一云倪公晦著《周易管窥》。按：佚。

易 传

戴仔撰。

戴仔，字守铺，永嘉（今属浙江）人。《万姓统谱》卷九九云其父戴蒙，从朱子学于武夷。又云戴仔"常以孝廉荐，有云：'天分素高，年近四十即弃去场屋，大肆其力于学，密察于义理之精，考质于古今之载。《诗》《书》《易》《周礼》四书，下逮史传，皆有传述，迄未尝一出以自衒。安贫委顺，隤如也。'"按：本书佚。

易　通

谢升贤撰。

谢升贤，字景芳，号恕斋，仙游（今属福建）人。《雍正福建通志》卷四四云其端平二年（1235）进士。"调沧光尉，漕帅方大琮檄为濂泉书院长，提刑杨大异又檄为相江书院长，皆荐之于朝，乞充师儒之选"。官至循州兴宁令。所著有《太极图》《西铭说》《易通》《学庸语孟解》。《万姓统谱》卷一〇五云其与陈沂为友，诸书"刻于廉泉书院"。按：本书佚。

太极图说

谢升贤撰。

《经义考》卷七一云谢升贤著有《太极图说》一卷，佚。

太极无极说

郑起撰。

郑起（1199～1262），原名震，字叔起，号菊山，连江（今属福建）人。《闽中理学渊源考》卷三五云其"早年场屋不遇，客京师三十余年，晚为安定、和靖二书院山长，又开讲于平江、无锡。伏阙论史嵩之。淳祐丁未（1247），郑清之再相，震登其门骂曰：'端平败相，何堪再坏天下？'被执，与子女俱下狱，京尹赵与［筹］纵之。郑罢相，乃免"。《姑苏志》卷五五载其景定壬戌卒于吴。其子郑思肖《心史·先君菊山翁家传》云其生于庆元己未，卒于景定壬戌，年六十四。

郑思肖《心史·先君菊山翁家传》云郑起"早年场屋不利，即潜心穷理尽性之学，极有所得，至老读书不倦，晚年造诣益深，正欲旧《太极无极说》，别作《太极书》，病已亟矣，将易箦际，历历言得失，且命思肖至中年加以学力，削改补释，足成《易》注：'我丁未（1247）年后即留心注《易》，今十六年，汝勿废我生前志。汝终身所行之道，平日语汝久矣。'遂卒"。所著有讲义、诗集、杂著等，注《易》六十四卦。按：本书佚。

易　注

郑起撰。

郑思肖《心史·先君菊山翁家传》云郑起著有《易注》，注《易》六十四卦。按：佚。

易　解

邵自元撰。

邵自元（1199~?），字宣子，祖籍博陵（今河北定州）。《敬乡录》卷十一时少章《三槐诗集序》云其"生平撰著，丛稿山委，《诗》《易》皆有解，《春秋》杂记尤多"。"宣子少亦能诗，吟就辄为人持去，不复省录。年四十有三，惜其散逸，始为簿录传之，断自辛未（1211）之春，迄今辛丑（1241），三十年间，在纸墨间二千六百篇。然宣子少作尤工，流丽有思度，又千余篇，尽逸不存，甚可惜也……予不自揆，辄删其繁密，取其精邃者，得八百篇，手录为十卷，以行于世"。又云"宣子所尊事者路带德章、巩丰、叶正则、吕乔年兄弟、游江西熟、骊塘危稹诸贤稍零落，宣子年亦七十有三，目昏鬓秃，枯槁萧然矣。予自十余岁，即以文艺为宣子赏异，更唱迭酬，尚斑见其集中，删叙之责，非予其谁？既序次，当以寄衢人郑伯允使刊之，若其经解杂文，予不敢专，宣子之友尚多，必有能次之者"。按：辛丑为淳祐元年（1241），是年邵自元年四十三，则推知其当生于庆元五年（1199），而卒于咸淳七年（1271）后。本书佚。

周易大义

时少章撰。

时少章（1199~?），字天彝，婺州（今浙江金华）人。"由乡贡入太学，登宝祐癸丑（1253）进士第。初授丽水县主簿，用荐改授婺州添差教授，兼丽泽书院山长。未几，改南康军教授，兼白鹿洞书院山长。逾年，擢史馆检阅，以凌躐劾罢，授保宁军节度掌书记，卒不大显而终。天彝自负甚高，登第时年近六十，为忌嫉者沮格。既而子女皆丧，落落不偶，感激自伤。平生所著《易》《诗》《书》《论语》《孟子大义》六十余卷，又有《论》《孟》《诗赘说》《易卦赞》、杂文、古歌诗数千篇，总为《所性稿》五十卷、《日记》十卷"。《敬乡录》卷一一。元吴师道《时所性文钞后题》云：少章父时澜，为东莱吕祖谦弟子，少章"又天才绝出，能推明阐大之，著撰为最多，乡先辈中杰然者也"。其文集名《所性稿》，"其中有系于经史者，《易序赞》《诗》《论语》《孟子赘说》《读二汉史杂书》《战国策杂事篇》，若其《易》《诗》《书》《论》《孟大义》六十余卷、《春秋四志》《八表》《日记》二十余册皆无所考"。又云其"《所性前稿》十卷，时子自序云：'新天子即位之十九年，年四十有五。'盖淳祐癸卯（1243）也"。《礼部集》卷一八。故推知其生于庆元五年（1199），卒年不详。王柏《鲁斋集》卷十八有《宋史馆检阅所性先生时天彝父挽些》。按：本书佚。

易卦赞

时少章撰。

《敬乡录》卷一一云时少章著有《易卦赞》。按：佚。

数　学

刘泽撰。

刘泽，字志行，号易斋。丁易东《大衍索隐·目录》。余未详。

俞琰《读易举要》卷三《论象数之学》云："刘志行《数学》一书，杜撰处甚多。中间有一图，上经纯阳卦六，纯阴卦四，内阴外阳卦八，共十八卦、一百八爻；下经纯阴卦六，纯阳卦四，内阳外阴卦八，共十八卦、一百八爻，分得齐整，乃前人所未发者，此亦是好处。"丁易东《周易象义·易统论上》云"以数论《易》者若邵康节、张文饶、刘志行是也。夫易之生数，止于加一倍法。其蓍数止于大衍五十。若康节之说，则四四而变，归于《皇极经世》，别成一家。文饶虽本康节，而又取《太玄》及司马氏《潜虚》、卫元嵩《元包》之数，而失之杂。志行则又祖述列子'一变为七，七变为九，九变为一'之说，至于太易、太初、太始、太素与太极列而为五，杂又甚焉"。《大衍索隐》卷三引录"刘氏志行曰"一条。按：《经义考》卷三七云刘泽著《易说》，佚。

《直斋书录解题》卷一著录《数学》一卷，云："杂录象数诸图说，不知何人所录。"按：当即刘泽所著。

大易集传精义

陈友文撰。

陈友文，号隆山。《周易启蒙翼传》中篇云："陈隆山《大易集传精义》六十四卷（原注：无《系辞》以后），《读易纲领》上中下三卷，通十门。案：隆山所集王辅嗣、孔应达、周濂溪、司马涑水、邵康节、程明道、程伊川、张横渠、苏东坡、游广平、杨龟山、郭兼山、郭白云、朱汉上、朱文公、张南轩、杨诚斋、冯缙云，又两家失姓名，但称先正、先儒别之。自序于宝祐甲寅年（1254）。《纲领》三卷甚正大可观，所集解详赡，时及象数。学斋史绳祖序云：'学者不可曰《易》论理不论数，数非《易》所先。善《易》者必当因羲《图》之象数而明周经之《彖》《象》，方能得其门而入也。'诚哉是言。"《周易会通·姓氏》云其"著《大易集解精义》六十四卷、《读易纲领》三卷，通十门"。按：《经义考》卷三七云"存"。清纳兰性德《合订删补大易集义粹言·提要》云："是书乃性德取宋陈友文《大易集义》、曾穜《大易粹言》二书而合辑之者也。友文书本六十四卷，所集诸儒之说凡十八家，又失姓名两家。穜书本七十卷，所集诸儒之说凡七家。以二书相校复重外，《集义》视《粹言》实多得十一家，惟《粹言》有《系辞》《说卦》《序卦》《杂卦》，而《集义》止于上下经，故所引未能赅备。性德因于十一家书中，择其讲论《系辞》以下相发明者一一采集，与《粹言》合编都为一书，又为之删其繁芜，补其阙漏，勒成八十卷，刊入《通志堂经解》之末。今《粹言》尚有传本，已著于录。《集义》流播较稀，惟藉此以获见其概。"

读易纲领

陈友文撰。

《周易启蒙翼传》中篇云陈隆山著"《读易纲领》上中下三卷……《纲领》三卷甚正大可观"。

作者单位：华东师范大学

《横渠易说》刊刻与流传新考*

谢 辉

摘要：《横渠易说》于南宋初年开始见诸记载，南宋间至少有晁公武藏十卷本和韩元龙刻三卷本两种版本，内容基本一致。明代中后期出现的吕楠刻二卷本与徐必达刻三卷本同出一源，且文字与《大易粹言》《永乐大典》等书引文多能相合，乃源自宋元旧本。《通志堂经解》本则杂糅吕、徐二本而成。明清以来通行的三卷本，内容与宋元诸本大体相同，并无严重残缺。《大易粹言》所引《易说》，编排与通行本不同，说明通行本不是从《粹言》辑录而成。通过考察《易说》宋元本面貌及其与明清本的异同，可以发现，南宋时期的传本就已经出现了注文重复、羼入他书，以及误入非张载之语的现象，不同的传本还有据张载其他著作增删注文的情况。这说明《易说》未必是出于张载门人之手，而可能是在张载去世很久之后，由后世学者以门人记录与《正蒙》等书汇编而成。其流传与刊刻的历程，与理学的发展密切相关。

关键词：张载 吕楠 徐必达 《横渠易说》《大易粹言》

---

* 本文系贵州省哲学社会科学规划国学单列课题"易学视域下的宋代史学思想研究"（项目批准号：20GZGX14）之阶段性成果。

　　《横渠易说》（以下简称"易说"）向来被学界视为张载"构建理学的基本文献"①，相关研究颇多。在该书的刊刻与流传方面，近年来代表性的成果主要有二：一是胡元玲《张载易学与道学》②，该书率先利用《大易粹言》《周易系辞精义》中引用的张载之说与今本进行比对，认为今本《易说》为残本；又以《易说》与《正蒙》相比较，讨论二书之关系，认为《正蒙》中有大量内容取自《易说》。虽然其结论未必可信，但方法具有启发意义。二是刘泉《张载〈横渠易说〉研究》③，其中一部分又以《〈横渠易说〉明清版本考论》为题，发表于《唐都学刊》2017 年第 2 期。其论《易说》明清诸传本颇详，而略于对宋元时期出现的版本的考察。总的来看，《易说》于何时出现，由何人所编，宋元间出现过哪些版本，其与今传明清本的关系如何，这些基本问题目前尚缺乏详尽的论述。本文即在前人研究的基础上，对这些问题加以考察。

一、《易说》在宋元时期的传播

　　张载于熙宁十年（1077）去世之后，至于靖康二年（1127）北宋灭亡，这五十年间出现的各种文献中，鲜有引用《易说》者。约熙宁间，蜀人房审权编《周易义海》一百卷，收录郑玄至王安石共百家之说。今存南宋初年李衡删补之《周易义海撮要》，引录了七条张载之说，有些还特意在引文后标注出处为"横渠"。但经查核，这七条解说全部是从朱震《汉上易传》转引者，而《汉上易传》是李衡所补，非房氏原书所有。可见，《易说》在北宋后期还没有大规模流传开来。

　　至于南宋，《易说》的流传开始广泛起来。目前所知，首次大规模

---

① （宋）张载撰，刘泉校注：《横渠易说校注》，中华书局，2021 年版，前言第 26 页。

② 胡元玲：《张载易学与道学》，台湾学生书局，2004 年版。

③ 刘泉：《张载〈横渠易说〉研究》，陕西师范大学 2016 年博士学位论文。

引用《易说》者，为成书于绍兴四年（1134）的《汉上易传》，以"张载曰"或"横渠曰"的形式，共引用了三十多条张氏的解说。经查核，除少量来自《正蒙》之外，多数采自《易说》。有学者认为，《汉上易传》中有八条张载之说不见于《易说》①，实则其中"游气纷扰"以下四条出自《正蒙》，其余《易说》中均有。如其举第一条"牵羊者让而先之"，即见于《易说》夬卦九四爻，仅"者"后多一"必"字②。稍晚于《汉上易传》者，又有约成书于绍兴二十一年（1151）的《郭氏传家易说》，引用张载之说四条，均见于《易说》。作者郭雍所撰另一易学著作《蓍卦辨疑》（《大易粹言》有引用），还引用了张载关于揲蓍的解说，也多能与今本《易说》的内容对应，可见郭氏应该是见到了《易说》。晁公武《郡斋读书志》有《横渠易说》十卷，见于源自姚应绩二十卷本之衢州本，而源自杜鹏举四卷本的袁州本《前志》则无。根据学者研究，杜鹏举本著录下限约在绍兴二十一年，姚应绩本稍晚，也未见晚至孝宗隆兴以后的任何内容③。由此推断，晁氏收得《易说》的时间，大约也在绍兴末年。此外，南宋初年名臣胡铨之子胡泳"尝读《横渠易》，至'心化在熟'，击节叹曰：至言也。请终身诵之"④，胡泳生于绍兴八年（1138），卒于淳熙二年（1175），其读到《易说》的确切时间虽不很清楚，但从"请终身诵之"一语来看，应非晚年之事，发生在绍兴年间的可能性较大。总的来看，《易说》在南宋初年虽不能确定出现了刻本，但至少已是颇为流行。

目前《易说》可考的最早的刻本，出现在淳熙年间。冯椅《厚斋

---

① 马鑫焱：《张载易学著作与思想研究》，陕西师范大学 2018 年博士学位论文，第 23 页。
② （宋）张载撰，刘泉校注：《横渠易说校注》，中华书局，2021 年版，第 217 页。按：马氏其后还引有"如是悔亡正故也"一句，乃朱震自作解说，非张载之语，中华书局 2020 年点校本《汉上易传》（261 页）不误。
③ 马楠：《从杜鹏举、姚应绩二本重审〈郡斋读书志〉》，《文史》，2022 年第 1 辑。
④ （宋）周必大：《承务郎胡君泳墓志铭》，王瑞来校证：《周必大集校证》，上海古籍出版社，2020 年版，第 492 页。

易学》著录《易说》三卷，谓："题横渠先生，韩元龙刊于建康府，漕台主管文字胡大元校勘。"① 韩氏字子云，宣城人。据《景定建康志》载，其于淳熙元年（1174）十一月到任江南东路转运副使②，至淳熙三年（1176）为太府少卿③，大约就离开建康。其刊刻《易说》，应即在这两三年间。《景定建康志》还著录有《横渠易说》书版一百六十八版④，应该就是韩氏所刻者，一直传到宋末。大约与此同时，曾穜在舒州编刻了《大易粹言》（以下简称"粹言"），基本全文收录了《易说》，今国家图书馆藏淳熙三年舒州公使库刻本《粹言》所附引书目录，即有《横渠易说》一种⑤。据曾氏序言，此书是其于淳熙二年五月到任舒州后，与二三僚友"裒伊川家所尝发挥大《易》之旨者，明道、伊川、横渠、广平、龟山、兼山、白云，合七先生集为一书"⑥，但仅用不到一年的时间就编刻完成，不很合理，故李致忠先生据李祐之跋"尝以亲受白云之说，合伊川兄弟而下，共为七家，欲镌之而未能也，泊来群舒，出以相示"之文，认为其书在曾氏来舒州之前就已编成⑦。其编集时间可能还要早于韩元龙到任建康，故所用《易说》之本未必为韩氏所

---

① （宋）冯椅：《厚斋易学》附录《先儒著述上》，《景印文渊阁四库全书》第 16 册，台湾商务印书馆，1986 年版，第 830 页。

② （宋）马光祖修，周应合纂：《景定建康志》卷二十六，南京出版社，2009 年版，第 675 页。

③ （宋）任林豪、马曙明：《宋台州崇道观祠禄官考释》，上海古籍出版社，2019 年版，第 182～183 页。

④ （宋）马光祖修，周应合纂：《景定建康志》卷三十三，南京出版社，2009 年版，第 857 页。又同卷《书籍·经书之目》（852 页）中著录"《周易》二十六本"，其中有《横渠解》，也可能是韩氏刻本。

⑤ （宋）曾穜：《大易粹言》卷十二，北京图书馆出版社，2006 年版。下文引用此本时，仅随文注出卷数，称"舒州本"。

⑥ （宋）曾穜：《大易粹言》，"中央图书馆"影印南宋建安刘叔刚刻本，1991 年版，第 7～8 页。国家图书馆藏舒州公使库本无此序。下文引用此本时，仅随文注出卷数，称"刘叔刚本"。该本七十卷，又总论三卷，今存卷一至三一、卷四四至六六。凡此本缺者，仅单引舒州本。

⑦ 李致忠：《图鉴宋元本叙录》，北京联合出版公司，2018 年版，第 75 页。

刻①。在宋代单刻本《易说》已不传的情况下，《粹言》都可谓是研究《易说》宋本面貌的最重要材料。

韩元龙刻本的出现，在很大程度上推动了《易说》在南宋中后期的流行。曾著录韩本的冯椅，在约成于嘉定十年（1218）的《厚斋易学》中，引用张载之说约八十条，大约就是从韩本出。而《粹言》除舒州公使库初刻十二卷本外，在宋代还有嘉定六年（1213）张嗣古修补印本和建安刘叔刚刻本，传播颇广，也间接地促进了《易说》的流传。约在绍定四年（1230），魏了翁编《大易集义》，将"濂流洛派凡十六家，合为一观之"②，其中引用的大量张载之说，多是来源于《粹言》。方回跋《集义》谓："先是，温陵曾穜刊《易粹言》，七家中有郭兼山《易》。文靖公谓忠孝《易》书去程门远甚，自党论起，绝迹程门，殁不设奠，故并其子雍曰白云《易》者黜之。"③已经隐约透露出《集义》是在《粹言》基础上增删而成。今取二书乾卦部分对比，所引张载之说的内容和位置大都一致，甚至错误都相同。如《粹言》乾卦"飞龙在天，大人造也"下，引横渠先生曰"化则纯是天德也责人若大人则学可至也"（舒州本、刘叔刚本卷一），明显不通。今本《易说》"责人"上，有"圣犹天也故不可阶而升圣人之教未尝以性化"十九字④，大约是一行的字数，

---

① 按：《粹言》本存在着一个显著特征，即带有注明异文的小字注文，从这一点来推断，其或许来源于吕祖谦校订本。因吕氏在乾道九年（1173）与朱子的通信中，提到"此间方刊《横渠集》"（参见（宋）吕祖谦：《与朱侍讲》，任仁仁、顾宏义编撰：《朱熹师友门人往还书札汇编》，上海古籍出版社，2017年版，第2037页），且其校刻的《周易程氏传》也带有此类小注。但此推断能否成立，还需要更多的证据支持。

② （元）胡一桂著，谷继明点校：《周易本义启蒙翼传》中篇《传注·宋》，中华书局，2019年版，第373页。该书成书时间参见陈旭辉：《魏了翁〈周易集义〉成书与流传考》，《甘肃理论学刊》，2014年第3期。

③ （元）胡一桂著，谷继明点校：《周易本义启蒙翼传》中篇《传注·宋》，中华书局，2019年版，第373~374页。

④ （宋）张载撰，刘泉校注：《横渠易说校注》，中华书局，2021年版，第24页。

《粹言》脱去，《集义》同误①，可见《集义》取《粹言》之实。约在蒙古中统元年（1260），信都人李简撰《学易记》，引用了张载之说二十余条。据李氏自序，其治《易》是从节取《粹言》入手，后到东平，得见"胡安定、王荆公、南轩、晦庵、诚斋诸先生全书"②，而未提到《易说》，可见所引张载之说也应来自《粹言》。

此外，南宋中后期引用或述及《易说》者还有不少。如淳熙间朱子与吕祖谦编《近思录》，明确标引《易说》八条，叶采《近思录集解》卷前也列出了《横渠先生易说》③。又如题吕祖谦编《晦庵先生校正周易系辞精义》，陈振孙疑为伪托，但潘雨廷先生据《朱子语类》认为确为吕氏所编，其成书时间不会晚于其吕氏去世的淳熙八年（1181）④。今传《古逸丛书》本《精义》，引用张载说颇多，其中有标注出处为"张氏易说"者。另有李心传于嘉定九年（1216）撰《丙子学易编》，序言谓其治《易》时先读王弼注，多所未喻，"次考张子书，乃粗窥其梗概"⑤。可见其应看到过《易说》，并将张载列为《学易编》主要采录的四家之一。《学易编》今仅存一卷节本，但仍保存了十几条张氏之说，其全书引录《易说》的数量想必不少。其余尚有一些未标《易说》之名，而仅称"横渠"的零星引用，如王宗传《童溪易传》、万里《诚斋易传》、郑汝谐《东谷易翼传》、方实孙《淙山读周易》等，少者一二条，多者十余条。尤袤《遂初堂书目》、陈振孙《直斋书录解题》对《易说》也均有著录。

---

① （宋）魏了翁：《大易集义》卷一，北京图书馆出版社，2006 年版。下文引用此本时，仅随文注出卷数。

② （元）李简：《学易记序》，《学易记》卷首，《中国易学文献集成》第 63 册，国家图书馆出版社，2013 年版，第 111 页。

③ （宋）叶采集解，程水龙校注：《近思录集解》，中华书局，2017 年版，第 5 页。

④ 潘雨廷：《读易提要》，上海古籍出版社，2003 年版，第 175 页。

⑤ （宋）李心传：《丙子学易编序》，《丙子学易编》卷首，《景印文渊阁四库全书》第 17 册，台湾商务印书馆，1986 年版，第 777 页。

　　至于元代，《易说》在易学领域内的传播仍旧十分广泛。如俞琰《周易集说》、吴澄《易纂言》、胡震《周易衍义》等，都有数量不等的援引。有些著作虽未明引，但实际仍有采录。如解蒙《易精蕴大义》，凡引前代之说，多统称"先儒曰"而不加分别，然其中即包含有张载。其注震卦《象传》引"此卦纯以君出子在为言"云云一段①，就是源于《易说》。当然，这些引用并不一定采自《易说》原书，相当一部分有可能是叠相转引。但《易说》原本在当时应仍有流传。编成于明初的《文渊阁书目》，著录"《横渠易说》一部三册"②，应是传自元代，因《易说》在明初未闻有重新刊刻。今存《永乐大典》残卷，还保存有"张横渠说"二十余条，或许就是出自文渊阁旧藏本。

　　目前所见，元代引《易说》最多者，当属董真卿《周易会通》，引录的数量多达八十余条。《会通》的材料，主要来自于董氏之师胡一桂所编《易本义附录纂注》。今传本《纂注》为胡氏于至元二十五年（1288）首次撰成之本，只收录了少量几条张载的解说。约在至大元年（1308），胡氏对《纂注》作了一次大规模的订补，大量的张载之说应即在此时被加入书中，并被董真卿继承下来。胡氏此次订补，主要取材自汪标所编集解体易学著作《经传通解》，又自行搜访二十多家，不知其是否看到了《易说》原书③，董真卿直接引用《易说》的可能性则更小。但其影响力颇大，明初所编《周易传义大全》，引用了四十多条张载之说，大部分来自《会通》，只有少量采自他书。如否卦《象传》下，《大全》引张子曰："天地闭则贤人隐，君子于此时，期于无咎无誉足矣。"

---

① （元）解蒙：《易精蕴大义》卷七，《景印文渊阁四库全书》第25册，台湾商务印书馆，1986年版，第667页。参见（宋）张载撰，刘泉校注：《横渠易说校注》，中华书局，2021年版，第250页。
② （明）杨士奇：《文渊阁书目》卷二，冯惠民、李万健等选编：《明代书目题跋丛刊》，书目文献出版社，1994年版，第15页。
③ 以上参见谢辉：《元代朱子易学研究史》，人民出版社，2020年版，第105页。

此条不见《会通》，而见于张清子《周易本义附录集注》①。《会通》引录的一些错误，也为《大全》所沿袭。如《杂卦传》"解，缓也；蹇，难也"条下，《会通》曰："张子曰：天下之难既解，故安于佚乐，每失于缓。蹇者见险而止，故为难。"②《大全》同。按此条又见《南轩易说》，李简《学易记》也引作"南轩"，应是张栻而非张载之说，《会通》与《大全》皆误认。但明代前中期未有翻刻《易说》者，故《大全》仍是时人了解张载易学的重要途径。

二、《易说》明清传本之关系

明嘉靖十七年（1538），吕柟率先翻刻《易说》，绝传已久的《易说》由此重行于世。《中国古籍总目》著录该本三部，分藏国家图书馆（馆藏号 06672，下文叙述据此本，简称"吕本"）、上海图书馆与襄阳图书馆，均只有上下经二卷，较通行之三卷本少卷三《易传》部分。天一阁博物馆另藏有残本一部，也仅存下经③。瞿镛乃至于怀疑"是本止二卷，但解六十四卦，无《系辞》"④，今人亦有类似推测⑤，其说可从。该本心题"余天寿""叶再生""吴善"等刻工，按嘉靖十七年，吕氏

---

① （元）张清子：《周易本义附录集注》卷二，《日本宫内厅书陵部所藏宋元版汉籍丛刊》第2册，上海古籍出版社，2012年版，第115页。按王宗传《童溪易传》曰："张横渠曰'《易》为君子谋'者，此也。夫天地闭、贤人隐，吾于此时祈于无咎无誉足矣。"（上海古籍出版社，2017年版，第105页）似即《集注》之所本。盖张清子误认"张横渠曰"以下，均是张载之说。

② （元）董真卿：《周易会通》卷十四，《中国易学文献集成》第66册，国家图书馆出版社，2013年版，第743页。

③ 该本具体情况，承天一阁博物馆副研究馆员李开升告知，特此致谢。《天一阁博物馆藏古籍善本书目》（国家图书馆出版社，2016年版，第6页）著录该本为"存一卷，下"，略有不确。

④ 瞿镛编纂，瞿果行标点，瞿凤起覆校：《铁琴铜剑楼藏书目录》，上海古籍出版社，2000年版，第19页。

⑤ 刘泉：《〈横渠易说〉明清版本考论》，《唐都学刊》，2017年第2期。

正在南京，此前一年刚刻完《宋四子抄释》（国家图书馆藏，馆藏号02677），刻工中也有余天寿等人。余氏等皆为福建籍，可见该本即便并非刻于福建，也应在江浙一带①。其本刊刻不精，存在着诸多阙文墨钉，甚至还有书页编排错乱的情况。如上经第二十一页（夬卦部分）与下经第二十一页（需、讼二卦部分）内容互易，前后文不能连读，但二页版心题上经、下经无误，说明不是装订问题，而是刊刻时就出现了错误。

吕本出现近七十年之后，徐必达（1562~1631）于万历三十四年（1606）刻《合刻周张两先生全书》，其中《张子全书》的部分也收入《易说》，所收之本就是今日通行的三卷本②。徐氏字德夫，号玄扶，嘉兴人。万历二十九年（1601）由溧水知县升任南京吏部验封主事，三十一年（1603）升考功郎中③，三十四年七月升光禄寺丞④。《全书》卷前徐氏序文，署"万历丙午（按：即三十四年）四月望檇李后学徐必达书于铨曹书院"，此时徐氏仍在吏部郎中任上，故称"铨曹"。同年三月、六月，徐氏还分别刻《二程全书》与《邵子全书》，卷末题署也与《全书》同。该本也存在着一些阙文墨钉，但质量总体来说要好于吕本。

吕本和徐本作为目前所知传世最早的两个《易说》版本，学界已有不少讨论，但仍有值得进一步研究之处，而首要问题即是二本之间的关系。有学者据徐序称"横渠书甚多，今止得《二铭》《正蒙》《理窟》《易说》，而《语录》《文集》则止得吕公栴所抄者"，认为"其《易说》乃徐必达搜集所得，而非得自吕栴"⑤。今按，吕本二卷而徐本三卷，可见

---

① 明代后期福建籍刻工有到外省刻书的情况，参见李开升：《明嘉靖刻本研究》，中西书局，2019年版，第151、310页。

② 该本见《四库全书存目丛书》子部第2册，齐鲁书社，1996年版，第138~219页。下文叙述皆据此本，称"徐本"。

③ （明）王逢年：《南京吏部志》卷十二，明天启二年（1622）刻本，台湾图书馆藏（馆藏号04932）。

④ 嘉兴市文化广电新闻出版局编：《嘉兴历代碑刻集》，群言出版社，2007年版，第354页。

⑤ 刘泉：《〈横渠易说〉明清版本考论》，《唐都学刊》，2017年第2期。

徐本并非直接翻刻自吕本，此点从二本的阙文也能看出端倪。例如，徐本下经夬卦九三爻注曰："君子之心，终□□□，故必有愠。虽其有愠，于正无害，故无咎。□□君子之道，绰然余裕，终不为咎也。"有两处很明显的阙文。吕本此页错置于上经，但第一处"终"下有"无系累"三字，第二处作"故曰无咎，故君子之道"，都与《粹言》合（舒州本卷五），可见二者不相因袭之实。

但尽管如此，吕本和徐本之间仍存在着一定关联。这突出地表现在，除了前文所述阙文互异的情况外，二本之间还有不少阙文是重合的。如大有卦《象传》注文"故曰：顺天休命，遏恶扬善。勉□也"，吕本与徐本"勉"字下皆有墨钉。按舒州本《粹言》卷二，此处也作墨钉，而刘叔刚本卷十四则作"众"。咸卦九四爻注文"假使乱□横逆"，二本皆有一字墨钉，舒州本《粹言》卷四同，刘叔刚本卷三十一作"亡"。归妹卦六五爻注文"又于此见□□为之戒也"，徐本有二字墨钉，吕本作空格，舒州本《粹言》卷五亦作墨钉，而刘叔刚本卷五十四作"圣人"。这说明吕本、徐本与舒州本《粹言》所据《易说》应是同出一源。当然，也有吕本脱漏而徐本完整无缺的情况，如革卦上六爻注文，吕本作"故未肯□□□□□□未见行而未成"，有六字墨钉，此六字徐本作"止是之谓隐而"，与两种宋刻本《粹言》合。但这只能说明徐本所据之底本可能较佳，并不影响二者同源的判断。

吕、徐二本之后，《易说》另一影响力较大的版本，为清刻《通志堂经解》本（美国哈佛大学图书馆藏本，馆藏号 T110/2452B，下文叙述皆据此本），其来源也值得探讨。卷一、二上下经部分，上述吕本与徐本的阙文，除归妹六五爻外，通志堂本皆有之，且皆能与《粹言》相合，是底本原即不缺，还是刊刻时校补，不甚可考。从异文来看，通志堂本与吕本似比较接近。如观卦《象传》注，吕本和通志堂本皆作"戒于此，动于彼"，而徐本则"戒"作"诚"。大畜卦《象传》注，吕本与通志堂本作"必无心处一乃养也"，而徐本"养"作"善"。卷三《易传》部分，通志堂本阙文与徐本多数相合，如《系辞上》"天尊地卑"一段注文"不见两则不见易"，其下二本皆缺二字。"是以君子将有为也"一段注文"感亦有□"，二本皆缺一字。但也有些文字与徐本不同，如《系辞上》"鼓万物不与圣人同忧"一段注文，通志堂本作"圣人则岂忘思虑忧患难，圣亦人耳"，徐本"难"作"虽"，属下读，与《粹言》所引相合。总的来看，通志堂本似乎是一个杂糅了吕本与徐本的版本，与二本都没有直接的承继关系，但差别也并不太大。通志堂本还存在一些低级错误，如乾卦《文言传》"《易》曰'见龙在天，利见大人'，君德也"，"天"明显是"田"字之误，吕、徐二本皆不误。除了补足几处阙文之外，其质量未必比最早传世之全本的徐本更优。

三、《易说》宋元本面貌及与明清本的关系

《易说》之宋元本虽然早已亡佚，但尚有诸多典籍著录与援引，学界已经以此为基础展开了相关研究，但在宋元本面貌及与传世的明清本的关系方面，还有一些问题未能厘清，主要包括以下内容：

第一，关于宋本的卷帙问题。晁公武《郡斋读书志》著录之《易说》为十卷，而陈振孙《直斋书录解题》则著录为三卷。日本学者菰口治认为陈《录》原本亦作十卷，今本作三卷乃传抄之误[1]；亦有谓晁《志》原本亦作三卷，今本作十卷误[2]。此二种说法都失之偏颇。陈《录》著录的三卷本，已有前述《厚斋易学》引录的韩元龙建康刻本为之佐证。而晁《志》著录的十卷本，除了有《文献通考》和《玉海·艺文》这两种源出于晁《志》的材料作为印证外，还有《宋史·艺文志》的记载。据今人研究，《宋志》是以《中兴国史艺文志》为基础，利用

---

① 胡元玲：《张载易学与道学》，台湾学生书局，2004年版，第28～29页。

② 马鑫焱：《张载易学著作与思想研究》，陕西师范大学2018年博士学位论文，第16～18页。

四朝、三朝、两朝《国史艺文志》进行补充修订而成①。张载卒于北宋神宗年间，《易说》出于其身后，甚至可能要晚到北宋末南宋初，故不会出现在《三朝志》和《两朝志》中。《四朝志》乃溯北宋当有之书，多取材自《续通鉴长编》与会要所载修书、献书记录。然今检《长编》与《宋会要辑稿》，并未见《易说》，吕大临所撰张载行状与《秘书省续编到四库阙书目》也未言及，故也不太可能出于《四朝志》。因此，《宋志》著录的《易说》十卷本，最有可能出于《中兴志》，而《中兴志》主要来源于《中兴馆阁书目》与《续书目》，前者成于淳熙五年（1178），与晁《志》相去不远。由此可见，《易说》十卷本在南宋初年，除晁公武之外，南宋官方可能也有收藏。十卷本和三卷本，应是南宋时期并行的两个《易说》的版本。

第二，关于传世本《易说》是否为残本的问题。前引菰口治说，据晁《志》著录十卷本，推测今传三卷本为残本。今按，十卷本的卷帙编排情况不可考，但韩元龙刻三卷本的书板只有一百六十八块，今传徐本半页十行二十字，三卷总计一百六十三页，与韩元龙本的书板数基本吻合。当然，中国古代的书板也有双面刊刻者，但如果韩本是双面刻，就意味着其字数要超过今本一倍。然《大易粹言》《厚斋易学》等书援引《易说》，多不出今本范围，没有发现大量佚文。由此推断，今传三卷本的基本面貌，应与韩元龙本差距不大。而韩本出现的时间，距离晁《志》著录的下限只有十几年，很难想象在如此短的时间内，《易说》就由十卷迅速亡佚至只剩三卷。更可能的情况是，十卷本和三卷本只是分卷不同，内容并无太多差异。

需要说明的是，中华书局点校本《张载集》中收录的《易说》，依据吕祖谦《周易系辞精义》补入了一些内容，台湾学者胡元玲统计得

---

① 马楠：《离析〈宋史·艺文志〉》，载安平秋主编：《中国典籍与文化论丛》总第21辑，凤凰出版社，2019年版。

三十八条，两千余字。但这并不能说明今传本《易说》存在严重残缺，其原因在于，《精义》引用张载之说虽然不少，但多数只标称"张氏"，也有一些注明出处为"张氏《正蒙》"等张载其他的著作，只有少数几条明言出自《易说》。胡元玲也已经指出，此三十八条中"有二十七条见于《正蒙》，一条见于《经学理窟》及《语录》"①，将其一概视为《易说》的内容并不妥当。例如，《系辞上传》"精气为物"条下，中华本补"精气为物"至"亦不出此"一段②，此段文字《精义》明确标注出处为"文集"，又卫湜《礼记集说》亦有，或许引自张载另一著作《礼记说》，总的来看，都与《易说》无关。又如"圣人有以见天下之动"条下，中华本补入"时措之宜便是礼"至"时中者不谓此"一段，且已注明此条又见于《经学理窟》和《语录》③。《粹言》于蒙卦《象传》下，也引此条的大部分内容，出处作"语解"（舒州本卷一，刘叔刚本卷四）。可见《粹言》所见《易说》并没有此条，补入之举并无依据。

第三，宋元本在内容上与明清本的异同。前文已经阐明，今传明清所刻三卷本《易说》，其基本内容应与南宋流传的十卷本和三卷本大致相同，吕本与徐本的阙文墨钉与舒州本《粹言》所引《易说》多能相合，也可证成此点。此外今传本《易说》中，存在着不少注明异文的小字注文，宋元时期援引《易说》者亦多有之。例如，上经贲卦六五爻末，吕本与徐本均有小字注文"悔一作晦"，《粹言》（舒州本卷三，刘叔刚本卷二十二）与《永乐大典》所引亦有④。例外的情况固亦有之，如蒙卦《象传》注"则是教者之功"下，《粹言》有小字注文"一有蒙以养正圣功也是以字"一条，今本即无；而本卦初六爻注文后，今本有小注"故一作终"，《粹言》则无（舒州本卷一，刘叔刚本卷四）。但此

① 胡元玲：《张载易学与道学》，台湾学生书局，2004 年版，第 36 页。
② （宋）张载著，章锡琛点校：《张载集》，中华书局，2006 年版，第 183 页。
③ （宋）张载著，章锡琛点校：《张载集》，中华书局，2006 年版，第 193 页。
④ 《永乐大典》卷一三八七五，中华书局，1986 年影印本，第 5972 页。

种情况不多。小字注文的相同，同样可以说明宋元本与明清本的内容一脉相承，二者之间并无本质差异。

但需要指出的是，宋元本在文字细节上，也确实存在着一些与今本的不同之处。如《粹言》蒙卦卦辞下引《易说》曰："礼闻来学，不闻往教。来学者，就道义而学之。往教者，致其人而取教也。童蒙求我，匪我求童蒙是也。"（舒州本卷一，刘叔刚本卷四）今本"礼闻来学，不闻往教"作"礼闻取道义于人，不闻取其人之身。来之为言，属有道义者谓之来"①。魏了翁《大易集义》卷四，则对两条都有援引，第一条与《粹言》同，第二条与今本同，以"又曰"标识。更值得注意的，是注文条目有无的互异。一方面，《粹言》有一些标明出自《易说》的注文，未见于今本。胡元玲指出六条，其中第一、四、五、六条，今本实有之②。其余二条，咸卦九四爻下"夫天地之常"云云一段，又见于《近思录》，乃是张载问于程颢，而程颢作答之语③。《系辞上传》"动物本诸天"云云一段，《厚斋易说》等书亦引④，又见于《正蒙》。另一方面，今本《易说》中的一些注文，在《粹言》中标注出处为其他著作。如《粹言》乾卦九五爻下有"至健而易，至顺而简"云云一段（舒州本、刘叔刚本卷一），《系辞上传》"参伍以变"条下有"气之聚散于太虚"云云一段（舒州本卷七），皆注明出处为《正蒙》，而今本《易说》皆有之。文字的差异，可能源自南宋时期《易说》的不同版本。而条目有无的差

---

① （宋）张载撰，刘泉校注：《横渠易说校注》，中华书局，2021年版，第46页。

② 胡元玲：《张载易学与道学》，台湾学生书局，2004年版，第30～31页。第一条复卦《大象传》"物因雷动"云云，胡氏自己已经标明又见于复卦卦辞和无妄卦《大象传》。第四条《系辞上传》"君子立法"云云一条，实际只是中华书局整理本依《精义》删去，徐本原有之。第五条《系辞上传》"非神不能显诸仁"云云，徐本置于"神以知来，知以藏往"一段下。第六条《杂卦传》"不曰天地而乾坤云者"云云，徐本置于《系辞上传》"天尊地卑"一段下。

③ （宋）叶采集解，程水龙校注：《近思录集解》，中华书局，2017年版，第42页。

④ （宋）冯椅：《厚斋易学》卷四十三，《景印文渊阁四库全书》第16册，台湾商务印书馆，1986年版，第695页。

异，既可能出现在宋元旧刻中，也不能排除为明人传抄或刊刻时改易的结果。但此现象折射出一个问题，即《易说》很有可能是后人搜集张载诸书中论《易》之说编成，尽管主体部分相对稳定，但各家刊刻或抄录时，仍可继续搜集材料加以增删。

第四，宋元本之编排与明清本的关系。今传吕本与徐本对张载注文的编排大致相同，而《粹言》则与之颇有差异。如乾卦《文言传》"潜龙勿用，阳气潜藏"一段下，吕、徐二本都有"颜子未成性"至"安有过亢"一大段注文，而《粹言》则分为四段，分置上九爻爻辞、初九与九五《小象传》《文言传》"九四或跃在渊无咎何谓也"之下（舒州本、刘叔刚本卷一）。又徐本《系辞下》"是故其辞危"一段，有注文曰："不斋戒其心，则杂而著也"。《系辞精义》和《永乐大典》所引，也都在此段下①，而《粹言》则置于《杂卦传》"屯见而不失其居"一段（舒州本卷十一）。这种编排差异，说明今本《易说》不是根据《粹言》辑佚而成，而是《粹言》在编纂时，将《易说》拆开重编的结果。

此外，今本《易说》中有些注文重出，而在《粹言》中仅出现一次。如"天下之理"至"因贰以济民行也"，在徐本中出现两次：一在《系辞上传》"是以君子将有为也"一段下，上接"有不知则有知"至"《中庸》所谓至矣"。一在《系辞下传》"因贰以济民行"一段下，上接"无有远近幽深"至"以至于极尽精微处也"。只有细微的文字差异。而《粹言》只在第二处出现一次（舒州本卷八）。按《系辞精义》卷下"子曰乾坤其《易》之门耶"一段（包含"因贰以济民行"，相当于徐本第二处），亦引此文，而附注云："此段上面有文，在'知变化之道'编，云'有不知则不知'至'《中庸》所谓至矣'，本与此相连。"②所谓"知

---

① （宋）吕祖谦：《晦庵先生校正周易系辞精义》卷下，《续修四库全书》第2册，上海古籍出版社，2002年版，第21页。《永乐大典》卷一二〇〇，中华书局，1986年影印本，第585页。

② （宋）吕祖谦：《晦庵先生校正周易系辞精义》卷下，《续修四库全书》第2册，上海古籍出版社，2002年版，第20页。

变化之道"在卷上，包含"是以君子将有为也"一段，相当于徐本第一处。可见《易说》此段注文可能原本就是重出的，《粹言》编纂时做了删并。

四、结　语

《宋史》称张载之学"以《易》为宗"①，而集中反映张载易学的《易说》，也被今人看作其最重要的学术著作之一。但通过对其流传轨迹的考察，可以发现，其书最早在南宋初年才开始被征引和著录。且从内容和编排来看，南宋时期的传本就已经出现了注文重复、羼入他书，甚至误入非张载之语的情况。此前学者多认为，《易说》在张载生前应有一个未成稿，去世后由门人最终编订成书②。此说固不无可能，但门生编纂老师的著作，竟如此混乱，并不十分合理。胡元玲已经考得，今本《易说》中有110条约4000余字又见于《正蒙》③，冯椅也怀疑《易说》或是"好学者以门人所记录与《正蒙》类为此书"④，也许更接近其真实情况。无独有偶，张载的其他著作如《经学理窟》《礼记说》等，亦有混入程颐语录的情况，《理窟》的来源也同样可疑⑤。利用这些著作讨论张载思想时，应注意对其内容可靠性加以考察。

《易说》在南宋至少有十卷本与三卷本两种单行本，还被收入《大易粹言》，流传颇广。这在很大程度上，应与理学的流行及张载地位的提高有关。曾看到并引用过《易说》的郭雍谓："宋兴百有余载，有明

① （元）脱脱等：《宋史》卷四二七《列传第一百八十六·道学传》，中华书局，1985年版，第12724页。

② （宋）张载撰，刘泉校注：《横渠易说校注》，中华书局，2021年版，"前言"第5页。

③ 胡元玲：《张载易学与道学》，台湾学生书局，2004年版，第55页。

④ （宋）冯椅：《厚斋易学》附录《先儒著述上》，《景印文渊阁四库全书》第16册，台湾商务印书馆，1986年版，第830页。

⑤ 林鹄：《〈经学理窟·宗法〉与程颐语录》，《中国哲学史》，2015年第2期。

道伊川二程先生、横渠张先生出焉，监前世儒者之弊，力除千余载利禄之学，直以圣人为师，斯道为己任，岂非古之所谓豪杰之士也哉。"① 将张载与二程并尊，称为"豪杰之士"，可见其推崇之意。包括《易说》在内的一批张载著作在南宋出现，都是基于此背景。至于元代，《易说》流传不衰，直至明初还有被收入《永乐大典》的传本，也是因为以朱学为主流的理学，在元代发展较为繁盛。实际朱子本人虽然很重视张载，但并不太关注《易说》，现存朱子各种著作中很少言及，其对张载筮法的了解，甚至还是通过郭雍《蓍卦辨疑》辗转得到，且持批评态度②。然而元代一些传习朱子易学的学者，在尊朱之余，还将其学术源头上溯至北宋，并将张载排入传《易》之道统中。如胡一桂即称张载易学出于二程，与朱子同源③，相当于间接地推高了张载的地位。《易说》在元代不仅常被援引，且引用时多尊称为"张子"，一定程度上即缘于此。

明初经学的发展一度陷入低谷，《易说》也再无翻刻。直至嘉靖、万历年间，吕本、徐本的相继出现，才改变了该书流传衰微的局面。从内容上来看，徐本并非传承自吕本，二本的底本也未必是宋元旧刻，而更可能是传抄之本，不排除有讹脱衍倒，甚至后人妄加增删的部分。但通过与《粹言》等书所引《易说》进行比对，可以看出，吕、徐二本与宋元传本，主体部分基本一致，并无大规模的改易，是值得采信的版本。前人多讥明人刻书不精，且好妄改，乃至有"明人刻书而书亡"之说。其说实过于绝对，明刻中不乏渊源有自者，《易说》即是一例。且自明初至吕、徐二本出现之前，《易说》至少在一两百年内处于

---

① （宋）郭雍：《白云先生易说序》，《大易粹言》卷首，台湾影印南宋建安刘叔刚刻本，1991年版，第13页。

② （宋）朱熹：《蓍卦考误》，朱杰人等主编：《朱子全书》第23册，上海古籍出版社、安徽教育出版社，2002年版，第3226页。

③ （元）胡一桂著，谷继明点校：《周易本义启蒙翼传》中篇《传授》，中华书局，2019年版，第321~324页。

濒临绝传的境地，无此二本，《易说》甚至未必能传至今日。明代中期以来，在复古风气的推动下，学界开始搜求前代旧籍进行翻刻，并出现了仿宋刻乃至伪宋板之书①。一批流传稀少的典籍，在此时期被翻刻而重获新生。除《易说》外，易学典籍中至少还有《周易集解》《诚斋易传》等书，都属此种情况。明人刻书在此方面的贡献，值得加以充分肯定。

作者单位：北京外国语大学

---

① 陈先行：《关于版本学的问答》，《古籍善本》（修订版），上海人民出版社，2020年版，第6～7页。

明代易学家万廷言年谱简编

李贺亮

摘要：万廷言是明代心学家、易学家，先后师从江右巨擘罗洪先与浙中大儒王畿，是阳明再传弟子中十分重要的学者。万廷言入仕后，交友颇广，与当时重要的阳明后学多有来往，学术相互浸染。及其罢官后，专究于易学，并在家乡从事讲学活动，晚年著有《学易斋集》《易原》《易说》《学易斋约语》等易学著作，思想深邃，在明代心学及易学发展史上占有重要地位。然《明史》未立其传，其生平事迹亦不得其详。通过钩稽和编排与万廷言相关之史料，粹集其生平事迹、仕宦交游、学术活动等编成简谱，有助于促进相关学术研究之展开。

关键词：万廷言　阳明学　江右　年谱

万廷言（1530～1609），字以忠，又作曰忠，号思默，南昌东溪人（今南昌市南昌县广福镇东埂村），明代心学家、易学家。父万虞恺，刑部侍郎，受业于王阳明。嘉靖四十一年（1562）进士，历任兵部主事、礼部员外郎、光禄寺丞、按察司佥事等。罢官后，杜门三十余年，精研易学。万廷言师承江右巨擘罗洪先与浙中大儒王畿，学术综摄江右与浙中王门，是阳明再传弟子中的中流砥柱。黄宗羲不仅称赞其心学"能推原阳明未尽之旨"①，更是对其易学成就给予了"自来说《易》者，《程传》而外，未之或见也"②的高度评价。其传世著作有《学易斋集》《易原》《易说》《学易斋约语》《经世要略》等。逝世后被尊奉为豫章先贤祠明儒之一和江西理学名贤祠名贤之一③。

嘉靖九年（1530）庚寅，一岁。

十二月九日，生。

案：关于万廷言生年，史籍中未见有明确记载。据中华书局2015年版《万廷言集》，点校者张昭炜教授在"校点说明"中称万廷言"嘉靖辛卯（一五三一年）六月生"，但未见出处。笔者根据所掌握的三条史料，认为此说有误。一是《嘉靖四十一年进士登科录》记述："（万廷言）年三十三，十二月初九日生。"④古人以虚岁计龄，由此可知万廷言当生于嘉靖九年十二月九日。二是许孚远在《寿李孟诚年丈七袠序》中称："余少日忠五岁。"⑤许孚远生于嘉靖十四年，则可知万廷言当生于嘉靖九年。三是万廷言曾在《书己未小像后》中自述："予今年三十岁，固愧君之所记矣。"⑥己未年即嘉靖三十八年，亦可推算其生年当为嘉靖九年。根据三条

---

① （清）黄宗羲著，沈芝盈点校：《明儒学案》卷十六《江右王门学案一》，中华书局，2008年版，第331页。
② （清）黄宗羲著，沈芝盈点校：《明儒学案》卷二十一《督学万思默先生廷言》，中华书局，2008年版，第501页。
③ （清）谢旻、陶成等修纂：《江西通志》卷一百零八，《景印文渊阁四库全书》第516册，台湾商务印书馆，1986年版，第559页。
④ 屈万里主编：《明代登科录汇编》第15册，台湾学生书局，1969年版，第7723页。
⑤ （清）黄宗羲：《明文海》卷三百二十《寿李孟诚年丈七袠序》，中华书局，1987年版，第3299页。
⑥ （明）万廷言著，张昭炜点校：《学易斋集》卷十三《书己未小像后》，《万廷言集》，中华书局，2015年版，第283页。

史料的相互印证，可以确定万廷言生于嘉靖九年（1530）十二月九日。

嘉靖十七年（1538）戊戌，九岁。

是年，父万虞恺（字懋卿，号枫潭，1505～1588）进士及第①。

嘉靖二十八年（1549）己酉，二十岁。

是年，即知收拾此心，一意静坐。

案：万廷言《学易斋约语》曰："予弱冠即知收拾此心，甚苦思强难息，一意静坐。"②古人以"二十日弱冠"，故应是是年。

嘉靖三十年（1551）辛亥，二十二岁。

十二月，叔父万柘冈之配魏氏卒，其作《慈顺万母魏孺人行状》③。

嘉靖三十四年（1555）乙卯，二十六岁。

秋，乡试中举④。

嘉靖三十五年（1556）丙辰，二十七岁。

春，在京参加会试，落榜。

---

① （明）邓定宇：《邓定宇先生文集》卷四《刑部侍郎枫潭万公行状》，明周文光刻本，第50b页。

② （明）万廷言著，张昭炜点校：《学易斋约语》卷二，《万廷言集》，中华书局，2015年版，第479页。

③ （明）万廷言著，张昭炜点校：《万廷言集》附录一《慈顺万母魏孺人行状》，中华书局，2015年版，第516～517页。

④ （清）谢旻、陶成等修纂：《江西通志》卷五十四，《景印文渊阁四库全书》第514册，台湾商务印书馆，1986年版，第781页。

夏，梦中见陈献章（字公甫，别号石斋，又号白沙先生，1428～1500）对其言"格物在无物处格"，觉而思之，悟得格物即是格心之理①。

嘉靖三十六年（1557）丁巳，二十八岁。

夏，与师罗洪先（字达夫，号念庵，1504～1564）在石莲洞论《易》，受教"至静"本体具有"收敛""翕聚"的特性②。

嘉靖三十七年（1558）戊午，二十九岁。

春，父万虞恺赴石莲洞访罗洪先，相与论学半月③。

冬，在京拜谒唐顺之（字应德，号荆川，1507～1560），受教"古人之学高虚，未始不着实；着实，未始不高虚"④。

嘉靖三十八年（1559）己未，三十岁。

春，第二次参加会试，再次落榜。

是年，罗洪先来信，言此心收摄之难，教导其收摄此心要意念集中，屏绝心智与外物相接而产生的干扰，要有极深研几之功⑤。

冬，同邑罗子为其肖静坐之像，作《书己未小像后》⑥。

---

① （明）万廷言著，张昭炜点校：《学易斋集》卷十三《书白沙子后》，《万廷言集》，中华书局，2015 年版，第 282 页。

② 张卫红：《罗念庵的生命历程与思想世界》，生活·读书·新知三联书店，2009 年版，第 438 页。

③ 吴震：《聂豹、罗洪先评传》，南京大学出版社，2001 年版，第 358 页。

④ （明）万廷言著，张昭炜点校：《学易斋集》卷十四《祭荆川先生文》，《万廷言集》，中华书局，2015 年版，第 305 页。

⑤ （明）罗洪先著，徐儒宗编校：《罗洪先集》卷七《答万曰忠（己未）》，凤凰出版社，2007 年版，第 270～271 页。

⑥ （明）万廷言著，张昭炜点校：《学易斋集》卷十三《书己未小像后》，《万廷言集》，中华书局，2015 年版，第 283 页。

嘉靖四十一年（1562）壬戌，三十三岁。

是年，与友李材（字孟诚，号见罗，1529~1607）在京应试，殿试前结交许孚远（字孟中，号敬庵，1535~1604）。数日后，三人同登进士第，其与许孚远同事西曹（刑部）①。

嘉靖四十二年（1563）癸亥，三十四岁。

春、夏，罗洪先病重，两致病书②。

是年，李材告病归南山、许孚远赴真州（今江苏仪征），各不相见有两年③。

嘉靖四十三年（1564）甲子，三十五岁。

二月，罗洪先卒，作《祭念庵先生文》，哀恩师长逝之痛。

是年，结识王时槐（字子植，号塘南，1522~1605）④。

秋，因差事过武林（今杭州），拜访王畿（字汝中，号龙溪，1498~1583），受教"思虑未起"之旨，三宿而别⑤。

嘉靖四十四年（1565）乙丑，三十六岁。

是年，奉命出使过真州，时许孚远视榷真州，与之相聚，数日

---

① （明）万廷言著，张昭炜点校：《学易斋集》卷九《许孟中壬申所寄和诗后序》，《万廷言集》，中华书局，2015 年版，第 208~209 页。

② （明）万廷言著，张昭炜点校：《学易斋集》卷十四《祭念庵先生文》，《万廷言集》，中华书局，2015 年版，第 306 页。

③ （明）万廷言著，张昭炜点校：《学易斋集》卷九《许孟中壬申所寄和诗后序》，《万廷言集》，中华书局，2015 年版，第 209 页。

④ （明）王时槐著，钱明、程海霞编校：《王时槐集》，上海古籍出版社，2015 年版，第 655~656 页。

⑤ （明）王畿著，吴震编校：《王畿集》卷十六《书见罗卷兼赠思默》，凤凰出版社，2007 年版，第 471~473 页。

而别①。

是年，由兵部武选司主事升任礼部祠祭清吏司员外郎②。

是年，礼部任职期间，勤勉尽职，受明世宗嘉许，特进其官阶承德郎，妻邹氏赐为安人③。

嘉靖四十五年（1566）丙寅，三十七岁。

是年，许孚远迁吏部，再聚京师④。

三月，王时槐降受光禄寺少卿，万廷言已迁至光禄寺丞。光禄寺职务甚简，王时槐得闻万廷言"艮背"之说，遂而习静坐，久之颇有所得⑤。

隆庆元年（1567）丁卯，三十八岁。

三月，升云南按察司佥事，寻即谪为汀州府（今福建长汀）推官。先是，吏部尚书杨博敷奏升万廷言为礼部仪制司郎中，工部尚书雷礼以万廷言轻躁，议升其为云南按察司提学佥事。三月三日降敕命。礼科给事中周世选遂弹劾雷礼以私愤中伤万廷言出为佥事，列雷礼罪状。雷礼复上奏辩言，诋讦周世选、万廷言与胡应嘉为朋比，又诬陷万廷言以外补为嫌，举动乖剌，非清朝之臣，请重加降罪以为庶官。穆宗听

① （明）万廷言著，张昭炜点校：《学易斋集》卷九《许孟中壬申所寄和诗后序》，《万廷言集》，中华书局，2015年版，第209页。

② （明）林尧俞：《礼部志稿》卷四十三，《景印文渊阁四库全书》第597册，台湾商务印书馆，1986年版，第798页；（明）万廷言著，张昭炜点校：《万廷言集》附录四《勅命承德郎》，中华书局，2015年版，第561页。

③ （明）万廷言著，张昭炜点校：《万廷言集》附录四《勅命承德郎》，中华书局，2015年版，第561页。

④ （明）万廷言著，张昭炜点校：《学易斋集》卷九《许孟中壬申所寄和诗后序》，《万廷言集》，中华书局，2015年版，第209页。

⑤ （明）王时槐著，钱明、程海霞编校：《王时槐集》，上海古籍出版社，2015年版，第657页。

信其言，按察司金事未及任，便以光禄寺丞降二级出外，谪为汀州府推官①。

是年，往汀过家，王时槐访万廷言于章水，为言"民之风俗系山川，政之难易系风俗"②。

是年，在汀州，周子显持阳明重游九华诗卷以示，有感阳明先生之学而论其世。临别，作古诗《送周幕僚归金华》③。

是年，与客常游朝斗岩，于此岩静坐，有见此心之体清虚莹澈，与天无际。并在朝斗岩上建有澄心堂，士人讲学其中④。

> 案：万廷言任汀州推官期间，治尚清简，减边需，严保甲，立乡校，深受汀人爱戴⑤。期间作有律诗《宿金星庵》《朝斗岩》，记《澄心堂记》《太守徐公去思碑记》。

是年，两谒太常寺少卿魏良弼（字师说，号水洲，1492～1575）于草堂⑥。

---

① （明）万廷言著，张昭炜点校：《万廷言集》附录四《勅命云南按察司金事》，中华书局，2015年版，第562页；《明穆宗实录》卷六，台湾"中研院"历史语言研究所，1965年版，第162～163页；魏元旷：《南昌县志》卷三十一，台湾成文出版社，1970年版，第772页。

② （明）万廷言著，张昭炜点校：《学易斋集》卷十一《太守徐公去思碑记》，《万廷言集》，中华书局，2015年版，第251～252页。

③ （明）万廷言著，张昭炜点校：《学易斋集》卷八《阳明先生重游九华诗卷后序》，《万廷言集》，中华书局，2015年版，第193页。

④ （明）万廷言著，张昭炜点校：《学易斋集》卷十一《澄心堂记》，《万廷言集》，中华书局，2015年版，第251页；（清）曾曰瑛、李绂修纂，王光明、陈立点校：《汀州府志》卷七《古迹》，方志出版社，2004年版，第101页。

⑤ （清）曾曰瑛、李绂修纂，王光明、陈立点校：《汀州府志》卷二十《名宦》，方志出版社，2004年版，第466页。

⑥ （明）万廷言著，张昭炜点校：《学易斋集》卷九《水洲魏先生八十寿序》，《万廷言集》，中华书局，2015年版，第206页。

是年，结识郭春渠（字以受，号华南，1513～1582）①。

隆庆二年（1568）戊辰，三十九岁。

春，由汀州迁往广平，作有《念庵先生书册后序》②。

冬，在广平，作有《四可堂记》，阐述"吾心与天地万物一致"之旨③。

隆庆三年（1569）己巳，四十岁。

春，罢官还山，绝意仕宦。秋，结庐罗原，一心向学，终岁静坐，澄澈此心④。

　　案：据温建斌《南昌书院史》考证，罗原系豫章先生罗从彦故居所在地，位于南昌县广福镇东埠村，明代地号东溪万家村，此处亦是万廷言的家乡。明嘉靖年间，万廷言将罗从彦故居数间房屋辟成讲堂，同邓以赞、李材、章潢、王时槐、邓元锡等人讲学其中，罗洪先题额曰"罗原书屋"。万廷言在此开堂讲学，四方学子奔走如流⑤。

是年，深山静坐数月，有窥未发气象，亦显道南指诀之迹象⑥。

---

① （明）万廷言著，张昭炜点校：《学易斋集》卷十《赠郭司训序》，《万廷言集》，中华书局，2015 年版，第 226 页。

② （明）万廷言著，张昭炜点校：《学易斋集》卷八《念庵先生书册后序》，《万廷言集》，中华书局，2015 年版，第 202 页。

③ （明）万廷言著，张昭炜点校：《学易斋集》卷十一《四可堂记》，《万廷言集》，中华书局，2015 年版，第 254～255 页。

④ （明）万廷言著，张昭炜点校：《学易斋集》卷五《答吴望湖先生》，《万廷言集》，中华书局，2015 年版，第 123～124 页。

⑤ 温江斌：《南昌书院史》，江西人民出版社，2016 年版，第 150 页。

⑥ （明）万廷言著，张昭炜点校：《学易斋集》卷五《复金惺庵》，《万廷言集》，中华书局，2015 年版，第 125 页。

是年，见己未画像有感，作有《己未画像》①。

隆庆四年（1570）庚午，四十一岁。

冬，许孚远赴任广东岭海，途经桑林与万廷言会面，此时李材亦官居岭海。万廷言作有《桑林别许孟中年兄兵宪之广东》，并托诗（《送李孟诚年兄兵宪广东兼柬孟中》）寄李材②。

隆庆五年（1571）辛未，四十二岁。

是年，郭春渠以其习气未融，真性未彻，约万廷言与魏时亮（字工甫，又字敬吾，号舜卿，1529～1591）诸君聚于北沙湖水之上，共究其所未至③。

隆庆六年（1572）壬申，四十三岁。

秋，许孚远移官入闽，自虔（今江西赣州）寄来和诗，恰逢万廷言祖母、次子万建明相继病逝，悲痛相仍，未及读④。

万历元年（1573）癸酉，四十四岁。

春，卧病桑林。五月，作有《许孟中壬申所寄和诗后序》⑤。

---

① （明）万廷言著，张昭炜点校：《学易斋集》卷十七《己未画像》，《万廷言集》，中华书局，2015年版，第346页。

② （明）万廷言著，张昭炜点校：《学易斋集》卷九《许孟中壬申所寄和诗后序》，《万廷言集》，中华书局，2015年版，第209页；（明）许孚远：《敬和堂集》卷一，明万历刻本，第18b～20b页。

③ （明）王时槐著，钱明、程海霞编校：《庆友堂存稿》卷八《华南郭君行状》，《王时槐集》，上海古籍出版社，2015年版，第201页。

④ （明）万廷言著，张昭炜点校：《学易斋集》卷九《许孟中壬申所寄和诗后序》，《万廷言集》，中华书局，2015年版，第209页。

⑤ （明）万廷言著，张昭炜点校：《学易斋集》卷九《许孟中壬申所寄和诗后序》，《万廷言集》，中华书局，2015年版，第209～210页。

万历三年（1575）乙亥，四十六岁。

五月，奉侍父万虞恺、叔西原先生万虞龙放舟夜游①。

万历四年（1576）丙子，四十七岁。

是年，郭春渠升任连江学谕，其门下士与同志诸君委请作辞以赠之，万廷言作《赠郭司训序》，序中认为郭春渠"性体不受污染"之说所传恐误（郭春渠认为性体湛然，不受污染；过与不及，皆其流行发用，非性之罪。如此，性体与发用为二，体用为二。而万廷言认为性体与发用本为一体，即体用一源），并阐其"精一"之旨②。

万历五年（1577）丁丑，四十八岁。

夏，杨山人访罗原山中，万廷言从问《参同契》《石函记》大旨，并有"太阳元精公私"之说③。

夏，结识邓以赞（字汝德，号定宇，1542～1599)④。

是年，就郭春渠"不受污染"之说所传之误，致信王时槐相与探讨⑤。

---

① （明）万廷言著，张昭炜点校：《学易斋集》卷十五《奉侍老父西原叔月夜自枫树潭放舟登石冈（有序)》，《万廷言集》，中华书局，2015 年版，第 320 页。

② （明）王时槐著，钱明、程海霞编校：《庆友堂存稿》卷八《华南郭君行状》，《王时槐集》，上海古籍出版社，2015 年版，第 202 页；(明）万廷言著，张昭炜点校：《学易斋集》卷十《赠郭司训序》，《万廷言集》，中华书局，2015 年版，第 226～227 页。

③ （明）万廷言著，张昭炜点校：《学易斋集》卷九《赠杨山人序》，《万廷言集》，中华书局，2015 年版，第 220～221 页。

④ （明）万廷言著，张昭炜点校：《学易斋集》卷十《寿邓太夫人八十序》，《万廷言集》，中华书局，2015 年版，第 239 页。

⑤ （明）万廷言著，张昭炜点校：《学易斋集》卷六《寄王子植》，《万廷言集》，中华书局，2015 年版，第 145 页。

万历六年（1578）戊寅，四十九岁。

九月，万虞恺与万恭（字肃卿，号两溪，1515～1591）登鹤仙峰，以效古之登高义，万虞龙、万廷言、魏时亮偕行。万廷言作有《游鹤仙峰记》[1]。

冬，始获侍刘双峰。次日，双峰委序而别[2]。

万历七年（1579）己卯，五十岁。

是年，李材来书信探讨学问。信中李材仍执其"舍修身之本外，无别有可明之学"观点，独以"修身"才是独得圣人之传[3]。

案：万历初，李材落职还乡，在江西丰城宣讲自创的"止修"学说，不以"良知"为本体，与阳明"致良知"的宗旨分道扬镳。其强人从己，视他人之学非圣学，以是否赞同己说来划分界限、判别友敌，致使阳明后学对其多有诤论。万廷言论学倾向于强调躬修默识、不必强求异同归一，一直对其多有诤劝，认为"即稍异同，无妨也，且朋友切磋，何必尽同"[4]，保持着学术开放的态度。然于是年，李材仍执己说。

万历九年（1581）辛巳，五十二岁。

是年，与王时槐往来书信探讨"性本离念"之意[5]。

---

① （明）万廷言著，张昭炜点校：《学易斋集》卷十一《游鹤仙峰记》，《万廷言集》，中华书局，2015 年版，第 260～263 页。

② （明）万廷言著，张昭炜点校：《学易斋集》卷十《求正集略序》，《万廷言集》，中华书局，2015 年版，第 230 页。

③ （明）李材：《见罗李先生观我堂稿》卷九《答万思默书（己卯）》，明万历间爱成堂刻本，第 2a～3a 页。

④ （明）万廷言著，张昭炜点校：《学易斋集》卷七《答李孟诚》，《万廷言集》，中华书局，2015 年版，第 156 页。

⑤ （明）王时槐著，钱明、程海霞编校：《友庆堂合稿》卷一《答万思默（辛巳）》，《王时槐集》，上海古籍出版社，2015 年版，第 349 页。

万历十年（1582）壬午，五十三岁。

是年，与魏时亮、许孚远访罗汝芳（字惟德，号近溪，1515～1588）于从姑山，相论"克己复礼"①。

万历十一年（1583）癸未，五十四岁。

是年，与许孚远、邓元锡（字汝极，号潜谷，1529～1593）再访罗汝芳于从姑山，相论"克己"之意②。

六月，恩师王畿卒。

万历十三年（1585）乙酉，五十六岁。

春，萧廪（字可发，号兑隅，1523～1587）与其会于章水，坦言意根难静，气多难下。万廷言欲请教其所得，时风急行迫，不及请。不久，萧廪去世③。

冬，致信王时槐，言程颐造诣精纯，后儒多不能窥其门户、深明其旨。并论及王时槐《三益轩会语》中"心非情识"一语④。

万历十五年（1587）丁亥，五十八岁。

秋，《学易斋集》（含《易原》）成书，作《学易斋集自序》，标志其思想的成熟⑤。

---

① 吴震：《明代知识界讲学活动系年：1522～1602》，学林出版社，2003 年版，第 355 页。

② 吴震：《罗汝芳评传》，南京大学出版社，2005 年版，第 167～171 页。

③ （明）万廷言著，张昭炜点校：《学易斋集》卷十《论学绪言序》，《万廷言集》，中华书局，2015 年版，第 246 页。

④ （明）万廷言著，张昭炜点校：《学易斋集》卷七《寄王子植》，《万廷言集》，中华书局，2015 年版，第 160～161 页；（明）王时槐著，钱明、程海霞编校：《友庆堂存稿》卷五《塘南居士自撰墓志铭》，《王时槐集》，上海古籍出版社，2015 年版，第 158 页。

⑤ （明）万廷言著，张昭炜点校：《万廷言集》，中华书局，2015 年版，第 23～24 页。

案：《易原》是万廷言易学著述中最体系、最核心的部分，是万廷言借《易》以阐述其心学思想。其言："慨夫读《易》者支于象、淫于辞也，作《易原》。《易》惟中，乾、坤、图、象，皆中也。"①

万历十六年（1588）戊子，五十九岁。

六月，父万虞恺卒。

闰六月，为章潢（字本清，号斗津，1527～1608）纂、范涞（字原易，号晞阳，1538～1614）修的《新修南昌府志》作《南昌府志序》②。

秋，陈文烛（字玉叔，号五岳山人，1525～1609）作《学易斋集序》③。

万历十七年（1589）己丑，六十岁。

春，长子万建崑（字季瑜，1567～?）登进士第④。

十一月，赐已故刑部右侍郎万虞恺祭葬之礼⑤。

万历十八年（1590）庚寅，六十一岁。

十一月，《易说》成书，作《易说序》⑥。

案：《易说》系万廷言读《程氏易传》而随手记录的札记，对

---

① （明）万廷言著，张昭炜点校：《学易斋集》卷一《易原》，《万廷言集》，中华书局，2015年版，第25页。
② （明）章潢、范涞修纂：《新修南昌府志》，书目文献出版社，1990年版，第12～15页。
③ （明）万廷言著，张昭炜点校：《万廷言集》，中华书局，2015年版，第21～22页。
④ （清）谢旻、陶成等修纂：《江西通志》卷五十五，《景印文渊阁四库全书》第514册，台湾商务印书馆，1986年版，第800页。
⑤ （明）谈迁著，张宗祥点校：《国榷》卷七十五，中华书局，1958年版，第4616页。
⑥ （明）万廷言著，张昭炜点校：《万廷言集》，中华书局，2015年版，第405页。

《程氏易传》多有发明。其在《易说序》中说："少读程先生《易传》，颇通其辞。山中二十年端居深玩，时亦或通其意，惧其忘也，因不诠次而识焉，以备观省，终吾身而已矣。"

是年，王时槐两致书信，痛陈禅学之弊，恐孔孟圣学大坏而不明①。

万历十九年（1591）辛卯，六十二岁。
八月，徐万仞（字仰之，生卒不详）作《易原易说序》②。

万历二十年（1592）壬辰，六十三岁。
九月，邓元锡作《学易斋易序》③。

万历二十四年（1596）丙申，六十七岁。
春，门人李杜（字思质，号云台山人，生卒不详）作《思默先生易原序》④。

冬，杨起元（字贞复，号复所，1547～1599）作《易原易说题辞》⑤。

---

① （明）王时槐著，钱明、程海霞编校：《友庆堂合稿》卷一《与万思默》，《王时槐集》，上海古籍出版社，2015 年版，第 369～370 页。
② （明）万廷言著，张昭炜点校：《万廷言集》附录二《易原易说序》，中华书局，2015 年版，第 529～530 页。
③ （明）万廷言著，张昭炜点校：《万廷言集》附录二《学易斋易序》，中华书局，2015 年版，第 524～526 页。
④ （明）万廷言著，张昭炜点校：《万廷言集》附录二《思默先生易原序》，中华书局，2015 年版，第 522～523 页。
⑤ （明）万廷言著，张昭炜点校：《万廷言集》附录二《易原易说题辞》，中华书局，2015 年版，第 526 页。

万历二十五年（1597）丁酉，六十八岁。

夏，管志道（字登之，号东溟，1536～1608）作《易原引》①。

是年，王时槐来信请教，认为先辈大贤所入不同，而所见道之本原，固无不同，至其所入，各有方便之门，所得各有亲切之处，似亦不能尽同，然不害其为同，吾辈正不必执见争辨②。

万历二十六年（1598）戊戌，六十九岁。

春，万廷言《经世要略》成书，并作有《经世要略叙》③。

万历二十七年（1599）己亥，七十岁。

是年，邓以赞卒。邹元标（字尔瞻，号南皋，1551～1624）致信，陈邓以赞长逝之痛④。

万历三十年（1602）壬寅，七十三岁。

三月，王时槐约其会于樟镇，别后王时槐亟叹其学正当精深⑤。

夏，《学易斋约语》成书，附有杂著《读金刚经一》《读金刚经二》《读老子一》《读老子二》。

案：《学易斋约语》虽不如《易原》《易说》富有严密的逻辑，

---

① （明）万廷言著，张昭炜点校：《万廷言集》附录二《易原引》，中华书局，2015 年版，第527～529 页。

② （明）王时槐著，钱明、程海霞编校：《友庆堂合稿》卷一《答万思默（丁酉）》，《王时槐集》，上海古籍出版社，2015 年版，第394～395 页。

③ （明）万廷言著，张昭炜点校：《万廷言集》附录一《经世要略叙》，中华书局，2015 年版，第515～516 页。

④ （明）邹元标：《愿学集》卷三《答万思默光禄》，《景印文渊阁四库全书本》第1294 册，台湾商务印书馆，1986 年版，第70 页。

⑤ （明）王时槐著，钱明、程海霞编校：《王时槐集》，上海古籍出版社，2015 年版，第671 页。

但此书作为万廷言晚年之作，亦可见其思想的最终定论，是研究万廷言思想不可或缺的材料。而且，此书附有万廷言对《金刚经》与《老子》二书的见解，对于了解其对佛老思想的判摄亦具有重要价值。

秋，章潢作《万以忠先生约语序》①。

冬，门人叶修作《约语序》②。

万历三十七年（1609）己酉，八十岁。

是年，卒。邹元标作《祭万思默先生文》③。

　　案：关于万廷言卒年，未有文献明确记载。据邹元标《祭万思默先生文》曰："期公大耋，为世著龟。忽闻仙逝，泰山其颓。"古代称八十岁为"大耋"④，万廷言生于嘉靖九年（1530），可推知其卒年当与是年最为接近。另外，张昭炜教授在《万廷言集》"校点说明"中称万廷言"万历庚戌（1610）正月殁。享年八十岁"，亦未标明出处。仅补作参考。

　　　　　　　　　　　　　　　　　　作者单位：山东大学

---

① （明）万廷言著，张昭炜点校：《万廷言集》，中华书局，2015年版，第441~442页。

② （明）万廷言著，张昭炜点校：《万廷言集》，中华书局，2015年版，第437~440页。

③ （明）邹元标：《愿学集》卷七《祭万思默先生文》，《景印文渊阁四库全书本》第1294册，台湾商务印书馆，1986年版，第285~286页。

④ 如罗洪先《明故诰封奉政大夫刑部山东清吏司郎茫湖李公合葬墓志铭》曰："是时翁且八十，先期迎贺于留都，公辞曰：'余以三世一身遭罹多难，乃苟延大耋于今。'"（《念庵文集》卷十五）；罗玘《八十偕寿序》曰："八十古曰大耋也。"（《圭峰集》卷一）；罗钦顺《寿正郎尹南山八十》："几人大耋童颜在，百里耆英贺席同。"（《整庵存稿》卷十九）等明代文献，均以"大耋"指代八十岁。可见在明代这是一种常见用法。

潘士藻《读易述》之史源学考辨

陈开林

摘要：潘士藻《读易述》属于纂注体《易》著。该书内容丰富，极有学术价值，然迄今尚未引起学界关注。书中大量征引前贤时彦的见解，保存了大量的文献，但在征引时也存在一些失误，故可从六个方面对其失误进行举例说明。另外，后世《易》著因未究《读易述》征引之误，在援用《读易述》时致有讹误，亦加以条辨。

关键词：潘士藻 《读易述》 明代易学 史源学 纂注体《易》著

杨自平先生曾指出元代"许多《易》著采用纂注体形式"，并将其分为两种表现类型："一类是从体例明确标出，如李简《学易记》直接标出'伊川曰''白云曰'等"；"另一类则仅于书名标出'纂''集'的字样，但体例却未具体标明。"① 明清时期的一些《易》著，也采用了纂注体的形式，如张献翼《读易纪闻》、焦竑《易筌》、潘士藻《读易述》、何楷《古周易订诂》、张次仲《周易玩辞困学记》等。书中既有援引，又有己见；援引文字，或标举出处，或不加说明。只有通过史源学加以考察，做一番正本清源的工作，才能明确加以区分。本文以潘士藻及

---

① 杨自平：《元代〈易〉学类型研究》，台大出版中心，2021 年版，第 10 页。

《读易述》为例[①]，加以说明。

一、潘士藻及《读易述》

潘士藻（1537~1600），字去华，号雪松，明代徽州婺源（今属江西）人。万历十一年（1583）进士及第。《明史》卷二百三十四有传，附于《李沂传》后，所言甚简。焦竑《澹园集》卷三十《奉直大夫协正庶尹尚宝司少卿雪松潘君墓志铭》述其生平较详细。另外，其生平可参邹元标《愿学集》卷六《奉直大夫协正庶尹尚宝司少卿雪松潘公墓表》、袁中道《珂雪斋集》卷十七《潘去华尚宝传》、黄宗羲《明儒学案》卷三十五《泰州学案四·尚宝潘雪松先生士藻》。其著述有《读易述》《暗然堂遗集》《暗然堂类纂》等。

其中《读易述》最为有名，后收入《四库全书》。关于其撰《读易述》，焦竑《读易述序》称：

> 余友潘去华刳心孔、孟之学，晚独研精于《易》，仰思有得，时时私草其事绪正之。每就一章，未尝不津津有味其言也。已而叹曰："《易》如鸿鹄然，一人射之，不若合众力之犹有中也。"乃尽取诸家参究之，博考前闻，精思其义，而加折衷焉[②]。

袁中道《潘去华尚宝传》称：

> 自官尚宝时，署中无事，乃潜心玩《易》，每十余日玩一卦。

---

① 学界关于潘士藻的研究较少，仅有郭翠丽：《阳明后学潘士藻交友考》，《上饶师范学院学报》，2019 年第 5 期。

② （明）潘士藻：《读易述》，《四库提要著录丛书》经部第 4 册，北京出版社，2018 年版，第 197 页。

或家中静思，或拜客马上思之。不论闲忙昼夜，穷其奥妙。每得一爻，即欣然起舞，索笔书之。青衿疲马，出入廛市，于于徐徐，都忘其老①。

足见其对《周易》浸淫之久，沉醉之深。该书一名《洗心斋读易述》，共十七卷，有明万历三十四年潘师鲁刻本、《四库全书》本。

二、《读易述》诸失举例

诚如焦竑所言，潘士藻撰《读易述》时，"乃尽取诸家参究之，博考前闻，精思其义，而加折衷焉"②，可见《读易述》一方面迻录前贤时彦的文字，一方面间下己意。征引范围颇为广泛，上自先秦典籍，下至其朋辈，如李贽《九正易因》、程汝继《周易宗义》等。《周易宗义》中亦大量引用潘士藻的见解，足见二人交往之情。

由于征引繁富，在征引过程中，同明清其他一些纂注体《易》著一样，存在不少问题。笔者曾撰"史源学考《易》系列"七种，《读易述》为第三种，运用史源学，对全书文字进行史源查考，找到其原始出处。兹拈出数例，加以辨证。

（一）误引

卷五《复》上六：

吴草庐曰："'君道'谓初阳所复之仁也。'迷复'之'凶'，

---

① （明）袁中道：《珂雪斋集》卷十七《潘去华尚宝传》，上海古籍出版社，1989年版，第728页。

② （明）潘士藻：《读易述》，《四库提要著录丛书》经部第4册，北京出版社，2018年版，第197页。

不仁之甚者也。"①

按：吴澄《易纂言》卷五《象上传》：

"反"字与《彖传》"刚反"、《同人·象传》"困而反则"、《序卦传》"穷上反下"、《古文尚书》"乃反商政"之反同②。

与《读易述》所引不同。检季本《易学四同》卷三《象彖爻上传》

"反"，草庐吴氏以为与《彖传》"刚反"之"反"同。"君道"谓初阳所复初之仁也。"迷复"之"凶"，不仁之甚者也③。

可见《读易述》实据《易学四同》引文。但《易学四同》所谓"草庐吴氏以为"，仅为第一句，其下为季氏之见解，而非吴澄之说。《读易述》不察，故有此误。

又，《颐·象》：

先儒云："祸从口出，患从口入。"故于颐养而慎节也。陈皋曰："言语者，祸福之几；饮食者，康疾之由。动止得其道，身乃安颐。苟祸患未免于身，何以养人？"④

按：李衡《周易义海撮要》卷三《颐》：

---

① （明）潘士藻：《读易述》，《四库提要著录丛书》经部第4册，北京出版社，2018年版，第364页。

② （元）吴澄：《易纂言》，齐鲁书社，2006年版，第393页。

③ （明）季本：《易学四同》，明嘉靖四十年（1561）刻本。

④ （明）潘士藻：《读易述》，《四库提要著录丛书》经部第4册，北京出版社，2018年版，第377页。

先儒云："祸从口出，患从口入。"正。言语者，祸福之几。饮食者，康疾之由。动止得其道，身乃安颐。《子》。祸患未免于身，何以养人？陈皋①。

《正》乃《正义》，《子》乃《子夏易传》。此处未细究原文下之标注，误将《子夏易传》之说当作陈皋之说。

（二）张冠李戴

卷六《恒》九四：

胡旦曰："以阳居阴，不正也。位又不中。不中不正，而居大臣之位，是无德而忝位者，故为治则教化不能行，抚民则膏泽不能下。"②

按：引文见李衡《周易义海撮要》卷四《恒》。《周易义海撮要》引胡瑗、胡旦之说颇多，省称"胡"，易造成混淆。检胡瑗《周易口义》卷六《恒》：

今九四以阳居阴，是不正也。位不及中，是不中也。不中不正，不常之人也。以不常之人而居大臣之位，是无德忝位者也。至于为治则教化不能行，至于抚民则膏泽不能下，是犹田猎而无禽可获也③。

---

① （宋）李衡：《周易义海撮要》，上海古籍出版社，1989年版，第92页。
② （明）潘士藻：《读易述》，《四库提要著录丛书》经部第4册，北京出版社，2018年版，第408页。
③ （宋）胡瑗：《周易口义》，杨军主编：《十八名家解周易》第五辑，长春出版社，2009年版，第389页。

可见此实为胡瑗之说，而非胡旦之说。

又，卷十四《系辞下传》：

项氏曰："德之薄，知之小，力之少，皆限于禀而不可强，圣人岂厚责以自能哉？责其贪位而不量己，过分而不能胜任尔。量力而负，其人不跌；量鼎而受，其足不折。今鼎足弱而实丰，有不折足、覆公餗者乎？自取之也，餗何辜焉。"①

按：此节非项安世之说，实改换杨万里之说。《诚斋易传》卷十八《系辞下》：

德之薄者尚可积而厚，知之小者不可强而大，力之少者不可勉而多，圣人亦岂责天下之人皆德厚而不薄、皆知大而不小、皆力多而不少哉？责其贪位而不量己，过分而不胜任耳。量力而负，其人不跌；量鼎而受，其足不折。今也鼎足之弱而鼎实之丰，有不折已之足、覆人之餗、败己之身者乎？足之折、身之败，自取之也；餗之覆，彼何辜焉？②

两相比勘可知。

其后钱澄之《田间易学·系辞下传》：

项平菴曰："德之薄，知之小，力之少，皆限于所禀而不可强，圣人岂厚责以所不能哉？责其贪位而不量己，过分而不能胜

①　（明）潘士藻：《读易述》，《四库提要著录丛书》经部第4册，北京出版社，2018年版，第664页。

②　（宋）杨万里著，何善蒙点校：《诚斋易传》，九州出版社，2019年版，第258～259页。

任耳。"①

查慎行《周易玩辞集解·下系传》：

> 项平甫曰："德之薄，知之小，力之少，皆限于禀而不可强，圣人岂厚责以不能哉？责其贪位而不量己，过分而不能胜任耳。"②

均据《读易述》录文而不察其误。

（三）连引数人，仅标一人

卷四《剥》上九：

> 刘牧曰：果不见食者，叶为之蔽。上九不见食，三、五为之蔽。六三应上九，而宁失群阴之心。六五比上九，而率群阴以求一阳之宠。一阳之功大矣③。

按：经过考索可以发现，刘牧之说至"三、五为之蔽"结束，以下部分引自吴澄《易纂言》卷一《剥》。

又，卷五《大畜》六四：

> 述曰：彭山曰：牛，阴物，六之象也。六四为艮之初，童牛之象。牿即《诗》所谓"辐衡横木"，于牛角以防其触也。自畜者，

---

① （明）钱澄之撰，吴怀祺校点：《田间易学》卷四《系辞下传》，黄山书社，1998 年版，第677 页。

② （清）查慎行：《周易玩辞集解》，张玉亮、辜艳红校注：《查慎行集》第 1 册，浙江古籍出版社，2018 年版，第 368 页。

③ （明）潘士藻：《读易述》，《四库提要著录丛书》经部第 4 册，北京出版社，2018 年版，第 358 页。

言六四柔而得正。童牛未角之时而即牿之，牛习于牿而忘其触焉，所以消融血气而畜之易也。惟四有顺正之德，故大善而吉。《象》曰："六四元吉，有喜也。"喜其当大畜之时，能畜止其阴，不为阳刚之害功，不劳而性无伤也①。

按：此节文字，以"言六四柔而得正"为界，乃分引两人之说。
季本《易学四同》卷一：

牛，阴物，六之象也。未角谓之童。六，初，交于四，童牛之象也。牿即《诗》所谓"福衡横木"，于牛角以防其触者也。自畜者，言六四柔而得正。童牛而即牿之，能止之于初也。阳刚乘阴之起，恐动于私，而所动之私即阴也，故以童牛之牿取象。盖恐阳之动于初阴之时也。禁于初发，则略无躁心之萌，而所发皆善，故曰"元吉"②。

章潢《周易象义》卷二《大畜》：

盖童牛未角之时，而先事以防闲之，则为力甚易。牛习于牿而忘其触焉，所以消融其血气而畜之易易也。惟四有顺正之德，故大善而吉。《象》曰："六四'元吉'，有喜也。"喜其当大畜之时，即能畜止其阴，不为阳刚之害，是禁于未发，功不劳而性无伤也③。

《读易述》标举"彭山曰"，而实则前半系引季本之说，后半则是

---

① （明）潘士藻：《读易述》，《四库提要著录丛书》经部第 4 册，北京出版社，2018 年版，第 374 页。

② （明）季本：《易学四同》，明嘉靖四十年（1561）刻本。

③ （明）章潢：《周易象义》，国家图书馆藏明抄本（善本书号：03974）。

章潢之说。其后张振渊《周易说统》卷四《大畜》称："季彭山曰：童牛未角之时，而即牿之牛习于牿而忌其触焉，所以消融血气而畜之易也。"① 因不辨《读易述》此节文字连引两人，仅标一人，所引实章潢之说，而非季本之说。

又，卷五《大过·象》：

> 仲虎曰："既言'栋桡'，又言利往而后亨，是不可无大有为之才，而天下亦无不可为之事也。""危而不持，则将焉用？""大过之时大矣哉"，"君子有为之时也"。"不曰义者，不可以常义拘；不曰用者，非常之可用。用权之时，成败之机，间不容髪，可不谓之大乎？"②

按：检胡炳文《周易本义通释》卷一《大过》：

> 或曰："既言'栋桡'，又曰'利有攸往，亨'，何也？曰：'栋桡'以卦象言也。利往而后亨，是不可无大有为之才，而天下亦无不可为之事也，以占言也。"③

可见"仲虎曰"至"而天下亦无不可为之事也"止。此下部分，或出《后汉书》卷五《孝安帝纪》，或系王《注》，或为杨绘之说，见李衡《周易义海撮要》卷三《大过》。

---

① （明）张振渊：《周易说统》，明万历四十三年（1615）石镜山房刻本。
② （明）潘士藻：《读易述》，《四库提要著录丛书》经部第 4 册，北京出版社，2018 年版，第 381 页。
③ （元）胡炳文：《周易本义通释》卷一《大过》，国家图书馆藏明嘉靖元年（1522）刻本（善本书号：12531）。

（四）标举某人之说，却夹杂他人之说

卷六《晋》初六爻：

> 述曰：程《传》："初居下位，未有官守之命。""君子之于进退，或迟或速，唯义所当，未尝不裕也。圣人恐后之人不达宽裕之义，故以'未受命'释之。若有官守，不信于上而失其职，一日不可居也。"①

按："初居下位，未有官守之命"二语实出朱子《周易本义》，此下文字才为程《传》内容。

卷八《困》九二：

> 章氏曰："'需于酒食'，自养以需时也。'困于酒食'，困而不失其所自养也。""'征凶'与'困于酒食'相反。""《象》曰：'困于酒食，中有庆也'，二有中德，所谓困而不失其所者。"②

按：此节标举"章氏曰"，实则或出章潢《周易象义》卷三《困》，或出赵汝楳《周易辑闻》卷五《困》，或出季本《易学四同》卷二《困》。

又，卷九《旅》六五：

> 程《传》："此爻虽不言旅，而'射雉'即出旅之义。""旅者，困而未得所安之时。'终以誉命'，誉命则非旅也。"③

---

① （明）潘士藻：《读易述》，《四库提要著录丛书》经部第 4 册，北京出版社，2018 年版，第 427~428 页。

② （明）潘士藻：《读易述》，《四库提要著录丛书》经部第 4 册，北京出版社，2018 年版，第 495~496 页。

③ （明）潘士藻：《读易述》，《四库提要著录丛书》经部第 4 册，北京出版社，2018 年版，第 557 页。

按："此爻虽不言旅，而'射雉'即出旅之义"二语实出章潢《周易象义》卷四《旅》，此下文字才为程《传》内容。

（五）糅杂诸人之说

卷二《需》九二：

履健居中，亦未尝进而需焉，以待其会，虽小有言，以吉终也[①]。

按：此系糅杂两人之说而成。

故亦未尝进而需焉。偶其所处稍近险，非好进而近险也，故虽小有言而终吉[②]。

履健居中，以待其会，虽"小有言"，以吉终也[③]。

（六）未究本源

卷九《艮》六二：

《纪闻》曰："股动则腓随，动止在股而不在腓也。士之处高位，则有拯而无随。在下位，则有当拯，有当随，有拯之不得而后随。若不拯而惟随，则如乐正子之于子敖，冉有之于季氏也。《咸》于二言'腓'，三言'随'，随二而动者也。《艮》于二言'腓'，又言'随'，随三而止者也。三列夤，不得止之宜；二阴柔，

---

① （明）潘士藻：《读易述》，《四库提要著录丛书》经部第4册，北京出版社，2018年版，第250页。

② （宋）杨简著，张沛导读：《〈杨氏易传〉导读》卷四《需》，华龄出版社，2019年版，第88页。

③ （三国·魏）王弼、（晋）韩康伯注，（唐）孔颖达等正义：《周易正义》卷第七《系辞上》，（清）阮元校刻：《十三经注疏》，中华书局，2009年版，第45页。

不能救其所随。然视《咸》之'执其随'者有间矣。二与三，占皆在象中，皆有一'心'字。二不能拯乎三，故'心不快'；三不肯下听乎二，故'厉熏心'。"①

按：引文出张献翼《读易纪闻》卷四《艮》，但此乃张氏糅杂诸人之说而成，今条列如下：

股动则腓随，动止在股而不在腓也……士之处高位，则有拯而无随。在下位，则有当拯，有当随，有拯之不得而后随②。

若不拯而惟随，则如乐正子之于子敖，冉求之于季氏也③。

《咸》六二与《艮》六二皆象"腓"。《咸》下体即艮也，艮以三为主。《咸》于二言"腓"，三言"随"，随二而动者也。三为下卦之主，不能自守而下随于二，故"往吝"。《艮》于二言"腓"，又言"随"，随三而止者也。三列夤，不得止之宜；而二阴柔，不能救其所随，故"其心不快"。虽然，视《咸》之"执其随"者有间矣④。

据此，《读易纪闻》拼接程颐、朱熹、胡炳文三人之说，而不注明。《读易述》对《读易纪闻》多有引用，由于对典籍较为熟悉，所以对于张氏系引用而不注明的文字，潘氏多直引原文。但此处却未勘破。

此外，在引录他人之说时，多有剪裁，且有误字，此乃古人引书之常例，兹不赘述。

---

① （明）潘士藻：《读易述》，《四库提要著录丛书》经部第4册，北京出版社，2018年版，第529页。

② （宋）程颐撰，王校鱼点校：《周易程氏传》，中华书局，2016年版，第234页。

③ （宋）朱熹著，郭齐、尹波点校：《朱熹集》卷六十《答余尧孙》，第6册，四川教育出版社，1996年版，第3151页。

④ （元）胡炳文：《周易本义通释》卷二《艮》，国家图书馆藏明嘉靖元年（1522）刻本（善本书号：12531）。

三、《读易述》的转引情况

由于《读易述》的内容丰富，后世《易》籍对之多有征引，如张振渊《周易说统》、张次仲《周易玩辞困学记》、何楷《古周易订诂》、钱澄之《田间易学》、查慎行《周易玩辞集解》等。这些书一方面引用《读易述》中潘世藻的观点，同时也通过《读易述》转引他人之观点。由于《读易述》具有前举的一些疏失，以致后人转引时也出现了一些问题。

（一）未见原文而致误

张振渊《周易说统》卷四《噬嗑》六三：

> 杨敬仲曰："彼实强梗而又阴险，三噬而除之而反'遇毒'者，三无德也。以不中不正之行而刑人，人无有服从者，能不遇毒乎？然彼为间而三噬之，当矣。虽以不能致其心服为羞吝，而吝亦小耳，终'无咎'也。噬嗑以柔中为贵，三本柔顺之质，非用法过刻者，且彼既有罪，终必服法，所以终'无咎'。"①

按：此系引自《读易述》卷四《噬嗑》，而非直引杨简《杨氏易传》。检杨简《杨氏易传》卷八《噬嗑》：

> 夫彼为间，三噬而除之，当也，而反"遇毒"者，三无德焉，不当位也。无德者虽行之以正，犹难济。虽然，三非间者，彼为间而三除之，于义为正，虽有"小吝"，终于"无咎"②。

---

① （明）张振渊：《周易说统》，明万历四十三年（1615）石镜山房刻本。
② （宋）杨简著，张沛导读：《〈杨氏易传〉导读》卷八《噬嗑》，华龄出版社，2019年版，第146页。

据此可知所引杨敬仲之说与《杨氏易传》原文差别较大。另外，还夹杂有他人之说，如杨万里《诚斋易传》卷六《噬嗑》："能不遇毒乎？故曰'位不当也'。"

（二）不辨引文起止而致误

张振渊《周易说统》卷三《观》：

> 季彭山曰：五本阳刚在上之君子，群阴自下观之，非能中正以观，何以使下观皆化？非能化天下于中正，何以为大观之生？故曰："观我生，君子无咎也。"孔颖达曰："我教化善则天下著君子之风，教化不善则天下著小人之俗。君子风著，已乃无咎。所谓难乎其无咎也。"①

检季本《易学四同》卷一《观》九五：

> 我者，对在下群阴而言。九五之生，谓君德也。君子即君也，盖有三重之责者。九五以中正之德观民，足以使民观感，则彼无恶，此无射，而可以寡过，故曰无咎②。

并无张振渊所引之说。究其原因，乃是误引《读易述》，曰：

> 彭山曰："'我'，对下三阴而言。"阴至于壮，阳德生长之机微矣。五为观之主，曰"观我生"，即《象》"不荐"之"孚"也。通天下以生生之仁而示之极也，惟君子乃无咎。五本阳刚在上之

---

① （明）张振渊：《周易说统》，明万历四十三年（1615）石镜山房刻本。

② （明）季本：《易学四同》，明嘉靖四十年（1561）刻本。

君子，群阴自下观之，非能中正以观，何以使下观皆化？非能化天下于中正，何以为大观之主？故曰"君子无咎"也。孔《疏》："我教化善，则天下着君子之风；教化不善，则天下着小人之俗。"君子风著，己乃无咎。苏氏所谓难乎其无咎也①。

《读易述》所引，仅第一句为季本之说，其后为潘氏之说，后为孔《疏》。张振渊未检核季本《易学四同》，又不辨引文起止，因见《读易述》有"彭山曰"，遂误将下文所云当作季本之说。

又，《系辞下传》

苏氏曰："无守于中者，不有所畏则有所忽也。忽者常失之太早，畏者常失于太后。既失之，又惩而矫之，则终身未尝及事之会矣。知几者不然。其介也如石之坚，'上交不谄'，无所畏也；'下交不渎'，无所忽也。上无畏，下无忽，事至则发而已矣。""夫知彰者众矣，惟君子于微而知其彰；知刚者众矣，惟君子于柔而知其刚。""故万夫望之，以为进退之候也。"②

按：苏氏即苏轼。或系苏轼之说，见《东坡易传》卷八《系辞传下》。或出项安世《周易玩辞》卷十四《系辞下·其殆庶几乎》。或乃敷衍苏轼之说，《东坡易传》卷八《系辞传下》有云："知几者，众之所望，以为进退之候也。"③

---

① （明）潘士藻：《读易述》，《四库提要著录丛书》经部第4册，北京出版社，2018年版，第341页。
② （明）潘士藻：《读易述》，《四库提要著录丛书》经部第4册，北京出版社，2018年版，第664页。
③ （宋）苏轼：《东坡易传》，曾枣庄、舒大刚主编：《三苏全书》第1册，语文出版社，2001年版，第380页。

《田间易学·系辞下传》全引此一节文字，称"苏子瞻曰"①，显为迻录《读易述》之说而未加考辨。

又，卷十七《杂卦传》：

> 龚氏曰："'动'者生于动，阳在下也。'止'者生于静，阳在上也。""震一阳起于初，艮一阳止于终，此天道之起止，自东方而至于东北者也。《杂卦》言止者三：'艮止也'，'大壮则止'，'节止也'。《大壮》之止，与《遁》之退相反，谓阳德方盛，故止而不退也。此止有向进之象，非若《艮》之止而终也。《节》之止与《涣》之离相反，谓遏而止之，使不散也。此乃人止之，非若《大壮》之自止也。""'损益，盛衰之始也'，此句发明损益之义最为亲切。《泰》之变为《损》，损未遽衰也。然损而不已，自是衰矣。《否》之变为《益》，益未遽盛也。然益而不已，自是盛矣。为人者能使恶日衰，善日盛，其为圣贤也孰御焉？为国者能使害日衰，利日盛，其为泰和也孰御焉？"②

按：龚氏即龚原。或系龚原之说，见《周易新讲义》卷十《杂卦》。或出项安世《周易玩辞》卷十六《杂卦·艮止也　节止也　大壮则止》。或出项安世《周易玩辞》卷十六《杂卦·损益》。

而钱澄之《田间易学·杂卦传》曰：

> 龚深父曰：震一阳起于初，艮一阳止于终，天道之起止，自东方而至于东北也。《杂卦》言止者三，《艮》与《大壮》、《节》

---

① （明）钱澄之撰，吴怀祺校点：《田间易学》卷四《系辞下传》，黄山书社，1998年版，第678页。
② （明）潘士藻：《读易述》，《四库提要著录丛书》经部第4册，北京出版社，2018年版，第710~711页。

也。《大壮》之止，与《遁》之退反止。而不退有向进之象，非若《艮》之止而终也。《节》之止与《涣》之离反，谓遏而止之，使不散也。此乃人止之，非若《大壮》之自止也①。

所引实为项安世之说，而非龚深父之说。绎其致误之由，亦是源于《读易述》。

（三）不察潘氏之引文而致误

《读易述》未注明系引用的引文，亦有被当成潘氏之说而加以引用。如卷五《大畜·象》：

> 述曰：天下惟阳为大，亦惟阳为能畜。大畜者，阳能自畜，畜之大者也。彭山曰："畜以贞静为主……"②

按：张振渊《周易说统》卷四："潘雪松曰：天下惟阳为大，亦惟阳为能畜。大畜者，阳能自畜，畜之大者也。"③查慎行《周易玩辞集解》卷四："潘雪松谓阳能自畜。"④而实则"天下惟阳为大，亦惟阳为能畜"系潘氏之说，"大畜者，阳能自畜，畜之大者也"同后"彭山曰"一样，亦出季本《易学四同》卷一《大畜》。

以上就潘氏书中的一些引文问题略加举例说明，并就后世《易》籍征引《读易述》产生的讹误略加考辨，以期学界在使用《读易述》及其

---

① （明）钱澄之撰，吴怀祺校点：《田间易学》卷四《杂卦传》，黄山书社，1998年版，第734～735页。
② （明）潘士藻：《读易述》，《四库提要著录丛书》经部第4册，北京出版社，2018年版，第371页。
③ （明）张振渊：《周易说统》，明万历四十三年（1615）石镜山房刻本。
④ （清）查慎行：《周易玩辞集解》，张玉亮、辜艳红校注：《查慎行集》第1册，浙江古籍出版社，2018年版，第132页。

他相关纂注体《易》著时，需要区分孰为人说，孰为己说。同时，在引用其引文时，最好核查原书。此外，也充分说明，对于纂注体《易》著的整理，除了常规的校勘之外，必须要做史源学考辨，方能直探本源。

作者单位：盐城师范学院

《续修四库全书总目提要·经部·易类》
三十则

　　编者按：本编委会自成立伊始，便高度重视易学古籍文献的整理、出版工作，前期校点的《四库全书总目·经部·易类》文献更是获得了读者的一致好评。鉴于四库易学研究的需要，编委会决定继续选载《续修四库全书总目·经部·易类》文献。此次整理，以中华书局 1993 年出版的《续修四库全书总目提要》为底本，并改为横排简体字，以方便读者阅读使用。一般不出校记，有明显的讹误、衍脱之处一律径改。（执笔：宋凯会、周雷杰）

《河图玉版》（古微书本）

　　明孙瑴辑。共数百言。名玉版者，盖示神秘之义。惟书内所言，有涉于历史者，如谓仓颉为帝，南巡狩，登阳虚之山，临洛汭之水，灵龟负书，丹甲青文以授之帝，文止二十八字，景刻于阳虚之石室。李斯止识八字，曰："上天垂命，皇辟迭王。"及秦始皇浮江至湘山，逢大雨，问博士湘君何神。博士曰："帝尧二女为舜妃，死而葬此。"按《论衡》云："仓颉四目，为黄帝史。"《世本》云："黄帝命仓颉为左史。"卫恒《书势》云："黄帝之史，沮诵仓颉。"惟此书及《春秋元命苞》，皆言仓帝。而《外纪》且云："仓帝名颉，创文字在伏羲前。"此上古史之异文，然以理揣之，伏羲能作八卦，其时必久有文字。不然文化发抒，不应颠倒如此。疑《外纪》所言仓帝在伏羲前，为实录也。有类于方志者，如云："古越俗祀防风神，奏防风古乐，截竹长三尺吹之，披发而舞。"又云："从昆仑以北，九万里得龙伯国人，长三十丈。以东得大秦国人，长十丈。皆衣帛不知田作，但食沙石子。"皆可补方志之缺。有专言神异者，如禹以防风氏后至杀之，后禹使范成光御二龙行域外，遇防风。防风二臣，以涂山之戮，见禹使怒而射之。大风雨，二龙升去。二臣恐，以刃自贯其心而死。禹哀之，拔其刃，疗以不死之药，是为穿胸民。又云："少室山上有玉膏，一服即仙。"又云："芝草状如车马，如龙蛇。"皆怪诞难信。以故全书宗旨，莫能画一，徒足以征异闻而已。

（尚秉和）

《龙鱼河图》（古微书本）

明孙瑴辑。共二十六则，千余言，在《纬书》为较详者。惟首言："日月所行踵度，以黄道为中心。黑道出黄道北，白道出黄道西，赤道出黄道南，青道出黄道东。立春、春分，月从东青道；立秋、秋分，月从西白道；立夏、夏至，月从南赤道；立冬、冬至，月从北黑道。天有四表，月有三道，圣人知之，可以延年益寿。"以及五星之所司，及五星之精下降为雨师、风伯各神，此似与《史》《汉》之《天官书》《天文志》无以异。而下忽云："天之东、西、南、北极，各有铜头铁额兵，长三千万丈；各有金刚敢死力士，长三千万丈。"忽荒怪不经。又云："东方太山君，神姓圆名常龙；南方衡山君，神姓丹名灵峙；西方华山君，神姓浩名郁狩；北方恒山君，神姓登名僧；中央嵩山君，神姓军寿名逸群；呼之令人不病。"又五岳各有将军，各有姓名，恒存之却百邪。又四海各有君，各有夫人，呼之却鬼气。又发有神，耳、目、鼻、齿皆有神有名，有患呼之九遍，恶鬼自却。又刀、矛、弓、矢、斧、盾，皆有神有名。又云："造五兵者蚩尤，黄帝初与战不胜，天遣元女，授黄帝神符，制伏蚩尤。因即使之主兵，威服天下。后蚩尤死，天下复扰乱，帝乃画蚩尤形，万邦见之，皆弥伏。"夫能知五岳四海神之姓名，奇矣；而耳、目、刀、矛之属皆有神有名，尤奇。史皆谓黄帝杀蚩尤，兹独谓制伏蚩尤，使仍主兵，与他书不同。则皆神异之事，足广异闻。末又详载埋蚕沙宅亥方，可以致富；五月悬艾虎门上，岁暮取麻子、豆子著井中，七月七日男女吞赤小豆，均令人却病，以及种种禁忌、种种趋吉辟凶之方法，甚为详悉。总后前所言，杂糅不类，此其所以以"龙鱼"命名欤？

（尚秉和）

《易统验玄图》（古微书本）

明孙毂辑。载《古微书》中，只一则。曰："荔挺不出。则国多火灾。"按，《月令》：仲冬之月，"芸始生，荔挺出"。郑注："荔挺，马薤也。"疏引皇氏云："以其皆为香草，故应阳气而出。"兹云"荔挺不出，则国多火灾"，不出则阳气内蕴，不能发舒，故荔挺不应，阴阳不和，则灾眚必至，然所以多火灾者，以郁极生热也。又按乔松年《古微书订误》云："按此文见《通卦验》，孙氏立'验玄图'之名，而只列此一条，妄也。"按，《古微书》及《考正古微书》《汉学堂丛书》，所列《通卦验》皆无此文，不知乔氏所据何本。且纬文之互见者多矣，岂只此二语？己未见其名，遽谓孙氏伪造，以妄置之，果孰妄乎？又孙氏何所为而伪造此名？其只列一条，正见其录实，胡为又责其少？真可笑也。

（尚秉和）

《河图会昌符》（古微书本）

明孙毂辑。凡五条。首条："汉大兴之道，在九代之王，封于泰山，刻石著纪，禅于梁父，退省考功。"次条："《河图》曰：'汉高祖亲祀汶水，见一黄釜，却惊反，化为一翁，责言刘季何不受《河图》。'"三条："《河图龙文》曰：'镇星光明，八方归德。'"四条："赤九会昌，十世以光，十一以兴。"五条："九名之世，帝行德封刻政。"按此五条，除首条引见《后汉书·祭祀志》，确为《会昌符》外，其次条之文，《御览》引之；四条之文《后汉书》《律历志》及《曹褒传》引之；五条之文，《后汉书·律历志》引之，但均作《河图》，未指为《会昌符》，不审孙氏何据。若三条之文，《文选》《蜀都赋》注、《袁淑诗》注、《石阙铭》注均引作"河图龙文"，孙氏亦以"河图龙文曰"五字冠于上，而置之《会昌符》中，殊不可解。又按《后汉书·祭祀志》所引《河图会昌符》之文凡五则，除"汉大兴之道"一则，已为孙氏所引外，尚有"赤刘之九，会命岱宗，不慎克用，何益于承，诚善用之，奸伪不萌"一则，又"赤帝九世，巡省得中，治平则封，诚合帝道孔矩，则天文灵出，地祇瑞兴"一则，又"帝刘之九，会命岱宗，诚善用之，奸伪不萌"一则，又"赤汉德兴，九世会昌，巡岱皆当，天地扶九，崇经之常"一则，计四则。孙氏皆遗漏未辑，殊嫌疏略。其后乔松年《纬攟》重辑此书，尝增补"赤帝九世""帝刘之九"及"赤汉德兴"三则，而"赤刘之九"一则仍遗漏未辑。甚矣，辑佚之难也！

（尚秉和）

《河图帝通纪》（古微书本）

明孙毂辑。全书仅有"云者天地之本也，雨者天地之施也，风者天地之使，雷者天地之鼓，彗星者天之旂"一则，凡三十二字而已。按，此文第一句引见《御览》八，第二句引见《御览》十，第三句引见《御览》九，第四句引见《御览》十三，第五句引见《御览》八百七十五。又《艺文类聚》及《文选·羽猎赋》注亦颇引此文，所云云、雨、风、雷、彗星之状，语尚平实，无甚怪奇。此外《艺文类聚》二尚引有"黄帝以雷精起"一条，《隋书·王劭传》尚引有"形瑞出，变矩衡，赤应随，叶灵皇"一条，亦云系《帝通纪》之文，孙氏遗之，当据补入也。

（尚秉和）

《河图真纪钩》（古微书本）

明孙毂辑。全书仅一则，文为"王者封泰山，禅梁父，易姓奉度，继兴崇功者，七十有二君"二十二字。按此文《太平御览》《初学记》《唐类函》《五礼通考》等书均引之。惟《艺文类聚》引，但作"河图真纪"，无"钩"字；《史记正义》引，但作"河图"，并无"真纪钩"字，殆是省略。若《说郛》引作《稽耀钩》，盖误。又按《史记·封禅书》引《管子》云"古者封泰山、禅梁父者七十二家"，《韩诗外传》亦云"孔子升泰山，观易姓而王，可得而数者七十余人"，其语皆略与此文同，足资参证矣。

（尚秉和）

《河图秘征》（古微书本）

明孙毂辑。凡四条。首曰："帝贪暴，则政苛而吏酷，酷则诛深必杀。主蝗虫。"次曰："主急妄怒失阳事，则天无云而雨。"三曰："黄帝起，大蚓见。"四曰："帝失德，政不平，则月生足。又陪臣擅命，群下附和，则月举足垂爪云云。"按此四则言灾应之事，殆《易》家候阴阳灾变之属，惟《晋书·戴洋传》尚引有"地赤如丹血丸丸"一条，孙氏遗之，似可补入。又第三条之文，《太平御览》九百四十七引作《河图说征》，《天中记》《格致镜原》诸书亦皆引之，"说""秘"字异，而孙氏皆列《秘征》中，殆以二者异名而同实欤？

（尚秉和）

《河图考灵曜》（古微书本）

明孙瑴辑。瑴自注云：一作《考曜文》。全书所采凡二则，首曰："秦王政以白璧沈河，有黑头公从河出，谓政曰：'祖龙来授，天宝开，中有尺二牍'。"次曰："高皇摄政总万庭，四海归咏理威明，文德道化承天精，元祚兴隆协圣灵。"按首条之文，《太平御览》八百六引作《河图天灵》，不作《考灵曜》，亦不作《考曜文》。次条之文，据《御览》及《说郛》所引，又皆是《龙鱼河图》之文，亦不作《考灵曜》及《考曜文》。然孙氏既列其文于《龙鱼河图》，又列其文于此篇，二书互见，盖别有所据。乔松年《纬攟》《古微书订误》，辄訾孙氏妄立篇名，亦未免武断。又按《纬攟》本首条之文作："祖龙来，天宝开，中有尺二玉牍。"较此本"来"下少"授"字，"牍"上多"玉"字，来、开三字句叶韵，其文似较顺也。

（尚秉和）

《河图提刘篇》（古微书本）

明孙瑴辑。全书仅一则，文为"帝季日角，戴胜斗胸、龟背龙股，长七尺八寸，明圣宽仁，好士主轸"，凡二十五字，状汉高祖之体貌神异及其德性之美，其文盖引自《唐类函》及《艺文类聚》。惟乔松年

《纬攟》辑此书，较多两条。一曰："九世之帝，方明圣持，衡矩九州，平天下予。"自注引据《后汉书·祭祀志》及《通考》。一曰："帝将怒，蚩尤出乎野。"自注引据《御览》八百七十五。按此二条既是《提刘篇》之文，孙氏遗之，当据补入。至此书名曰《提刘》，则其为汉世之纬书，确乎无疑矣。

（尚秉和）

《河图绛象》（古微书本）

明孙毂辑。只四则，得四百余言，犹能窥见大旨。首言："黄河首尾与星宿相应。其第一曲名'地首'，上应权势星；东流千里，至规其山，名'地契'，为第二曲，上应距楼星；祁南千里，至积石山，名'地肩'，是为第三曲，上应别符星；邠南千里，入陇首，抵龙门，名'地根'，是为第四曲，上应营室星；龙门上为王良星，为天桥，南流千里，抵龙首，至卷重山，名'地咽'，是为第五曲，上应卷舌星；东流贯砥柱，触阂流山，名'地喉'，是为第六曲，上应枢星；西距卷重山千里，东至洛会，名'地神'，是为第七曲，上应纪星；东流至大任山，名'地肱'，是为第八曲，上应辅星；东流至绛水千里，至大陆，名'地腹'，是为第九曲，上应虚星。"按祁南千里至积石，"祁南"必"祁连"之讹，《汉书》所谓"祁连山"也；积石，即《禹贡》所谓"导河自积石"也。大伾以北，无"绛水"名，疑"绛"为"滏"之讹。滏水北为大陆，《水经注》所谓"滏阳河"也；大陆者，大陆泽，为河水之所汇，即《禹贡》所谓"至于大陆"也。至所谓权势星、距楼星、别符星，不见于《星经》及《史》《汉》之《天文志》，抑或文字有讹，故不识其名也。又云"河自华山东流千里，至于桓雍"，"桓雍"《始开图》作"植雍"，"植""桓"形近，必有一讹。而地志无其名，亦不知孰是也。后又载"龙威丈人，在太湖洞庭山林屋洞天，窃取《禹王宝书》"，事与《灵宝要略》及《越绝书》所纪略同，而与前文颇不类，存而不论可也。

（尚秉和）

《河图著命》（古微书本）

明孙瑴辑。全书计五则，首曰："摇光之星，如虹贯月，正白，感女枢于幽房之宫，生黑帝颛顼。"次曰："握登见大虹，意感，生舜于姚墟。"三曰："修己见流星，意感，生帝戎文禹，一名文命。"四曰："扶都见白气贯日，意感，生黑帝子汤。"五曰："太妊梦长人，感己，生文王。"其文多辑自《御览》注及《文选》注，大抵皆言帝王诞生为神灵所感，与《诗》所咏"玄鸟生商，履帝武敏"之旨略同也。

（尚秉和）

《河图要元篇》（古微书本）

明孙瑴辑。全书仅"句金之坛，其间有陵，兵病不起，洪波不登"，又曰"乃有地脉，土良水清，句曲之山，金坛之陵，可以度世，上升曲城"一条。孙氏自注云"《要元篇》盖汉世纬书，《后汉书》志、注不载其目，今见《茅山志》"。按此文《丹铅续录》及《广博物志》亦引之，又《太平御览》一百七十引下半截，但作《河图》，无"要元篇"字，当是省文。又"地脉"作"地肺"。乔松年考订以为作"地脉"者是。又按，"茅山"即"句曲山"，汉茅盈隐居句曲，人称"茅君"。《茅君内传》云："洞天三十六所，乃真仙所居，第八句曲之洞，名曰'金坛'。"其文与此书所云略相类，孙氏定为汉世纬书，非无见云。

（尚秉和）

《河图稽命征》（古微书本）

明孙瑴辑。全书仅一则，文为"帝刘即位，百七十年，太阴在庚辰，江充诡其变，天鸣地坼"，凡二十二字。按此文引见《御览》八百七十三，《说郛》亦引之。考《汉书》："征和元年冬十一月，巫蛊起。二年夏四月，大风发屋折木。闰月，诸邑公主、阳石公主皆坐巫蛊死。秋七月，按道侯韩说、使者江充等掘蛊太子宫，壬午，太子与皇后谋斩充，以节发兵，与丞相刘屈氂大战长安，死者数万人。庚辰，太子亡，皇后自杀。八月辛亥，太子自杀于湖。癸亥，地震。"其事与此事所云"江充诡变，天鸣地坼"等语均合，则其亦为汉世之纬书，盖无疑义。又按乔松年《纬攟》辑此书，多"君急恚怒，无云而雨"一条，自注引据《说郛》，孙氏遗之，宜据补入。

（尚秉和）

《河图稽命征》不分卷（汉学堂辑本）

清甘泉黄奭辑。凡十九条。郑氏释其作书之意曰："稽察也，命犹运也，征考其象验以事也，今以此残缺之文察之，其言盖可信也。"书中历举伏羲、神农、黄帝、朱宣（即少颢）、颛顼、帝尧、帝舜、帝禹、成汤、文王、秦①政、项羽、刘季诸人，或生感神灵之异，或状具奇特之表，既秉神识，复有异能，皆称母而不称父，与后人之习性迥殊，此盖杂集自上古以来之传说粉饰而成者也。各人之一生，皆必有详密之文字以叙之，观于《辑本》中引"黄帝五十年"之事可见一斑，惜今不可详考矣。《辑本》中又引有"帝刘即位百七十年，太阴在庚辰，江充诡

---

① 编者按："秦"，原本作"奏"，据文意改。

其变，天鸣地坼"之文。考江充之事在征和二年，上去高祖之入秦凡百十七年，则本文所云"七十年"当即"十七年"之误倒。又是年乃"庚寅"而非"庚辰"，则"辰"字亦误。可知此种零落不全之文字，无人注意已久，以致日趋传讹也。

（刘白村）

《易纬》（汉学堂丛书本）

清甘泉黄奭辑。奭著《汉学堂丛书》，考辑逸书，凡易纬之可成专书者，若《周易乾凿度》《易乾坤凿度》《易是类谋》《易坤灵图》《易乾元序制记》《易稽览图》《易辨终备》《易通卦验》等，均专篇存录。其各书泛引《易纬》，不指名何书者，及虽有书名，而条数无多者，均汇录一编，总名《易纬》。今按编中所载，凡二十有一条，辑自《汉书·五行志》者一条，辑自《隋书·王劭传》者三条，辑自《文选注》者两条，辑自《开元占经》者十条，辑自《易正义》者两条，辑自《初学记》及《太平御览》者三条。又附《困学纪闻》论《易纬》者一条，何孟春论《易纬》者一条，并定《后汉书·郎颛传》所引《易》及《易传》者，亦是《易纬》之文，为案语附后。考其于群书之泛引《易纬》者，虽采辑尚有遗漏，未能俱备，然亦颇便检览。其末所附有书名而条数无多者，计四种：一《易萌气枢》，二《易通统图》，三《易通卦验玄图》，四《易九厄谶》，大抵亦皆从《汉书·律历志》《晋书·五行志》《开元占经》《太平御览》《事类赋》《古微书》诸书辑得，而各书引据，字有异同或谬误者，亦颇加以校订焉。

（尚秉和）

《河图纬》不分卷（汉学堂辑本）

　　清甘泉黄奭辑。相传前汉有《河图》九篇、《洛书》六篇，云"自黄帝至周文王所受本文"，又别有三十篇，云"自初起至于孔子九圣之增演，以广其意，今各书俱亡，所言如何，不可备悉"。《辑本》《河图纬》有五十三条，篇名凡十五种，即《河图秘征》《河图帝通纪》《河图著命》《河图说征》《河图考灵曜》《河图真钩》《河图提刘》《河图会昌符》《河图天灵》《河图要元》《河图叶光纪》《河图绛象》《河图皇参持》《河图阊苞授》《河图赤伏符》是也，诸篇之名，闲有大同小异者，或为重复所致，然各篇所存者不过三数条，不足资以比较参验矣。惟《河图赤伏符》预言"东汉之兴，若合符契，遂使光武深信不疑，复宣示臣下，以谶纬之书释经理事，有称引其说者，则奖进之，非难者则贬黜之"，此东汉内学之所以盛也。窃意谶纬之书，虽预言后事，而其原始文字未必言之历历，如后世所闻也，盖以模棱两可之语为多。而各代崛起之英雄，成事之帝王，往往择其似己者，加以修正，以使其确指己事。而自他人视之，遂觉其预知后事，恍如目睹矣。李密之隋氏三十六年而灭，王世充之丈夫持一竿驱羊，皆出于其初起之时，为他人所不见，则由己手造成明甚。然则李通之刘氏复起、李氏为辅，亦此道也。惟《河图亦伏符》之文，未必出于光武之时，窃疑为刘歆所伪造也。盖汉自哀帝以后，符命之说甚盛，歆亦效尤，窃幸万一。然径以己名载之书策，则必见疑于人。故以刘秀之名载之书中，而己复更名以应之，其作伪之迹遂淹没而不可寻矣。及至王莽之末，群雄并起，谶记之文，歆复加修正。故东汉之初，《河图赤伏符》当有二本，一为光武即皇帝位祝文所引，即载有"刘秀发兵捕不道，卯金修德为天子"之文者是也，此本当为先出者，因其文尚有模棱两可之味也；一为强华自关中携来者，即载有"刘秀发兵捕不道，四夷云集龙斗野，四七之际火为主"之文者是也，此本当为后出者，因其文颇确切，且自建平元年更名至是，凡二十八年，文中

"四七之际"，盖隐指其事也。后人不知其故，乃强以自高祖至光武初起之二百二十八年当之，是则穿凿附会，强作解事，歆且笑人地下矣。

（刘白村）

《河图圣洽符》不分卷（汉学堂辑本）

清甘泉黄奭辑。是书立名，盖取"圣德洽于天下"之意。《辑本》凡六十条，皆取自《开元占经》。然《占经》本为星占而作，故所引者，大率皆有关星占之事，其他则非范围以内之事，圣洽之意，当观全书始可得见。今观《辑本》，则似专论星占之书矣。《辑本》所载，尤以星辰变易之事为多。一曰五星干犯，其星有五：即辰星（即水星）、太白（即金星）、荧惑（即火星）、岁星（即木星）、填星（即土星）是也。或守一宫，久留不去；或离正道，犯及他宫。如岁星守毕口、岁星犯参之类是也。二曰客星干犯，即一星座忽发现一明星，旋又不见，是星在天文学中属于变星一类，如客星犯昴、客星犯守舆鬼之类是也。三曰流星干犯，如流星突犯左角、流星犯昴之类是，流星有犯无守者，盖其时甚暂也。四曰各星之变易，如参离衡西，轸星出次，或变色，皆是也。惟日月占之事较少，盖《占经》对此多引他书之故，未必本书略于此也。

（刘白村）

《易辨终备》（纬攟本）

前提要已著录，后乔松年补辑三条。曰："日再中，乌运嬉，仁圣出，握知时。"又："日之既，阳德消。"又："鲁人①商瞿使齐，瞿年

---

① 编者按："人"，原本作"又"，据《尚秉和易学全书》第一卷《易说评议》卷十二《易辨终备无卷数》改。

四十，今①后使行远路，恐绝无子，夫子正月与瞿母筮，告曰'后有五丈夫子'，子贡曰何以知？子曰：'卦遇大畜，艮之二世，九二甲寅木为世，六五景子水为应，世生外，象生象，来爻生互，内象艮别子，应有五子，一子短命。'"按此条见《史记·仲尼弟子列传》张守节《正义》所引，惟"一子短命"下尚有"颜回云：'何以知之？'内象是本子，一艮变为二丑三阳。爻五，于是五子，一子短命。'何以知短命？'他以故也。'"共八句三十九字，乔氏皆遗而不录。其所录上文，屡有节删之字。若此八句，有颜回问，并有孔子解释卦爻之语，如何可节删？故疑乔氏此书，皆假手于人，而非其自为，观此盖信。又按艮之二世，以大畜为艮宫第二世卦也。六五丙子水为应，以唐讳丙，故曰"景子"也。世生外，言甲寅木，受外卦子水生也。象生象，或以外卦艮土象，生内卦乾金象也。内象艮别子，疑指下卦之伏象艮也。艮三爻，申金为子孙，而飞父为辰。飞生伏，而辰数五，正五子也，故下曰"应有五子"，至"一子短命"之故，虽经颜子问，夫子解释，其语卒莫能明也。而最后"何以知短命？他以故也"，语尤混仑难解。以易《大过》之有它吝及《中孚》之有它不燕例之，得无以辰之应爻为寅，寅木克辰土，故一子短命乎？甚矣，其难知也。此筮案录者多矣，而释者讫无一人。姑略释之，以俟能者。

（尚秉和）

《泛引易纬》光绪三年刊（纬㩉本）

清乔松年辑。松年字健侯，号鹤侪。徐沟人，道光进士，历官安徽、陕西巡抚，平粤平捻皆有功，官至东河总督。议筑堤束水，顺黄

---

① 编者按："今"，原本作"令"，据《尚秉和易学全书》第一卷《易说评议》卷十二《易辨终备无卷数》改。

北趋入海，为一劳永逸计，惜不果行。卒谥"勤恪"。所著有《麻萝亭札记》《纬攟》及《诗文集》等。此篇载《纬攟》内。考《纬攟》所辑《易纬》，凡有书名者，若《易乾凿度》《乾坤凿度》《易通卦验》《易稽览图》《易是类谋》《易辨终备》《易中孚传》《易天人应》《易通统图》《易运期》《易内传》《易萌气枢》《易内篇》《易传太初篇》等，均已专篇辑录。其各书只引《易纬》，而不指名何书者，均汇录此篇，故曰《泛引易纬》。全篇共十有九条，辑自《后汉书·荀爽传》者一条，辑自《易正义·序论》者两条，辑自《周礼》疏及《诗》疏者一条，辑自《公羊》疏者一条，辑自《文选》注者三条，辑自《古诗纪》者两条，辑自《通考》者三条，辑自《唐类函》者一条，辑自《太平御览》者五条。与黄奭《汉学堂丛书·逸书考易纬》所辑，互有详略异同，可并存以相参证焉。

（尚秉和）

《易通统图》（纬攟本）

清乔松年辑。载《纬攟》内，只二则。曰："日行东方青道，曰'东陆'；日行南方赤道，曰'南陆'；日行西方白道，曰'西陆'；日行北方黑道，曰'北陆'。"又云："日行东陆，谓之春。"按《鱼龙河图》及《河图帝览嬉》，皆言日行青道、赤道、白道、黑道之事甚详，兹与之同。然只此数语，不见全书，其大义所在，益不可考知，存其名而已。

（尚秉和）

《易运期》（纬攟本）

清乔松年辑。载《纬攟》中，只二则。云："言居东，西有午，两日并光日居下，其为主人及为辅。五八四十，黄气受，真人出。"又云：

"鬼在山，禾女连，王天下。"按，言午者"许"也，两日者"昌"也，谓汉当以许亡，魏当以许昌；五八四十，言文帝年四十而殂；黄气受，言改元黄初也。鬼在山，禾女连，"魏"字也。"禾女连"①，《纬㨻》"连"误"通"，所据本讹也。此皆言魏受命代汉之事，与"代汉者，当涂高"同旨。然其书大旨，是否何在，必不只于此，无从测知矣。

（尚秉和）

《易内篇》（纬㨻本）

清乔松年辑。载《纬㨻》中，只二则。曰："福万民，寿九州，莫大乎真气；炼五石，立四极，莫大乎神用。"云："采自《天中记》及《路史后记》。"又云："日月相逐为易。"而未注其所本，夫曰"真气"，曰"神用"，似皆道家之言。而日月相逐为易，与《下系》"日往则月来，月往则日来，日月相推而明生焉"旨合。特其语尤简而有味，惜乎其不多见也。

（尚秉和）

《易天人应》（纬㨻本）

清乔松年辑。载《纬㨻》内，只三条。云："君子不思遵利。兹谓无泽，厥灾孽火，烧其宫。"又云："君高台府，犯阴伤阳厥灾火。"又云："上不俭，下不节，灾火并作，烧居室。"揆其宗旨，大致与《京房易传》相类，言人事与灾异相感召，故名曰"天人应"。然只此三则，其全书究如何？亦不敢断言也。

（尚秉和）

---

① 编者按："禾女连"前原本有"㨻"字，据文意删。

《易内传》（纬攟本）

清乔松年辑。载《纬攟》中，共五则。曰："人君奢侈，多饰宫室，其时旱，其灾火。"又："公能其事，序贤进士，后必有喜。反之则白虹贯日。以①甲乙见者，谴在中台。"又"当雷不雷，太阳弱也"；又"阳无德则旱，阴僭阳亦旱"；又"后妃擅国，白虹贯日"。松年后有跋语云："第一条《郎颛传》引作《易内传》，余三条作《易传》。"求之《京房易传》无此语，故皆定为《易内传》云云。今按《后汉·郎颛传》引《易内传》凡三：第一，引曰"凡灾异所生，各以其政。变之则除，消之亦除"；第二，引曰"久阴不雨，乱气也，蒙之比也"；又曰"贤德不用，厥异常阴"。其第三引方如松年所辑第一则"人君奢侈"云云。其前两则，松年皆遗而不录。至《颛传》于《易传》凡四引，其第一引曰"有貌无实，佞人也。有实无貌，道人也。寒温为实，清浊为貌"。松年只录其后三则，此一则在前，反遗而不及。松年身为大官，似此等皆倩人搜辑，故疏漏如此。又《朗颛》三引《易内传》，下引当同，乃只曰《易传》，则非《易内传》明甚。若《京氏易传》《五行志》引，皆曰《京房易传》，无只云《易传》者，其非《京氏》甚明，无庸考虑也。又按《纬书》，有《易传太初》篇，《太初》其篇名，《易传》其总名，疑颛所云《易传》，省其篇名耳，即《易传太初》篇之《易传》，而非《易内传》也，总之《纬攟》一书，其疏漏及其考证之不足信处甚多，而此书其尤甚者也。

（尚秉和）

---

① 编者按："以"，原本作"臣"，据《后汉书·郎颛传》改。

《易传太初篇》（纬攟本）

清乔松年辑。只一则，曰："天子旦入东学，昼入南学，暮入西学，在中央曰'太学'，天子之所自学也。"采自《后汉书·祭祀志》，余无所考，其书之宗旨若何？益难揣测，存其书名而已。

（尚秉和）

《泛引河图》（纬攟本）

清乔松年辑。"泛引"之名，殊为不当。纬书除《乾凿度》能成文外，余纬皆从经史注及史志所引者辑得，皆泛引也，岂只《河图》名曰"泛引"？若古《河图》有是名者，最为误人。原乔氏之所以为此名者，殆以所辑各条，皆已见于他纬。如"河导昆仑上，有权势星"一条，已见于《河图绛象》；"凡天下有九区及蟠冢山"等六条，见于《括地志》；"日月两重晕及蟾蜍去月"等五条，见于《稽耀钩》；"黄帝游于洛"等二条，见于《挺辅佐》；"大星如虹"等九条，见于《握矩记》；"赤九会昌"等二条，见于《会昌符》；"少室山其上有玉膏，服之成仙"及"大秦国民但食沙石子"二条，则见于《河图玉版》；"九州殊题，水泉刚柔"一条，则见于《始开图》，故名曰"泛引"，使自成一书以立异。岂知郑玄《易注》云：《河图九篇》，九篇必各有名，疑《河图括地象》《河图稽耀钩》《河图挺佐辅》《河图握矩记》《河图会昌符》《河图玉版》等，皆九篇中之篇名。古书所引，但云《河图》，而省其篇名耳。《古微书》分列于各纬中，必有所据，岂能凭空结撰，妄生分别？乔氏求其本而不得，谓孙氏无据妄为。孙氏生明代，家世儒生，藏古籍极富，明代所有今佚其书者多矣。徒以孙氏《古微书》所辑各条，未注明其出处，遂从而疑之；抑知古人尚质，宋王应麟辑郑康成《周易注》，明姚士粦辑陆绩《周易述》，皆未注其所本？孙氏犹是耳，非借是以藏拙，乔氏不察，别造"泛引"之名以立异，则真妄矣。

（尚秉和）

《河图合古篇》（纬攟本）

清乔松年辑。载《纬攟》中，只一则，见《后汉·祭祀志》，曰："帝刘之秀，九名之世，帝行德，封刻政。"而《太平御览》引《河图令占篇》云："池沦月散，必有立王。"又《宋书·五行志》亦引《河图令占篇》云："日薄也。"松年以"合古"与"令占"字形相类，谓"合古"传写误为"令占"。按三占从二，《御览》及《宋书》既皆作"令占"，似宜从之。《后汉书》虽古，只此一见，必谓"合古"是"令占"讹，似亦不然也。

（尚秉和）

《河图阊苞受》（纬攟本）

清乔松年辑。载《纬攟》中，只一则，曰："弟感苗裔出应期。"见石仲容与孙皓书注中，而不言其出何书，殊为不合。此一语之意义，不得而知。

（尚秉和）

《河图抃光篇》（纬攟本）

清乔松年辑。载《纬攟》中，曰："阳精散而分布为火。"只此八字，辑自《太平御览》八百六十九，阳精者日，言天地间之火，皆阳精所散布也。

（尚秉和）

《河图龙文》（纬攟本）

　　清乔松年辑。载《纬攟》中，曰："镇星光明，八方归德。"只此八字，见《蜀都赋》注、《袁淑诗》注、《石阙铭》注。按镇星者，土星，《史记·天官书》作"填"，曰："中央土，主季夏，日戊、己，黄帝主德；其所居国吉，其国得土，不则其国失土。"兹曰"八方归德"，乃得土之验，如汤、武是也。

（尚秉和）

整理者单位：北京师范大学中国易学文化研究院